高等学校电子商务类专业系列教材

E-commerce Logistics Management

电子商务物流管理

主　编　李严锋
副主编　李海燕

中国教育出版传媒集团
高等教育出版社·北京

内容简介

中国电子商务理论与实践的飞速发展，为各行各业的转型升级带来了巨大的机遇与挑战。本书结合近年电子商务与物流领域的理论和实践的最新成果，从电子商务物流管理的实践入手，系统地介绍了电子商务物流管理基础理论和实践应用，尤其侧重电子商务与物流管理的相互关系和影响。

全书共分为10章，即电子商务物流概述、电子商务模式、电子商务物流系统、电子化供应链物流策略、电子采购与供应物流、制造企业电子化物流策略、电子商务环境下的大规模定制、第三方电子商务物流系统、电子商务物流信息平台、国际电商物流。每一章均设置了导入案例、本章小结、自测题及案例分析等栏目。

本书可作为高等院校物流管理、电子商务及相关专业的教材，也可以作为相关从业人员的参考书。

图书在版编目（CIP）数据

电子商务物流管理 / 李严锋主编. -- 北京 : 高等教育出版社, 2024. 8. -- ISBN 978-7-04-062679-7

Ⅰ. F713.365.1

中国国家版本馆 CIP 数据核字第 2024Q8K582 号

Dianzi Shangwu Wuliu Guanli

策划编辑 曾飞华　　责任编辑 曾飞华　　封面设计 李小璐　　版式设计 杨　树
责任绘图 马天驰　　责任校对 张　然　　责任印制 存　怡

出版发行 高等教育出版社
社　　址 北京市西城区德外大街4号
邮政编码 100120
印　　刷 保定市中画美凯印刷有限公司
开　　本 787mm×1092mm　1/16
印　　张 18.75
字　　数 400千字
购书热线 010－58581118
咨询电话 400－810－0598
网　　址 http://www.hep.edu.cn
　　　　 http://www.hep.com.cn
网上订购 http://www.hepmall.com.cn
　　　　 http://www.hepmall.com
　　　　 http://www.hepmall.cn
版　　次 2024年8月第1版
印　　次 2024年8月第1次印刷
定　　价 49.00元

物 料 号　62679-00

前　言

党的二十大报告指出：“加快发展数字经济，促进数字经济和实体经济深度融合。”新电商是随着新一代信息技术的发展，以用户为中心，对传统电商“人”“货”“场”进行链路重构而产生的电商新形态新模式。如直播电商、内容电商、社交电商、移动电商、新零售、兴趣电商、信任电商、C2M（用户直连制造）、即时零售等，都属于新电商范畴。新电商发展意味着新电商物流的变革时代已经到来。

商务部网站公开信息显示，2023年，全国电子商务交易额达46.83万亿元，全国网上零售额达15.42万亿元，连续11年成为全球第一大网络市场。中国全年快递业务量完成1 320亿件，同比增长19.5%。

电子商务与现代物流的飞速发展，也带来了高校相关专业教育的蓬勃发展。截至2022年，全国开设电子商务本科专业的普通高等学校达612所，开设物流管理本科专业的达527所，高职高专开设的均超过1 000所，大多开设有“电子商务物流管理”课程。

本书编写团队2009年出版了《电子商务物流管理》，2016年修订出版了第二版。历经14年，见证了中国电子商务物流特别是快递物流发展的波澜壮阔的历程。当年书中的“新理论”“新概念”逐渐成熟完善，在业界得到广泛运用。随着现代电子商务物流和科学技术的飞速发展，电子商务物流管理的理论和实践也在发生新的变化。为此，我们特以原教材的研究成果为基础，编写了本书。

本书根据国家教材委员会发布的《习近平新时代中国特色社会主义思想进课程教材指南》精神，推进党的二十大精神进教材，结合电商物流的迅猛发展，注重讲好中国故事，体现中国创造，弘扬中国精神。

本书注重大数据技术等在电子商务物流领域应用的最新研究及实践成果，将科学技术与管理理论进行有机结合。

由于主要团队成员之一云南财经大学商学院刘胜春教授2020年不幸病逝，本书由中国物流学会兼职副会长、云南财经大学二级教授、云南经济管理学院特聘教授、教育部银龄计划教师（滇西应用技术大学）李严锋以及刘胜春夫人李海燕女士主持修订和统稿。各章具体分工如下：云南经济管理学院单维霞编写第一、二章，杨一达编写第三、四章，张竞匀编写第五、六章，陈倩编写第七、八章，王元十编写第九章，云南财经大学冉文学教授编写第十章。滇西应用技术大学杨晓、云南财经大学张焰也参与了本版的修改校对工作。

本书在编写过程中参考和引用了大量书籍和论文，在此对这些文献的作者表示衷心感谢！同时还要特别感谢高等教育出版社尤其是责任编辑曾飞华老师的大力支持和帮助。

由于编者水平和经验有限，时间仓促，书中难免有不足和疏漏之处，敬请读者批评指正。

编　者

2024 年 6 月

目 录

第一章

电子商务物流概述

学习目标

随着国际化竞争日益深入，人们逐渐认识到传统的管理模式和内容已经不能满足企业所处环境变化的要求，商务过程电子化和物流管理系统化逐渐成为现代企业经营管理的发展方向。一体化的物流管理思想从第二次世界大战时期的美军后勤供应到二战后的逐渐民用化和普及，一直是管理学界研究的重点之一；电子商务的发展则使企业和消费者对物流活动的要求越发苛刻，因此电子商务物流及其管理也就成为一个新的研究领域。作为全书的开篇，本章主要介绍电子商务和物流的基本概念，并在对电子商务物流的内涵进行分析的基础上总结了电子商务物流的基本特点。

学习任务

通过本章内容的学习，要完成以下几个任务。

- 了解物流的基本概念及发展过程。
- 了解电子商务的基本概念。
- 掌握电子商务物流的内涵。
- 了解物流在电子商务中的地位与作用。
- 了解电子商务对物流产生的影响。
- 掌握电子商务物流的特点。
- 了解我国电子商务物流的发展状况。

导入案例

京东集团的护城河——京东物流

现阶段物流的发展越来越体现为物流与商流协同发展。电商行业从最初的淘宝的C2C模式拓展到京东的B2C模式，再到美团、饿了么和京东到家的即时零售模式，与物流的结合越来越紧密，对物流配送的即时性和一体化要求也越来越高。

2017年，京东物流宣布独立运营，自此京东物流开始向外部客户提供其解决方案及服务。2020年，京东物流为超过19万家企业客户提供了服务，覆盖快速消费品、服装、家电、家具、3C 产品、汽车和生鲜等行业。同年，京东集团通过京东物流网络处理的线上零售订单中，约 90%可于下单当日或次日送达。

按总收入计，京东物流是中国目前最大的一体化供应链物流服务商，2020 年市场份额为 2.7%。京东物流从自营物流起步，到开展第三方物流业务，目前定位为综合物流服务商，致力于以仓配一体模式奠定自身供应链优势，以用户体验为核心竞争力。

京东物流的服务产品主要包括仓配服务、快递快运服务、大件服务、冷链服务及跨境服务。京东物流的一体化业务模式使其能够一站式满足所有客户的供应链需求，帮助客户优化存货管理、减少运营成本、高效分配内部资源。同时还能够针对不同垂直领域的特定需求定制各种供应链解决方案。

京东物流设计并开发了覆盖广泛且一体化的物流网络以减少中间环节并缩短履约时间，其一体化供应链技术可以智能地将库存放置在距离潜在终端消费者最近的仓库中。当客户下达订单，京东物流可以从离终端消费者最近的仓库发出货物从而实现迅速的履约并获得较高的消费者满意度。

京东物流成为京东集团的护城河：不仅表现为前台口碑，也表现为后台高效——2021 年第四季度，京东在近 1 000 万自营 SKU 商品的基础上继续保持运营效率全球领先，库存周转天数进一步降至 30.3 天，在过去三年间缩短了 8 天。同样，京东物流也在为客户创造价值。不断扩大的外部客户数量，不断增长的外部客户收入，客户真金白银的投入就是证明。

（资料来源：根据相关公开资料整理。）

思考：

(1) 您认为电子商务与物流之间存在怎样的关联？

(2) 京东物流的服务产品有哪些？

(3) 京东物流运营成功的关键因素是什么？

第一节 物流概述

一、物流的概念

（一）物流概念的来源和发展

物流（Physical Distribution）一词最早出现于美国。1915 年阿奇・萧在《市场流通中的若干问题》一书中就提到“物流”一词，并指出“物流是与创造需求不同的一个问题”。20 世纪初，西方一些国家出现生产大量过剩、需求严重不足的经济危机，企业因此提出了销售和物流的问题，此时的物流指的是销售过程中的物流。

第二次世界大战期间，围绕战争供应，美国军队建立了“后勤”（Logistics）理论，并将其用于战争活动中。其中所提出的“后勤”是指将战时物资生产、采购、运输、配给等活动作为一个整体进行统一布置，以求战略物资补给的费用更低、速度更快、服务更好。后来“后勤”一词在企业中广泛应用，又有商业后勤、流通后勤的提法，这时的后勤包含了生产过程和流通过程的物流，因而是一个包含范围更广泛的物流概念。因此，物流的概念从1915年提出，经过70多年的时间才有定论，现在欧美国家把物流称作Logistics的多于称作Physical Distribution的。Logistics包含生产领域的原材料采购、生产过程中的物料搬运与厂内物流和流通过程中的物流或销售物流（Physical Distribution），可见其外延更为广泛。

物流的概念主要通过两条途径传入我国：一条途径是在20世纪80年代初随市场营销理论的引入而从欧美传入，因为在欧美的所有市场营销教科书中，都毫无例外地要介绍“Physical Distribution”，这两个单词直译为中文即为“实体分配”或“实物流通”。所谓“实体分配”，指的就是商品实体从供给者向需求者进行的物理性移动。另一条途径是从欧美传入日本，日本人将其称为日文“物流”，20世纪80年代初，我国从日本直接引入“物流”这一概念。

实际上不论物流的概念传入与否，运输、保管、包装、装卸、流通加工等物流活动都一直存在着。传统上，物流业在我国基本上指储运业，但两者并不完全相同，主要差别在于：① 物流比储运所包含的内容更广泛。一般认为物流包括运输、存储、配送、包装、装卸、流通加工及相关信息活动，而储运仅指储存和运输两个环节，虽然其中也涉及包装、装卸、流通加工及信息活动，但这些活动并不包含在储运概念之中。② 物流强调的是系统化，以达到整个物流活动的整体最优；储运概念则不涉及储存与运输及其他活动整体的系统化和最优化问题。③ 物流是一个现代的概念，在第二次世界大战后才在各国兴起，而在我国储运则是一个十分古老、传统的概念。

（二）物流的基本概念

物流定义的出处很多，比较有影响的有以下几个。

(1) 现代物流作为一种先进的组织方式和管理技术，被广泛认为是企业在降低物资消耗、提高劳动生产率以外重要的第三利润源泉。

(2) 物流是为满足消费者需求而进行的原材料、中间库存、最终产品及相关信息从起始点到消费地的有效流动，以及为实现这一流动而进行的计划、管理和控制过程［美国物流管理协会（Council of Logistics Management）］。

(3) 物流作为客户生产过程中供应环节的一部分，它的实施及控制提供了有效、经济的货物流动及储存服务，提供从货物原始地到消费地的相关信息，以期满足客户的需求［美国联邦海事委员会（Federal Maritime Commission）］。

(4) 物流是有计划地将原材料、半成品及产成品由生产地送到消费地的所有流通活动。其内容包括为用户服务、需求预测、情报信息联系、材料搬运、订单处理、选址、采购、包装、运输、装卸、废料处理及仓库管理等［美国供应链管理专业协会

（Council of SCM Professionals）］。

（5）物流是产品从卖方到买方的全部转移过程。为了全面实现某一战略、目标或任务，把运输、供应、仓储、维护、采购、承包和自动化综合成一个单一的功能，以确保每个环节的最优化（日本通商产业省运输综合研究所）。

（6）物流是一种物的实体流通活动的行为，在流通过程中，透过管理程序有效结合运输、仓储、装卸、包装、流通加工、资讯等相关物流机能性活动，以创造价值、满足顾客及社会需求。简单来说，物流是物品从生产地至消费者或使用地点的整个流通过程（中国台湾物流协会）。

（7）在中华人民共和国国家标准《物流术语》（GB/T 18354—2021）中，对物流（Logistics）的定义是：根据实际需要，将运输、储存、装卸、搬运、包装、流通加工、配送、信息处理等基本功能实施有机结合，使物品从供应地向接收地进行实体流动的过程。

（三）物流的价值

物流所创造的主要价值包括时间价值、空间价值和物流增值服务价值。

1. 时间价值

“物”从供给者到需要者之间有一段时间差，为改变这一时间差而创造的价值称为“时间价值”。通过物流获得的时间价值形式有以下几种。

（1）缩短物流时间。缩短物流时间，可获得多方面的好处，如减少物流损失、降低物流消耗、加快物的周转速度、节约资金等。现代物流学着重研究的一个课题，就是如何采取技术、管理、系统的方法来尽量缩短宏观物流时间和有针对性地缩短微观物流时间，从而取得高的时间价值。

（2）弥补时间差。在经济社会中，需求和供给普遍存在着时间差。例如，由于有严格的季节性和周期性，粮食是集中产出的，但是人们对粮食是一年 365 天天天消费的，供给和需求之间出现时间差。又如，化肥生产企业必须连续进行生产，但是其消费却带有一定的时间集中性。再如，凌晨磨制的鲜豆浆在上午出售；前日采摘的菜、果在次日出售等。这些都说明供给与需求之间存在时间差，可以说这是一种普遍的客观存在。正是有了这个时间差，商品才能取得自身最高价值，才能获得十分理想的效益。但是商品本身是不会自动弥合这个时间差的。物流便是以科学的系统方法来弥补或者改变这个时间差，以实现其时间价值。

（3）延长时间。前面讲到缩短物流时间差来创造价值。但是，在某些具体物流中也存在人为、能动地延长物流时间来创造价值的情况。例如，白酒、普洱茶以及未来市场价格预期上涨的生产资料的储存便通过有意识地延长物流时间、增加时间差来创造价值。当然，一般来讲，这是一种特例，不是普遍的规律现象。

2. 空间价值

“物”从供给者到需求者之间有一段空间差。供给者和需求者之间往往处于不同的场所，改变这一场所的差别而创造的价值被称为“空间价值”。物流创造空间价值是由现代社会产业结构、社会分工所决定的，主要原因是供给和需求之间的空间差，商品在不同地理位置有不同的价值，通过物流将商品由低价值区转移到高价值区，便可获得价值差，即“空间价值”。它有以下几种具体形式。

（1）从集中生产地流入分散需求地。现代化大生产的特点之一，往往是通过集中、大规模的生产提高生产效率、降低成本。在一个小范围集中生产的产品可以覆盖大面积的需求地区，有时甚至可覆盖一个国家乃至若干个国家。通过物流将产品从集中生产的低价位区转移到分散于各处的高价位区有时可以获得很高的利益。

（2）从分散生产地流入集中需求地。和上面相反的情况在现代社会中也不少见。例如，粮食是分散生产出来的，而一个大城市的需求却相对大规模集中；一个大汽车厂的零配件生产也分布得非常广，但却集中在一个大厂中装配，这形成了分散生产和集中需求，取得了空间价值。

（3）从生产甲地流入需求乙地。现代社会中供应与需求的空间差比比皆是，十分普遍，除了大生产所决定的外，有不少是自然地理和社会发展因素决定的。例如，农村生产粮食、蔬菜而与城市消费不在同一地点，南方生产荔枝而与各地消费不在同一地点，北方生产高粱而与各地消费不在同一地点等。现代人每日消费的物品几乎都是在一定距离外甚至十分遥远的地方生产的。这么复杂交错的供给与需求的空间差都是靠物流来调节的。

3. 物流增值服务价值

物流可以根据客户需要提供各种延伸业务活动，即为客户提供其他服务性的物流增值项目，如流通加工、第三方物流、第四方物流、第五方物流、物流金融、供应链管理、物流教育、物流规划与咨询、投融资服务、物流保险等。

二、物流概念的内涵

（1）物流是指有关“物”的流通的经济活动，包括物资流通和信息流通。物流是将货物由供应者向需求者的物理性移动，包括包装、搬运、存储、流通加工、运输、配送等活动，是从采购开始经各种中间环节的转让及拥有而到达最终消费者手中的实物运动，以实现社会商品的流通。

（2）物流是经济活动，是创造时间价值和场所价值的经济活动。物流克服了时间和空间上的距离，连接供给主体和需求主体，从采购、生产、搬运、仓储到销售，在各个不同环节上创造价值，使这一过程中一切有形、无形的资本获得增值，所以，它是物资在物理性移动中创造经济价值的活动。例如，将产品运输到消费者需要的场所，或在产品流通过程中再加以分类包装，就可以使消费者方便购买，产品就真正变成了商品。

（3）物流是关于物的信息活动过程，即与上述生产、运输、保管、包装、搬运等物资流通活动相关的信息活动。

物流要将适当数量的产品在适当的地方用适当的价格提供给消费者，就需要把仓库场所、运输方法、保管方法以及通信方式等适当地组合起来，也要靠这些方面的信息实施控制，进行各种过程的统一和综合，才能整体性地完成物流，所以，物流是一个控制原材料、制成品、产成品和信息的系统。

（4）物流是集成性活动，是多种活动的统一。物流过程也是实现组织目标的过程，要对这一过程进行计划、控制和组织，既要满足顾客需要，又要实现自身赢利。在实现物的流动中包括供应、生产、运输、保管、配送、包装、装卸、流通加工等实物的处理，这些处理过程形成了环环相扣的链接整体，因而称为“流”，如果不能形成流，则不能实现物的价值。另外，在物的运动中，要靠信息活动来统一和协调，借助于信息活动这种现代化技术手段来实现物的流动的科学化和数字化，降低物流活动的成本。因此，可以说物流是产品流、商流、信息流的相互融合和统一。

三、物流的构成要素

物流的构成要素除了实现物资、商品空间移动的输送以及时间移动的保管这两个中心要素外，还有为使物流顺利进行而开展的流通加工、包装、装卸、信息等要素。物流要素的分类与内容如表 1-1 所示。

表 1-1 物流要素的分类与内容

物流要素	分类	内容
输送	运输配送	长距离、线形机能，物流的交通机能 短距离、面的机能，物流的准入机能
存储	储藏保管	长时间保管、储藏型保管 短时间保管、流通型保管
流通加工	加工作业 生产加工 促销加工	商品检验、分拣、放置、备货、分配 组装、细分、切断、规格化 价格贴附、单位化、商品组合
包装	工业包装 商业包装	输送包装、保管包装、外部包装、内部包装，品质保证为主体 销售包装、单个包装，市场营销为主体
装卸搬运	入货 卸货	从物流设施到交通工具的活动 从交通工具到物流设施的活动

续表

物流要素	分类	内容
信息	物流信息 商流信息	数量管理：运行、货物追踪，入库、在库、出库管理 品质管理：温度、湿度管理，技术性能和品质管理 作业管理：自动分拣、数码备货、流程传输 订货、发货：POS、EOS、VAN、EDI、MIS、DSS 金融：银行联网、Internet/Intranet

1. 输送

输送是指使物品发生场所、空间移动的物流活动。输送系统是由包括车站、码头的运输节点、运输途径、交通工具等在内的硬件要素，以及交通控制和营运等软件要素组成的有机整体，通过这个有机整体发挥综合效应。具体来看，输送体系中运输主要指长距离两地点间的商品和服务移动，而短距离少量的输送常常称为配送。

2. 存储

存储是指对物品进行储存，并对其进行保护和管理的活动，具有商品储藏管理的意思，它有时间调整和价格调整的机能。保管通过调整供给与需求之间的阻隔促使经济活动安全稳定地开展。相对于以前强调商品价值维持或储藏目的的长期保管，如今的存储更注重配合销售政策上的流通目的而从事短期的保管，存储的主要设施是仓库，基于商品出入库的信息进行在库管理。

3. 流通加工

流通加工是指根据顾客的需要，在流通过程中对产品实施的简单加工作业活动的总称。具体包括包装、分割、计量、分拣、刷标志、拴标签、组装、组配等轻微的生产活动。除此之外，还包括单位化、价格贴附、标签贴附、备货、商品检验等为使流通顺利进行而从事的辅助作业。如今，流通加工作为提高商品附加价值、促进商品差别化的重要手段之一，其重要性越来越突出。

4. 包装

包装是指为在流通过程中保护产品、方便储运、促进销售，按一定技术方法而采用的容器、材料及辅助物等的总体名称，也指为了达到上述目的而采用容器、材料和辅助物的过程中施加一定技术方法等的操作活动。从机能上来看，包装可以分为保持商品品质而进行的工业包装和为使商品能顺利抵达消费者手中、提高商品价值、传递信息等以促进销售为目的的商业包装两类。

5. 装卸

装卸是指在运输工具间或运输工具与存放场地（仓库）间，以人力或机械方式对物品进行载上载入或卸下卸出的作业过程。它包括商品放入、卸出、分拣、备货等作业行为。装卸合理化的主要手段是集装箱货盘。

6. 信息

信息是指反映物流各种活动内容的知识、资料、图像、数据的总称。通过收集与物流活动相关的信息，使物流活动能有效、顺利地进行。随着计算机和信息通信技术的发展，物流信息出现高度化、系统化的发展，目前订货、在库管理、所需品的出货、商品进入、输送、备货六个要素的业务流已实现了一体化。信息包括与商品数量、质量、作业管理相关的物流信息，以及与订货、发货和货款支付相关的商流信息。如今，大型零售店、24 小时店（便利店）为了削减流通成本、扩大销售，大多已连接了 POS（Point of Sale，销售时点系统）和 EDI（Electronic Data Interchange，电子数据交换系统）系统，从而使物流信息迅速流动。

四、物流的分类

尽管目前还没有统一的物流分类标准，但为便于研究，按照物流系统的作用、物流活动的空间范围以及物流系统性质等，可以从不同角度对物流进行分类。

（一）按照物流的作用分类

1. 供应物流

供应物流是指为生产企业提供原材料、零部件或其他物料时所发生的物流活动。也就是物资生产者、持有者至使用者之间的物流。对于工厂而言，是指生产活动所需要的原材料、备品备件等物资的采购、供应活动所产生的物流；对于流通领域而言，是指交易活动中，从买方角度出发的交易行为中所发生的物流。

企业的流动资金大部分是被购入的物资材料及半成品等所占用的。供应物流的严格管理及合理化对于企业的成本有重要影响。

2. 销售物流

销售物流是指企业在销售商品过程中所发生的物流活动。也就是物资的生产者或持有者到用户或消费者之间的物流。对于工厂是指售出产品，而对于流通领域是指交易活动中，从卖方角度出发的交易行为中的物流。

通过销售物流，企业得以回收资金，并进行再生产活动。销售物流的效果关系到企业的存在价值是否被社会承认。销售物流的成本在产品及商品的最终价格中占有一定的比例。因此，在市场经济中为了增强企业的竞争力，销售物流的合理化可以收到立竿见影的效果。

3. 生产物流

生产物流是指生产企业内部进行的涉及原材料、在制品、半成品、产成品等的物流活动。生产物流是制造产品的工厂企业所特有的，它和生产流程同步。原材料、半成品等按照工艺流程在各个加工点之间不停顿地移动、流转形成了生产物流。如生产物流中断，生产过程也将随之停顿。

生产物流合理化对工厂的生产秩序、生产成本有很大影响。生产物流均衡稳定，可以保证在制品的顺畅流转，缩短生产周期。在制品库存的压缩，设备均衡化，也都和生产物流的管理和控制有关。

4. 逆向物流

逆向物流是指为恢复物品价值、循环利用或合理处置，对原材料、零部件、在制品及产成品从供应链下游节点向上游节点反向流动，或按特定的渠道或方式归集到指定地点所进行的物流活动，也称为反向物流。在生产及流通活动中有一些资料是要回收并加以利用的，如作为包装容器的纸箱、塑料筐、酒瓶等，建筑行业的脚手架。还有可用杂物的回收分类和再加工，如旧报纸、书籍通过回收、分类可以再制成纸浆加以利用；金属的废弃物可以回收并重新熔炼成有用的原材料。目前我国冶金生产每年有 3 000 万吨废钢铁作为炼钢原料使用，也就是说我国钢产量中有 30%以上是由回收的废钢铁重熔冶炼而成的。

回收物资品种繁多，流通渠道也不规则，且多有变化，因此，管理和控制的难度大。

5. 废弃物物流

废弃物物流是指将经济活动或人民生活中失去原有使用价值的物品，根据实际需要进行收集、分类、加工、包装、搬运、储存等，并分送到专门处理场所的物流活动。例如，开采矿山时产生的土石、炼钢生产中的钢渣和工业废水以及其他一些无机垃圾等，如果不妥善处理，不但没有再利用价值，还会造成环境污染。对这类物资的处理过程产生了废弃物物流。废弃物物流看似没有经济效益，但具有不可忽视的社会效益。

（二）按照物流活动的空间范围分类

1. 地区物流

地区物流有不同的划分原则。首先，按行政区域划分，如西南地区、河北地区等；其次，按经济圈划分，如苏锡常经济区、黑龙江边境贸易区；最后，按地理位置划分，如长江三角洲地区、河套地区等。

地区物流系统对于提高该地区企业物流活动的效率、保障当地居民的生活福利环境，具有不可缺少的作用。研究地区物流应根据地区的特点，从本地区的利益出发组织好物流活动。例如，某城市建设一个大型物流中心，显然对于提高当地物流效率、降低物流成本、稳定物价很有作用，但是也会引起供应点集中、货车来往频繁以及产生废气噪声、交通事故等消极问题。因此，物流中心的建设不单是物流问题，还要从城市建设规划、地区开发计划出发，统一考虑，妥善安排。

2. 国内物流

物流作为国民经济的一个重要方面，已被纳入国家的总体战略规划。全国物流系统的发展必须从全局着眼，因部门分割、地区分割所造成的物流障碍应该清除。在物流系统的建设投资方面也要从全局考虑，使一些大型物流项目能尽早建成，为国家经济服务。

国家整体物流系统化的推进，必须发挥政府的行政作用，具体有以下几方面。

（1）建设物流基础设施，如公路、高速公路、港口、机场、铁路的建设，以及大型物流基地的配置等。

（2）制定各种交通政策法规，如铁路运输、公路运输、海运、空运的价格规定，以及税收标准等。

（3）对与物流活动有关的各种设施、装置、机械进行标准化。这是提高全国物流系统运行效率的必经之路。

（4）开发、引进物流新技术和培养物流技术专门人才。

3. 国际物流

跨越不同国家（地区）之间的物流活动称为国际物流。当前世界经济的发展趋势是国家与国家之间的经济交流越来越频繁，任何国家不投身于国际经济大协作之中，本国的经济技术就难以得到良好的发展。工业生产也在走向国际化，出现了许多跨国公司，一个企业的经济活动范畴可以拓展至全球。国际、洲际的原材料与产品的流通越来越发达，因此，国际物流的研究已成为物流研究的一个重要分支。

（三）按照物流系统性质分类

1. 社会物流

社会物流是指我国全部常住单位因采购、销售、回收及废弃而发生的物流经济活动，是全社会物流的整体，所以有人称之为大物流或宏观物流。社会物流的一个标志是：它是伴随商业活动（贸易）发生的，也就是说物流过程和物的所有权的更迭是相关的。

社会物资流通网络是国民经济的命脉，流通网络分布的合理性、渠道的畅通性至关重要。因此必须进行科学管理和有效控制，采用先进的技术手段，保证高效率、低成本运行。

2. 行业物流

同一行业中的企业是市场上的竞争对手，但是在物流领域中，常常要互相协作，共同促进行业物流系统的合理化。

例如，日本的建设机械行业，提出行业物流系统化的具体内容有：各种运输手段的联合有效利用；建设共同的零部件仓库，实行共同配送；建立新旧设备及零部件的共同流通中心；建立技术中心，共同培训操作人员和维修人员；统一建设机械的规格等。又如在大量消费品方面采用统一商品规格，统一法规政策，统一托盘规格、陈列柜和包装数块化等。

行业物流系统化的结果是使参与的各个企业都得到相应的利益。

3. 企业物流

生产和流通企业围绕其经营活动所发生的物流活动称为企业物流。企业是为社会提供产品或某些服务的经济实体。一个工厂要购进原材料，经过若干工序的加工，形成产品销售出去。一个运输公司要按客户要求将货物输送到指定地点。

（四）其他分类方法

除了上述分类之外，还有绿色物流、军事物流、第三方物流、合同物流、定制物流、虚拟物流等。如表 1-2 所示。

表 1-2　物流的其他分类

名称	定义
绿色物流	通过充分利用物流资源、采用先进的物流技术，合理规划和实施运输、储存、装卸、搬运、包装、流通加工、配送、信息处理等物流活动，降低物流活动对环境影响的物流活动
军事物流	用于满足平时、战时及应急状态下军事行动物资需求的物流活动
第三方物流	由独立于物流服务供需双方之外且以物流服务为主营业务的组织提供物流服务的物流模式
合同物流	物流经营者通过整合、管控资源，按照合同约定的时间、地点、价格等内容为物流需求方提供物流服务的物流模式
定制物流	根据用户的特定要求而为其提供专门设计的物流服务的物流模式
虚拟物流	以计算机网络技术进行物流运作与管理，实现企业间物流资源共享和优化配置的物流模式
精益物流	消除物流过程中的无效和非增值作业，用尽量少的投入满足客户需求，并获得高效率、高效益的物流活动
智慧物流	以物联网技术为基础，综合运用大数据、云计算、区块链及相关信息技术，通过全面感知、识别、跟踪物流作业状态，实现实时应对、智能优化决策的物流服务系统
应急物流	为应对突发事件提供应急生产物资、生活物资供应保障的物流活动

五、现代物流的特征

1. 过程一体化

过程一体化即根据客户物流需求所提供的全过程、多功能的物流服务。现代物流是以系统及总成本控制的思想为出发点的，它将经济活动中所有供应、生产、销售、运输、库存及相关的信息流动等活动视为一个动态的整体，关心的是整个系统的运行效能与费用。

物流过程一体化的一个重要表现是供应链（Supply Chain）概念的出现。供应链把物流系统从采购开始经过生产过程和货物配送到达用户的整个过程，看成一条环环相扣的“链”，物流管理以整个供应链为基本单位，而不再是单个的职能部门。在采用供应链管理时，力图通过增加整个供应链提供给消费者的价值、降低整个供应链的成本的方法来增强整个供应链的竞争力，其竞争不再仅仅是单个公司之间的竞争，而上升为供应链与供应链的竞争。

2. 技术专业化

技术专业化表现为现代科学技术在物流活动中得到了广泛的应用。运输、装卸、仓储等也普遍采用专业化、标准化、智能化的物流设施设备。这些现代科学技术和设施设备的应用大大提高了物流活动的效率，扩大了物流活动的领域。

3. 管理信息化

现代物流高度依赖于对大量数据、信息的采集、分析、处理和即时更新。在信息技术、网络技术高度发达的现代社会，从客户资料取得和订单处理的数据库化、代码化，物流信息处理的电子化和计算机化，到信息传递的实时化和标准化，信息化渗透至物流的每一个领域。为数众多的无车船和固定物流设备的第三方物流者正是依赖其信息优势展开全球经营的。从某种意义上来说，现代物流竞争已成为物流信息的竞争。

4. 服务社会化

服务社会化突出表现为第三方物流与物流中心的迅猛发展。随着社会分工的深化和市场需求日益复杂，生产经营对物流技术和物流管理的要求也越来越高。众多工商企业逐渐认识到依靠企业自身的力量不可能在每一个领域都获得竞争优势。它们更倾向于采用资源外取的方式，将本企业不擅长的物流业务交由专业物流公司，或者在企业内部设立相对独立的物流专业部门，而将有限的资源集中于自己真正的优势领域。专业的物流部门由于具有人才优势、技术优势和信息优势，可以采用更为先进的物流技术和管理方式，取得规模经济效益，从而达到物流合理化——在产品从供方到需方全过程中，达到环节最少、时间最短、路程最短、费用最省。

5. 活动国际化

在产业全球化的浪潮中，跨国公司普遍采取全球战略，在全世界范围内选择原材料、零部件的来源，选择产品和服务的销售市场。因此，其物流的选择和配置也超出国界，着眼于全球大市场。大型跨国公司普遍的做法是选择一个适应全球分配的分配中心以及关键供应物的集散仓库；在获得原材料以及分配新产品时使用当地现存的物流网络，并且把这种先进的物流技术推广到新的地区市场。例如，耐克公司通过全球招标采购原材料，然后在中国台湾地区或东南亚生产（中国大陆也有生产企业），再将产品分别运送到欧洲、亚洲的几个中心仓库，然后就近销售。同样，全球采购原材料和零部件，大大降低了汽车生产企业的成本，改变了汽车生产线的位置。

六、现代物流的作用

根据物流的定义，可以说物流是一种整合，它是将采购、生产、传统物流、销售等予以综合考虑，形成一个科学、高效的管理链，从采购原材料开始到最后将产品送交顾客，将这一“物的流通”的全过程进行高度综合的一体化管理，除了销售物流和公司内部物流以外，还有采购物流和退货与废弃物物流。这一过程保证了社会再生产的不断进行，提高了总体效益。

（一）保障再生产

1. 物流是生产过程的基本保证

无论在传统的贸易方式下，还是在新的贸易（如电子商务）条件下，生产都是商品流通之本，而生产的顺利进行需要各类物流活动的支持。生产的全过程从原材料的采购开始，便要求有相应的供应物流活动，使所采购的材料到位，否则，生产就难以进行；在生产的各工艺流程之间，也需要原材料、半成品的物流过程，即生产物流，以实现生产的流动性；部分余料、可重复利用的物资的回收，需要回收物流；废弃物的处理则需要废弃物物流。可见，整个生产过程实际上就是系列化的物流活动，同时，通过降低物流费用从而降低成本、优化库存结构、减少资金占用、缩短生产周期，保障了现代化生产高效进行。

2. 物流是实现从生产到消费的重要环节

合理化、现代化的物流，解决物的空间流动问题，使"物"完成从原材料变为产品再到消费品这一过程；通过物流，生产者得到所需的物料进行生产，经营者得到要销售的商品，顾客得到他们想要的消费品。通过物流，将商品在适当的交货期内准确地向顾客配送；对顾客的订货尽量满足，不使商品脱销；适当地配置仓库、配送中心，维持商品适当的库存量；使运输、装卸、保管等作业自动化；维持适当的物流费用；使从订货到发货的信息流畅无阻；把销售信息迅速地反馈给采购部门、生产部门和营业部门。物流保证了生产到消费的循环过程，满足了社会的需要。

（二）以尽可能低的物流成本，给顾客以尽可能好的物流服务

物流在实现高效管理方面起着重要作用，它可以通过下述几方面来减少成本和增加顾客价值。

（1）准确地按期将商品送交顾客，满足市场需求，及时产生价值。

（2）尽可能减少商品供应的断档，保持生产经营中资金流的连续性。

（3）适当安排物流节点，提高配送效率，保持合理库存水平以实现动态平衡。

（4）使生产、运输、保管、搬运、包装、流通加工等不同过程一体化、系统化，节约和合理利用资源。

（5）保持从接受订货到发货和配送全过程的信息通畅，使物流成本最低。

（三）提高效益，增加销售和盈利

1. 运营过程的集约化

企业的运营分别存在着采购、生产、销售等运营逻辑。物流的综合作用将超越所有这些逻辑，追求包含从采购到销售在内的"物的流动"的整体最佳状态。

2. 获得外部关系的最佳化

物流过程首先把满足顾客要求放在首位，然后设计企业内部“物的流动”的整体最佳状态。这是一种向顾客提供商品的活动，可以说是一种满足需要的“需要满足功能”。同时企业也要搞好外部供应商以及分销商等到达最终顾客的各个渠道的整个“物的流动”，追求整体最佳，以提高效益。

（四）提高企业的核心能力

1. 提高企业的管理能力

物流不只是简单的“物”的流动，还需要高度的组织化和对于不断变化的市场与形势的适应能力。把生产的商品送交消费者的过程中，企业的各项活动需要高度理性化地组合起来。在这一过程中，企业本身也在不断地改进，不断提升管理的水平和层次。

2. 增强企业的竞争力

企业要使自己的商品优于其他公司商品，不仅要加强销售活动，还要搞好物流服务，使物流服务也优于其他公司。在商品的质量和价格都基本等同的情况下，必须把物流作为一种销售竞争的手段，争取在对顾客服务方面取得优势，所以物流就成为商品营销中的竞争力量。解决把所需的商品在指定场所、指定时间，以指定的价格送交顾客的问题，使需要和供给互相契合实现“供需综合平衡”，这正是企业核心能力的表现。提高物流的水平实际上是在提高企业自身的核心能力，使企业在竞争激烈的市场上立于不败之地。

综上所述，在现代社会生活中，缺少了物流是不可想象的，特别是在人们追求提高生活质量的今天，社会对物流的需求越来越强烈。

第二节 物流与电子商务的关系

一、电子商务的基本概念

电子商务是利用网络与通信等电子技术开展的商务活动，它是20世纪信息化、网络化发展的产物。与传统商务相比，电子商务具有全球化、虚拟化、智能化、速度性、高效性、创新性、开放共享性、竞争与合作性、数字化、全天候运作等特征。但电子商务的定义至今仍不是很清晰，各国政府、学者、企业界人士都根据自己所处的地位和对电子商务的参与程度，给出了许多表述不同的定义。比较这些定义，有助于我们更全面地了解电子商务。

1. 世界电子商务会议的定义

1997年11月6日至7日，在法国首都巴黎举行的世界电子商务会议，给出的概念阐述是：电子商务是指对整个贸易活动实现电子化。从涵盖范围方面可以定义为：交易各方以电子交易方式而不是通过当面交换或直接面谈方式进行的任何形式的商业交易。从技术方面可以定义为：电子商务是一种多技术的集合体，包括交换数据（如电子数据交换、电子邮件）、获得数据（共享数据库、电子公告牌）以及自动捕获数据（条形码）等。

2. 欧洲议会的定义

欧洲议会关于电子商务的定义是：通过电子方式进行的商务活动。它通过电子方式处理和传递数据，包括文本、声音和图像。电子商务涉及许多方面的活动，包括货物电子贸易和服务、在线数据传递、电子资金划拨、电子证券交易、电子货运单证、商业拍卖、合作设计和工程、在线资料、公共产品获得。它包括产品（如消费品、专门设备）和服务（如信息服务、金融和法律服务）、传统活动（如健身、体育）和新型活动（如虚拟购物、虚拟训练）。

3. 学者的定义

美国学者瑞维·卡拉科塔和安德鲁·B. 惠斯顿在其著作《电子商务的前沿》中提出：广义地讲，电子商务是一种现代商业方法。这种方法通过改善产品和服务质量、提高服务传递速度，满足政府组织、企业和消费者的降低成本的需求。这一概念也用于通过计算机网络寻找信息以支持决策。一般讲，今天的电子商务通过计算机网络将买方和卖方的信息、产品和服务联系起来，而未来的电子商务则通过构成信息高速公路的无数计算机网络中的一条将买方和卖方联系起来。

4. 我国相关机构的定义

上海市电子商务安全证书管理中心给电子商务下的定义是：采用数字化电子方式进行商务数据交换和开展商务业务活动。电子商务主要包括利用电子数据交换（EDI）、电子邮件（E-mail）、电子资金转账（Electronic Funds Transfer，EFT）及 Internet 的主要技术在个人间、企业间和国家间进行无纸化的业务信息的交换。

5. IT 行业对电子商务的定义

IT 行业是电子商务的设计者和相关设备的制造者。很多公司都根据自己的技术特点给出了电子商务的定义。虽然差别很大，但总的来说，无论是国际商会的观点，还是 HP 公司的 E-world、IBM 公司的 E-business，都认同电子商务是利用现有的计算机硬件设备、软件设备和网络基础设施，通过一定的协议连接起来的电子网络环境进行各种各样的商务活动。

二、电子商务物流的内涵

在电子商务背景下，物流活动呈现出高度信息化的特点，信息不仅是物流运作的基础，也是决定物流绩效的关键要素。目前，绝大多数物流组织都有充足的计算机系统网络支持，低成本的硬件结合先进的软件，提供了按不同的用户级别完成绝大多数交易、性能控制以及决策支持信息处理的运算能力。在信息技术飞速发展的今天，一些新技术逐渐成熟并被大多数物流企业广泛采用，为企业带来生产率和竞争能力的提高。这些技术包括电子数据交换、个人计算机、人工智能专家系统和决策系统、通信和互联网以及条形码、扫描仪和射频标签等。

根据《电子商务物流服务规范》，电子商务物流是指为电子商务提供运输、存储、装卸、搬运、包装、流通加工、配送、代收货款、信息处理、退换货等服务的活动。

三、物流在电子商务中的地位和作用

电子商务由信息流、商流、物流、资金流“四流”组成。商流是动机和目的，资金流是条件，信息流是手段，物流是过程。“四流”各自在不同的系统中运行，各有自身的运动规律，它们是一个相互联系、相互伴随、共同支撑流通活动的整体。其中，信息流、商流、资金流的活动都可以通过计算机在网上快速完成。而物流则比较特殊，少数商品或服务（如软件、电子出版物等）可以直接通过网络传输的方式进行配送，而对于大多数商品和服务来说，仍需经由传统的物理方式传输，因此，作为电子商务组成部分的物流便成为决定电子商务效益的关键因素。物流在电子商务中的地位与作用主要表现在以下几个方面。

（一）现代物流是电子商务发展的必备条件

1. 现代物流技术是电子商务推广的基础条件

电子商务是各参与方之间以电子方式完成的商务活动。通常，每笔成功的电子商务交易都会存在物流、信息流和资金流，每天在全球范围内发生巨量的商业交易，每一笔商业交易的背后都伴随着物流和信息流，贸易伙伴需要这些信息以便于对产品进行发送、跟踪、分拣、接收、存储、配送以及包装等。在信息化高度发展的电子商务时代，物流与信息流的相互配合变得越来越重要。

物流对电子商务可以起到如下作用：集成电子商务中的商流、信息流和资金流，提高电子商务的效率和效益；扩大电子商务的市场范围；协调企业电子商务发展目标，优化资源组合，实现基于电子商务的供应链集成；支持电子商务快速发展，使电子商务成为 21 世纪最具竞争力的商务形式。

2. 物流配送体系是电子商务的支持系统

根据电子商务的特点，对整个物流配送体系实行统一的信息化管理，按照用户网上输入的订货要求，配送服务商家在物流中心进行理货、配货作业，并根据计算机选择的最优送货路线将配好的货物送交收货人。先进的配送方式对物流企业提高服务质量、降低物流成本、优化社会库存配置，从而提高企业的经济效益及社会效益具有重要意义。

（二）物流是电子商务的重要组成部分

由于信息技术企业业务范围的限制，信息技术厂商往往把电子商务定位于“无纸贸易”。在这类电子商务的定义中，电子化工具主要是指计算机和网络通信技术。电子化对象主要是针对信息流、商流和资金流，并没有提到物流。

但我们必须注意到最先提出电子商务概念的是美国，而美国的物流管理与技术自1915年发展至今已有100多年的历史，通过利用各种机械化、自动化工具及计算机和网络通信设备，已日臻完善。同时，其技术创新的本源是需求，即科技创新是由需求拉动的。作为电子商务前身的EDI的产生是为了简化烦琐、耗时的订单等的处理过程，以加快物流速度，提高物资的利用率。可见，美国在定义电子商务概念之初，就有强大的现代化物流作为支持，只需将电子商务与其进行对接即可，而并非电子商务过程不需要物流的电子化。

作为一个发展中国家，我国目前尚不具备能够较好支撑电子商务活动的现代化物流水平。因此，一些专家在定义电子商务时，就将国外的定义与中国的现状相结合，提出了包括物流电子化过程的电子商务概念，认为电子化的对象是整个交易过程，不仅包括信息流、商流、资金流，还包括物流。

可见，从根本上来说，物流应是电子商务概念的组成部分，缺少了现代化的物流过程，电子商务过程就不完整。

（三）物流是实现电子商务的保证

电子商务的出现，在最大限度上方便了最终消费者。他们不必再跑到拥挤的商业街，一家又一家地挑选自己所需的商品。物流是电子商务实现“以顾客为中心”理念的最终保证。缺少了物流，电子商务给消费者带来的便捷就等于零。

随着电子商务发展日趋成熟，跨国、跨区域的物流将日益重要，没有物流网络、物流设施和物流技术的支持，电子商务将受到极大抑制。没有完善的物流系统，电子商务能够降低交易费用，却无法降低物流成本，电子商务所产生的效益将大打折扣。

四、电子商务对物流产生的影响

物流决定了电子商务的发展，同时电子商务也在改变着物流的内涵、系统结构、客户服务、物料采购、存货、运输等许多方面。

1. 对物流内涵的影响

电子商务对物流内涵的影响，可以从以下几个方面来理解。

（1）物流信息成为整个供应链运营的基础。网络是平台，供应链是主体，电子商务是手段。信息环境对供应链的一体化起着控制和主导的作用。

（2）企业的竞争将更多地表现为企业联盟的竞争。换句话说，网上竞争的直接参与者将逐步减少。更多的企业以其商品或服务的专业化比较优势，参加到以核心企业——或有品牌优势，或有知识管理优势——为龙头的分工协作的供应链体系中去，在更大的范围内建成一体化的供应链，并将其作为核心企业组织机构虚拟化的实体支持系统。供应链体系在纵向和横向无限扩张的可能性，将对企业提出更广泛的联盟化或更深度的专业化要求。显然，在电子商务的框架内，联盟化和专业化是互为表里并统一在物流一体化的体系之中的。

（3）竞争优势将不再表现为企业拥有物质资源的多少，而在于它能调动、协调、整合多少社会资源来增强自己的市场竞争力。企业的竞争将是以物流系统为依托的信息联盟或知识联盟的竞争。物流系统的管理也从对有形资产存货的管理转为对无形资产信息或知识的管理。

（4）物流系统面临的基本技术经济问题，是如何在供应链成员企业之间有效地分配信息资源使得全系统的客户服务水平最高，即追求物流总成本最低的同时为客户提供个性化的服务。

（5）供应链系统由生产推动变为需求拉动，当系统内所有方面都得到网络技术的支持时，产品的可得性将极大地提高。同时，将在物流系统的各个功能环节上极大地降低成本，如降低采购成本、减少库存成本、缩短产品开发周期、为客户提供有效的服务、降低销售和营销成本以及增加销售的机会等。

2. 对物流系统结构的影响

电子商务对物流系统结构的影响，主要表现在以下几个方面。

（1）由于网上客户可以直接面对制造商并可获得个性化服务，故传统物流渠道中的批发商和零售商等中介将逐步淡出，但是区域销售代理将受制造商委托逐步加强其在渠道和地区性市场中的地位，作为制造商产品营销和服务功能的直接延伸。

（2）由于网上时空的“零距离”特点与现实世界的反差增大，客户对产品的可得性的心理预期加大，以致企业交货速度的压力变大。因此，物流系统中的港、站、库、配送中心、运输线路等设施的布局、结构和任务将面临较大的调整。如 UNISYS 公司在 1988 年采用了 EDI 的 MRP 系统后，将其欧洲区的 5 个配送中心和 14 个辅助仓库缩减为 1 个配送中心。在企业保留若干地区性仓库以后，更多的仓库将改造为配送中心。由于存货的控制能力变强，物流系统中仓库的总数将减少。随着运管政策逐步放宽，更多的独立承运人将为企业提供更加专业化的配送服务。配送的服务半径也将加大。

（3）信息共享的即时性，使制造商在全球范围内进行资源配置成为可能，故其组织结构将趋于分散并逐步虚拟化。当然，这主要是指那些拥有品牌的、产品在技术上已经实现功能模块化和质量标准化的企业。

（4）大规模的电信基础设施建设，将使那些能够在网上直接传输的有形产品的物流系统隐形化。这类产品主要包括书报、音乐、软件等，即已经数字化的产品的物流系统将逐步与网络系统融合，并最终被网络系统取代。

3. 对客户服务的影响

（1）能保证企业与客户间的即时互动。网站主页的设计不仅要宣传企业和介绍产品，而且要能够与客户一起就产品的设计、质量、包装、改装、交付条件、售后服务等进行一对一的交流，帮助客户拟订产品的可得性解决方案，帮助客户下订单。这就需要物流系统中每一个功能环节即时信息的支持。

（2）能保证客户服务的个性化。只有当企业对客户需求的响应实现了某种程度的个性化对称时，企业才能获得更多的商机。① 要求企业网站的主页设计个性化。除了视觉感官的个性化特点外，最主要的是网站主页的结构设计应当是针对特定客户群的。所以，传统市场营销学对客户细分和对市场细分的一般性原则和方法仍然是企业设计和变换网站主页的基本依据。② 要求企业经营的产品或服务个性化。专业化经营仍然是企业在网络经济环境下竞争发展的第一要义。企业只有专业化经营，方能突出其资源配置的比较优势所在，为向客户提供更细致、更全面、更为个性化的服务提供保证。同样，按照供应链增值服务的一般性原则，把物流服务分成基本的和增值的两类，并根据客户需求的变化进行不同的服务营销组合将是适用的。③ 要求企业对客户的追踪服务个性化。网络时代客户需求的个性化增大了市场预测的离散度，故发现客户个性化服务需求的统计特征将主要依赖对客户资料的收集、统计、分析和追踪。虽然从技术层面讲并没有什么困难，但是要涉及文化的、心理的、法律的等诸多方面，因此建立客户档案并追踪服务本身，就是一项极富挑战性的工作。

4. 对物料采购的影响

企业在网上寻找合适的供应商，从理论上讲具有无限的选择性。这种无限的选择性将加剧市场竞争，并给企业带来供货价格降低的好处。但是，所有的企业都知道频繁地更换供应商将增加资质认证的成本支出，并面临较大的采购风险。所以，从供应商的立场来看，应积极地寻求与制造商建成稳定的渠道关系，并在技术、管理或服务等方面与制造商结成更有深度的战略联盟。同样，制造商也会从物流的理念出发来寻求与合格的供应商建立一体化供应链，制造商和供应商之间将在更大的范围内和更深的层次上实现信息资源共享。例如，LOF 公司在建立信息共享机制后，将其产品承运公司的数目从 534 家减少为 2 家：一家物流服务公司为其安排所有的货运事项，另一家物流公司则为其提供第三方付款服务，负责用电子手段处理账单信息，这不仅可减少运费 50 万美元，而且消除了 7 万件文案工作。事实上，电子商务对物料采购成本的降低，主要体现在诸如缩短订货周期、减少文案和单证、减少差错和降低价格等方面。因此，虚拟空间的无限选择性将被现实市场的有限物流系统即一体化供应链覆盖。

5. 对存货的影响

一般认为，由于电子商务增加了物流系统各环节对市场变化反应的灵敏度，可以减少库存、节约成本。相应的技术手段也由准时管理（Just in Time，JIT）和物料需求计划（MRP）等转向配送需求计划（DPR）、重新订货计划（ROP）和自动补货计划（ARP）等基于对需求信息做出快速反应的决策系统。但从物流的观点来看，这实质是借助于信息对存货在供应链中进行了重新安排。存货在供应链中总量是减少的，但结构上将沿供应链向上游企业移动。即经销商的库存向制造商转移，制造商的库存向供应商转移，成品的库存变成零部件的库存，而零部件的库存将变成原材料的库存等。因存货的价值沿供应链向上游逐步递减，所以将引发一个新的问题：下游企业由于减少存货而带来的相对较大的经济利益如何与上游企业一起来分享。供应链的一体化不仅要分享信息，而且要分享利益。比如，耐克公司用电子数据交换（Electronic Data Interchange，EDI）方式与其供应商联系，直接将成衣的款式、颜色和数量等条件以 EDI 方式下单，它同时要求供应布料的织布厂先到美国总公司上报新开发的布样，由设计师选择合适的布料设计为成衣款式后，再下单给成衣厂商生产。而且成衣厂商所使用的布料必须是耐克公司认可的织布厂生产的。这样一来，织布厂必须提早规划新产品供耐克公司选购。但由于布料是买主指定的，买主给予成衣厂商订布料的时间缩短，成衣厂商的交货期也就越来越短。显然，耐克公司的库存压力减轻了，但成衣厂商为了提高产品的可得性就必须对织布厂提出快速交货的要求。这时织布厂将面临或者增加基本原材料的存货，或者投资扩大其新产品的开发能力。

6. 对运输的影响

在电子商务条件下，速度已上升为最主要的竞争手段。物流系统要提高客户对产品的可得性水平，在仓库等设施布局确定的情况下，运输将是决定性的。由于运输活动的复杂性，运输信息共享的基本要求就是运输单证的格式标准化和传输电子化。由于基本的 EDI 标准难以适应各种不同的运输服务要求，且容易被仿效，以致不能作为物流的竞争优势所在，所以在物流体系内必须发展专用的 EDI 能力才能获取整合的战略优势。专用的 EDI 能力实际上是要在供应链的基础上发展增值网（Value-Added Network，VAN），其相当于在供应链内部使用的标准密码，通过管理交易、翻译通信标准和减少通信连接数目来使供应链增值，从而在物流联盟企业之间建立稳定的制度化渠道关系。为了实现运输单证（主要是货运提单、运费清单和货运清单）的 EDI 一票通，实现货运全程的跟踪监控和回程货运的统筹安排，将要求物流系统在相关通信设施和信息处理系统方面进行先期的开发投资，如电子通关、条形码技术、在线货运信息系统、卫星跟踪系统等。

第三节　电子商务物流的特点

互联网时代的来临，使电子商务环境下的物流具备了一系列新特点。

一、信息化

电子商务时代，物流信息化是电子商务的必然要求。物流信息化表现为物流商品信息的数字化、物流信息收集的数据库化和代码化、物流信息处理的电子化和计算机化、物流信息传递的标准化和实时化、物流信息储存的数字化等。因此，条码技术（Bar Code）、数据库技术（Database）、电子订货系统（Electronic Ordering System，EOS）、电子数据交换（EDI）、快速反应（Quick Response，QR）及有效的客户反应（Effective Customer Response，ECR）、企业资源计划（Enterprise Resource Planning，ERP）等技术与观念在我国的物流中已得到普遍的应用。信息化是一切的基础，没有物流的信息化，任何先进的技术设备都不可能应用于物流领域，信息技术及计算机技术在物流中的应用将会彻底改变世界物流的面貌。

二、自动化

自动化的基础是信息化，自动化的核心是机电一体化，自动化的外在表现是无人化，自动化的效果是省力化，另外自动化还可以扩大物流作业能力、提高劳动生产率、减少物流作业的差错等。物流自动化的设施非常多，如条码/语音/射频自动识别系统、自动分拣系统、自动存取系统、自动导向车、货物自动跟踪系统等。这些设施在发达国家已普遍用于物流作业流程中，而在我国由于物流业起步晚，发展水平低，自动化技术的普及还需要相当长的时间。

三、网络化

物流领域网络化的基础也是信息化，这里的网络化有两层含义：① 物流配送系统的计算机通信网络，包括物流配送中心与供应商或制造商的联系要通过计算机网络，另外与下游顾客之间的联系也要通过计算机网络通信。比如物流配送中心向供应商提出订单这个过程，就可以使用计算机通信方式，借助于增值网（VAN）上的电子订货系统（EOS）和电子数据交换技术（EDI）来自动实现，物流配送中心通过计算机网络收集下游客户的订货的过程也可以自动完成。② 组织的网络化，即组织内部网（Intranet）。比如，中国台湾的计算机业在20世纪90年代创造出了“全球运筹式产销模式”，这种模式基本按照客户订单组织生产，生产采取分散形式，即将全世界的计算机资源都利用起来，采取外包的形式将一台计算机的所有零部件、元器件、芯片外包给世界各地的制造商去生产，然后通过全球的物流网络将这些零部件、元器件和芯片发往同一个物流配送中心进行组装，由该物流配送中心将组装好的计算机迅速发给客户。这一过程需要有高效的物流网络支持，当然物流网络的基础是信息、计算机网络。

物流网络化是物流信息化的必然结果，是电子商务下物流活动的主要特征之一。当今世界Internet等全球网络资源的可用性及网络技术的普及为物流网络化提供了良好的外部环境，物流网络化不可阻挡。

四、智能化

智能化是物流自动化、信息化的一种高层次应用，物流作业过程大量的运筹和决策，如库存水平的确定、运输（搬运）路径的选择、自动导向车的运行轨迹和作业控制、自动分拣机的运行、物流配送中心经营管理的决策支持等问题都需要借助于大量的知识才能解决。在物流自动化的进程中，物流智能化是不可回避的技术难题，好在专家系统、机器人等相关技术在国际上已经有比较成熟的研究成果。为了提高物流现代化水平，物流智能化已成为电子商务下物流发展的一个新趋势。

五、柔性化

柔性化本来是为实现“以顾客为中心”理念而在生产领域提出的，但需要真正做到柔性化，即真正地能根据消费者需求的变化来灵活调节生产工艺，没有配套的柔性化物流系统是不可能达到目的的。20 世纪 90 年代，国际生产领域纷纷推出弹性制造系统（Flexible Manufacturing System，FMS）、计算机集成制造系统（Computer Integrated Manufacturing System，CIMS）、制造资源计划（Manufacturing Resource Planning，MRP Ⅱ）、企业资源计划（Enterprise Resource Planning，ERP）以及供应链管理的概念和技术，这些概念和技术的实质是要将生产、流通进行集成，根据需求端的需求组织生产，安排物流活动。因此，柔性化的物流正是适应生产、流通与消费的需求而发展起来的一种新型物流模式。这就要求物流配送中心根据消费需求“多品种、小批量、多批次、短周期”的特色，灵活组织和实施物流作业。

另外，物流设施、商品包装的标准化，物流的社会化、共同化也都是电子商务下物流模式的新特点。

第四节 我国的电子商务物流体系

一、我国电子商务发展现状

我国电子商务在 2010—2022 年交易规模逐年增长，到 2021 年达到 42.3 万亿元。从全国电商交易规模增速来看，2016 年以前呈爆发式增长，2018 年以前增速均保持在 10%以上，2018—2020 年全国电商交易规模增速有所放缓，下降至 10%以下。但 2021 年增速又有所上升，达到 13.7%，2022 年增速则下降至 3.5%。同时，随着交易额急剧扩大，电子商务创新活动层出不穷，B2B、B2C、C2C 及各行业电子商务发展各具特色。如图 1-1 所示。

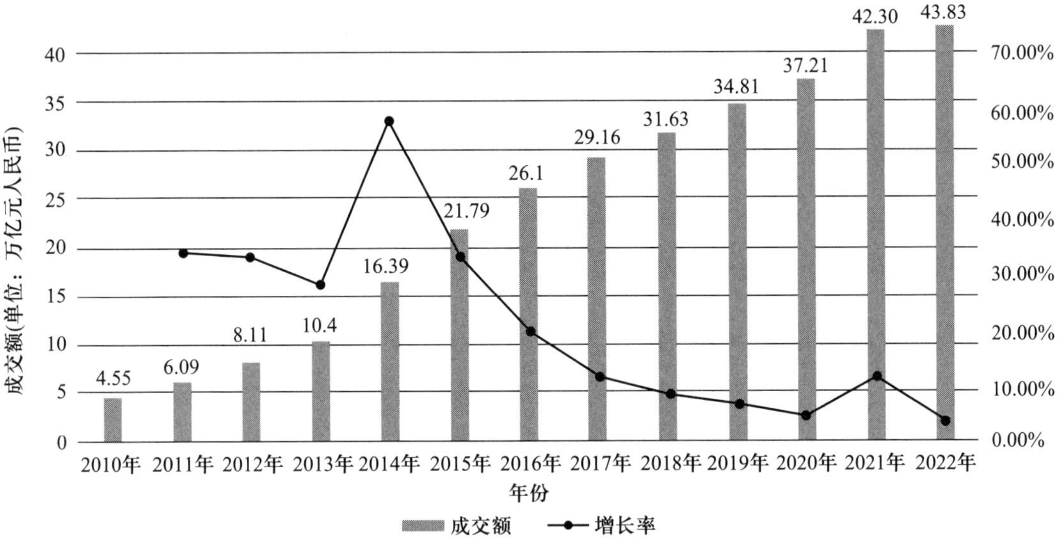

图 1-1　2010—2022 年我国电子商务市场成交额及增长率的变化①

（一）电子商务总体规模增加

近年来，中国电子商务蓬勃发展。商务部发布的《中国电子商务报告（2022）》显示，2022 年全国网上零售额达 13.79 万亿元，同比增长 4.0%。其中，实物商品网上零售额 11.96 万亿元，同比增长 6.2%。农村网络零售额达 2.17 万亿元，同比增长 3.6%。农产品网络零售额达 5 313.8 亿元，同比增长 9.2%。跨境电商进出口总额达 2.11 万亿元，同比增长 9.8%。其中，出口商品总额达 1.55 万亿元，同比增长 11.7%；进口商品总额达 0.56 万亿元，同比增长 4.9%。电子商务服务业营收规模达 6.79 万亿元，同比增长 6.1%。其中，电子商务交易平台服务营收规模达 1.54 万亿元，同比增长 10.7%。由电子商务间接带动的就业人数日渐增长，2022 年全国电子商务从业人员达 6 937.18 万人，同比增长 3.11%。

在中国的 B2C 电子商务市场中，紧随天猫、淘宝，京东、当当、聚美优品等一批电子商务平台开始站稳各自的细分市场，大有奋起直追之势；小米、聚美优品等垂直型电商发展迅速，就连国美、苏宁等传统量贩式企业也纷纷“触电”，共同“瓜分”这个爆发式增长的蛋糕。B2B 电子商务领域，阿里巴巴、上海钢联、环球资源、慧聪等顺应了中国制造业和服务业发展的趋势，成就了中国众多中小企业走向国际市场的梦想。目前，国内这类大宗商品电子交易市场已有 200 余家，涉及石油、化工、钢材、塑料、糖、橡胶等诸多商品领域。

2022 年，中国电子商务巨头阿里巴巴销售额高达 11 450 亿美元。联合国贸易与发展会议发布的报告显示，在 B2C 电子商务公司 2020 年交易额排名中，前 13 家电子商务

---

① 资料来源：商务部。

公司有 11 家来自中国和美国，其中阿里巴巴位居第一，京东位居第三，拼多多位居第四，美团位居第七。阿里巴巴位居全球排行榜第一，交易额是第二名亚马逊 5 750 亿美元的 2 倍还多，中国电子商务发展成为全球瞩目的焦点。

（二）配套体系建设取得进展

伴随着电子商务快速发展，与之相关的法律法规、电子支付、信用与安全认证体系、物流服务以及人才培养等电子商务配套环境体系建设也取得了相应进展。

2021 年 10 月，国家发布了《“十四五”电子商务发展规划》（以下简称《规划》）。其中提出，到 2025 年，我国电子商务高质量发展要取得显著成效。电子商务新业态、新模式蓬勃发展，企业核心竞争力大幅增强，网络零售持续引领消费增长，高品质的数字化生活方式基本形成。目标是到 2025 年实现电子商务交易额 46 万亿元，全国网上零售额 17 万亿元。各地方政府也推出相应的促进措施，这为进一步推动、规范电子商务市场的发展起到了一定作用。

现代物流业的快速发展，对电子商务的支撑能力不断增强。特别是网络零售带动了快递服务的迅速发展，电子商务带动中国快递业继续保持快速增长态势。国家邮政局统计数据显示，2020 年，邮政服务业务总量累计完成 2 801.4 亿元，同比增长 11.8%。中国年快递业务量连续 8 年稳居世界第一；已有 8 家快递企业成功上市，形成 3 家年业务量超 100 亿件、收入规模超 1 000 亿元的品牌快递集团；连接城乡、覆盖全国、通达世界的快递服务体系基本建成，快递网点基本实现乡镇全覆盖；年新增就业保持在 20 万人以上；邮政快递网络日均服务用户近 7 亿人次，重点地区间快递服务全程时限缩短到 58 小时左右。

（三）跨境电子商务不断突破

2023 年，跨境电商进出口总额达 2.38 万亿元，同比增长 15.6%，在我国对外贸易增速放缓背景下，跨境电子商务的业务在快速发展，成了未来贸易发展的新动力。其增长的主要驱动力在于跨境电子商务政策的密集出台，很多的传统企业开始进入这一领域，跨境电子商务逐渐受到传统企业的重视，成为传统企业发展的重要选择。

（四）社交电商成为热潮

近年，社交电商用户规模逐渐递增。2022 年，中国社交电商市场规模达 27 648 亿元，同比增长 9.17%。2021 年，用户规模达 8.05 亿，同比增长 8.97%，社交电商人均消费 2 979 元（数据来源：华经情报网）。其中最热门的直播带货、在线拼团、实体商家通过小程序等加入电商行列。

二、我国电子商务物流发展的瓶颈

商品流通过程由商流、物流、信息流、资金流“四流”构成。现在看来商流、信息流、资金流都可以有效地通过网络来实现，在网上可以轻而易举完成商品所有权的转移，但还需要通过物流来实现商品实体的转移。

以互联网为背景的网络经济可以改造和优化物流，但是不可能根本解决物流问题。一个国家物流环境的改善和物流系统建设，需要一点一滴地建设和积累，所以物流的瓶颈不是短时期或者轻而易举可以解决的。这在我国表现得尤为突出，如物流配送成本太高、效率低，且无规模优势和资本优势等，这主要有以下几方面原因。

(1) 企业对物流的重要性认识不足。我国的电子商务还处在一个快速发展阶段，电子商务与物流之间的相互依赖、相互促进关系还没有在社会上得到普遍认识。因此，人们在重视电子商务的同时，却对面向电子商务的物流配送系统的重视程度不高，从而出现物流配送系统落后，不能与电子商务良好结合，限制电子商务快速、高效、便捷等优势的发挥。

(2) 与物流发展相关的制度和政策法规尚未完善。我国现代物流的发展仍处于起步阶段，相关制度和法规有待完善。与企业发展息息相关的融资制度、产权转让制度、用人制度、社会保障制度、市场准入与退出制度等方面的改革还远不能适应企业发展的需要。企业在改善自身物流效率时，必然要在企业内外重新配置物流资源，而制度和法规的缺陷阻碍了企业对物流资源的再分配。物流企业跨区域开展物流业务时常常受地方保护主义困扰。

(3) 电子商务的物流配送平台构建滞后。电子商务的物流配送平台包括两个网络：实体网络和信息网络。实体网络是指物流企业及其物流设施、交通工具、交通枢纽等在地理位置上的合理布局而形成的有形网络。信息网络是指物流企业、制造企业、商业企业通过现代信息通信技术，把各自的实体信息连接整合而形成的信息资源共享网络。我国实体网络的现状是：经过多年持续发展，实体网络搭建取得极大进展，但仍旧存在不足，物流网络中节点布局不合理、没有发挥出系统化的优势，多式联运网络尚待完善；物流设施现代化、标准化水平不高，智能化设备不足；物流企业专业化水平、一体化物流服务能力有待提高，成规模的物流企业数量不多；信息网络需进一步完善。

(4) 物流装备标准化程度低。我国物流部门条块分割、自成体系，使得物流环节中各种运输方式之间装备标准不统一、物流器具标准不配套、物流包装标准与物流设施标准之间缺乏有效衔接，这导致了物流无效作用环节增加、物流速度降低和物流成本攀升，影响了物流的效率和效益。

(5) 物流和配送人才短缺。发达国家物流的发展实践表明，物流从业人员是否具有丰富的物流知识和操作经验，直接影响到企业的生存与发展。国外的物流经过多年发展，已形成了一定规模的物流教育系统，许多高校设置了与物流相关的课程，为物流行业培养并输送了大批实用人才。相比之下，我国在物流和配送方面的教育还相当落后，高等教育中还没有形成立体层面的物流教育体系，物流职业教育培训仍是一片盲区。

三、推动我国电子商务物流体系建设的措施

（一）加强物流配送基础设施建设

现代化的物流配送体系，可有效减少流通环节和流通时间，降低流通成本，从而促进电子商务的发展。建立现代化的物流配送体系，应从硬件、软件两方面着手，重点做到以下三点。

（1）手段的机械化、自动化和现代化。它主要包括：货物的包装实现标准化、通用化、机械化、集装化、大型化，包装容器依据统一的模数制成，同时与仓库设施、运输设施的模数统一起来；货物的分拣、装卸、搬运过程实现机械化、自动化，并且机械化与自动化紧密结合；采用条码技术以实现信息录入的自动化；建立高度自动化的高层立体仓库等。

（2）管理的现代化、规范化、制度化。坚持以客户为导向的经营理念，实行过程管理，从利润管理转向利润率管理，依据实际需要重组企业业务流程、拓展业务范围，实现物流全程的一体化服务等。物流配送管理规范化、制度化是指制定科学、规范的操作规程和管理制度，建立、健全科学的管理体制，从而提高物流的管理水平、服务水平以及物流从业人员的素质和技术水平。

（3）过程的信息化。物流配送信息化表现为：物流信息采集代码化、物流信息处理的电子化和计算机化、物流信息传递的标准化和实时化、物流信息储存的数字化等。因此，条码技术（Bar Code）、数据库技术（Database）、电子订货系统（EOS）、电子数据交换（EDI）、快速反应（QR）、有效客户反应（ECR）、射频技术（RF）、管理信息系统（MIS）、企业资源计划（ERP）等先进技术与管理策略，应在我国的物流配送企业大力推广，使我国物流配送朝信息化、自动化、网络化、柔性化方向发展。

（二）选择适应电子商务发展的物流中心发展模式

电子商务企业可以根据自身经营策略，采取自营物流或第三方物流方式。电子商务企业可以与物流企业或生产企业联合共建物流中心，形成物流一体化模式。物流配送经营企业之间为实现整体配送合理化，可以以互利互惠为原则，互相提供便利的物流配送服务，即采取共同配送模式。它包括配送共同化、物流资源利用共同化、物流设施设备利用共同化以及物流管理共同化。共同配送模式还可以减少物流企业间的不当竞争现象，从整体上提高供方取得价格优惠的能力，并实现优势互补，促进企业走向联合的规模经济之路，有助于改善我国物流企业“小、散、差”的结构状况。

（三）制定适合电子商务发展的完整、高效的物流配送方案

要制定一套适合电子商务发展的完整、高效的物流配送方案，必须做好一系列工作：① 要合理定位销售区域。在电子商务发展的初级阶段，电子商务的销售区域很难

覆盖互联网所及的全部地区。因而，电子商务经营者应根据消费者的收入、需求偏好、地理分布等条件不同，合理定位销售区域。对不同的销售区域可采取差别性的物流服务政策。② 要认真筛选销售品种。销售商所经营的商品品种越多，进货渠道及销售渠道越复杂，商品批次越多，批量越小，组织物流的难度就越大，成本也就越高。为了将某一商品的销售批量累积得足够大，从而减少物流环节的成本和费用，销售商就必须认真筛选商品品种，确定最适合自己销售的商品。③ 要精心策划配送方案。在制定配送方案时需考虑的因素有：订货状况信息、库存的可供性、反应速度、送货的可靠性、送货频率、配送文档的质量、首次报修修复率、投诉程序和提供的技术支持等。④ 要不断降低物流成本，合理控制库存。由于电子商务的物流具有批量小、品种多、批次多、周期短等特点，销售商很难在较短的时间内集中不同消费者的订货并将其配装在同一送货车内，这样就造成送货批次增加、批量减少，从而导致物流成本上升。

（四）加快物流产业标准化、规范化进程

对物流行业来说，需要用标准化、规范化的方式将供方、干线物流、配送、需求方等物流环节有机连接起来。如果没有相适应的物流接口标准，很难想象其连接的难度和成本。物流行业的规范和标准，还应对有关细节做出明确规定，如物流用语、计量标准、包装标准、装卸标准等。对物流企业来说，标准化是提高内部管理水平、降低成本、提高服务质量的有效措施；对消费者而言，享受标准化的物流服务是消费者权益的体现。为适应国际贸易的需要，网上信息传输应采取国际通用的标准，如目前国际物品编码协会（EAN）成员国通用的、基于互联网的电子数据交换（EDI）技术。我国已经成为EAN组织的会员国，EAN的EDI版本应该引起我国的足够重视，特别是在物流实时管理中，要先行接受EAN制定的标准。

另外，加强电子商务物流人才的引进和培养，以产学研一体化模式培养从事物流理论研究与实务的专门人才、懂电子商务理论和实务的专门人才、既懂IT又懂电子商务的网络经济人才、既懂电子商务又懂现代物流的有创新思想的复合型人才四类人才。上述四类人才的短缺将直接影响我国电子商务与物流配送体系的发展。在适当的时候，也应考虑建立“注册物流师”制度。

阅读资料

《“十四五”电子商务发展规划》发布

《“十四五”电子商务发展规划》发布，涉及物流绿色化、数字化、降低用地成本等。

“十四五”时期发展目标。到2025年，我国电子商务高质量发展取得显著成效。电子商务新业态新模式蓬勃发展，企业核心竞争力大幅增强，网络零售持续引

领消费增长，高品质的数字化生活方式基本形成。电子商务与一二三产业加速融合，全面促进产业链供应链数字化改造，成为助力传统产业转型升级和乡村振兴的重要力量。电子商务深度链接国内国际市场，企业国际化水平显著提升，统筹全球资源能力进一步增强，“丝路电商”带动电子商务国际合作持续走深走实。电子商务法治化、精细化、智能化治理能力显著增强。电子商务成为经济社会全面数字化转型的重要引擎，成为就业创业的重要渠道，成为居民收入增长的重要来源，在更好满足人民美好生活需要方面发挥重要作用。

2035 年远景目标。到 2035 年，电子商务成为我国经济实力、科技实力和综合国力大幅跃升的重要驱动力，成为人民群众不可或缺的生产生活方式，成为推动产业链供应链资源高效配置的重要引擎，成为我国现代化经济体系的重要组成，成为经济全球化的重要动力。

《“十四五”电子商务发展规划》全面总结了“十三五”时期电子商务发展取得的显著成果，分析了“十四五”时期电子商务发展面临的机遇和挑战，提出了电子商务发展的七大主要任务、23 个专项行动和六条保障措施。其中七大主要任务从绿色发展、数字化升级、产业融合、基础设施建设、仓储服务性用地等多方面促进物流发展。主要任务如下：

任务一：深化创新驱动，塑造高质量电子商务产业。

任务二：引领消费升级，培育高品质数字生活。

任务三：推进商产融合，助力产业数字化转型。

任务四：服务乡村振兴，带动下沉市场提质扩容。

任务五：倡导开放共赢，开拓国际合作新局面。

任务六：推动效率变革，优化要素资源配置。

任务七：统筹发展安全，深化电子商务治理。

（资料来源：《中国物流与采购》杂志官网，2021-10-27。）

本章小结

（1）物流一词最早出现于美国。第二次世界大战期间，围绕战争供应，美国军队建立了后勤理论，并将其用于战争活动中，成为物流运用的成功案例。其概念的内涵包括：与物的流通有关的经济活动，包括物资流通和信息流通；物流是经济活动，是创造时间价值和场所价值的经济活动；物流是关于物的信息活动过程，具体来说是与上述生产、运输、保管、包装、搬运等物资流通活动相关的信息活动。

（2）物流所创造的价值主要包括时间价值、空间价值和物流增值服务价值。现代物流的构成要素主要有运输、存储、装卸、搬运、包装、流通加工、配送、信息处理等。

(3) 电子商务就是利用网络与通信等电子技术开展的商务活动，它是 20 世纪信息化、网络化发展的产物。与传统商务相比，电子商务具有全球化、虚拟化、智能化、速度性、高效性、创新性、开放共享性、竞争与合作性、数字化、全天候运作等特征。

(4) 电子商务物流是指物流过程的某些方面通过互联网实现，从而实现了物流的电子化。更为确切地讲，是通过互联网、EDI 或其他专用连接手段，将核心公司与其供应商、分销商、企业客户和消费者连接起来以取得共同的商业利益，同时也实现相应的物流功能，达到绩效最优。

(5) 现代物流是电子商务发展的必备条件，是电子商务重要的组成部分，也是实现电子商务的保证。

(6) 物流从根本上决定电子商务发展的同时，电子商务也在改变着物流的内涵和管理的模式。

思考题

1. 物流的定义是什么？它如何创造价值？
2. 现代物流的基本特征是什么？它与传统物流的区别在哪里？
3. 现代物流如何分类？分类的依据是什么？
4. 简述物流在电子商务中的地位与作用。
5. 简述电子商务对物流的影响。
6. 电子商务物流具有哪些特点？
7. 你认为我国电子商务物流发展的瓶颈是什么？如何解决？
8. 我国可以借鉴发达国家的哪些电子商务物流发展经验？（进行调查后回答）
9. 与电子商务适应的“合理”的物流体系应该具备什么样的特点？

案例分析

中通云仓，仓配一体化融通供应链全链路

中通云仓科技打造全场景化的“边播边发，即时发货”特色仓播，拓宽合作商家的销售渠道。同时，在供应链金融、云配同城时效件、F2C（Factory to Customer）创新服务等方面也有诸多突破。系列化产品创新迭代，有效打通供应链全环节，更好地满足了电商企业发展物流新需求。

一、企业简介

中通云仓科技有限公司（简称中通云仓科技），是中通快递集团旗下一家专业为电商平台、品牌商家、社交电商、直播平台等提供仓储配送一体化供应链综合服务的平台，是云仓领域的创新与标杆企业代表。截至目前，公司在全国已成立 53 家子公司，员工超 2 000 人，拥有仓库近 200 个，仓储总面积超 200 万平方米，配送辐射全

国98%区县、91%乡镇，现已累计服务千家电商平台、品牌商家等客户企业。2020年公司全年营收超12亿元。

二、市场需求与痛点

随着电商、直播电商的快速发展，电商物流需求越来越旺盛。而随着平台增多、消费者对物流体验的需求增长，更加多样化、柔性的物流供应链搭建成为当下电商行业的大势所趋。

针对物流时效慢、消费者体验差、物流不灵活等行业痛点，中通云仓科技有限公司以中通快递集团的转运中心仓优势，打造中心仓，减少短驳环节，提升发货效率。在全国56个核心城市建有近200个智慧仓储（其中中心仓近80个），形成规模化的仓网，可进一步降低电商企业的整体物流成本，优化物流配送路由，建立更加完善的全国性物流流通体系。

三、中通云仓的服务内容

（1）通过大数据算法，对合作伙伴的销售情况进行大数据分析，结合后续销售预测、各地物流成本等因素，为商品打造全国分仓。该服务模式将原有一个全国总仓改为多个消费者中心仓，将原有的2C改为2B和2C相结合。全国分仓模式通过干线运输方式，将商品先配送到全国各地离消费者最近的云仓内，有效降低原来2C配送的成本。

（2）推出的F2C配送服务，为厂家直接将商品配送给消费者成为可能。中通云仓科技依托自主研发的仓储管理系统（WMS）、运输管理系统（TMS）及全国仓网和快递站点资源帮助厂家一件代发。F2C配送服务可有效弥补经销商无法覆盖的消费者，为厂家销售网络的密集编织落地提供支持。

（3）推出云配服务，专注于为生鲜行业提供仓储、配送“一站式”解决方案。通过产地仓、中心仓、前置仓三级仓模式保证生鲜水果保鲜、高效送达。同时，推出即刻专送、即刻直送等专属服务。目前，在全国20多个核心城市建立起云配仓配网络，助力本地生活服务升级。

（4）为合作商家提供供应链金融、直播金融服务。该服务可根据商家在仓商品价值进行评估给予低利息的金融支持。同时，对于直播货款到账周期长，可进行提前付款，缩短付款周期，加快直播平台资金周转速度。

目前，行业在供应链解决方案提供上更加偏向单一性，在整体整合上偏弱，无法一次性满足客户诉求。客户需要通过多次、多家逐一对供应链问题进行解决，耗时耗力、效果不佳。基于上述行业现状，中通云仓科技盘点自有资源，充分扩大自身在仓方面优势，将行业中产品供应链不完善、融资难、销售渠道窄等问题归并汇总，通过一个方案进行整合。

中通云仓科技方案的推广可一次性满足行业大多客户的供应链解决方案需求，更好地满足行业需求。同时，该方案对于整个物流行业的效率提升、管理水平提升、消费体验提升都有具有重要意义。本方案在模式上具有易推广性，同类企业可根据自身实际较快进行复制推广。

中通云仓科技在研发推进该案例的整合落地，整体提升物流时效30%以上，有效减少物流成本，公司、商家的经济效益进一步提升。通过对供应链各环节整合，剔除非必要环节，减少环节之间的堵塞因子，带动社会整体物流水平提升，促进社会效益改进。同时，通过整改与优化供应链，助力商家的销售渠道拓宽和融资渠道扩大，有效激发社会需求，带动社会消费，扩大岗位需求，形成更大的社会带动力。

（资料来源：《2020全国电商货运物流数智化30佳优秀案例》。）

分析讨论：

(1) 电商行业快速发展会对物流业产生何种影响？

(2) 中通云仓科技所提供的物流服务与传统的物流服务有什么不同？

(3) 你认为物流的价值是如何得到体现的？

(4) 你认为电子商务背景下物流企业应如何实现转型与升级？

第二章

电子商务模式

学习目标

通过本章的学习，主要了解电子商务模式的基本概念及构成，从而进一步了解电子商务模式的本质。读者还需了解电子商务模式主要的划分方法，并深刻理解各种不同模式的本质和特点。

通过学习，重点掌握按市场交易对象主体划分的电子商务模式和按价值链划分的电子商务模式。

学习任务

通过本章内容的学习，要完成以下几个任务。

- 掌握商务模式的概念及意义。
- 掌握电子商务模式的内涵及分类方法。
- 掌握按市场交易对象主体划分的电子商务模式的类型和特点。
- 了解价值链、虚拟价值链的概念及内涵。
- 了解按价值链划分的电子商务模式的主要类型。

导入案例

从精准扶贫到乡村振兴，农村电商迅速成长

百香果从名不见经传的地方特色产品，到广受全国消费者青睐的“网红水果”，不过数年，已成了带领广西北流市及周边地区农民奔小康的“致富果”。近年来，广西北流电商积极求变，从单纯的百香果电商向多品类、多业态转变，形成了快速发展、主动破圈的局面。截至2021年年底，广西北流市拥有电商运营主体390家，活跃店铺2 306个，带动3 000多人就业。2021年，北流市网络零售额达15.1亿元，同比增长13.7%，其中农产品网络零售额为8.42亿元；直播电商模式异常活跃，全市直播1 458场，累计有389万人次观看，零售917.5万件，销售额达1.4亿多元。不同地区的农村电商也逐渐发展出5种不同的模式：服务商+店铺的零售模式；淘宝村+农户的集群模式；平台+网红直播的带货模式；合作社+贫困户的扶贫模式；园区+新农户的示范模式。

1. “十三五”时期，农村电商实现了腾飞

农村电商规模大幅增长。2020年全国农村网络零售额达1.79万亿元，是2015年

的 5.1 倍，远高于全国电子商务整体增速；农产品网络零售额达 4 158.9 亿元，已占到农产品零售总额的 10%。

农村电商基础设施快速完善。截至 2020 年 12 月，农村网民规模达 3.09 亿，突破 3 亿大关；农村地区互联网普及率达 55.9%，突破 50% 大关，大多数农民已成为网民。2020 年年底全国建成县级电商公共服务中心和物流配送中心 2 120 个，村级电商服务站点 13.7 万个，基本实现快递网点乡镇全覆盖，快递直投到村比例超过 50%，农村地区揽收和投递快递包裹超过 300 亿件，占全国的 36%。

电商扶贫成效显著。全国贫困村通光纤比例从“十三五”初期的不足 70% 提升至 98%，深度贫困地区贫困村通宽带比例从 25% 提升到 98%。2020 年电子商务进农村综合示范项目累计支持 1 338 个县，实现了对国家级贫困县的全覆盖。截至 2020 年年底，国家级贫困县电商经营总数达 306.5 万家；2020 年国家级贫困县网络零售总额达 3 014.5 亿元。

电商形态日益丰富。直播带货打通农产品销路，2019 年 6 月至 2020 年 6 月，在某大型直播平台获得收入的贫困地区用户数达 664 万；2019 年 11 月到 2020 年 11 月，仅一家直播平台企业就帮助贫困县销售商品达到 19.99 亿元。社区团购成为竞争热点，大型电商平台进入，既吸引大量消费者参与，也推动了传统农产品销售格局的变化。乡村旅游电商、县域生活服务在线化、农产品跨境电商、乡村零售终端数字化等在“十三五”期间加快发展，带给农民更多就业和增收渠道。

2.“十四五”加快农村电商发展的重点

农村电商是电子商务的重要领域，担负着推动乡村振兴的重要职责，“十四五”期间农村电商作为重点任务进行了安排部署，并推出了 4 项配套工程。一是突出电子商务+三产融合，推动乡村产业振兴。二是以电子商务应用为先导，推动数字乡村建设。三是持续加大基础设施投入，加快完善农村电商生态体系。四是不断创新培养模式，切实强化农村电商人才支撑。

（资料来源：根据公开资料整理。）

思考：

（1）结合案例思考农村电商成功的模式都有哪些，定义模式的要素都有哪些。

（2）百香果借力电商成为“网红水果”的模式，属于电子商务中的哪一类模式？

第一节　电子商务模式概述

一、商务模式的定义

随着经济全球化程度的加深，市场要素及资本以空前的速度在市场间流通，促使商务模式演变和创新的速度日益加快。在市场竞争日趋激烈的局面下，商务模式创新常常显得比技术创新更为重要。

商务模式是一个非常宽泛的概念，包括运营模式、赢利模式、广告收益模式等。如今，商务模式已经成为经常挂在创业者和风险投资者嘴边的一个词。人们确信，有了一个好的商务模式，成功就有了一半的保证。那么，究竟什么是商务模式？它包含什么要素？又有哪些常见类型？

（一）商务模式的概念

商务模式的概念最早出现在 1957 年，之后相关研究不断拓展，但直到 20 世纪 90 年代才开始被广泛使用和传播。然而直到目前，学术界对商务模式的本质仍然没有达成共识。

文献中使用的“商务模式”一词通常有两种含义：一是简单地指企业从事商务的具体方法和途径；二是更强调模型方面的意义。前者泛指一个企业从事商务的方式，而后者指的是这种方式的概念化。后一观点的支持者们提出了一些由要素及其关系构成的参考模型（Reference Model），以构件来描述商务模式。

商务模式的本质是价值创造，是一种包含了一系列要素及其关系的概念性工具，用以阐明某个特定实体的商务逻辑。它描述了公司所能为客户提供的价值以及公司的内部结构、合作伙伴网络和关系资本（Relationship Capital）等借以实现（创造、推销和交付）这一价值并产生可持续赢利收入的要素。

综合来看，商务模式相对比较贴切的定义是：整合企业内外各种要素，形成一个完整、高效率的具有独特核心竞争力的运行系统，并通过最优实现形式满足客户需求、实现客户价值，同时使系统达成持续赢利目标的整体解决方案系统。

（二）商务模式的构成要素

作为一种商务逻辑，商务模式可以通过构件形式来进行描述，并且尽可能将其规范化。一个完整的商务模式可由下列构件组合构成，并根据实际情况而有所不同。其中价值主张和消费者目标群体是两个核心构件。

（1）价值主张（Value Proposition），即企业通过其产品和服务向消费者提供的价值。价值主张确认公司对消费者的实用意义。

（2）消费者目标群体（Target Customer Segments），即企业的目标消费者群体。这些群体具有某些共性，使企业能够（针对这些共性）创造价值。定义消费者群体的过程也被称为市场细分（Market Segmentation）。

（3）分销渠道（Distribution Channels），即企业用来接触消费者的各种途径。阐述了企业如何开拓市场，涉及企业的市场和分销策略。

（4）客户关系（Customer Relationships），即企业同其消费者群体之间所建立的联系。通常所说的客户关系管理（Customer Relationship Management）即与此相关。

（5）价值配置（Value Configurations），即资源和活动的配置。

(6) 核心能力 (Core Capabilities), 即企业执行其特有商务模式所需的能力。

(7) 合作伙伴网络 (Partner Network), 即企业同其他企业之间为有效地提供价值并实现其商务化而形成的合作关系网络。涵盖了企业的商务联盟 (Business Alliances) 范围。

(8) 成本结构 (Cost Structure), 即所使用的各种资源的货币描述。

(9) 收入模型 (Revenue Model), 即企业通过收入流 (Revenue Flow) 来创造财富的途径。

(三) 商务模式的特征

商务模式具有以下两个主要特征。

(1) 商务模式是一个整体、系统的概念，而不仅仅由单一的因素组成。

(2) 商务模式的组成部分之间必须有内在联系，这个内在联系把各组成部分有机地关联起来，使它们互相支持、共同作用，形成一个良性的循环。

(四) 商务模式的类型

根据上述理解，可以把商务模式分为两大类。

1. 运营性商务模式

运营性商务模式重点关注企业与环境的互动关系，包括与产业价值链环节的互动关系。运营性商务模式创造企业的核心优势、能力、关系和知识，主要包含以下几个方面的主要内容。

(1) 产业价值链定位。即企业处于什么样的产业链条中，在这个链条中处于何种地位，企业结合自身的资源条件和发展战略应如何定位。

(2) 赢利模式设计。即企业从哪里获得收入，获得收入的形式有哪几种，这些收入以何种形式和比例在产业链中分配，企业是否对这种分配有话语权。

2. 策略性商务模式

策略性商务模式是对运营性商务模式的扩展和利用。应该说，策略性商务模式涉及企业生产经营的各方面。

(1) 业务模式。即企业向客户提供什么样的价值和利益，包括品牌、产品等。

(2) 渠道模式。即企业如何向客户传递业务和价值，包括渠道倍增、渠道集中/压缩等。

(3) 组织模式。即企业如何建立先进的管理控制模型，比如建立面向客户的组织结构，通过企业信息系统构建数字化组织等。

一个商务模式是否成功，主要可以通过两个关键要素来评价：一是满足角色的参与动机，即价值主张；二是在财务上获得期望的绩效。因此商务模式运行绩效可用两个构件测量：企业财务绩效和合作伙伴（包括客户）收益。

商务模式具有投资目的性、发展阶段性和动态演变性三个特性。商务模式具有发展阶段性，一个世纪以前，吉列公司通过赠送产品来赢得财富，创造了一种新的商务模式，而如果今天生产剃须刀片的企业仍然通过免费赠送剃须刀来卖刀片，它就不能被称为商务模式。现在，当各商家都用打折或买一送一的方式来促销时，这就不再是一种商务模式，只是一种营销方式。而当新型的网络企业通过各种免费方式赢得眼球时，如360公司通过提供多种免费应用及平台给使用者，最终实现与软件合作供应商分成的赢利模式，我们就能称这种免费形式为网络企业的新商务模式。

在企业的创办过程中，每一个环节上有多种创新形式，偶尔的一个创新或者模式演变也许就能改变企业的整个经营模式，也就是说企业的商务模式具有偶然性和广阔的衍生性。

阅读资料

一个IP，百亿流量，玩转“抖 inCity”新模式

2019年，“太南了”成为很多品牌的年度关键词，完不成的KPI（Key Perform Indicator)、ROI（Return on Investment)，品牌年轻化的路越发狭窄，出圈刷屏都极不容易。抖 inCity 美好生活节为期两天的收官活动，吸引3万人打卡，话题播放逾15亿，话题相关视频5次登上抖音、微博等社交媒体热搜榜，其中多支单条视频播放破3 000万，点赞破百万。尤其是“麻辣德子吃包子看饿徐峥”视频，其播放量达6 238.8万，官方抖音号涨粉26万余。

追溯其火爆的根源，始于2018年4月，抖音对抖 inCity 城市美好生活节这一首个面向城市的创新营销IP的重磅打造及持续一整年的特色运营，以年轻潮流的短视频表达方式、线上线下的媒介资源整合，以及对城市和品牌特色的深度挖掘，得以创新品牌城市化营销模式，有效激发年轻潮人共鸣，引爆全国。

模式一：以城市特色名片为主线，以抖音范潮流传播城市符号。

刚刚结束的收官盛典，就是一个典型的案例。收官盛典现场，汇聚了八大城市惊喜馆：“上海馆”里旧时趣味游戏、沪语互动墙、各种“上海牌”以及具有抖音范的拍照体验，将老上海里复古和现代化潮流融合；“四川馆”里，则用“川潮”作为设计理念，展现四川的“快耍慢活”，将当地的盖碗茶、火锅、麻将、川剧等传统特征元素，搭配续命奶茶、维密翅膀等时尚元素，突出传统与现代的碰撞……每一个展馆城市特色抖音范十足，俨然一个抖音范的城市之窗。创新的城市打卡体验，2天吸引了3万人前来互动。

其实，这是抖 inCity 系列活动的一个典型缩影，是多个落地活动的延续，其以城市文化为故事线，亮出一张张城市名片，激发城市年轻力。“抖 in 金陵”充分挖掘南京历史古城的特色，将抖 inCity 和城市非遗文化深度结合，邀请8位国家级非遗大师亲临现场，传承独属南京的古都魅力，打造了一场“非遗抖起来”的嘉年华活动。

模式二：深度挖掘并放大城市特色，擦亮城市新名片。

如果前面提到的几个城市的玩法是以城市的“金牌名片”为主线演绎城市特色，那么落地成都天府公园的IDOU盛典则是纵向深入地探索挖掘城市特色文化，让城市的特色名片更加具象化的典型。如何结合抖音，向外界诠释更多成都的网红内核，抖inCity从资源以及流量等多方面升级，打造IDOU盛典，邀请到300多位头部抖音红人，如李子柒、麻辣德子等，以及多家MCN机构，以超级红人节的形式与粉丝互动狂欢，将抖音里呈现的偏概念化的成都，进行更为立体具象化的演绎，加深城市认知。

模式三：联动城市本地大事件，躁动全城打造名场面。

除了充分利用城市特色地标、深度底蕴和潮流文化，抖inCity尝试和本地的大事件深度结合，一起打造城市名场面。“抖in齐鲁”和耳立音乐节的结合就是一次成功的试水。

耳立音乐节是山东省首个独立自主品牌的音乐节项目，其首届在莱芜雪野湖举办，共吸引省内外4万多人参与。与其孤军奋战，不如协同合作，若能结合自带本地流量的当地事件，势必能以小博大，实现共赢。最终“抖in齐鲁”与耳立音乐节一拍即合，在济南九如山瀑布群风景区开启了这场联动大事件。现场还专门设置了户外帐篷露营区、特色美食街区，以及抖音互动体验区、嘉年华等，充分发挥抖音特色，让齐鲁瞬间抖起来。而这场盛大的文化活动也为城市旅游带来了极大的声量宣传，让齐鲁的历史与文化以更快速度被外界认知。

城市网红气质演绎、本地重点文化产业联手、城市地标深度绑定、城市特色文化挖掘……回首2019年，抖inCity将所到之处的每个城市名片，都赋予了新的诠释。所谓千城千味，每座城市都有自己独有的味道……北京人的大气、上海人的腔调、山东人的豪爽、杭州人的温柔、成都人的浪漫……只要善于深度挖掘，就能让更多人看见城市还未被发现的美好，而城市化的营销内容，本身就具备文化谈资，会让当地人产生一种特殊的身份认同感，让他们自愿加入到为家乡宣传的大军之中。这也解释了，为何“太南了”的2019年，抖inCity却能爆款频出。

（资料来源：广告门微信公众号。）

二、电子商务模式的内容

随着电子商务的蓬勃发展，关于电子商务模式的探讨也层出不穷。研究者及企业管理者纷纷提出自己的定义，但并没有一种定义能够被广泛接受。这种共识的缺乏主要由于定义者各自的视角和目的都不尽相同。

虽然学术界及企业界目前尚未有一个标准、统一的电子商务模式的定义，但根据电子商务的运作表现形式，仍然可以对电子商务模式运作机制做出一个相对完整的表述：电子商务活动通常是指在互联网平台的网络环境下，基于浏览器/服务器的应用方式进行的各种商贸活动，它是一种实现网上购物、网上交易和在线电子支付以及各种商务、交易、金融活动及相关的综合服务活动的新型的商业运营模式。

从以上描述中可以看出，电子商务依然遵循商务模式的本质和原则，是商务活动在互联网上的延伸及拓展，只是由于其运作载体由传统方式转换为互联网，从而导致电子商务模式的多样性及与传统商务模式较大的差异性。

（一）电子商务的活动内容

电子商务的活动内容根据与行业的结合程度可以分为两类，而对应产生的电子商务模式也各不相同。

1. 完全依托于互联网行业而产生的电子商务活动

这是指针对互联网活动而产生的新的商务活动。这类活动基本上与传统行业没有直接的关联性。其内容主要是数字化信息的传播、增值与消费行为。如搜索引擎，其业务行为及赢利模式均是依托互联网基础而展开，网络竞价排名、在线网络游戏，以及 SNS 手机 App 应用等，就属于此类。

2. 与传统行业相结合而演变产生的相关电子商务活动

这是指以传统行业为基础，将信息、通信及互联网技术应用到这些传统行业中，通过改变或者重构整个行业流程中的部分或者全部环节，从而演变和创新出新的商务活动。由于不同的行业，产业链和价值链各不相同，客户群各自需求不相同，差异性较大，其所对应的电子商务模式也各不相同，这也正是目前电子商务模式众多且不停演变创新的原因。

可以看出，在这些商务活动中，互联网仅是作为一种应用工具和载体平台，但与不同行业结合后，自然演变出对应的电子商务活动和商务模式，如互联网金融、第四方物流及在线旅游等一系列电子商务活动。

无论传统商务活动还是电子商务活动，均是需要市场交易方式来完成的，尽管电子商务可以应用于传统商务活动中的单个环节，如网络营销、在线支付，但对于整个商务模式而言，交易则是必不可少的核心环节。

一些与传统行业相结合而演变产生的典型电子商务活动如表 2-1 所示。

表 2-1 互联网与传统行业的结合

传统行业	电子商务平台	传统行业	电子商务平台
传统集市	淘宝、天猫	传统书店	当当网
百货卖场	京东商城、苏宁易购	钢铁行业	上海钢联、欧浦钢网
金融服务	支付宝、财付通	传统物流	顺丰、申通

续表

传统行业	电子商务平台	传统行业	电子商务平台
传统支付	支付宝	家装行业	金螳螂
传统婚介	世纪佳缘、百合网	跨境物流	华贸物流
传统交通	快递、Uber	传统教育	全通教育
传统通信	微信、QQ	传统医疗	卫宁软件、鱼跃医疗
跳蚤市场	58同城、赶集网	煤炭行业	安源煤业、瑞茂通

（二）电子商务的业务流程

无论传统商务还是电子商务，市场交易都是由一系列流程构成的，正是这些流程为消费者和供应商创造出了价值，也正是因为将信息通信技术应用到相关的部分或者全部流程，电子商务活动才得以实现，并随着应用不同，演变出不同的电子商务模式。通常这些流程分为两种类型，即基本交易流程和与交易环境相关的流程。

基本交易流程如下。

（1）搜索（Search Processes），使购买者和销售者能够发现和比较交易的机会。

（2）定价（Pricing Processes），帮助购买者和销售者确定价格。

（3）物流（Logistics Processes），在购买者与销售者之间协调货品转移过程。

（4）支付结算（Payment and Settlement Processes），将资金从购买者转移到销售者。

（5）认证（Authentication Processes），确认买卖双方的信用水平。

此外，还有5个与交易环境相关的流程，它们能够增强交易双方的信任程度并帮助规范交易过程。这些流程如下。

（1）产品展示（Product Representation），确定产品和服务的呈现方式。

（2）规范（Regulation Processes），在法律和行业规则的框架下记录和认可交易的正当性，标明交易是合法的而且遵守一系列市场规则和社会公理。

（3）强制影响（Influence Processes），确保交易者之间的契约能够履行。

（4）争端解决流程（Dispute Resolution），提供解决交易各方以及平台运营者之间冲突的方案。

（5）信息通信技术流程，通过信息通信技术方式将其他交易流程整合到对应的电子商务平台（网站或App）中，以实现整个商务活动的互联网化。

信息通信技术在以上10个交易流程中的不同程度应用及结合，导致了电子商务活动的多样性及差异性，加上价值主张和实现方式不同，又进一步演变出多样的电子商务模式。

与传统商务活动相比，在搜索流程环节，电子商务具备先天的优势，能使交易双方在极短时间内获取到海量的信息，从而匹配到更多的交易对象，降低了交易成本，也进一步减弱了市场信息的不对称性。

而在定价流程，由于云计算等技术的应用，创造性地改变了商务活动中的定价机制，几乎能零成本地实现动态定价，从而能增添市场的活跃性。另外，企业还可以同时通过多种渠道进行定价，创造出新的定位机制，如机票和酒店的“Last Minutes”，Priceline 的 NYP（Name Your Price）等，从而创造出新的赢利机会。

事实上不仅在前述两个流程中，与传统商务活动相比，电子商务在各个流程中都带来了根本的变化，如在线支付的快捷和简单，身份及信用认证的全面、可靠和安全等。正是互联网的快速发展及信息通信技术等应用，使得原有在传统行业及活动中无法实现的商务模式得以在互联网上实现，这也正是电子商务模式的巨大魅力。

（三）电子商务模式的内涵

发展至今，电子商务模式的内涵也是在不断演变的。对核心期刊中有关电子商务模式内涵的学术论文进行的聚类分析结果如下。

根据关注点，可以将描述电子商务模式内涵的指标，从经济、战略和运作三个维度进行划分。其中，经济维度关注的是收入来源及赢利模式；战略维度强调获得持续竞争优势，提出价值主张并创造客户价值；运作维度认为商务过程是电子商务的核心，包含商务活动、商务角色、资源流、物流、产品/服务交付方式等成分，且运作层的结构配置与信息系统有着紧密联系，体现的是技术角度方式。

可以看出，随时间推移经济维度和战略维度两类定义所占比例均上升，尤其是后者。尽管国内电子商务模式定义中涉及运作维度的定义仍占了多数，但所占比例呈现明显下降的趋势，即更多研究者开始从如何提出价值主张并付诸实施角度切入。

商务模式是由价值主张、产品与服务、价值网络等多个构件组成的系统，商务模式的演变源自这些构件的改变，尤其是价值主张的改变。无论是传统商务模式还是电子商务模式，价值主张均是商务模式的核心组件，只是随着价值网络不同，选择采用了不同的实现形式；电子商务模式则更多通过利用信息通信技术应用到相应的交易流程环节以实现企业价值主张。因此，可以认为电子商务模式是企业考虑内外部约束条件和利用自身核心竞争力明确提出自己的价值主张，确定细分市场和目标客户之后，通过企业内部特定组织结构和在价值网络中的定位，应用信息通信技术，与价值网络上的各合作伙伴整合相关交易流程，以此为目标客户、企业和合作伙伴创造价值，实现特定的投资目标的方式。其中关键点是电子商务模式应指出价值创造过程（价值主张）及商务活动流程重构（与传统商务流程相比）以及各参与者在此过程中扮演的角色和收益来源。

电子商务模式是众多企业运作电子市场的一个出发点。在实际当中，人们谈论的电子商务指的就是电子商务模式。因为企业进行电子商务运营，最终总是依托一种或者某几种模式。电子商务模式就是网络企业生存和发展的核心，新成立的公司通过创新商务模式抓住电子市场的新机遇；传统企业则通过从传统商务模式向电子商务模式转型和适应新环境进行升级。

第二节　电子商务模式的分类

一、传统的分类方法

（一）按市场交易对象主体分类

1. 企业与消费者间电子商务

企业与消费者间电子商务（Business to Consumer，B2C）是指以互联网为载体，利用信息通信及计算机等手段实现商品/服务交易。B2C 电子商务一般以网络零售业为主，主要借助于互联网开展在线销售活动。B2C 即企业通过互联网为消费者提供一个新型的购物环境——网上商店，消费者通过网络进行购物、支付等消费行为。

2. 企业间电子商务

企业间电子商务（Business to Business，B2B）是指进行电子商务交易的供需双方都是企业，双方都使用了网络信息技术来完成商务交易的过程。尽管 B2B 电子商务受媒体关注程度不如 B2C，但事实上 B2B 交易一直是电子商务交易中的主流，也是企业实现转型升级、增强自身竞争优势的重要方式。

3. 消费者间电子商务

消费者间电子商务（Consumer to Consumer，C2C）是指利用网络信息平台为消费者间提供交易活动平台的商务形式，是现代电子商务的一种。C2C 网站就是为买卖双方交易提供的互联网平台，卖家可以在网站上发布其想出售商品的信息，买家可以从中选择并购买自己需要的物品，淘宝、eBay 等网站都属于此类。另外，一些二手货交易网站如 58 同城、赶集网也属于此类。

4. 企业与政府间电子商务

企业与政府间电子商务（Business to Government，B2G）是指企业与政府机构通过互联网完成原有业务。政府对企业行为的管理和监督，如税收、申报以及仲裁就可以利用电子商务方式完成。现在应用比较好的有电子税务、电子海关申报等。

（二）按照运营模式分类

从运营的角度来看，电子商务网站的平台类型决定着电子商务的应用模式。

1. 网上采购

网上采购具体是指用户以互联网为媒介，通过采购商的买方交易系统或供应商的卖方交易系统，或者第三方的交易平台完成采购行为的一种交易方式。网络平台一般包括提交采购需求、确认采购资金和采购方式、发布采购信息、接受供应商投标报价、开标定标、公布采购结果以及办理结算手续等功能。企业通过网上采购，能降低采购成本，并且能提高自身的采购效率。

2. 网上销售

网上销售是指由产品或者服务供应商建立企业自己的网站平台，通过互联网向个人、采购商、分销商供应商品或服务。在实际应用中，网上销售并不一定需要完成交易的所有流程，也可以仅完成部分流程，如产品呈现、客服沟通以及售后支持。

3. 网上中介

网上中介是指网站平台建设方不直接介入电子商务交易，而仅为供需双方提供信息发布平台。如58同城，交易双方都可以自由地在58同城网站上发布各自的需求信息，但平台运营方并不负责交易实现，仅提供信息发布的平台。

4. 网上市场

网上市场也称为电子市场，是一种典型的电子商务模式。作为网上大型交易者的集中地，其为买卖双方提供全面的商务服务。参与者通过网上市场进行交易，由网站提供包括商品目录管理、网上商店建立、谈判、签约、支付、物流在内的各种商业增值服务。国内最典型和成功的电子市场就是淘宝。

5. O2O（Online to Offline）

O2O是指把线上的消费者带到线下商店中去，通过在线支付购买或者预订线下的商品和服务，再到线下实体店去消费服务的电子商务模式。2013年，O2O进入高速发展阶段，主要在娱乐及服务行业得到广泛应用，如餐饮、电影、酒店及打车行业等，也是当前企业比较关注的热点。

6. LBS电子商务（Location Based Service，LBS）

LBS即基于位置的服务。LBS电子商务是指通过确定用户移动设备所在的地理位置，与之对应地提供与位置相关的各类电子商务信息服务。LBS是移动电子商务的具体应用体现，如大众点评网、滴滴打车等。

（三）按照商业活动运作方式分类

1. 完全电子商务

即能完全通过电子商务方式实现和完成整个交易过程。

2. 不完全电子商务

即整个交易过程中仅有部分环节实现，如仅是用作企业的网络营销推广，而没有交易过程；或者需要依靠一些外部要素来实现，如O2O模式需要通过线下实现才能完成整个交易。

当然，具体的电子商务模式类别与不同分类存在着交叉关系，并且由于标准不同，某些电子商务类别划分而存在着集合元素范围上的重叠，类似滴滴打车这种电子商务应用既可以算作O2O模式，同时也是LBS模式，从交易主体来看还可以看成B2C模式，这在某种程度上会影响到对不同电子商务模式的理解和沟通。

（四）新兴模式

1. BOB（Business-Operator-Business）

即供应方与采购方通过运营者达成产品或服务交易的一种新型电子商务模式。它提倡将电子商务平台化向电子商务运营化转型。一些小品牌想打响自己的品牌却没有电子商务平台的专业知识，BOB 模式的出现正好满足了此类需求，打造出完整的电子商务供应链，让中小企业有机会塑造自己的品牌。

2. C2B（Consumer to Business）

即消费者与企业之间的电子商务，通常情况为消费者根据自身需求定制产品和价格，或主动参与产品设计、生产和定价，产品、价格等彰显消费者的个性化需求，生产企业进行定制化生产。

3. D2C（Direct-to-Consumer）

即面对消费者的品牌模式，其特点就是自己研发出产品后，不经过经销商或中间平台，直接通过自己的官方渠道（大部分是网站或 App）卖给消费者。

4. 社交电商

即电子商务的一种新的衍生模式，是指通过社交互动来辅助商品的购买和销售行为，并将关注、分享、沟通、讨论、互动等社交化的元素应用于电子商务交易过程的现象。比如小红书、抖音等。

二、电子商务模式分类讨论

最近几年，不同的商务模式分类方法被提出来，比较有代表性的有以下几种。

（1）Michael Rappa 根据企业在价值链中的位置和赢利方式提出了 9 种主要商务模式，认为电子商务模式应该能够体现企业如何获得收益、产生利润以及不断生存发展的方式。

（2）Paul Timmers 将交互模式和价值链整合程度作为分类标准，也就是基于识别价值链中的元素以及如何整合价值链中的信息方式，识别出 11 种商务模式。

（3）Linder 和 Cantrell 根据核心活动及其在价值链中的位置，提出不同的商务模式由价格模式、便利模式、商品增值模式、体验模式、渠道模式、中介模式、信任模式、创新模式的不同组合形成。

（4）Tapscott 等提出一种基于商业网（B-Webs）的商务模式分类体系，根据自身经济控制程度和价值集成程度分为 5 种类别。这种商务模式分类方式更加宽泛，不仅可用于互联网还可以应用于任何具有网络结构的电子商务类型。

可以看到，从不同的研究角度出发，基于不同的分类标准能建立起多种电子商务模式分类体系。这些分类体系有助于从不同角度理解电子商务模式，为电子商务模式创新提供基础。

电子商务模式类别在文献中的出现频率在一定程度上也反映了业界对具体电子商务模式的认可和应用程度。B2B、B2C、C2C 几乎是伴随着电子商务的诞生而产生的，因而在业界有着极为广泛的应用，下一节将对这几种模式详细介绍；B2G 模式的产生和迅速发展则与电子政务这一概念密不可分，同时也与政府极力推进电子政务工作息息相关；虚拟社区模式的出现频率也较高，这与 Web 2.0 时代强调的“参与”与“互动”特征有关，从而导致了 SNS（Social Network Service）电子商务模式的产生；信息中介和信用中介作为中介模式的典型代表也有相当的出现频率。

第三节 按市场交易主体划分的电子商务模式

目前，业界观点较为一致的电子商务模式分类方法是按照电子商务市场交易主体进行分类，即 B2C、B2B、C2C、B2G、C2G 电子商务等。本节重点对 B2C、B2B、C2C 进行分析和介绍。

一、企业与消费者间电子商务

企业与消费者间电子商务（B2C），一般以网络零售为主，企业依托互联网展开在线销售活动，即企业通过互联网为消费者提供一个新型的购物环境——网上商店，消费者通过网络进行购物、支付并通过物流配送体系最终实现整个交易过程。我国 B2C 发展较快，商务部电子商务和信息化司发布的《2023 年中国网络零售市场发展报告》显示，2023 年我国网上零售额达 15.4 万亿元，同比增长 11%，其中 B2C 零售额占比 81.3%，占比持续增大，增速达 13%。

B2C 电子商务在实际应用中可分为如下两类。

（1）企业自建电子商务平台向消费者提供自己的商品和服务。这类平台可称为第二方平台，一般如各大航空公司、酒店等的专属交易网站。品牌企业通常也会建立自己的电子商务网站进行在线销售和技术支持等。企业自建电子商务平台一般都与自身内部的信息管理系统紧密结合，具有较强的个性化特性，平台之间有一定的差异性。代表企业包括中粮集团我买网等。

（2）由电子商务企业建立的电子商务网站，为各类销售企业提供平台服务。该类电商网站一般提供在线销售、支付、物流等一系列的配套功能，通常称为第三方平台。一般情况下，电子商务平台企业并不介入商品的交易过程，而是提供相应服务，相当于在销售商与消费者之间建立的电子交易市场。代表企业有天猫商城、淘宝网、唯品会、京东商城等。

下面以第三方平台为例对 B2C 电子商务交易流程进行介绍。

（一）业务流程

B2C 电子商务一般的业务流程如图 2-1 所示，整个流程涉及的主要参与者包括网络交易平台、零售商、消费者、银行（第三方支付平台）和物流服务商等。

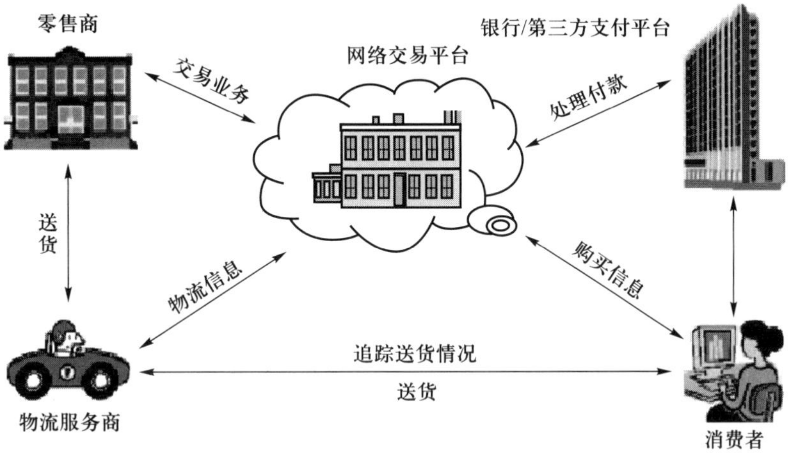

图 2-1　B2C 电子商务业务流程

1. 网络交易平台

电子商务企业为买卖双方提供平台及交易配套服务，在互联网上建立起电子商务交易环境。网络交易平台负责创建整个业务流程的规则，并严格管理，只有取得各方信任才能确保电子商务交易顺畅运行。

2. 网络零售商

网络零售商依照交易平台规则向消费者提供相关商品信息，并且根据市场需求动态调整价格，有时还需要与平台商合作推出具有竞争力的产品。

3. 银行/第三方支付平台

一个完整的电子商务交易流程必须包括资金的支付、结算过程，这样才能有效地实现支付手段的电子化和网络化，也才能体现出区别于传统交易模式的快捷性、方便性。在网上商品订单结束后，消费者可以利用网上银行或者第三方支付平台，完成相关资金的网上支付、清算。网络支付安全是消费者最为看重的一环，这一阶段不仅运行机制复杂，而且对技术、标准、法律、安全等方面都提出较高要求。

第三方支付平台是指与银行（通常是多家银行）签约，并具备一定实力和信誉保障的负责电子支付业务的第三方独立机构。由于第三方支付平台必须获得由央行颁发的资质许可证才能开展业务，并且是在银行监管下保障交易双方利益的独立机构，因此具有较强的公信力。第三方支付平台是买卖双方在交易过程中资金的“中间平台”，在通过第三方支付平台的交易中，买方选购商品后，使用第三方支付平台提供的账户进行货款支付。

现在网上支付手段已经出现了多样化的趋势，消费者既可以选择自己开户的网上银行进行在线支付，也可以选择信用卡支付。目前国内消费者更愿意选择通过第三方支付平台进行在线支付。作为网络交易的监督人和主要支付渠道，第三方支付平台提供了更丰富的支付手段和可靠的服务保证，这也是互联网金融产生的基础。目前国内代表性的第三方支付平台包括支付宝、微信钱包等。

4. 物流服务商

在 B2C 电子商务模式中，除了少数电子商务企业为了提高客户体验、解决“最后一公里”问题，增强自己核心竞争力，采用自建物流以外，B2C 电子商务企业更多是与第三方物流公司合作。B2C 电子商务企业与物流公司合作，需要建立起自身的自动订货处理和发货流程管理系统，并与物流公司的内部信息管理系统连接起来，物流公司内部信息系统生成的配送信息能自动传送到电子商务平台，从而实现消费者仅需要通过使用平台即可获取详细的商品状态信息，跟踪商品的整个运送过程。B2C 电子商务产业生态链如图 2-2 所示。

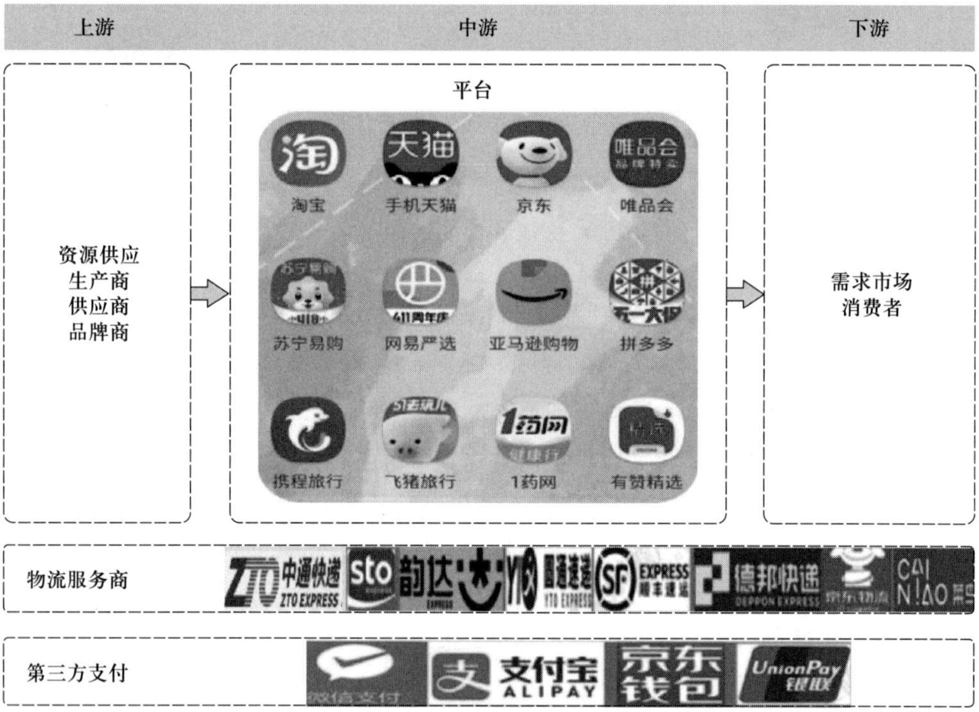

图 2-2 B2C 电子商务产业生态链

（二）比较优势

B2C 电子商务是依托互联网进行的网上零售模式，也是多种电子商务模式里与普通消费者关联度最高的一种模式。与传统零售相比，具有更方便、快捷、经济等优势。网上商店与传统商店的比较如表 2-2 所示。

表 2-2　网上商店与传统商店的比较

比较项目	网上商店	传统商店
商店名称	域名	店名
店面空间	虚拟空间（网站、网页）	物理空间（店铺）
商品展示	虚拟商品（图片、文本）	物理商品（实物）
营销方式	网络营销	传统市场营销
支付方式	货到付款、银行电汇、网上支付等	购买时直接现金支付或刷卡支付
购物时间	7×24 小时	规定时间

网上零售的优势主要体现在以下几个方面。

1. 有助于提升零售商的品牌价值

B2C 网上零售商借助于网站，在互联网上向消费者介绍自己的品牌，进行商品宣传和广告促销，能够使消费者迅速了解零售商的经营理念，并树立良好的品牌形象。

2. 有助于零售商进行市场信息的收集

利用互联网可以十分方便地访问遍布世界各地的网站，因此网上零售商可以轻松获得具有价值的市场信息，做到知己知彼，在市场竞争中处于有利的位置。

3. 改善客户服务措施

B2C 网上零售通过互联网的信息反馈系统，可以更有效地与顾客建立互动联系，及时、直接地进行信息交换，从而提高对顾客的服务水平。

4. 能够快速实施国际市场战略

克服传统零售的地理和时间障碍，使网上零售商可以直接建立国际分销渠道和销售商品，使本土公司快速地变为全球公司。

5. 有助于降低零售商的经营成本

在电子商务过程中，由于消费者的所有行为模式都是可以记录、可量化的，因此零售商通过对消费者数据的分析，就能更准确地分析出客户偏好，预测其需求，就可以实现精准营销。零售商还可以实现订单式销售，通过减少库存，提高资金周转率，来降低经营成本。

（三）成功要素

根据 B2C 电子商务模式的特点，采取适合的发展策略，是促进 B2C 电子商务可持续发展的关键所在。一个 B2C 电子商务企业取得成功的要素应该包括以下几点。

1. 品牌

在虚拟的网络世界里，顾客可以不受任何时间和空间限制地从一个商店转到另一个商店。因此，对网络零售商来说，建立客户关系的重要途径就是向客户传达一种基于品牌的可信任感。所以，在虚拟世界中品牌一旦树立就更容易取得成功。

2. 网站形象

网上商店的感官效果是网上销售品牌塑造的关键因素。在线购物主要靠视觉感受、优美的页面得到顾客的青睐，促进商品的销售。网站的设计要确保页面友好、布局合理、文字清楚易读、按键使用快捷和方便，这是基本要求；网上商店的设计还必须考虑使购物过程更简便，如在顾客为选购商品而犹豫不决时向他们提供更为丰富的商品信息，优化搜索工具和购物车等的功能。

此外，电子商务企业在建立网上平台时还应将“内容”“社区”和“商务”三个因素结合起来考虑，通过这三点营造一种全面的购物环境。仅仅提供“商务”这一项服务的网站往往由于其单调乏味而不会取得成功，因为在网上用户无法感受到实际购物环境中诸如营业员的笑脸、商店的气氛、可触摸商品等体验。要想弥补这些不足，就必须为顾客提供有趣的导购内容和一种新型的购物体验。综合性网站 Baby Center 就是一个将“内容”“社区”和“商务”三者有机结合的成功典范，网站除了设有经营相关产品的网上商店，还设有专门为孕妇和年轻母亲提供的咨询服务及社区论坛以吸引目标顾客。

3. 客户关系

B2C 电子商务企业要想获得成功一般都需要遵循三个步骤：赢得个别顾客、逐渐了解顾客和提高顾客回头率。

首先，网站可以记录每一笔与顾客进行的交易，统计和分析顾客的购物模式并测算出顾客的满意度。这是传统销售方式所无法具备的巨大竞争优势。其次，与顾客建立一对一的销售关系，可以为企业提供推出定制产品的绝好机会，网上商店可以比任何销售人员都更快、更好地提供出复杂产品的信息，可以不花费任何成本地让顾客为自己设计产品。如在戴尔公司的网站，顾客可以在没有任何营业员的干扰下去设计自己理想的计算机。这种个性化产品的定制为提高客户忠诚度带来了最佳机会。

4. 业务流程

企业不能仅满足于赢得客户，更重要的是要让客户满意。网上购物是一种全新的购物体验，企业要想让客户满意，就需要处处为客户着想，围绕客户的需求而不是只考虑公司的方便来设计每一个业务流程环节。

二、企业间电子商务

企业间电子商务（B2B）是指“企业与其上下游企业之间从事的网络商务活动”，即企业之间利用网络和电子化手段进行询价/报价、拟价、谈判、签订合同、订货/接受订货、付款/收款等商务活动的完整过程。

B2B 电子商务的重要意义在于，可以通过网络将自身的企业内部网与其供应商、客户及合作伙伴都紧密结合在一起。利用网络信息传播的快捷性，降低整个供应链的交易成本，提高效率。实际上，B2B 电子商务比 B2C 交易额更大，交易领域更加广泛。

对于企业来说，完整的 B2B 流程应既包括上游供应商，也包括下游分销商（零售商）。其目的主要是利用电子信息技术实现企业供应链的一体化管理，最终实现拉动式生产。但由于 B2B 模式相对需要集成的系统较多，信息化建设对企业要求投入较高，因此许多企业会根据自身实际情况仅选择部分实现 B2B 业务，如电子采购或者在线销售。其业务构成模型如图 2-3 所示。

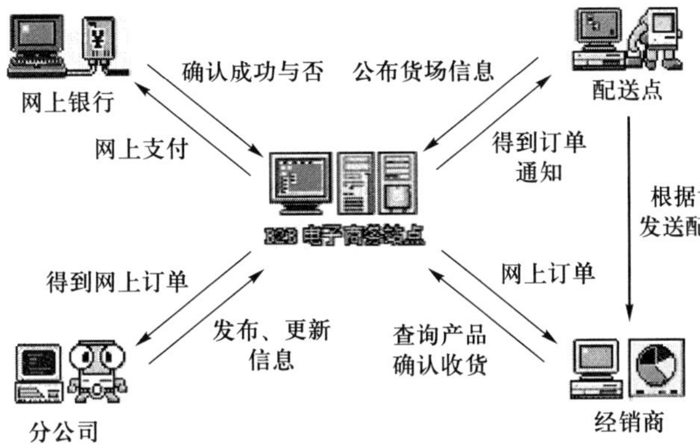

图 2-3　B2B 电子商务业务构成模型

（一）实现形式

与 B2C 相比，B2B 电子商务具有交易额大、交易过程复杂的特点，且一般需要与企业的内部信息管理系统（如 ERP、CRM、SCM）相结合或实现集成，其流程也比较复杂。根据应用企业属性不同，B2B 电子商务可以分为如下两大类。

1. 以核心企业为中心的供应链整合模式

这是指核心企业利用电子信息技术将自身供应链的上下游企业整合到网上，形成通过网络完成业务流的电子商务模式。这也是 B2B 电子商务的基本模式。随着供应链信息化水平的提高，企业可以逐渐简化原有供应链上的中间环节，以降低供应链交易成本，提高业务运作的效率，从而最终降低整个供应链的总成本。其结构如图 2-4 所示。

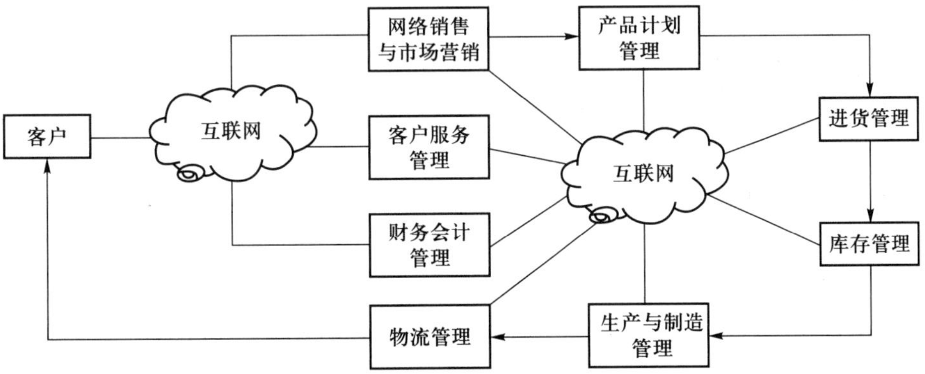

图 2-4　B2B 电子商务供应链整合模式

这种模式一般需要结合企业内部的信息管理系统，包括 ERP、CRM、SCM 等。因为系统集成复杂程度高，投资相对较大，要求企业的信息化建设程度高，因此一般是大中型企业实施比较多，是基于自身信息管理系统的互联网化，所构建的平台通常称为第二方平台。

以通用汽车为例，其建立了电子商务网站 TradeXchange，并将每年高达 870 亿美元的采购业务完全放到该网站上。现在该网站不仅能满足通用自身的采购业务，其 30 000 多家供应商之间也在利用该系统进行交易，专家估计 1%的交易手续费将为通用汽车带来每年 50 亿美元的额外收入。

2. 以第三方交易平台为中心的产业整合模式

这是指由专业的电子商务企业根据行业特性和市场情况构建起专业的 B2B 电子商务平台。该平台同样提供包括商品目录、动态定价/在线拍卖、在线支付、物流配送等一系列的系统功能，为企业间的采购或销售牵线搭桥，使之成为企业间可以进行便捷交易的大型电子市场。此类第三方 B2B 平台又可根据其用户属性分为两种类型。

（1）面向同一行业的垂直 B2B 市场（行业型 B2B）。这种平台可分为上游和下游两个方向。利用该类平台，位于上下游的企业之间就能形成贸易关系。如国内成立的钢铁全产业链电商平台找钢网、奇化网等，已成为国内新兴的产业电商巨头。

（2）面向某一区域的 B2B（区域型 B2B）。这种平台集中了某一区域中各行业的交易，为区域内的所有企业，或面向该区域的供应商提供交易机会。阿里巴巴、中国制造网、国联资源网、慧聪网等平台均属于这一类型。

第三方交易平台是为企业间提供 B2B 电子商务交易服务的平台提供商，其主要的收入来源包括交易费、服务费、会员费、广告费、佣金等。

（二）B2B 电子商务的优势

与传统商务活动相比，B2B 电子商务在采购成本、库存成本、周转环节和扩大市场机会四个方面都具有较大优势。

1. 采购成本

建立企业间电子商务，需求企业可以通过实施网上自动采购，减少为收集商品信息、商业谈判、交易管理等业务活动投入的人力、物力和财力。同时，也可以利用 B2B 交易系统整合企业内部需求，实现统一采购，增强议价权，降低采购成本。如沃尔玛将美国的 3 000 多家超市通过网络连接在一起，实现集中采购及统一配送，从而取得巨大的成本优势。

2. 库存成本

企业通过与上下游企业建立起 B2B 电子商务系统，实现拉动式生产，最大限度地降低库存。如戴尔公司的客户定制模式，使企业可以按订单装配，实现了企业业务流程的高效运转，大大降低了库存成本。

3. 周转环节

B2B 电子商务系统的建立，还可以帮助企业实现与合作伙伴的直接交流及交易，减少不必要的周转环节。如波音公司的零配件是从供应商采购的，而这些零配件很大一部分是用于它的顾客航空公司飞机维修。为减少中间的周转环节，波音公司通过建立电子商务网站实现波音公司的供应商与客户之间的直接交流，大大减少了零配件的周转时间。

4. 扩大市场机会

利用电子商务平台，可以帮助企业的潜在客户便捷地了解产品信息及直接交流，最终建立商务关系。可以拓展原来难以通过传统渠道覆盖的市场，增加企业的市场机会。如戴尔公司通过网上直销，有 20% 的新客户来自中小企业，通过与这些企业建立企业间电子商务，大大降低了双方的交易费用，增加了中小企业客户网上采购的利益动力。

三、消费者间电子商务

消费者间电子商务（C2C）是指通过电子商务网站为消费者间提供在线交易的方式。卖方可以自由地在电子商务网站上以个人名义发布待售物品信息，而买方则从中选择合适的物品进行交易。平台方为买卖双方提供便于交易所需的一系列配套服务，如市场信息、信用评价机制、在线支付等。

阿里巴巴旗下闲置交易平台闲鱼和京东旗下的“鲸置”都是典型的 C2C 模式。淘宝网（见图 2-5）也属于 C2C 模式。由于该平台提供了较为完善的信用、支付和物流等配套服务，深得中国消费者的喜爱，大量企业卖家也通过该平台进行商品销售。

图 2-5　淘宝网首页示例

C2C 电子商务的业务流程与 B2C 并没有太大差别，同样需要包含一系列的交易流程，平台方提供产品展示、在线支付、信用评价、物流配送体系一系列的功能。由于交易双方均以个人名义参与，在中国个人信用体系还不完善的环境下，信用认证体系及交易纠纷处理的完善就显得尤为重要，这是与其他模式最大的差别。

（一）C2C 电子商务的特征

（1）由第三方电子商务企业为供需双方提供交易平台是 C2C 电子商务模式的前提条件。第三方电子商务交易平台的出现，改变了供需信息交流的方式，扩大了信息交流范围，这正是 C2C 电子商务模式的本质特征。它与传统商务交易中的中介者最大的不同在于，平台仅提供交易场所与交易规则，并不介入交易本身。

（2）商务活动最基本的四个要素是：商流、物流、信息流和资金流。C2C 电子商务平台除了向买卖双方提供信息交流的渠道外，还需要满足买卖双方资金和货品的交换。因此，C2C 电子商务平台需要为买卖双方提供相应的支付平台和物流系统。而且除了提供相应的工具外，C2C 电子商务平台还需要在买卖双方出现交易纠纷时提供相应的解决机制，并为买卖双方的交易行为在互联网上作信用记录等。

（3）由于 C2C 电子商务平台面向所有人开放，且大多是免费的，进入门槛较低。而买卖双方又都是以个人身份参与，这就造成其参与者鱼龙混杂。不少用户还同时具有买家和卖家的双重身份。所以，能否建立一套可靠、完善的信用机制就成为 C2C 平台成败的关键因素。

（4）C2C 市场体量大，产品品类齐全，在满足网购用户差异化及个性化需求方面具有很强的优势。但由于商品品类众多，种类繁杂，假货很容易混迹其中，商品质量也良莠不齐。因此，建立有效的消费者保障及维权机制将成为 C2C 平台乃至此商业模式持续健康发展的决定性因素。

（5）由于 C2C 电子商务面向的是消费者个体，交易规模一般来说都较小，电子商务便利的瞬间比价功能又决定了卖家也只能依靠微薄差价或追求差异化服务来赚取利润。这就决定了平台方只有“薄利多销”以及提供丰富的服务支持才能实现其赢利的目标。

（二）C2C 电子商务的议价方式

C2C 电子商务模式中，一般有竞价和一口价两种议价方式。

（1）竞价。即拍卖式销售，其价格不固定，由买家出价进行竞拍，卖家可以设定最低成交价，在商品发布时间结束时，出价最高者得到商品。国外 C2C 平台，如 eBay 及 Yahoo Auction 大都采用这种方式。

（2）一口价。即卖家标明确切的商品价格，买家支付相应的金额即可获得商品，国内淘宝、拍拍等平台一般使用此方式。

第四节 按价值链划分的电子商务模式

一、价值链、虚拟价值链概述

（一）价值链

价值链分析法（Value Chain Model）是由美国哈佛商学院著名战略学家迈克尔·E. 波特（Michael E. Porter）于1980年在其著作《竞争优势》中提出的理解企业行为和指导企业竞争的重要理论方法。价值链分析法把企业内外价值增加的活动分为基本活动和支持性活动，基本活动涉及内部后勤、生产经营、外部后勤、市场营销、售后服务等主要业务；支持性活动包括基础设施建设、人力资源管理、技术开发、采购管理等。二者一起构成了企业的价值链，如图2-6所示。

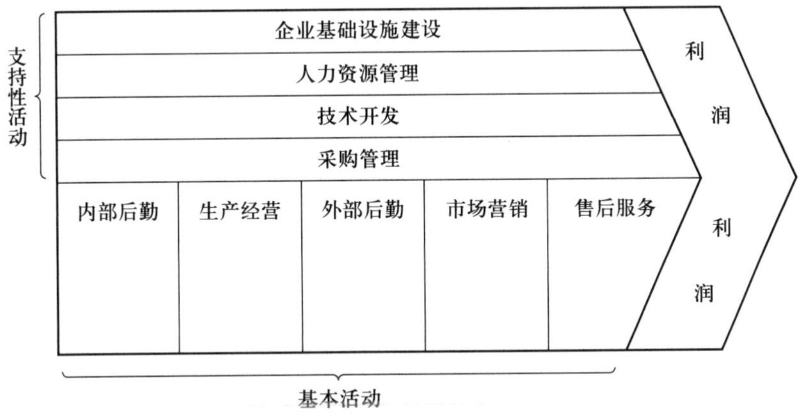

图2-6 价值链模型

价值链在经济活动中无处不在，上下游关联的企业和企业之间存在行业价值链，企业内部各单元的联系构成了企业价值链。企业的经营流程中，并不是每个环节都能创造价值，实际上只有某些特定的活动才是创造价值的，这些真正创造价值的经营活动，就是价值链上的“战略环节”。企业的竞争优势，实际上就是企业在价值链某些特定的战略环节上的优势。企业的优势既可以来源于价值活动所涉及的市场范围的调整，也可来源于企业间协调或共用价值链所带来的最优化效益。

（二）虚拟价值链

虚拟价值链（Virtual Value Chain）的概念由哈佛商学院的杰弗里·F. 雷鲍特（Jeffrey F. Rayport）和约翰·J. 斯维奥克拉（John J. Sviokla）于1995年在《开发虚拟价值链》（*Exploiting the Virtual Value Chain*）一文中首次提出。他们认为，通过信息的收集、组织、选择、合成和分配五个环节，企业可以创造新的价值。价值链中的每一项价值增值活动都可以分为两部分，一部分是在市场中基于物质资源的增值活动（物质增值活动），而另一部分是在市场中基于信息资源的增值活动（信息增值活动）。物质增值活动构成了传统价值链，而与此相对应的信息增值活动则独立出来构成虚拟价值链。

虚拟价值链并不仅仅包括信息的价值增值活动，更重要的它还是一种为顾客“重新创造价值”的活动，是通过寻找信息取代实体过程，而不仅仅是记录实体过程。它改变了企业经营方式。从传统价值链向虚拟价值链的转化如图 2-7 所示。

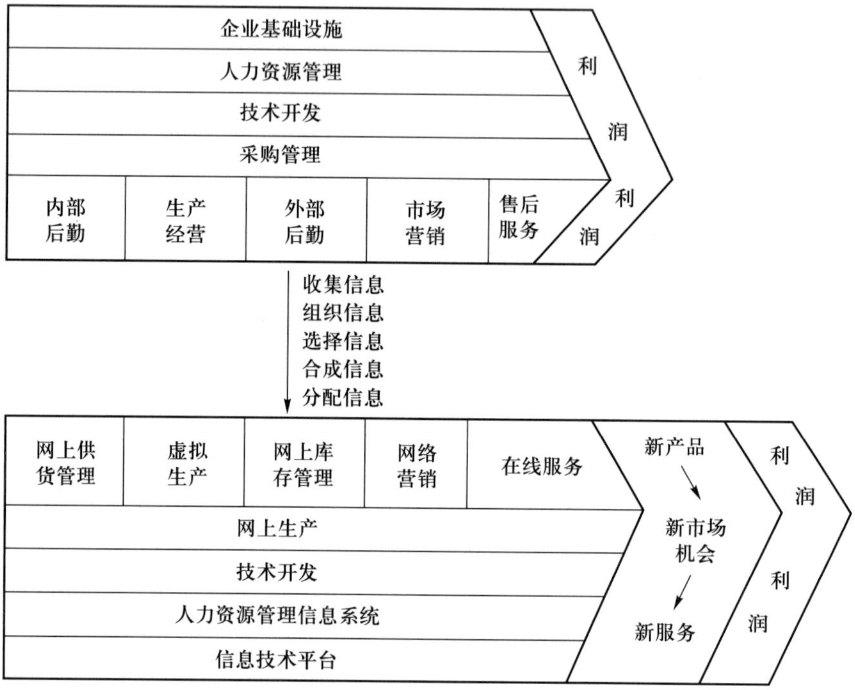

图 2-7 价值链向虚拟价值链转化

（三）虚拟价值链的特点

（1）非物质性。在虚拟价值链的各环节中，价值活动的对象不再是物质资源，而是信息。处于市场竞争中的企业，信息加工能力的强弱直接影响企业的竞争力。和物质资源相比，信息资源的丰富性与易获得性大大降低了企业的成本，使企业能够以很低的成本甚至零成本对信息进行加工利用。

（2）独特性。不同企业可以设计同样的产品线，生产式样和功能类似的产品进行竞争。然而在利用信息创造价值的领域，由于信息本身的丰富多样性和信息加工方式的不同，每个企业的虚拟价值链都是独一无二的，很难被对手模仿。

（3）灵活性。虚拟价值链的灵活性主要体现在两个方面：企业可以对信息进行灵活、多层次和不同类型的加工来为顾客提供多样化的服务；企业在虚拟价值链的每个环节上都可以向顾客提供有价值的信息，即有多个可以向顾客提供价值的增值点。

（4）持久性。虚拟价值链不是技术的综合，而是企业的经验与技能在信息利用方面的显性表现。企业发展历程的不同决定了企业经验与技能难以被模仿，这又使得虚拟价值链在保持企业竞争力方面具有持久性。

（四）电子商务中虚拟价值链的体现

电子商务实际上是商务活动在互联网上的应用，网络及计算技术加大了虚拟价值链上进行信息的收集、组织、分析等活动的深度和广度，也使电子商务在对信息进行综合、匹配、集成、分类等方面有很大的优势。虚拟价值链能给企业带来竞争优势。具体作用主要体现在以下三个方面。

（1）协调实物价值链各环节，取得协同效应。根据波特的竞争优势理论，企业活动的集成度是决定竞争能力的重要因素，集成度越高，协调性越强，效率就越高。如美国弗雷德-雷公司的信息系统不仅联结营销、制造、后勤、财务等环节，还为管理人员提供供应商、顾客和竞争者的相关信息。公司的所有现场工作人员每天收集全国各地各家商店的产品销售信息、竞争产品的销售和促销信息，以及竞争对手推出新产品的信息，然后发送给公司。管理人员利用这些数据和来自实物价值链的信息，决定公司内部的原材料供应，分派生产活动，制定更有效的运输路线等。

（2）提高价值链的快速反应能力。供应商产品的特点以及它与企业价值链的接触点，能够十分显著地影响企业的运营管理成本，为增强企业竞争优势提供了机会。而虚拟价值链为供需双方的有效结合提供了基础。例如，宝洁与沃尔玛通过 EDI 系统进行连接，沃尔玛有关宝洁商品销售的信息会自动传给宝洁公司。如果出现缺货，系统自动生成订单，在经过确认之后就可以自动补货。完成交易循环后，只需使用电子发票和电子转账。由于整个“订购—支付”循环的速度极快，因此，沃尔玛在货物卖给消费者之后，很快就可以向宝洁付款。自动补货系统使宝洁提高了资金周转率，而沃尔玛既减少了产品库存，也避免了产品脱销。

（3）为企业建立起两条平行的价值链。虚拟价值链的任何增值环节都可以在虚拟空间实现，并具有物质价值链不可比拟的优势。

现在流行的 C2F（客户对工厂）模式就是邀请客户参与产品的设计工作。买方参与设计，可以帮助企业不必经过多次的市场试验，就能设计出更具有吸引力的商品，从而降低新产品开发成本。

将物质价值链的研发设计放在虚拟价值链上进行，借助于互联网技术，在数据资料共享的条件下，可以超越时空限制，集聚世界各地优秀的设计师，每天 24 小时不间断地工作，从而大大提高了工作效率。

典型商务模式的构建和实施一般需要识别价值链要素（如采购物流、生产、销售物流、营销、研发、人力资源管理等）、交互模式（一对一、一对多、多对一和多对多）以及技术的最新发展。按照这一体系电子商务模式可以分为电子商店、电子采购、电子商城、电子拍卖、虚拟社区、协作平台、第三方市场、价值链整合商、价值链服务供应商、信息中介、信用和其他服务 11 类。

二、基于价值链的电子商务模式

（一）电子商店

电子商店（E-shops）是最为常见的一种电子商务模式。任何企业只要在互联网上建立一个网站，就可以认为具备了电子商店的雏形。当然这只是实现了整个商务交易过程中的一个环节——产品的呈现（信息流），达到了企业的网络营销作用。如果再添加产品订购（商流）和在线支付（资金流）功能，就涵盖了电子商务的所有核心环节。如果再增加配送功能（物流），就完全实现了整个电子商务的业务流程。

消费者通过互联网检索商品，并通过在线支付功能订购产品，再将该购买信息实时地发送给制造商和供应商。企业对消费者数据进行挖掘分析，就可能发现消费者的潜在需求，如构建出消费者购买行为模型，就能比其他竞争者更早地发现消费者的偏好，提供更有针对性的产品和服务，增强企业的竞争力和经营效率。

（二）电子采购

电子采购（E-procurements）是企业用于向自己上游供应商采购原材料或零配件的一种电子商务形式。通常规模大、交易金额大，且可能根据企业生产制造需求与上游供应商达成长期的合作关系，最后实现企业与企业间的价值链一体化。电子采购有助于企业降低交易成本、提高效率和优化供应链。加上互联网的应用，企业的上游供应商范围可以扩展到全球区域，使得企业能寻找到产品质量更为优良、响应速度更快、信用等级更高的供应商，从而直接降低采购成本。

实现企业电子采购的难点在于，企业间交易大都需要支持多种支付方式，如支票、汇票、信用证等。物流也是电子采购中非常重要的支撑环节。

（三）电子商城

电子商城（E-malls）即电子商务平台，一般由专业电商企业搭建。平台方并不介入具体交易，而是负责构建及管理电子商务平台，向买卖双方提供交易相关服务。对于使用者来说，则只需低廉的成本就可得到一整套交易功能开展电子商务业务。

最典型的电子商城就是淘宝、天猫。阿里巴巴搭建了淘宝平台，并免费提供平台的基本功能给众多的中小卖家，以增加客户对平台的黏度，同时又通过向卖家提供增值服务和广告等方式来获得收入。

（四）电子拍卖

电子拍卖（E-auction）是一种网上竞价机制，将传统的拍卖放在网上进行，而且可以既实现正向拍卖（英式拍卖），也可以实现反向拍卖（荷兰式拍卖）。拍卖平台向交易双方提供一整套的服务，如在线支付、签订合同、支付运输及交易纠纷处理等。平台企业的收入主要源自交易费和广告等。拍卖是最符合价格规律的一种定价机制，现在越来越多的政府机构及企业也开始利用电子拍卖的方式进行在线采购，来降低采购成本。

国外最知名的电子商务拍卖平台是美国 eBay。eBay 平台给买家免费使用，对卖家收费，同时制定、设立了一系列的拍卖交易规则，并且提供在线支付及事后纠纷处理机制等功能。其赢利模式主要是“卖家会员费+交易佣金+广告”，营业收入主要包括网络拍卖服务营业收入、网络支付服务营业收入、通信服务营业收入三部分。

（五）虚拟社区

虚拟社区（Virtual Communities）又称为在线社区（Online Community）或电子社区（Electronic Community），它为有相同爱好、经历或相近业务的网络用户提供了一个聚会场所，方便他们相互交流和分享经验。

虚拟社区成员可以将自己的信息放在上面共享。而对运营方来说，建立虚拟社区有助于聚集人气，获得用户信息，提高客户忠诚度。从营销的角度，可以把虚拟社区理解为在网上围绕着一个大家共同感兴趣的话题相互交流的人群，这些人对社区有认同感并在参加社区活动时有一定的感情投入。成功建立虚拟社区的关键在于提供高质量的信息服务。

虚拟社区的赢利主要来源于以下方面。

（1）广告费。虚拟社区由于可以聚集企业的目标顾客而受到企业的青睐，越来越多的企业开始将广告投向虚拟社区。目前，虚拟社区的主要收入为广告，超过 50%的虚拟社区网站选择广告作为其赢利模式。但虚拟社区的广告收入受网民的特征影响，企业是否向虚拟社区投放广告取决于社区网民是否属于企业的目标顾客。

（2）会员费。虚拟社区可以对注册会员进行分级，以提供不同的信息服务，并据此收取不同的会费。

（3）内容服务费。虚拟社区可以通过提供不同的内容服务对社区成员进行收费。

（4）交易费。虚拟社区可以通过针对发布和提供交易信息收取费用，或者向交易者收取佣金。

国内比较著名的虚拟社区有豆瓣、知乎等。豆瓣创立于 2005 年 3 月 6 日，以书影音起家，提供关于书籍、电影、音乐等作品的信息，无论描述还是评论都由用户提供，是非常有特色的一个网站。

（六）协作平台

协作平台（Collaboration Platforms）是一种新兴的电子商务模式，它为某些特别领域的企业提供一个网上合作的途径。该模式在某些方面类似于电子商城，即都是由电子商务企业构建平台供客户使用，但其功能整合程度和创新程度要高得多，专业性较强，技术要求也更加严格。协作平台的客户使用协作平台并非为了进行简单的商品买卖，而是用以达成某种合作，如项目规划、工程设计，乃至全球性咨询、资源开发等。协作平台的优势是通过协作能创造出一种比单个战略业务单元收益简单加总更大的收益，实现协同效应。协作平台的优点是可以充分、有效地利用组织资源，扩大企业经营空间范围，缩短产品的生产时间，便于集中力量在短时间内完成个人或者单个企业难以完成的任务。

（七）第三方市场

第三方市场（Third-party Marketplaces）主要针对有电子商务项目运作需求，但自身又无力完成的企业。第三方市场为其提供将其整个电子商务项目外包给项目运营商的交易场所，并由项目运营商完成建立网站和网上交易的所有环节，包括品牌营销、订货下单、网上支付和物流管理等。

大多数第三方市场虽然以统一的形象和整体的感觉为消费者提供服务，而实质上可以是多家企业的联合。由于提供的是一整套建设方案，所以第三方市场在创新程度、功能整合方面的能力要求都高于协作平台。在 MRO（Maintenance Repair and Operating）领域比较出名的第三方市场供应商有 Citius 和 Tradezone。

第三方市场与协作平台的区别在于，第三方市场可以理解为建设电子商务项目的专业团队，根据企业需求提供一整套包括设计、规划实施等的服务。

（八）价值链整合商

价值链整合商（Value-chain Integrators）是通过对价值链中各个环节（或某几个环节）进行某种程度的整合和优化而设计出更为合理的价值链形式，该模式的收入来源主要是咨询和服务费用。价值链整合商模式的创新程度和功能整合程度在所有的 11 种模式中是最高的，因为整合与优化建立在已有流程的基础上，在建设新系统的同时，要对已有系统进行改进，使之与新系统协调运行。它的复杂度和业务集成度较高。多样化运输领域的 TRANS2000 是采用价值链整合商模式的典型代表。该模式实际上利用网络为客户提供专业的企业咨询管理解决方案，各大咨询公司如麦肯锡、波士顿、毕马威等都为客户提供这类服务。

（九）价值链服务供应商

价值链服务供应商（Value-chain Service Providers）与价值链整合商的不同之处在于，该商务模式专注于价值链的某些方面，如网上支付或者物流，通过这些服务来加强客户自身的竞争优势。比如银行改变传统的支付方式，采用网上支付、划拨等，此时银行就采用了价值链服务供应商模式。这里的服务供应商可以是第三方，也可以是服务对象自身。价值链服务供应商的收入一般是通过服务收费或者按一定比例的收入折扣取得。

（十）信息中介

信息中介（Information Brokerage）一般通过提供大量的专业信息，依靠用户有偿订阅或者付款阅读，以及广告投放等方式获得收入。一般综合类门户网站，如网易、新浪等都属于这一类，搜索引擎也是一种信息服务。信息中介提供信息的范围越来越广泛，从日常生活到学术研究、行业研究报告等。比如国内有名的艾瑞咨询网站，以提供互联网行业分析报告而独具特色。这种模式的功能较为简单，只是提供信息，但它的创新程度较高。信息中介在企业价值链整合的过程中还扮演着重要角色，有时价值链整合商和价值链服务供应商都需要信息中介商提供信息服务。

（十一）信用和其他服务

信用服务指运营商在网上为客户提供认证、鉴别授权、咨询等信用服务。这种模式下的运营商往往在特定领域具有专业授权、电子授权或第三方授权，它们的收入来源主要是收取一次性费用，加上后续的软件销售和咨询费用作为补充收入。中间信用机构的服务在传统模式中也是存在的，如一些商检机构、认证机构，因此这种商务模式的创新程度不是很高，而且由于其功能比较单一，所以整合程度较低。这种模式要求认证机构必须有着极强的公信力，以及尽可能具备独立的第三方地位，否则就无法开展业务。

三、不同电子商务模式的价值分析

（一）价值创造分析

无论是传统商务还是电子商务，其核心均是价值创造过程，也即商务模式构件里的价值主张。而基于价值链划分的电子商务模式，正是由于不同模式在价值创造方面的差异，形成了不同的电子商务表现形式，即新的商务模式。

以信用服务模式为例，它的价值体现主要是增加买卖双方的信任度，提高信誉保障。虽然这种服务在传统领域和新经济环境下的表现形式都基本为认证、鉴定、咨询服务等，但在传统环境下进行这种模式应用，会出现搜索成本、时间成本过高等情况，最终导致交易成本过高。而在电子商务环境下，能高效、快速地沟通买卖双方，降低买卖双方的交易成本，从而创造出新的价值，体现出传统模式和电子商务模式的本质差别，进而演变成为新的商务模式。

从纵向维度来看，各种电子商务模式的价值创造各有侧重，不尽相同。比如价值链整合商和信息中介两种模式，虽然都属于提供服务的第三方，但前一模式的价值体现在对已有流程的优化，实现客户价值链增值；后一模式提供专门的信息服务，为交易双方尽可能地降低交易成本。因此，虽然一些模式创造和体现价值的表达方式是一样的，比如有许多整体价值体现都可以归纳为降低成本、提高效率，但其成本降低的对象、方法以及价值体现的领域不甚相同。

如电子商店，可以降低企业的营销推广成本，并且利用大数据实现精准营销，从而又能进一步降低营销成本。同时还能对企业的新产品研发提供更精确的预测，降低研发成本。

采用电子采购通常可以为企业节省5%～10%的采购成本，而全球采用EDI在增值网上进行的产品和劳务交易已经超过1 500亿美元。

价值创造不仅表现为显性的收入和利润，还可以体现为成本下降和效率提高、企业赢利能力和核心竞争力提升、给客户带来的便利等，包含企业所有利益相关者价值提升的总和，因此价值创造是一个综合性、社会性的概念。结合价值创造的意义，上述电子商务模式的价值创造分析如表2-3所示。

表2-3 不同电子商务模式的价值分析

电子商务模式	整体价值体现	具体价值活动环节
电子商店	● 营销成本降低，销量增加 ● 7×24小时，客户关系管理加强 ● 降低研发成本	● 营销与销售 ● 渠道价值环节 ● 客户关系管理环节
电子采购	● 采购成本降低 ● 采购效率提高 ● 供应商集群扩大	● 采购环节 ● 供应商管理环节 ● 物料管理环节
电子商城	● 集中需求与供给 ● 便于行业市场的整合 ● 营销及搜索成本降低	● 营销和销售 ● 采购环节 ● 渠道管理环节 ● 支付与融资环节
电子拍卖	● 交易成本降低 ● 成交价格最优化	● 采购 ● 营销和销售
虚拟社区	● 全新的交流模式 ● 促进其他模式顺利进行	服务对象的全部价值环节
协作平台	● 方便虚拟合作 ● 协作成本下降 ● 研发成本下降	● 技术研发 ● 企业基础设施 ● 客户关系管理 ● 渠道控制环节
第三方市场	● 专业分工细化 ● 降低成本 ● 效率提高	服务对象的全部价值环节
价值链整合商	为服务对象提供整套的解决方案	服务对象的全部价值环节
价值链服务供应商	降低成本，提高效率	服务对象的全部价值环节

（二）功能整合与创新程度分析

价值链为电子商务模式研究提供了有效的分析框架和理论模型：可以展现出具体的价值创造环节，不同的商务模式可以用不同的价值链进行描述。不同电子商务模式的功能整合、创新程度是不同的，以下从功能整合程度和创新程度对上述电子商务模式进行分析。其中，电子商店、电子采购、电子商城、电子拍卖和信用服务在传统交易模式中都可以找到“实体原型”，而其余电子商务模式在很大程度上是由网络时代催化出来的，所以具有更高的创新程度，如表 2-4 所示。

表 2-4　不同电子商务模式对功能的整合程度

电子商务模式	功能整合
电子商店	搜索、在线支付
电子采购	价格机制、在线支付、电子合同、价值链一体化
电子商城	搜索、在线支付、物流一体化
电子拍卖	价格机制、在线支付、在线询价
虚拟社区	信息发布、信息匹配
协作平台	信息发布、信息匹配、技术匹配、协同分布、远程合作
第三方市场	信息发布、价格机制、在线询价、交易管理
价值链整合商	电子商务全过程
价值链服务供应商	提供一体化电子商务解决方案及实施
信息中介	信息发布

从表 2-4 可以看出，价值链整合商的功能整合程度最高，价值活动遍及整个价值链；信息中介的功能主要集中于信息的收集和提供，功能整合程度较低。但电子商务模式功能整合、创新程度与其创造的价值并没有直接联系，功能整合、创新程度低的商务模式所实现的价值不一定低，商务模式价值大小主要体现于它与商务环境的匹配和适应程度。

依据创新程度和功能整合程度对不同电子商务模式进行二维排列处理，如图 2-8 所示。

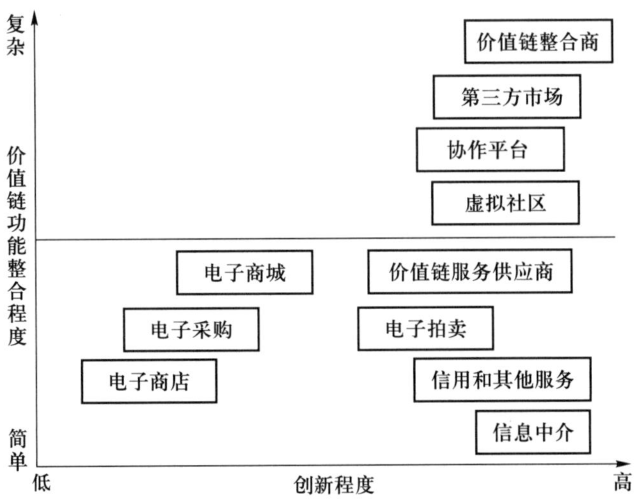

图 2-8　基于价值链的电子商务模式分类

价值链整合商、第三方市场、协作平台、虚拟社区这几种模式不论是从功能整合程度还是创新程度来看都是最高的，因此可以判定其处在电子商务的高端；价值链服务供应商、电子商城、信息中介、信用和其他服务相对处于中间；其余的电子商店、电子采购及电子拍卖则处于电子商务的低端。

事实上，随着电子商务的快速发展，信息通信及计算技术不断加快更新，已经演变出了更多的模式，而且在企业的实际应用过程中，往往并不是只采用一种模式，而会根据自身经营状态、核心竞争力的提升及市场角色的改变，不断地选用不同的电子商务模式。

对于企业而言，选择何种电子商务模式并不是一成不变的，更多是依据市场情况、目标客户群的选择以及企业自身的核心竞争力，动态地选择和改变。

阅读资料

国内外电子商务新模式

电子商务的魅力在于创新。新应用、新模式的层出不穷使电子商务显现出勃勃生机。国内外都涌现一批与传统网站不太一样的新模式，相信这些创新企业的做法会给我们带来一些启示。

1. 小红书：“种草”神器

最开始的小红书是一个生活方式社区，用户在小红书社区可以创建文字、图片、视频笔记等分享内容和经验。小红书通过打造优质内容赢得了用户口碑，并进一步充分利用用户口碑和平台流量，吸引行业明星及 KOL（Key Opinion Leader）入驻，打造“社区+电商”的商业闭环。

2. 盒马鲜生：生鲜电商

2016 年，阿里巴巴集团创立了盒马鲜生。这是一种对线下超市完全重构的生鲜企业。2020 年，盒马鲜生在我国 21 个城市建立门店 200 余家。盒马鲜生主要采取的是线上销售和线下平台同时运作的双渠道经营模式。线下业务是指盒马鲜生通过在大城市建立实体超市，满足企业自身的仓储和配送需求的同时，也为消费者提供丰富的购物和餐饮体验。门店鼓励消费者通过盒马 App 下单，注册会员，这样不仅能够给消费者提供便利性，而且通过 App 收集客户信息，门店能为客户提供更精准的产品以及服务。线上业务主要是指，盒马鲜生为门店附近 3 千米范围内的客户提供餐饮外卖和生鲜产品的配送服务。只要消费者通过盒马 App 下单，就可以在 30 分钟内收到下单物品。

3. RoseOnly：微博营销的翘楚

2013 年 1 月 4 日，“一生只送一人”的网络高端花店项目正式推出，3 天后就拿到了来自乐百氏创始人何伯权、《创业家》杂志社社长牛文文、时尚传媒集团总裁刘江、淡马锡和清华同方高管的天使投资。其实，RoseOnly 的模式很简单：通过包装进口花，以花艺的方式提升整体网络花卉业的档次，从而获得较高的毛利和客单价。再通过微博进行炒作和传播，获得海量粉丝和注意力，本质就是获取低价流量和忠诚粉丝的口碑传播。这解决了传统电子商务中流量获取成本高、客单价和毛利低两大问题。

4. Cogobuy：把加工基地搬到网上

利用深圳作为电子元器件产业中心的地位，Cogobuy 搭建了一个全新的 IC 元器件采购平台。该平台拥有众多国际知名品牌供应商，3 000 条优质产品线，50 万种产品型号，移动手持、消费电子、通信网络等 9 大应用板块，形成了“一站式”IC 元器件的采购中心。简单而言，一边是电子元器件的买家（中小企业主），另一边是卖家（国际知名品牌供应商）。二者对接在一起，就成就了科通芯城的工业品电商模式。

5. Shirt My Way：为自己而定制

Shirt My Way 是一个新兴的在线衬衫订购网站，用户可在线对服装面料、颜色和裁剪等衬衫工艺的每一个流程和细节进行各种自由定制，通过 DIY 的方式选择并制作出自己的专属衬衫。按照该网站的说法，在该网站上可以创造出 7 万亿种不同组合的衬衫。此外，该网站还提供了完善的支付和物流等销售的在线支持。

我们目前所看到的服装业“轻公司”模式，大多将产品设计、生产、包装、运输、销售等环节外包，只负责品牌经营和市场推广。这种模式能极大地压缩生产、库存以及配送成本。Shirt My Way 在这个基础上，再往上游走了一步，利用互联网的特性，将设计的环节完全交给了用户。

6. The Fancy：物品百科全书——为收藏发烧而生

ThingD 公司创始人艾因霍恩的想法很简单，他的目标是要在网上建立一个“世间万物编目谱”。The Fancy 是该公司的对外网站，如今拥有超过 5 000 名用户，他们大都是时尚达人或明星名流。他们把自己的收藏品照片按类别上传至网站，同时为自己心仪的好玩意儿张贴寻物启事。而 ThingD 公司的计算机服务器日夜不断地在数以万计的大型品牌和购物网站上搜寻，如 J. Crew 和百思买网站。当服务器发现一件新东西——可能是一只鞋、一台订书机或者一辆卡车时，便会迅速记录这件物品的照片，收集有关这一物品的全部现有资料并摘录要点，然后把物品和相关信息添加到数据库。同时，The Fancy 网站的用户也不断为数据库中添加资料。

迄今为止，ThingD 已经识别、收集了超过 1 亿件物品，并尽可能地给出了具体而明确的描述。例如，ThingD 的数据库会标明一辆汽车为“1999 年产的白色福特‘探路者’”，而非仅仅记录为“一辆 SUV”。

本章小结

(1) 商务模式是一个非常宽泛的概念。文献中使用的“商务模式”一词，通常有两种不同的含义：一是简单地指企业从事商务的具体方法和途径；二是更强调模型方面的意义。综合来看，相对比较贴切的含义是：整合企业内外各种要素，形成一个完整、高效率的具有独特核心竞争力的运行系统，并通过最优实现形式满足客户需求、实现客户价值，同时使系统达成持续赢利目标的整体解决方案系统。

(2) 商务模式可以通过构件形式来进行描述。一个完整的商务模式包括的构件主要有价值主张、消费者目标群体、分销渠道、客户关系、价值配置、核心能力、合作伙伴网络、成本结构和收入模型。其中核心构件为价值主张与消费者目标群体。

(3) 商务模式可以分为运营性商务模式和策略性商务模式两大类。

(4) 电子商务依然遵循商务模式的本质及原则，是商务活动在互联网上的延伸及拓展，只是由于其运作载体由传统方式转换为互联网，从而导致电子商务模式的多样性及与传统商务模式较大的差异性。

(5) 电子商务活动根据与行业的结合程度可以分为完全依托于互联网行业而产生的电子商务活动和与传统行业相结合而演变产生的电子商务活动两类。

(6) 电子商务模式主要按照交易对象、运营模式和商业活动运作方式进行分类。

(7) 目前，业界观点较为一致的电子商务模式分类方法是按照电子商务市场交易主体进行分类，即 B2C、B2B、C2C、B2G、C2G 电子商务等。

(8) 企业的经营流程中，并不是每个环节都能创造价值，实际上只有某些特定的活动才是创造价值的，这些真正创造价值的经营活动，就是价值链上的“战略环节”。虚拟价值链理论认为，通过信息的收集、组织、选择、合成和分配五个环节，企业可以创造新的价值，与此相对应的信息增值活动则从价值链中独立出来构成虚拟价值链。按照这一体系电子商务模式可以分为电子商店、电子采购、电子商城、电子拍卖、虚拟社区、协作平台、第三方市场、价值链整合商、价值链服务供应商、信息中介、信用和其他服务 11 类。

思考题

1. 商务模式应如何定义？分析商务模式有什么意义？
2. 从构件上来看，建立一种新的商务模式的核心要素是什么？
3. 电子商务模式与传统商务模式的异同是什么？
4. 电子商务模式的分类一般根据什么标准？这样划分有何好处？

5. 按照交易主体进行分析，电子商务模式可以划分为哪几种？

6. 虚拟价值链的概念是什么？从虚拟价值链角度如何划分电子商务模式？

7. 简述不同电子商务模式的优劣和适用范围。

8. 分别从不同角度对我国现有的领先电子商务企业进行商务模式分析。

案例分析

Priceline 的成功秘诀

1997 年，Priceline. com 在美国成立，主要负责美国酒店预订市场。Priceline 开创了“住客出价酒店抢单”模式的先河，并将此方式注册成了专利，获得了初期的发展。2005 年，Priceline 收购荷兰酒店平台 Bookings BV。之后将 Active Hotels 与其合并，就成为如今我们知晓的缤客 Booking. com，它主要负责欧洲酒店预订市场。特点是“到店付款”预订，也就是由酒店直接收取费用。2007 年，Priceline 收购东南亚酒店预订平台 Agoda，它主要负责东南亚的酒店预订市场。Agoda 在大陆比较有名的一个政策是“最优价格保证”，就是买贵了，提供退还差价的服务。

Priceline 模式实际上是对买卖双方交易需求进行了第二次挖掘。第一次挖掘是将用户的需求与供应商的资源进行对接；第二次则是深入挖掘出敏感用户对于价格的需求，并再次与供应商的资源匹配，最终实现了用户、供应商和 Priceline 的三赢。

在经济学中，一些商品的使用价值是具有时效性的，如酒店房间、飞机座位以及海运的集装箱。飞机上的空座位，在飞机起飞前，只要有乘客愿意购买，那么它就能够为航空公司创造价值，一旦飞机起飞，空座位便不能为航空公司创造价值。因此，对航空公司而言，越临近飞机起飞，机票价值就越小，在它的价值降到零以前，只要还有人愿意出价购买，那么航空公司就能够多赚一笔。所以，与其白白浪费资源，不如降价将之出售。正是卖方的这种心理，使得 Name Your Price 模式有了实现的可能。

事实上，Name Your Price 的精髓并不是满足消费者的出价意愿。除了少数对价格极为敏感的消费者，用户出价本身并不足以吸引消费者。那么，为什么仍说 Name Your Price 是 Priceline 的“杀手锏”呢？这就需要进一步分析 Name Your Price 的运作模式。

Name Your Price 模式看似简单，实际上是经过精心设计的。通过各种规则的设定，Priceline 在最大限度满足消费者需求的同时，也充分保障了商家的利益。

首先，为了防止用户反复出价试探酒店的价格底线，Priceline 要求用户在出价前必须提供详细的个人信用卡信息。出价后，一旦数据库中出现匹配用户要求的酒店，交易即告完成，原则上用户不能反悔。如果用户担心系统匹配的酒店不合心意，那么可以在出价前花上几美元购买一份交易保险，这样就有权在交易成功后撤销交易、重新出价。

其次，除了交易双方和Priceline，其他用户无法获知交易双方的具体信息。Priceline会在网站上显示出有用户以某一价格订到了高级的酒店，但是绝不会透露酒店的名称。与Priceline合作的酒店主要是三星级以上的中高档酒店，对于它们来说，过低的成交价格将是对品牌的极大伤害。在Expedia等旅游网站上，高档酒店出于保护品牌的考量，很难给出让消费者喜出望外的折扣，而价格门槛过高也造成这些酒店存在一定的客房空置问题。Priceline的保密交易模式很好地解决了这一问题，使酒店资源在得到充分利用的同时，也将低价导致的品牌伤害降到最低，因此颇受酒店的欢迎。

从Priceline的案例我们可以发现，其独特的商业模式Name Your Price是其核心竞争力，但同时也正是由于有了互联网这个平台，才能通过互联网，将上游供应商以及下游消费者跨区域地汇聚在网站平台上，最终才可能使这种商业模式得以实现并获得成功。

在互联网时代，电子商务模式不停地在根据市场变化以及客户群的消费需求，发生着演变以及各种创新，但这也正是电子商务的魅力所在。

（资料来源：参考Priceline官网及相关新闻资料编撰。）

分析讨论：

（1）Priceline商务模式的核心价值是什么？

（2）如果没有互联网，Priceline的Name Your Price模式能否得以实现？为什么？

（3）Name Your Price定价方式对上游供应商、下游用户有什么好处？

（4）这种定价模式在中国复制会怎么样？为什么？

（5）国内领先在线旅游网站去哪儿网和携程的成功秘诀是什么？它们各创造了什么价值？

第三章

电子商务物流系统

学习目标

随着电子商务的优势被越来越多的企业认识，应用现代电子技术和网络系统的电子商务平台如雨后春笋般建立起来。然而在运作领域，大多数实行电子商务的企业都面临着物流滞后的困惑。如果还是采用一般意义上的物流管理模式，就显得吃力和难以适应了。为了充分发挥电子商务的优势，有必要建立一套与之相配套的完整的物流体系，并且采用一种全新的管理模式，这就是本章想要和大家一起学习和探讨的。

学习任务

通过本章内容的学习，要完成以下几个任务。

- 掌握物流系统的概念、模式、目标及物流系统中存在的制约关系。
- 掌握物流系统的组成。
- 掌握电子商务物流系统的概念、构成和特点。
- 理解实现电子商务物流系统合理化的作用和途径。
- 了解电子商务物流系统分析与设计的方法。

导入案例

UPS 的全球物流网络

UPS（United Parcel Service，美国联合包裹运送服务公司）成立于1907年，总部设于美国佐治亚州亚特兰大市，是全球领先的物流企业，提供包裹和货物运输、国际贸易便利化、先进技术部署等多种旨在提高全球业务管理效率的解决方案。

UPS拥有覆盖220多个国家和地区的强大物流网络，始终在不断变化的商业环境中升级全球智慧物流网络以支持客户与其自身的发展。作为全球贸易的促进者，UPS拥有高度整合的全球服务运输网络，支持多种不同运输方式的立体综合交流网络体系，可实现海、陆、空多式联运之间的“无缝连接”运作，帮助客户的货件畅达全球市场。

强大的物流网络背后是UPS运营多年积累的底蕴。UPS拥有超过250架自营飞机和 290 多架租赁飞机，每日 1 180 个国际航段在 400 多个国际机场间提供服务。UPS 在全球有 12.3 万余辆包括货车和摩托车在内的运输车辆，1 800 多个运营设施，30 000 多个 UPS Access Points 快递取寄件服务点和 800 多个全场现场库存点，保证货物顺利送达。UPS 还有 500 多个供应链设施遍及超过 125 个国家和地区。如今，日均 2 190 万件包裹正通过 UPS 全球智慧物流网络在全世界流转。

UPS 不仅仅是一家专业的物流服务公司，还投资高科技领域打造智慧物流网络。在过去 20 年中，UPS 每年在全球范围的科技研发投资约 10 亿美元，并持续发展智慧物流科技，凭借现有的庞大数据库，推动物流产业向更加安全、高效、可持续的方向发展 。

2021 年，UPS 的全球首个创新中心于新加坡落成，是 UPS 携手客户，共同打造新一代技术与解决方案的专属合作平台。UPS 亚太创新中心设有多个区域，其中包括一个用于实时展示最新技术的仓库模型，以及一个用于与客户进行试点项目合作的实体仓库。UPS 与客户及行业领先的技术合作伙伴就自主移动机器人（Automated Mobile Robots，AMR）、射频识别技术（RFID）和无人机等项目开展密切合作。这些新技术进一步提高了供应链效率，简化了货物进出口业务、订单履行和库存盘点等流程。UPS 成立这个创新中心的初衷，是以此作为最新物流技术的试验基地。未来，UPS 也将携手战略合作伙伴在此共同孵化、测试、部署新一代物流技术，帮助企业在不断变化的贸易环境中加速数字化转型进程。

（资料来源：根据公开资料整理。）

思考：

（1）你认为物流系统应该具备哪些要素？电子商务物流系统与一般物流系统有什么差别？

（2）从 UPS 的全球物流网络布局与创新中心的设置来看，你认为未来的电子商务物流网络发展趋势是什么？

第一节 物流系统

一、物流系统概述

（一）系统的含义

1. 系统的概念

“系统”这一名词，源自古希腊语英语为 System，其意思是“总体”“整体”或“联盟”。中文的“系统”一词来自日语汉字。

一般认为，系统是指由若干个相互联系、相互作用的要素所构成，具有一定结构和功能的有机整体。

由系统的定义可知系统包括以下基本内容。

(1) 系统由两个或两个以上元素组成。

(2) 各要素之间互相联系，使系统保持相对稳定性。

(3) 系统具有层次性，被研究的任何系统是更高层次的系统的组成部分，而它的各个组成部分又是较低层次的独立系统。

(4) 系统有一定的结构，保持系统的有序性，从而使系统具有特定的功能。

(5) 系统的各要素之间的相互关系均受某一特定的要求制约，以达到某种既定目标，为此，各要素的集合具有目的性。

(6) 由于系统总是存在于更高级的环境之中，所以对外部环境又具有适应性。

系统与系统的关系是相对的，一个系统可能是另一个更大系统的组成部分，而一个子系统也可以分成更小的系统。在现实中，一个组织、一个工厂、一个部门、一项计划、一个研究项目、一套制度都可以被看成一个系统。

钱学森指出："系统工程是组织管理系统的规划、研究、设计、制造、试验和使用的科学方法，是一种对所有系统都具有普遍意义的方法，系统工程是一门组织管理的技术。"

2. 系统的模式

系统是相对外部环境而言的，并且和外部环境的界限往往是模糊的，所以严格地说系统是一个模糊集合。

外部环境向系统提供劳动力、手段、资源、能量、信息，称为"输入"。系统以自身所具有的特定功能，将"输入"进行必要的转化处理活动，使之成为有用的产成品或服务，提供给外部环境，称为"输出"。输入、转化处理、输出是系统的三要素。

外部环境因资源有限、需求波动、技术进步及其他因素的变化，对系统形成约束或影响，称为环境对系统的限制或干扰。此外，输出的结果不一定理想，可能偏离预期目标，因此，要将输出结果的信息返回给输入或处理，以便调整和修正系统的活动，这称为"反馈"。根据以上关系，系统模型如图 3-1 所示。

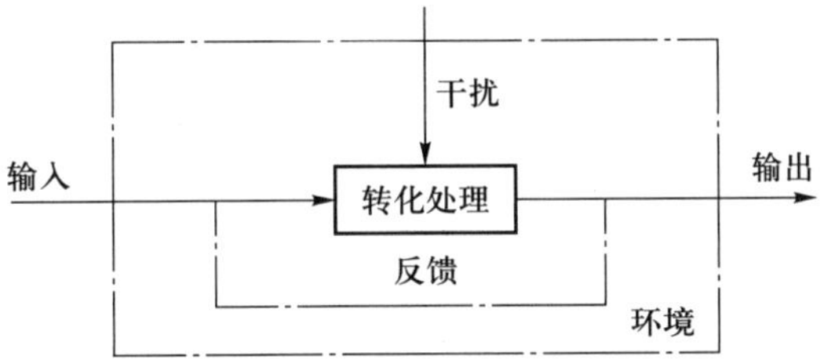

图 3-1　系统的一般模式

（二）物流系统的内涵

1. 物流系统的概念

用系统观点来研究物流活动是现代物流科学的核心。

物流系统是由两个或两个以上的物流功能单元构成的，以完成物流服务为目的的有机集合体。具体地说：

（1）物流系统是在一定时间、空间里，由所需要运转的物流产品、包装设备、装卸搬运机械、运输工具、仓储设施、运输道路、流通加工和废弃物回收处理设施等要素构成的系统。

（2）构成物流系统的各要素处在动态之中，它们相互作用、相互依赖与相互制约而构成一个统一体。

（3）这个有机的统一体由包装、装卸、运输、保管、流通加工、配送、物流信息等子系统的一个或几个有机地结合而成，每个子系统又可以往下分成更小的子系统，物流系统本身又处在更大的系统之中。

2. 物流系统的模型

物流系统由输入、输出、转化处理、限制、反馈等内容组成，如图 3-2 所示。

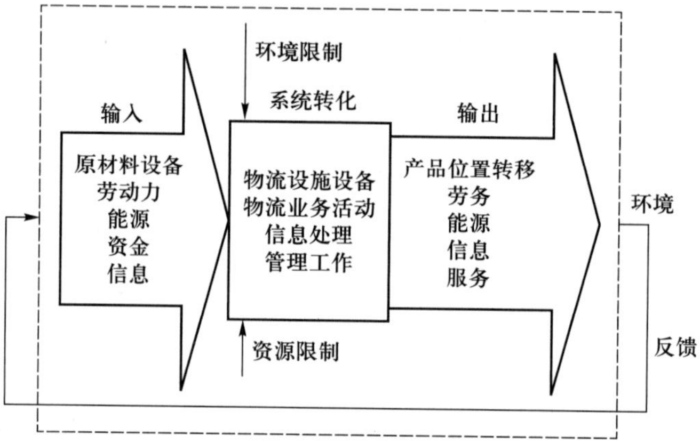

图 3-2 物流系统模型

（1）输入。即通过提供资源、能源、设备、劳动力等手段对某一系统发生作用。

（2）转化处理。即从输入到输出之间所进行的生产、供应、销售、服务等活动中的物流业务活动。

（3）输出。即物流系统以其本身所具有的各种手段和功能，对环境的输入进行各种处理后所提供的服务。

（4）限制（或制约）。即外部环境对物流系统的约束。

（5）反馈。即物流系统在把系统输入转化为系统输出后，再把输出结果返回给输入，以对转化过程进行评价的过程。

3. 物流系统的目标

在建立和运行物流系统时，要求实现以下五个方面的目标任务（5S 目标）。

（1）服务。物流系统的输出表现为为生产、再生产以及消费过程提供的服务（Service），因此具有很强的服务性。

（2）及时、快速。及时性（Speed）是服务性的延伸，是用户的要求，也是社会发展进步的要求。

（3）规模优化。由于物流系统比生产系统的稳定性差，较难形成标准的规模化（Scale Optimization）模式。因此，在物流领域以分散或集中等不同方式建立物流系统，研究物流集约化程度，是物流系统优化的具体目标。

（4）节约。节约（Saving）是经济领域的重要规律。在物流领域推行的集约化方式，采取的各种节约、省力、降耗措施，也是节约这一目标的体现。

（5）库存调节。库存调节（Stock Control）是及时性的延伸，也是物流系统本身的要求，涉及物流系统的效益。在物流领域中正确确定库存方式、库存数量、库存结构、库存分布是实现这一目标的措施。

4. 物流系统中的制约关系

（1）物流服务和物流成本间的制约关系。提高服务水平，物流成本增加。比如，采用小批量即时运送就需要增加费用；要降低缺货率，就必须增加库存。

（2）构成物流服务子系统功能之间的约束关系。各子系统的功能如果不均匀，物流系统的整体能力将受到影响。如搬运装卸能力很强，但运输力量不足，会产生设备和人力的浪费；反之，如搬运装卸环节薄弱，车、船到达车站、港口后不能及时卸货，也会带来巨大的经济损失。

（3）构成物流成本的各个环节费用之间的关系。如为了减少仓储费用降低库存而采取小批量订货策略，这将导致运输次数增加，也就是说运输费用将上升，因此运输费用和保管费之间有相互制约关系。

（4）各子系统的功能和所耗费用的关系。任何子系统功能的增加和完善必须投入资金。如信息系统功能的增加必须购置硬件和开发计算机软件。

如上所述的制约关系也称为二律背反原理。在物流合理化过程中必须运用系统观点，对这些相互制约的关系给予统筹考虑。

二、物流系统的组成

物流系统由若干子系统组成，总体上可分为物流作业系统和物流信息系统两大部分。

（一）物流作业系统

物流作业系统包括运输、仓储、装卸搬运、包装加工、配送等功能模块。其中运输子系统和仓储子系统是物流作业系统的核心。

1. 运输子系统

运输是物流的中心环节之一，甚至可以说是物流最重要的一个功能。

运输子系统就是指承担商品物理位移功能的系统，通过空间变换帮助商品实现市场价值，是商品由生产者向消费者转移的传递过程。它是物流作业系统最重要的组成部分，其任务是对物资进行较长距离的空间移动。物流部门通过运输解决物资在生产地点和使用地点之间的空间距离问题，从而创造商品的空间效益，实现其使用价值，以满足社会的需要。运输在经济上的作用是扩大经济活动范围并促进物价在一定的经济范围内的平均化。

近年来，智能运输系统已经逐渐得到发展。根据国家标准《物流术语》（GB/T 18354—2021）的定义，智能运输系统指的是综合利用信息技术、数据通信传输技术、电子控制技术以及计算机处理技术对传统的运输系统进行改造而形成的新型系统。

运输在物流过程中的功能主要如下。

（1）满足货物的空间移动需求。这是运输在物流过程中最主要的作用。随着社会分工的发展，生产和消费之间的空间距离日趋扩大，生产部门、生产要素和生产过程的空间组合日趋复杂，运输地位和作用也日趋重要，成为经济发展的基础。

（2）提高物流速度。货物在运输线路上通过时间的长短，是物流时间和速度的决定性因素之一。运输所需要的时间和速度取决于运输物流系统的效率，或者说取决于运输的组织管理水平、线路的质量、运输工具的现代化程度。高效率的运输物流系统，由于组织管理水平高，线路质量好，运输工具现代化，使得货物所需的运输时间极短，从而提高了物流速度，缩短了物流时间。

（3）减少物流费用。在物流费用中，运输费用所占的比例最高，一般来讲约占50%。有些产品的运输费用甚至高于生产费用。建立高水平的运输系统，能有效降低运输费用，这对于降低物流费用、提高物流企业及相关企业的经济效益、稳定商品价格、满足消费需求、提高社会经济效益都有重要意义。

（4）扩大商品流通范围及规模。商品流通的范围和规模是随着运输系统的发展而发展的，运输系统延伸到哪里，商品流通就随之发展到哪里。运输系统的网络密度越大，线路承载能力越高，设施越发达，越能促进商品流通范围及规模的扩大。

2. 仓储子系统

仓储是指对物流中暂时处于停滞状态的物资进行保管的物流体系。在物流系统中，仓储和运输同等重要。保管（仓储）是一种相对静止的状态，也可以说是时速为零的运输，它对于促进商品的生产和消费有着重要的作用。通过仓储来协调产品的生产与消费在时间上的矛盾，保证了流通和生产顺利进行。例如，我们吃的稻米是在秋天收获的，但要在全年食用，为均衡消费就把集中生产的东西保存在仓库里进行时间上的调整，这种仓储就是为集中生产、平均消费进行着时间上的调整。不仅如此，仓储作为一个物流环节，还能为物流活动提供场所和时间。如在仓储期间，可以对储存品进行检验、整理、分类、保管、包装、加工、集散、转换运输方式等作业。因此，仓储是物流系统的一大支柱。

仓储子系统承担商品储存、保管职能，通过时间变换帮助商品实现价值甚至实现价值增值。作为连接社会再生产诸环节的“储水池”和“调节器”，仓储子系统有着不可缺少的重要作用，是物流作业系统的重要组成部分。

（1）仓储种类的确定。按照仓储功能的不同，可以将仓储分为生产和消费仓储、流通仓储、国家仓储等。

生产和消费仓储是指为了保证生产正常进行和确保消费者需求的满足而进行的物资准备。其中，生产仓储是企业物流的重要构成部分，它是企业为了保证生产的连续性，调节原材料供应的季节性，应付各种意外对原材料所进行的必要库存，以及生产过程中的半成品、生产工艺完成后成品的库存。消费仓储则发生在最终消费领域，一般不以库存形式存在，主要采取暂存、暂放的仓储形式。

流通仓储是指流通过程中物质商品在各个环节的停滞状态，是物流过程中的仓储。流通仓储可以以库存的形式存在，也可以以非库存的形式处于车站、码头、空港、市场或运输过程。流通仓储是为了保证市场需要、销售和供给以及物流各个环节的连接和正常运行的需要而进行的仓储，包括流通企业为了保证销售的连续性而进行的经常性仓储、保险性仓储、季节性仓储及各种物流功能和物流环节的衔接性仓储。

国家仓储是指国家为了保证宏观经济发展的需要、国家战略安全的需要、抢险救灾的需要而进行的仓储。国家仓储主要由国家专门设置的机构经营，包括经济发展储备、战略储备和防灾保险储备，如国家储备粮仓库就兼有预防自然灾害和作为战争战略储备的双重作用。

（2）仓储地点的确定。仓储地点的确定不仅要考虑物流效率，还应考虑方便顾客、市场竞争、库存能力及载体城市的发展情况；必须考虑交货时间、交货单位等交易条件，把仓库设在能够维持服务水平的地方。总之，流通仓储地点受物流服务水平的制约，应尽可能满足顾客的需要，设在距顾客较近的地方；生产仓储和国家仓储的地点则取决于储存和运输的费用，要求储存和运输成本低、运力有保障。

仓储子系统示例如图 3-3 所示。

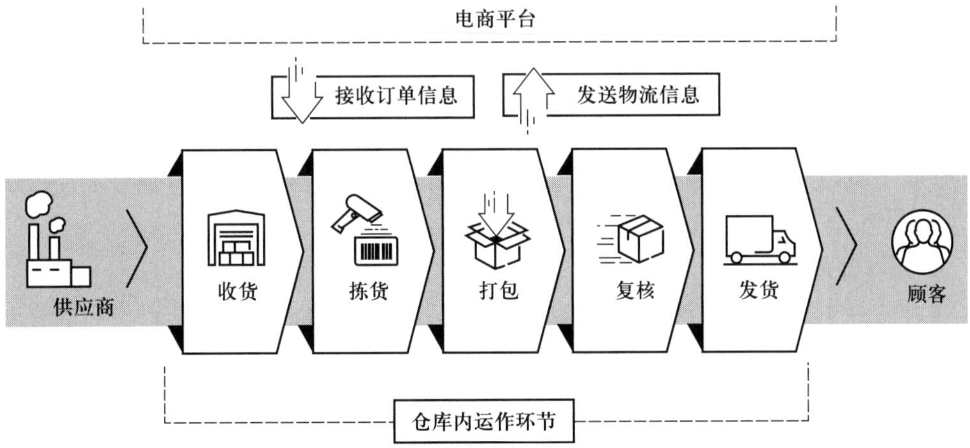

图 3-3　仓储子系统示例

3. 装卸搬运子系统

装卸搬运子系统是承担货物在各个储运交接环节以及各海、陆、空口岸搬运装卸职能的物流系统，在连接各地区物流活动和国内外市场、资源及要素交换方面有着重要作用，是连接国内生产与国外消费、国外生产与国内消费所必不可少的中间环节，也是物流作业系统的重要组成部分。装卸搬运子系统的装备水平和工作效率影响到相关企业的市场竞争力和经济效益，甚至影响到一个国家在国际市场上的总体竞争力。

4. 包装加工子系统

包装加工子系统已成为现代物流作业系统的重要组成部分。随着市场竞争的加剧，在物流领域对商品进行必要的加工和包装是提高消费者满意度和对商品的认同感，从而提高市场占有率的一种重要手段，也是降低生产加工总费用、提高对客户需求反应速度的有效手段。

5. 配送子系统

配送子系统是适应现代市场经济发展需要，以客户为中心发展起来的一种新型物流系统。配送子系统从客户需要出发，依托现代信息技术，把选货、配货与送货结合起来，通过迅速、准确、周到的服务提高客户满意度并实现业务增值。配送子系统是物流作业系统中成长最快、极有发展潜力的重要组成部分。

（二）物流信息系统

根据国家标准《物流术语》（GB/T 18354—2021）的定义，物流信息指的是反映物流各种活动内容的知识、资料、图像、数据的总称。物流信息系统包括订货、发货、在库、出库管理等功能，是整个物流系统的神经系统和指挥系统，在现代物流业中发挥着重要的作用。先进的物流信息系统是提高整个物流系统运行效率的基础条件，也是物流作业子系统之间衔接和配合的桥梁和纽带。

1. 订货子系统

订货子系统是指在库存不合理时，根据需求信息，适时适量地调整订货，防止缺货或库存过多的系统。该系统与收货子系统、库存管理子系统存在互动关系。

2. 收货子系统

收货子系统是指根据收货预订信息，对收到的货物进行检验，与订货要求进行核对无误之后，记入库存、指定货位等的收货管理系统。

3. 库存管理子系统

库存管理子系统是指对保存在物流中心的商品进行实际管理、指定货位和调整库存的系统。正确把握商品库存，对于制定恰当的采购计划、接受订货计划、收货计划和发货计划至关重要，所以库存管理子系统是物流信息系统的中心。

4. 配送子系统

降低成本对于高效率的配送计划来说是非常重要的。配送子系统是指将商品按配送方向进行分类，制定车辆调配计划和配送线路计划的系统。

5. 发货子系统

如何通过迅速、准确的发货安排，将商品送到顾客手中，是物流信息系统需要解决的主要课题。发货子系统是指一种与订货子系统、库存管理子系统互动，向保管场所发出拣选指令或根据不同的配送方向进行分类的系统。

阅读资料

系统科学发展一瞥：从“老三论”到“新三论”

自1937年贝塔朗菲提出一般系统论之后，出现了广泛探讨系统哲学的局面。系统哲学的世界观为我们描绘了这样一个图景：从宇宙基本构件到可经验的有形自然实体，从有形自然实体到有机生物、人，再从人到大尺度的宇宙星体，一切存在都是相互联系的，但是万物的相互作用不是无序的一团乱麻，而是有组织、有条理的，它们都具有同一或者说不变的构型，这种构型称为系统。

系统论与控制论、信息论于20世纪40年代先后创立并迅猛发展，成为系统理论中三门最重要的分支学科，合称“老三论”。而20世纪70年代以来陆续确立并获得极快进展的耗散结构论、协同论、突变论则称为“新三论”。

1. 老三论（系统论、控制论和信息论）

系统论要求把对象事物当成一个整体来研究，并用数学模型去描述和确定其结构和行为。所谓系统，即由相互作用和相互依赖的若干组成部分结合成的、具有特定功能的有机整体，而系统本身又是它所从属的一个更大系统的组成部分。贝塔朗菲旗帜鲜明地提出了系统观点、动态观点和等级观点。指出复杂事物功能远大于某组成因果链中各环节的简单总和，认为一切生命都处于积极运动状态，有机体作为一个系统能够保持动态稳定是系统向环境充分开放，获得物质、信息、能量交换的结果。系统论强调整体与局部、局部与局部、系统本身与外部环境之间互为依存、相互影响和制约的关系，具有目的性、动态性、有序性三大基本特征。

控制论由美国数学家维纳同他的合作者创建。它摆脱了牛顿经典力学和拉普拉斯机械决定论的束缚，使用新的统计理论研究系统运动状态、行为方式和变化趋势的各种可能性。控制论是研究系统的状态、功能、行为方式及变动趋势，控制系统的稳定，揭示不同系统的共同的控制规律，使系统按预定目标运行的技术科学。

信息论由美国数学家香农创立。它是用概率论和数理统计方法，从量的方面来研究系统信息如何获取、加工、处理、传输和控制的一门科学。他认为，信息是一切系统保持一定结构、实现其功能的基础，系统正是通过获取、传递、加工与处理信息而实现其有目的的运动的。信息论能够揭示人类认识活动产生飞跃的实质，有助于探索与研究人们的思维规律和推动与提升人们的思维活动。

2. 新三论（耗散结构论、协同论和突变论）

耗散结构论是比利时物理学家普里高津于1969年代提出的。一般说来，开放系统有三种可能的存在方式，即热力学平衡态、近平衡态、远离平衡态。耗散结构论者认为，系统只有在远离平衡的条件下，才有可能向着有秩序、有组织、多功能的方向进化。这就是普利高津提出的“非平衡是有序之源”的著名论断。

协同论是德国著名理论物理学家赫尔曼·哈肯在1971年提出的。他认为自然界是由许多系统组织起来的统一体，这里的许多系统就称为小系统，这个统一体就是大系统。在某个大系统中的许多小系统既相互作用，又相互制约，它们的平衡结构，以及由旧的结构转变为新的结构，则有一定的规律。研究本规律的科学就是协同论。

突变论由比利时科学家托姆在1972年创立。其研究重点是在拓扑学、奇点理论和稳定性数学理论基础之上，通过描述系统在临界点的状态，来研究自然多种形态、结构和社会经济活动的非连续性突然变化现象。它通过探讨客观世界中不同层次上各类系统普遍存在着的突变式质变过程，揭示出系统突变式质变的一般方式，说明了突变在系统自组织演化过程中的普遍意义，突破了牛顿单质点的简单性思维，揭示出物质世界客观的复杂性。突变论将耗散结构论、协同论与系统论联系起来，对系统论的发展产生了推动作用。

第二节 电子商务物流系统的构成及特点

电子商务代表未来的贸易方式、消费方式和服务方式，是信息化和网络化的产物。作为一种数字化的生存方式，其优势在于简化流程、降低成本和提高效益。虽然加上了“电子”二字，电子商务并没有真正改变其商务本质，归根结底还是产品（商品）、渠道、促销和定价，换句话说，就是营销环境、市场分析和目标销售、购买行为、产品策略、渠道策略、促销策略、定价策略和营销组合等企业经营活动。

电子商务需要解决网上安全支付、网络安全、金融认证体系、安全体系、产品品种和经营模式等一系列问题。综合说来，完整的电子商务应该包括商流、物流、信息流和资金流四个方面。但是在目前情况下，随着支付体系不断建立、健全，商流、信息流、资金流都可以在网上进行，更多的目光都应该集中于如何建立电子商务的物流系统这一问题。

一、电子商务物流系统的概念

电子商务物流系统是指在实现电子商务特定过程的时间和空间范围内，所有需位移的商品（或物资），包括设备、装卸搬运机械、运输工具、仓储设备、人员和通信联系设施等若干相互制约的动态要素所构成的具有特定功能的有机整体。电子商务物流系统的目的是在商品满足供给需求的前提下，通过各种物流环节的合理衔接，以占用最少的资源，按时完成对商品的转移，并取得最佳的经济效益。电子商务物流系统既是电子商务系统中的一个子系统和组成部分，也是社会大系统的一个子系统。

二、电子商务物流系统的构成

正如前面定义所描述的，物流系统是由采购、运输、储存、装卸搬运和配送等各环节所组成的，它们也可以称为物流的子系统。作为物流系统的输入是运输、储存、搬运和装卸等各环节所耗费的劳务、设备以及材料等资源，经过处理转化成为物流系统的输出，即物流服务。

电子商务物流系统与传统的物流系统并无本质的区别，不同之处在于电子商务物流系统突出强调一系列电子化、机械化、自动化工具的应用以及准确、及时的物流信息对物流过程的监督，更强调物流的速度、信息的畅通和整个系统的合理化。随着电子商务交易过程中实物流的流动，拥有畅通的信息流，把相应的采购、运输、仓储、配送等业务活动联系起来，使之协调一致，是提高电子商务物流系统整体运作效率的必要途径。图 3-4 所示是一个简单的电子商务物流系统，其中虚线框中的内容即为电子商务物流系统的主要结构模块。

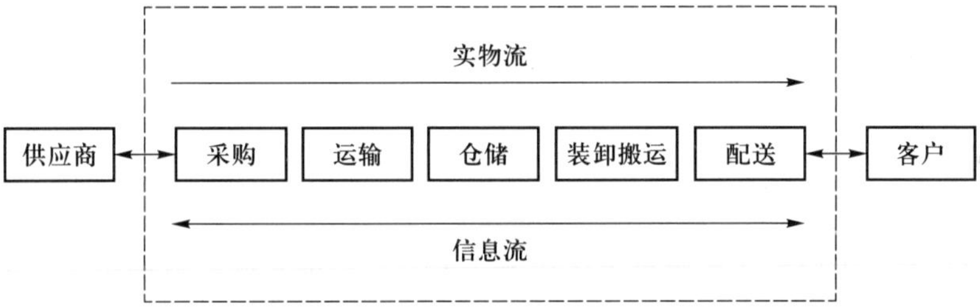

图 3-4 电子商务物流系统结构示意

三、电子商务物流系统的特点

电子商务物流系统是为电子商务的客户提供服务。它对整个物流系统实行统一信息管理和调度，按照用户订货要求，在物流基地进行理货工作，并将配好的货物送交收货人。电子商务物流系统需要具备以下特点。

（一）功能集成化

电子商务物流系统着重将物流与供应链的其他环节进行集成，包括物流渠道与商流渠道的集成、物流渠道之间的集成、物流功能的集成、物流环节与制造环节的集成等。物流系统的竞争优势主要取决于它的功能整合与集成的程度。

在电子商务时代，物流发展到集约化阶段，这种一体化配送中心不仅提供仓储和运输服务，还可以开展配货、配送和提高附加值的流通加工服务项目，也可以按客户的需求提供其他服务。现代供应链管理通过提供从供应商到消费者供应链的运作，使物流达到最优化。作为一种战略概念，供应链也是一种产品，而且是可增值的产品，其目的不仅是降低成本，更重要的是提供用户期望以外的增值服务，以产生和保持竞争优势。从某种意义上讲，供应链是物流系统的充分延伸，是产品从原料到最终消费者之间的增值服务。

（二）复杂性、动态性

电子商务物流系统与传统物流系统相比更为复杂，这主要是由电子商务自身特点所决定的。电子商务要求物流系统提供更加完备、迅速和灵活的服务，并随时保持物流系统的畅通。符合电子商务快速和灵活要求的物流系统将比以前的物流系统更为复杂，而且需要具有一定的柔性，可随时根据环境和需求变化进行动态调整。

（三）服务系列化

电子商务物流系统除强调物流配送服务功能的恰当定位与完善化、系列化以及传统的仓储、运输、包装和流通加工等服务外，还在外延上扩展至市场调查与预测、采购及订货处理，向下延伸至物流配送咨询、物流系统方案的选择与规划、库存控制策略协议、货款回收与结算、教育培训等增值服务，而且在内涵上提高了以上服务对决策的支持作用。

（四）手段现代化、流程自动化

电子商务下的物流系统使用先进的技术、设备与管理为销售提供服务，生产、流通和销售的规模越大、范围越广，物流配送技术、设备及管理越现代化。而物流系统流程自动化是指运送规格标准及仓储、货箱排列、装卸、搬运等按照自动化标准作业，商品按照最佳路线配送等。

（五）组织网络化和规模化

Internet 无边际特点导致了电子商务客户区域的离散性和不确定性。显然，过于分散的配送网络不利于物流企业实施集中的批量配送。但随着现代通信技术和网络技术的发展，构建跨地区的物流网络已经成为可能。为了保证对产品提供快速、全方位的物流支持，电子商务物流系统就需要建立全国性、规模性的物流网络，保证整个物流系统有最优化的库存水平及库存分布。

（六）经营市场化

电子商务物流系统的具体经营采用市场机制，无论企业自营物流，还是委托第三方物流企业承担物流工作，都必须保证整个物流系统以最小的输入得到最佳的物流服务效果。电子商务物流业要以服务市场为主要宗旨。从物流现状来看，物流系统不仅要为本地区服务，而且要做长距离的服务。因此如何满足市场需求便成为物流系统的中心课题。

此外，物流系统不仅与生产厂家保持紧密的伙伴关系，而且直接与客户联系，能及时了解客户的需求信息，起着沟通厂商与客户的桥梁作用。

（七）目标分散性

在经济一体化、信息全球化日益明显的今天，电子商务企业十分关注企业的灵活性和相对独立性，不再将企业的业务高度集中在一两个点上或一两个大城市，而是要分散目标、分散风险，这也导致了物流系统的目标分散性。

（八）企业信息化

在电子商务时代，要提供最佳的服务，物流系统必须要有良好的信息处理和传输系统。物流信息化不仅包括储存、运输等物流活动的信息处理和信息传送，还包括为物流过程中的各种决策活动提供支持，即充分利用计算机分析物流数据、进行决策，从而降低成本和提高效率。

大型的配送公司都建立了 ECR 和 JIT 系统。一般仓库商品的周转次数每年为 20 次左右，如果利用 ECR 可增加到 24 次。通过 JIT 系统，可以很快地得到销售反馈信息。

（九）管理法制化

在宏观上，要有健全的法规、制度和规则；在微观上，新型物流企业要依法办事、按章行事。

第三节　电子商务物流系统的设计与优化

作为电子商务高效运作的基础，经过科学设计及优化的物流系统可以为企业带来巨大的经济利益。这对于电子商务企业至关重要，也成为电子商务行业竞争中最重要的领域。物流的各种功能是相互联系的，只有整体考虑和综合管理，才能设计、建立高效的物流系统。

一、电子商务物流系统分析

系统分析是利用科学的分析工具和方法，以整体视角，对系统进行定性和定量的分析，最终确定系统目标、功能、环境、费用和效益一系列问题的过程。这一过程要求抓住关键，并提出若干可行方案，通过模型进行仿真试验、优化分析和综合评价，最后形成完整、正确、可行的方案，从而为决策提供充分依据。

物流系统是多种不同功能要素的集合。各个要素相互联系、相互作用，形成众多的功能模块和各级子系统，使整个系统呈现多层次结构，体现出固有的系统特征。对物流系统进行系统分析，可以了解物流系统各部分的内在规律性。电子商务物流系统流程示意如图 3-5 所示。

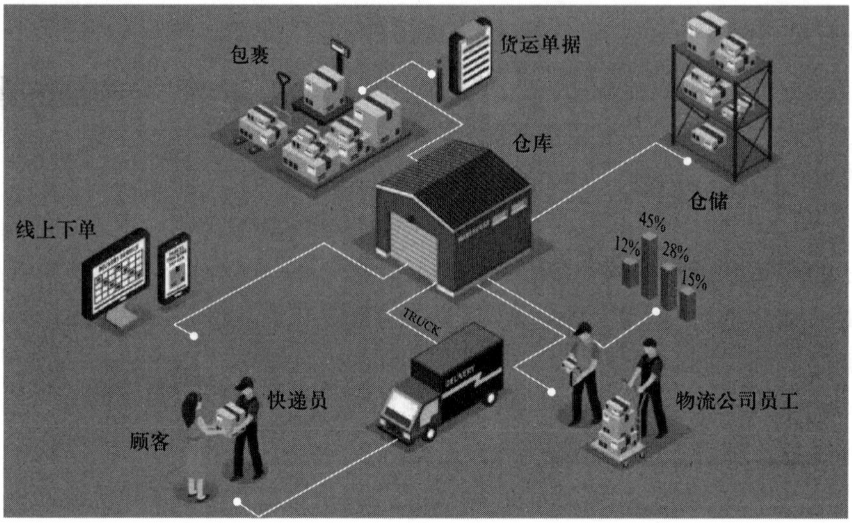

图 3-5 电子商务物流系统流程示意

（一）电子商务物流系统分析的作用

电子商务物流系统分析的运用范围很广，它研究的主要问题是如何使电子商务物流系统的整体效益达到最优化。其主要为以下几个方面重要工作提供依据和支持。

1. 制定经济发展规划

运用规划论的分析方法寻求适于各种资源条件、统计资料及生产经营目标的优化方案，并综合其他相关因素，在保证物流系统协调一致的前提下，对物流系统的输入和输出进行权衡，从这些优化方案中选择一个比较满意的规划和计划方案。

2. 组织管理重大物流项目

运用网络分析的方法对大型电子商务物流系统项目的各个部分进行全面的计划、协调和安排，以保证工程项目的各个环节密切配合，从而保质保量地完成工程项目。

3. 控制物流成本

对物流费用进行预算控制，对物流活动所采取的先进技术和革新措施进行盈亏平衡分析，确定一种经济合理的措施或者方案。

4. 建立仓库或者配送中心

新建一个仓库或者配送中心，必须对当地的地理位置、交通运输状况、技术条件、能源供应以及市场状况等客观条件与环境因素，运用物流系统分析的方法论证技术上的先进性、经济上的合理性以及建设上的可行性，以选择最优的建设方案。

（二）电子商务物流系统的分析过程

任何问题的研究与分析都有一定的逻辑推理步骤。物流系统分析步骤如图 3-6 所示。

1. 明确物流问题以及确定目标

当一个有待研究分析的物流问题确定以后，首先要将问题作系统化与合乎逻辑的叙述，其目的在于确定目标，说明问题的重点与范围，以便进行分析研究。

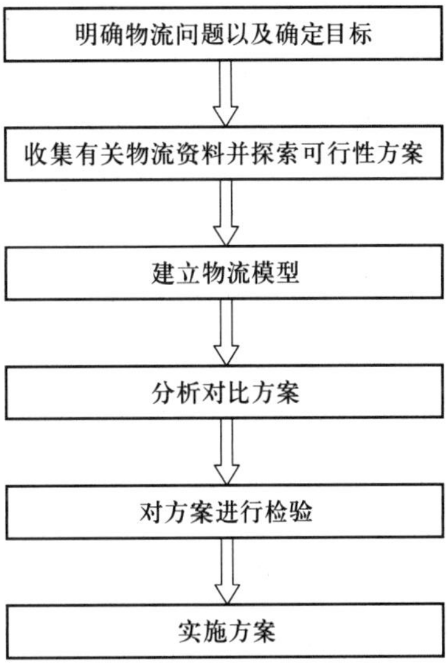

图 3-6　电子商务物流系统的分析过程

2. 收集有关物流资料并探索可行性方案

在确定目标之后，就要拟订大纲和确定分析方法，然后依据已经收集的有关资料找出其中的相互关系，寻求解决问题的各种可行方案。

3. 建立物流模型

为了便于分析，应建立物流系统的各种模型，利用模型预测每一种方案可能产生的结果，并根据其结果定量说明各方案的优劣与价值。模型显示的是过程的近似描述，如果它说明了所研究的物流系统的主要特征，就可以算作一个令人满意的模型。

4. 分析对比方案

利用模型和其他资料预测所获得的结果，将各个方案进行定量和定性的综合分析，显示出每个方案的利弊得失和成本效益。同时考虑各种有关的无形因素，如政治、经济、军事和理论等，将所有因素加以合并考虑研究，获得综合结论。

5. 对方案进行检验

由决策者根据更全面的要求，以试验、抽样及试运行等方法鉴定所得结论，提出应该采取的最佳方案。

6. 实施方案

根据分析的结果，按照选定的方案具体实施。

（三）电子商务物流系统分析的内容

电子商务物流系统分析主要包括外部环境分析和内部条件分析两个方面。

1. 外部环境分析

电子商务物流系统的外部环境非常复杂，主要如下。

（1）商品供应情况。商品是电子商务的主体，具有一定数量和品质的商品供应是电子商务系统运行的基础，商品的规模和构成决定了电子商务物流系统的深度和广度。

（2）商品的销售状况。商品销售的规模决定了电子商务物流系统的规模，销售商品的结构决定了电子商务物流的构成。商品销售的速度越快，则要求商品采购的速度越快，从而要求物流的速度也越快。

（3）社会经济状况。社会经济状况决定了个人和企业购买力的投向，电子商务也必然受其影响，从而间接影响物流系统。

（4）网络环境状况。由于我国地区经济、网络建设发展都不平衡，电子商务的发展也很不平衡。因此，在进行电子商务物流系统分析时，需要对该地区的网络环境以及发展潜力进行充分、细致的调查分析，从而确定该地区物流系统的规模和水平。

（5）国家的方针、政策和制度也影响着电子商务物流系统的发展。

2. 内部条件分析

电子商务物流系统内部条件的具体分析内容如下。

（1）需求变化的特点、需求量、需求对象、需求构成以及所涉及的需求联系方法。

（2）物流系统内部各子系统有关物流活动的数据，包括采购、仓储和运输等。

（3）构成物流系统的新技术、新设备和新要求等。

（4）库存商品的数量、品种、分布情况、季节性变化、质量状况以及顾客对产品的各种反馈意见等。

（5）运输能力的变化、运输方式的选择以及不同的运输条件和运输要求等。

（6）各种物流费用的支出。

（四）电子商务物流系统分析的原则

电子商务物流系统由许多要素组成，要素之间相互作用。它既受外部环境的影响，也受内部因素的制约。电子商务物流系统受外界环境的影响尤其大，因此，在进行电子商务物流系统分析时应该遵循以下原则。

1. 系统内部因素与外部环境条件相结合

物流系统不是一个孤立的系统，而是一个与社会环境紧密相连的、开放性的系统，其中电子商务物流系统与社会环境的关系最为密切。它受到外部社会、经济、政策以及科学技术等一系列要素的影响，并主要受产品供应状况、需求情况、社会经济状况和网络发展状况的制约。而物流系统内部，装卸、运输、仓储、信息处理、管理制度与管理组织等各个方面也都影响着电子商务物流系统。所以，在进行电子商务物流系统分析时，不仅要注意电子商务物流系统内部各环节的协调发展，更要对外部环境进行分析。

2. 当前利益与长远利益相结合

在进行电子商务物流系统方案的选择时，既要考虑当前利益，又要考虑长远利益。如果所采用的方案对于当前和长远都非常有利，当然最为理想。但是如果方案对短期不利，而对于长远有利，此时则需要通过全面分析论证后再做结论。只有兼顾当前利益和长远利益的电子商务物流系统才能称为一个好的电子商务物流系统。

3. 局部利益与整体利益相结合

在分析物流系统时我们常常会发现，物流系统各个子系统的局部利益与整个物流系统的利益往往不一致，这主要是因为各个物流环节是相互影响和相互制约的。个体的最佳往往并不一定能够带来整体的最优化。系统分析的准则是整体利益最大，在这一前提下，尽管某一子系统未获得最大利益，只要方案的整体利益最大，这种方案仍然是可取的。

4. 定量分析与定性分析相结合

物流系统分析应遵循“定性→定量→定性”这样一个循环往复的过程。不了解物流系统各个方面的性质，就不可能建立起探讨物流系统定量关系的数学模型，同样通过数学模型得出的结果也需要重新应用于物流系统设计的过程中。另外，在物流活动中有一些问题可以数量化，如运输能力、仓储水平和物流成本等，另一些却做不到数量化，如物流政策和制度等。所以，只有将定性和定量二者结合起来综合分析，才能达到物流系统整体优化的目的。

（五）电子商务物流系统建模

为了实现系统开发、计划、设计和应用，需要定量或者定性地分析和掌握系统的功能和特性。在物流研究中，定量的系统分析已经受到人们更多的重视，模型化是开展这项工作的前提和基础。

1. 物流系统模型化

模型是对系统的特征及变化规律的一种表示或抽象，而且往往是对系统中那些所要研究的特定特征变量的抽象。模型可以表现实际系统的各个组成因素及其相互之间的因果关系，反映实际系统特征，但又高于实际系统，而且具有同类系统的共性，有助于解决被抽象的实际系统的问题。

物流系统模型化就是把系统中各个组成部分的特征以及变化规律数量化、组成部分之间的关系方程化。为了实现物流系统合理化，需要在物流系统的规划与运行过程中不断做出科学的判断和决策。由于物流系统结构与行为过程的复杂性，只有综合运用定性、半定量与定量分析方法，才能建立恰当的物流系统模型，进而求得最佳的决策结果。因此，物流系统模型化是物流系统合理化的重要前提。

2. 物流系统的建模方法

（1）优化法。运用线性规划、整数规划和非线性规划等数学规划技术来描述物流系统的数量关系，以便求得最优决策。由于物流系统庞大而复杂，建立整个系统的优化模型一般比较困难，因此，优化模型常用于物流系统的局部优化，并结合其他方法求得物流系统的次优解。

（2）模拟法。利用数学公式、逻辑表达式、图表和坐标等抽象概念来表示实际物流系统的内部状态和输入输出关系，以便通过计算机对模型进行试验，通过试验取得改善物流系统或设计新的物流系统所需要的信息。虽然模拟法在模拟构造、程序调试、数据整理等方面的工作量很大，但由于物流系统结构复杂，不确定情形多，所以，模拟法仍以其描述和求解问题的能力优势成为物流系统建模的主要方法。

（3）启发式方法。针对优化法的不足，运用一些经验法则来降低优化模型的数学精确程度，并通过模仿人的跟踪校正过程求取物流系统的满意解。启发式方法能同时满足详细描述问题和求解的需要，比优化法更为实用。其缺点是难以知道什么时候好的启发式解已经被求得。因此，只有当优化法和模拟法不必要或不实用时，才使用启发式方法。

除了以上三种方法外，一个物流决策课题通常有多种建模方法，同时一种建模方法也可用于多个物流决策课题。对于采用各种方法所建立的模型还有以下要求。

（1）保持足够的精度。模型应该反映物流系统中本质的因素，去掉那些非本质的因素，但又不能影响模型反映现实的真实程度。

（2）简单实用。模型既要精确，又要简单。

（3）尽量借鉴标准形式。在模拟某些实际对象时，如有可能，应该尽量借鉴一些标准形式的模型，这样可以利用现有的数学方法或者其他方法解决问题。

二、电子商务物流系统设计

（一）电子商务物流系统设计所要实现的目标

电子商务物流系统是一个范围很广的系统，因此，其设计的目标就是要把其中的各个环节联系起来，从整体进行设计和管理，以最佳的结构和最好的配合，充分发挥其功能和效率，实现电子商务整体物流合理化。电子商务物流系统设计所要达到的具体目标主要有以下几个方面。

1. 服务性

服务性指在为用户服务方面要求做到无缺货、无货物损伤和丢失等现象，且费用低。

2. 快捷性

快捷性要求将货物按照用户指定的地点和时间迅速送达。

3. 有效地利用面积和空间

对城市市区面积的有效利用必须加以充分考虑，应该逐步发展设施立体化和物流机械化，实现空间的有效利用等。

4. 规模适度化

规模适度化指应该考虑物流设施的集中与分散是否适当，机械化与自动化如何合理利用，信息系统的集中化及所要求的电子计算机等设备的利用率等。

5. 库存控制

库存过多需要更多的保管场所，而且会产生库存资金占用，造成浪费。因此，必须按照生产与流通的需求变化对库存进行控制。

上述电子商务物流系统设计的目标简称5S。要实现以上目标，就要进行研究，把从采购到消费的整个物流过程作为一个联动的系统，依靠优化物流路线实现物流作业的合理化和现代化，从而降低其总成本。

（二）电子商务物流系统的设计要素

在进行电子商务物流系统设计过程中，需要使用以下几个方面的基本数据。

（1）商品的品种、品目及特殊的配送需求等。

（2）商品数量以及年度销售目标的规模。

（3）商品的流向以及各配送中心的处理量等。

（4）服务水平、产品的配送速度和商品质量等。

（5）不同时间各种产品的销售量的波动和特点等。

（6）物流成本。

以上数据是电子商务物流系统设计中必须具备的，称为电子商务物流系统设计基本数据的六要素。

（三）电子商务物流系统设计应注意的问题

电子商务物流系统设计必须集思广益，提出尽可能多的可供选择的方案。在设计过程中，应该注意以下问题。

1. 收集原始数据

数据是规划设计电子商务物流系统的依据，也是电子商务物流系统今后满足实际需要的关键，主要包括以下几类。

（1）商品特性。包括商品的储存方法、尺寸、形状、重量、耐压性、温湿度要求、储存期长短对商品质量的影响、商品本身对环境的影响、在搬运过程中是否需要密封、在搬运过程中是否需要消除可能产生的静电、各种商品之间有何影响以及是否可以一起储存等。

（2）商品流量。首先从整体角度掌握进入和流出物流系统的总商品流量，包括最大值、最小值、平均值以及概率分布；其次调查流程中各环节的输入输出量以及频率，并分析预测以后的发展规划，估计可能达到的最大物流流量。

（3）环境条件。主要指物流系统的输入输出接口条件，包括接口的设备、场地等条件。例如，物流系统输入端和输出端所采用的运输工具。

（4）经济数据。如劳务费用、维护费用、设备费用、建筑费用、土地费用、运输费用、贷款利息、投资限额以及最小收益等。

（5）商品搬运设备的数据。包括现有的可供选择的各种搬运设备的能力、技术性能、使用寿命和售价等数据。

2. 明确方案中的可控因素和不可控因素

物流系统的任何方案都要满足一定的条件，以达到规定的目标。方案中必然有设计人员无法左右的各种前提条件，即不可控因素。例如，对于仓库的物流而言，出入库频率和出入库数量必须满足要求，规划设计人员不能随意更改。但是，方案中也必然有一些可以由规划设计人员在一定范围内选取的变量。例如，仓库收发货站台的位置和数量、搬运设备的载重量和作业速度以及物流系统的运行策略（先入先出或者先入后出，就近入库或者就近出库等）都是可控因素。明确所有可控因素和不可控因素，就能明确如何去影响系统的性能，达到所追求的目标。

物流系统的设计就是通过调整可控因素，观察系统性能的变化趋势，从而选择可控因素的最佳匹配，达到系统的最佳效果。

物流系统的功能除了受可控因素的影响外，还与不可控因素有密切的关系。通常，不可控因素不是非常确定的。例如，电子商务企业的销售量以及商品到货日期和数量等都是一些假设。当然这些假设必须具备一定的依据，或者是历史资料，或者是商务合同。在这些假设基础上，规划设计的物流系统通常可以满足实际需要。但是，如果对这些假设没有十足把握，则可以通过不可控因素考察物流系统的敏感性。如果发现物流系统对不可控因素非常敏感，即物流系统功能表现出较大波动，那么就需要慎重确定不可控因素，或者在规划设计中留有余地，以免建成的物流系统不能满足实际需要。

三、电子商务物流系统评价

（一）电子商务物流系统的评价原则

评价的主要目的是检测物流系统是否达到预期的性能指标，判定能否在满足各种内外约束条件下达到预定目标。由于不同的电子商务企业物流系统的目标各有侧重，因此，物流系统评价的标准、考虑的因素、使用的方法、评价过程和步骤也各不相同。但总的来说，物流系统评价必须遵循客观性原则、可比性原则和系统性原则。

（二）电子商务物流系统的评价标准

要对各种物流系统做出客观、公正的评价，就应该根据各个系统的不同情况制定评价标准。评价标准通常包括以下几项。

（1）经济性。包括初始投资、每年的运营费用、直接或间接的经济效益、投资回收期以及全员劳动生产率等。

（2）可靠性。包括电子商务物流系统各个环节和系统的可靠性、技术成熟度、设备故障率和排除故障时间等。

（3）灵活性。包括电子商务物流系统各环节与企业销售节奏相匹配的能力以及调整物流路线的可能性。

（4）安全性。包括商品的安全性和人员的安全以及正常和紧急状态下的安全保障。

（5）易操作性。即操作简单，不容易发生错误，只需要少量指令就可以使设备和整个系统投入运行。

（6）可扩展性。即系统服务范围和吞吐能力进一步扩大的可能性。

（7）劳动强度。即需要的劳动力数量和可能引起的劳动者疲劳程度。

（8）服务水平。即对于顾客要求做出快速响应的能力。

（9）敏感性。即对外界环境条件发生变动的敏感程度。

在对一个电子商务物流系统进行评价时，可以根据所确定的每一项评价标准的重要程度分别赋予权重，用加权平均的方法对物流系统进行综合评价。

（三）电子商务物流系统的评价方法

由于各个电子商务物流系统的结构不同、性能不同以及评价因素不同，因此评价方法也各有不同。应该根据各个系统的不同情况来选择系统评价方法。目前国内外系统评价方法很多，一般可以分为三类：定量分析评价、定性分析评价和两者相结合的评价方法。

从评价因素的个数来分，又可以分为单因素评价和多因素评价两种。单因素评价就是在进行物流系统评价时，各个评价方案只考虑一个主要因素，如物流成本、营业利润等。而多因素评价则是在进行物流系统评价时，同时考虑两个或两个以上主要因素。

从时间上来看，物流系统评价主要可以分为两类。一是对物流系统现状评价，从而对系统有一个全面的了解，为系统调整和优化提供基础信息和思路。二是研究物流系统项目的可行性以及效益大小，从而为最终决策提供辅助信息。

（四）电子商务物流系统的评价过程

评价是根据明确的目标来测定对象系统的属性并将这种属性变为客观定量的计算值或主观效用的行为过程。图 3-7 展示了物流系统的评价过程。

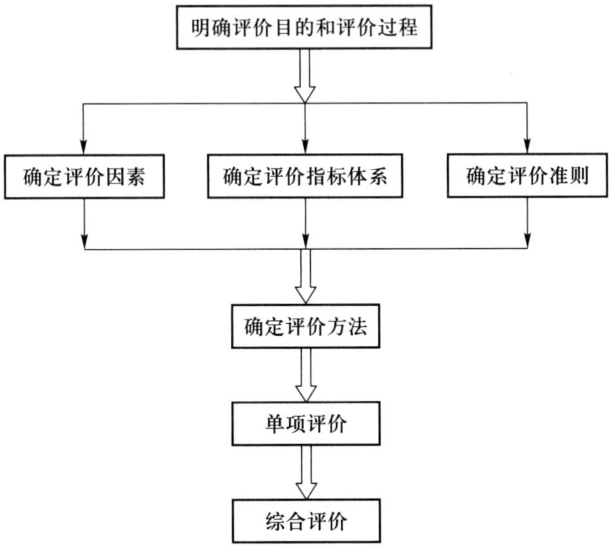

图 3-7　物流系统的评价过程

（1）明确评价目的和评价过程。

（2）确定评价指标体系。

（3）确定评价因素。

（4）确定评价准则。

（5）确定评价方法。

（6）单项评价。

（7）综合评价。

四、电子商务物流系统优化

物流系统只有经过持续优化和改进才能够达到成熟。高效的系统优化必须回答下面六个问题，有人把其归纳为解决问题的“5W1H”，即 What、Why、When、Who、Where、How。例如，假如接受了某个电子商务物流系统的开发项目，那么接下来就必须设定问题，通过拟订下列疑问句较容易抓住问题的要点。这六个问题的具体内容如表 3-1 所示。

表 3-1 电子商务物流系统优化涉及的六个问题

问题	具体说明
What	项目的对象是什么，即电子商务物流系统要做什么
Why	这个项目的目的是什么，即电子商务物流系统为什么应该是这个样子
When	项目在什么时候使用，即什么时候需要使用电子商务物流系统
Where	使用的场所在哪里，即电子商务物流系统在什么地方运行
Who	为谁服务，即为谁提供电子商务物流系统的服务
How	怎样才能解决问题，即如何建立电子商务物流系统

（一）电子商务物流系统优化的目的

1. 确保电子商务企业的正常运转

（1）将商品在适当的交货期内准确地向顾客配送。

（2）满足顾客的订货要求，不缺货。

（3）适当配置仓库和配送中心。

（4）实现运输、装卸和仓储自动化。

（5）确保信息畅通。

2. 降低物流成本和费用

对于电子商务企业来说，物流费用在成本中占有相当大的比重，减少运输费用和仓储包装费用，可以有效降低企业的运作成本。

3. 库存优化

库存优化是物流系统合理化的重要内容，其目的是通过各种方法使企业在满足客户需求的前提下把库存控制在合理范围内。

4. 合理运输

运输是物流当中最重要的一个环节。在电子商务环境下，对物流系统进行合理化就要充分应用信息技术，合理组织运输，根据实际情况的变化，在良好的信息系统的支持下，不断调整运输方式，使运输尽量达到合理化。

5. 提高客户服务水平

将电子商务技术和传统的物流服务技术相结合，可以产生良好的效果，也可以达到合理运输、更好地压缩库存的目的。采取物流合理化的措施，归根结底是为了更好地为客户服务。电子商务物流的合理化，可以提高客户服务水平，进而提高客户的满意度，从而促进企业的发展。

（二）电子商务物流系统优化的途径

对电子商务企业来说，物流系统优化的途径主要包括：

1. 仓储合理化

企业的流动资金大部分是被库存商品占用的，降低库存可以减少流动资金占用，加快资金周转速度。但是，库存降低是有约束条件的，它必须以满足客户需求为前提。仓储合理化的方法主要如下。

（1）ABC 分类管理。将库存物资按重要程度分为特别重要的库存（A 类）、一般重要的库存（B 类）和不重要的库存（C 类）三个等级。然后针对不同等级分别进行管理和控制。

（2）科学预测。仓储优化的关键是对销售额及出货量的准确预测。由于库存量和缺货率是相互制约的，所以，只有在准确预测的基础上制定正确的库存策略，才能使库存量和缺货率协调，取得最好效果。

（3）合理的库存管理。库存管理控制应综合考虑各种因素，满足以下三方面要求：降低采购费用和购入价格等综合成本；减少流动资金，降低盘点资产；提高服务水平，建立完善的反馈机制，防止缺货。

2. 运输合理化

运输是物流系统的重要组成部分，这是由电子商务跨区域的特点决定的。因此，电子商务企业的运输优化具有重要意义。运输合理化主要包括如下几方面。

（1）合理的运输网络配置。根据仓储属性，区分储存型仓库和流通型仓库，合理配置，物流中心设置应该以提高货物直送比率为原则。

（2）合适的运输方式。首先要决定使用水路、铁路、汽车还是航空运输。如果使用汽车还需要考虑车型以及使用自有车辆还是委托运输公司。

（3）高效运送。努力提高车辆的运行率和装载率，减少空车行驶，缩短等待时间或者装载时间，提高有效的工作时间，降低燃料消耗。

（4）实现共同运输。通过部门、集团、行业间的合作以及批发、零售、配送中心之间的配合，提高运输工作的效率，降低运输成本。

3. 配送合理化

配送也是物流系统中的重要环节。国内外推行配送合理化，有一些可供借鉴的方法。

（1）专业化配送。通过采用专业设备、设施及操作程序，取得较好的配送效果，从而达到配送合理化。

（2）共同配送。联合多部门、多企业整合配送资源，通过统一调度实行共同配送，提高配送效率。

（3）准时配送。按时、按需进行配送是降低库存乃至实现零库存策略的重要前提。

（4）即时配送。应用电子信息手段改造传统配送系统，使之适应个性化需求的变化。即时配送成本较高，但它提供的是高标准的物流服务。

4. 成本合理化

（1）物流成本预测和计划。成本预测是对物流成本指标和计划指标进行测算平衡，寻找降低物流成本的有关技术经济措施，以指导物流成本计划的制定。而物流成本计划是物流成本控制的主要依据。

（2）物流成本核算。在计划开始执行后，对产生的生产耗费进行归纳，并以适当方法进行核算。

（3）物流成本控制。采取各种方法严格控制和管理日常的物流成本支出，使物流成本减到最低限度，以达到预期的物流成本目标。

（4）物流成本分析。对计算结果进行分析，检查和考核成本计划的完成情况，找出影响成本变化的主客观因素，总结经验，发现问题。

（5）物流成本信息反馈。收集有关数据和资料并提供给决策部门，使其掌握情况并加强成本控制，保证预定目标的实现。

（6）物流成本决策。根据物流成本信息反馈的结果，决定采取以最少耗费获得最大效果的最优方案，以指导今后的工作，更好地进入物流成本管理的下一个循环过程。

5. 健全的物流信息系统

电子商务的最大特征就是信息的高效利用。为了对物流系统进行有效地管理和控制，就必须建立完善的信息系统。电子商务的物流信息系统建设一般包括以下几方面的内容。

（1）及时、有效的物流管理系统。它需要提供及时、准确的物流信息，充分满足物流系统各项作业需求，并能整合相关的硬件设备与软件系统，提供格式化的表单，由进货入库到出库运送的各个作业环节，均能做到灵活地管理与控制。

（2）运输规划与安排系统。鉴于电子商务跨地区的特点，物流系统的运输规划及安排就显得非常重要。在运输作业及管理上，它要能提供全面性的运输作业信息管理，能够有效地处理运（配）送时间、运（配）送路线、人员薪资、运货账款、相关设备及客户订单等管理事项。同时，该系统也能提供整体运输作业中全程的管理功能，包括装卸和车辆专用管理以及回程载运管理等。

（3）订货管理系统。订货管理系统是一套完整的账务处理系统，能管理物流中心每项货品的销售过程。该过程包括从电子商务客户下达订单开始到开立账单，直到信息进入仓储管理系统进行配送业务。

（4）物流作业支持系统。物流作业支持系统是针对进一步提高物流作业水平的一套作业支持系统。这个系统通过界面连接物流管理系统，是一个高层管理者实现管理控制的工具。它能协助管理人员，在复杂的物流作业决策上，迅速而有效地做出正确的决策。

需要强调的是，物流系统优化追求的并非是各个单一环节的优化，而是从整体效益出发，力求在确保实现整体目标的前提下，实现各个物流环节的优化。

第四节　电子商务物流运作模式

一、电子商务物流运作模式的类型

物流运作模式是指供应商采用何种物流运作方式把商品送到最终用户手中。对于从事电子商务活动的企业来说，可选择的物流运作模式主要有自营、外包和联盟三种。

（一）自营模式

自营模式是指电子商务企业自行组建物流配送系统并自主经营管理企业的整个物流运作过程。由于电子商务业务管理与物流业务管理是截然不同的，所以企业必须对跨行业经营产生的风险进行严格评估。

1. 采用自营模式的企业

一般情况下，采用自营物流系统的电子商务企业主要如下。

（1）传统大型生产制造企业或批发零售企业。这类企业在长期发展过程中，已经建立起一定规模的营销网络和物流配送体系，在开展电子商务时只需将原来的功能加以改进、完善，就可满足电子商务条件下对物流配送体系的要求。

（2）资金实力雄厚且业务规模较大的电子商务企业。它们凭借其庞大的连锁分销渠道，利用电子商务技术构建符合自身发展需求的物流体系，进行物流配送服务。在建立适应自身业务需要的高效物流系统的同时，也可为其他物流服务需求方提供第三方综合物流服务，充分利用自身的物质资源，实现规模效益。

2. 优势

（1）掌握供应链控制权。采用自营模式的企业对于企业内部的采购、生产加工和销售等环节，原材料和最终产成品的性能、规格，产品供应商及产品销售商的经营能力，都能掌握最详尽的资料。因此可以有效协调各个环节的物流活动，以较快的速度、较高的质量解决物流活动管理过程中出现的各种问题，获得供应商、销售商及客户的最新、最真实的信息，以便随时调整企业的生产经营策略。

（2）信息沟通渠道畅通。由于物流业务全部由企业自己经营，所以采用自营模式的企业可以方便地管理整个物流流程，物流部门和其他部门的信息沟通渠道畅通，方便沟通，为搞好物流提供了良好的环境。

（3）提升企业品牌价值。自营模式能直接面对客户，既可以尽企业全力为客户服务，又可以让顾客进一步了解企业、熟悉企业产品，提升企业品牌价值。

3. 劣势

（1）投入巨大。自营物流一般需要巨大的投入，运作过程对业务规模的要求也比较高。而且物流系统投资较大、建设时间较长，对企业柔性有负面影响。

（2）较高的专业人才要求。庞大的物流体系，建成之后必然需要具有专业能力的人员来进行管理运作。目前我国物流人才短缺，企业内部从事物流管理的人员综合素质也不高，面对复杂多样的物流问题，往往难以控制和驾驭。

（二）外包模式

物流外包又称第三方物流或合同物流，它以签订合同的方式，在一定期限内将部分或全部物流活动委托给专业物流公司来完成。

采用物流外包，企业可将更多的精力用于核心竞争力建设，而将一些较为烦琐且程序性强的日常事务性物流业务外包给第三方物流企业进行运作。该模式是物流专业化的重要形式，也是物流社会化、合理化的有效途径。

外包模式在物流发达国家较为常见，并且有比较完善的管理方式、管理体制和运作机制。在现代市场中，一般都有为企业提供物流外包服务的专门机构，其专业化和规范化程度已经渗透到企业的经营管理层，特别是在与客户建立战略联盟的长期合作过程中，能够做到定期向企业提供个性化物流服务的合作方案、阶段性的工作安排、业务量、工作流程及服务质量保证措施等。

目前，采用物流外包最广泛的产业是时尚消费品、电子配件、消费电子产品、药品批发零售等，汽车生产制造业物流外包的应用也很广泛。在中国，宝供物流、中海物流等就是开展企业物流外包服务的第三方物流企业，其不仅提供仓储和运输服务，还在物流信息服务、流通加工、库存管理、物流成本控制等物流增值服务方面提供服务，尤其是在企业物流方案设计及物流全程服务等更高层次的物流服务方面起着重要的作用。

1. 优点

（1）聚焦核心业务，提高核心竞争力。对于绝大部分的企业而言，其核心竞争力并不是物流，而是新产品的设计、制造和开发等。采用物流外包，就能帮助企业优化配置，将资源集中于这些核心业务，建立及强化自身的核心竞争力。

（2）降低成本。专业物流企业可以通过各种专业手段来降低各环节的物流成本。

（3）提高企业经营效率。随着市场环境的不断变化，企业的生产经营活动也越来越复杂，要实现物流活动的合理化，仅仅将物流系统局限在企业内部是远远不够的。建立企业间、跨行业的物流系统网络，将原材料生产企业、商品生产企业、批发零售企业等生产流通全过程上下游相关的物流节点企业有机地联合起来，形成供应链系统是现代物流的要求。第三方物流企业通过其掌握的物流系统开发设计能力、信息技术能力，成为企业间物流系统网络的组织者，可以完成个别企业特别是中小型企业无法完成的工作。

2. 缺点

（1）发展还不够成熟。我国第三方物流处于发展阶段，尚未成熟，经营规模与专业水平都较为有限，成本节约、服务改进的优势在我国并不明显，这会导致物流外包的失败。

（2）控制能力差。在供应链中，由于第三方物流企业还不成熟，电子商务企业若过分依赖供应链伙伴，容易受制于人，处于被动地位。供应链的控制能力差，也容易导致电子商务企业与最终顾客失去联系而被淘汰。

阅读资料

第三方物流

一般情况下，我们将需求方采购某种商品而进行的物流活动称为第一方物流，如赴产地采购时，由采购方自行负责物流过程的方式（上门提货）；将供应方为了卖出某种商品而进行的物流活动称为第二方物流（送货上门）；将由供、需方以外的专业物流企业承担的物流活动称为第三方物流（Third Party Logistics，3PL）。

这里的“第三方”是指除第一方“发货人”和第二方“收货人”之外的第三方，这个第三方是为第一方或第二方提供专业化物流服务的。第三方物流企业不拥有商品，不参与商品买卖，而是为客户提供以合同为约束、以联盟为基础的系列化、个性化、信息化、综合化的物流代理服务。DHL的第三方物流模式如图3-8所示。

一、第三方物流的特征

1. 合同导向

普通的运输或仓储合同往往只针对一次性交易，只包含一项或分散的几项物流服务。而第三方物流则根据合同条款规定的要求，提供多功能甚至全方位的物流服务，它不是满足一般性的临时需求，而是针对一个时期内的需求。

2. 个性化服务

部分第三方物流服务对象较少，只有一家或数家，服务时间却较长，往往长达几年。这是因为需求方的业务流程各不相同，而物流、信息流是随商流或价值流而流动的，因而要求第三方物流服务应按照用户的业务流程来设计。传统的运输、仓储企业由于服务对象众多而只能提供单一、标准化的服务，无法满足用户的个性化需求。

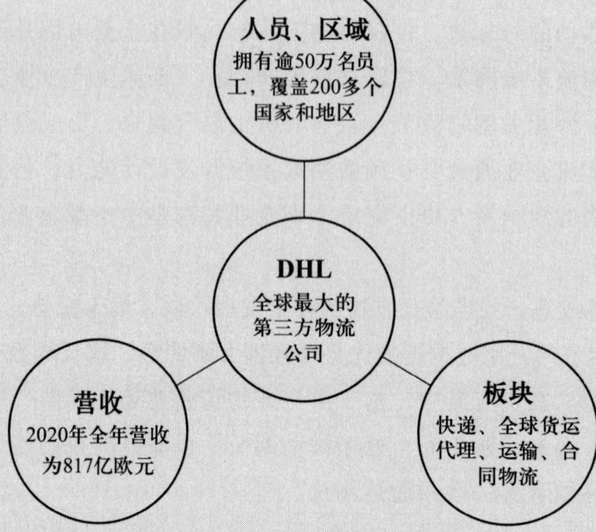

图 3-8 DHL 的第三方物流模式

3. 服务建立在现代信息技术基础上

现代信息技术的发展是第三方物流产生的必要条件。计算机、网络和通信技术，实现了数据处理的实时化、数据传递的高速化，使库存管理、运输、采购、订单处理、配送等物流过程自动化、一体化的水平不断提高，用户可以方便地通过信息平台与物流企业进行交流和协作，这就使用户企业有可能把原来在内部完成的物流作业交由物流公司运作。

4. 与用户企业是联盟伙伴关系

第三方物流企业与用户（或货主）企业不是一般的市场交易关系，而是介于市场交易与纵向一体化（企业内部提供物流服务）之间的联盟伙伴关系。这就要求物流企业与用户企业之间相互信任、充分共享信息、共担风险和共享利益，以取得比单独从事物流活动更好的效果，即双赢。

二、电子商务与第三方物流的关系

1. 第三方物流是电子商务配送的第一选择

第三方物流具有先天的优势，绝大多数的电子商务公司会将第三方物流作为配送的第一选择。一般的电子商务公司不具备亚马逊和沃尔玛那样自营物流系统的能力，它们需要将更多的精力投入到产品开发领域。因此，它们通过与第三方物流企业建立合作联盟的方式，构建自己的竞争优势，在市场竞争中获胜。

2. 第三方物流是电子商务的支点

物流是信息流、商流、资金流、物流“四流”中最为特殊和必不可缺的一环，没有物流业的发展，尤其是第三方物流的发展，电子商务的优势发挥会受到巨大的限制。电子商务只有以第三方物流为支点，才能实现发展上的成功跳跃。

3. 电子商务是推动第三方物流快速发展的重要因素

电子商务信息技术发展促进了第三方物流服务商向信息化、网络化、智能化升级。随着电子商务信息技术不断进步，电子商务的流程也越来越精细和复杂，第三方物流服务商只有依靠先进的网络信息技术，才能不断地提高适应性和灵活性，实现物流活动信息化和网络化的发展需求。

4. 电子商务是第三方物流整合内部资源的内在动力和外在需求

电子商务的运营本身是无国界的，打破了传统经营方式中地理范围的限制。但是电子商务为众多企业拓展边界的同时，也对企业的物流配送提出了全球化服务的要求。物流配送的全球化趋势使得生产企业不得不依靠专业的第三方物流企业提供物流配送服务，并且它们之间的关系变成了新型的战略合作伙伴关系。

5. 电子商务为第三方物流提供了空前的发展机遇

电子商务高效的运行效率需要高效的物流运作与之相配套，第三方物流成为满足企业电子商务配送需求的首选。

3. 物流外包模式的类型

外包模式的选择，既要考虑企业自身的实际情况，也要考虑内外环境等因素。一般来说，企业实施物流外包的模式主要有以下两种。

（1）部分外包（专项业务外包）。将物流业务活动的一部分外包给第三方物流服务机构，其他部分继续由企业自身负责。这种外包模式有利于企业根据自己在物流业务中的优劣，采取适宜的外包模式，且容易把握和达到外包目的。

（2）整体外包。将一项完整的物流职能全部外包给第三方物流服务机构。例如，将企业物流规划、物流设计、物流信息管理、物流运作等相关工作整体外包。这种模式可帮助企业尽可能减少非核心业务的影响，提高核心竞争力。

4. 物流外包的实施步骤

（1）确定外包对象。在准备实施物流外包之前，必须明确界定某一职能业务属性。通常安全性是首先要考虑的，同时也要注意不能把企业核心业务外包出去。

（2）选择合适的服务提供商。企业外包物流业务确定后，就要考虑如何选择外包服务提供商，一般应从以下几个方面来考虑。

① 外包服务价格。

② 服务提供商的信誉和质量。

③ 自身物流业务量的大小。

（3）确定外包方式。一般来说，外包方式与外包服务提供商的类型有关。物流外包服务提供商主要有三大类：第一类是物流代理机构，如国际货物运输领域广泛存在的代理机构；第二类是专业的物流服务机构，如中海物流、宝供物流等，专门为企业物流外包提供服务；第三类是高等院校、科研院所的物流专家或研究机构，为企业提供咨询服务，如对物流业务人员的培训、对物流业务流程的设计等。

（4）实施物流外包与提供相关服务。实施在物流外包过程中，企业需要积极参与，主要包括两方面的工作：一是外包风险的防范与控制；二是企业物流管理部门要积极配合，为外包服务机构提供必要的信息和资料等。

（三）联盟模式

物流联盟指两个或两个以上的经济组织为实现特定的物流目标而采取的长期联合与合作，其目的是实现联盟参与方的"共赢"，具有相互依赖、专业化、强调合作的特点。物流联盟是为了取得比单独从事物流活动更好的效果，而在企业间形成的相互信任、共担风险、共享收益的物流伙伴关系。

电子商务企业与物流企业进行联盟，一方面有助于电子商务企业降低经营风险，提高竞争力，企业还可从物流伙伴处获得物流技术和管理技巧；另一方面使物流企业有了稳定的货源。

1. 物流联盟的类型

（1）纵向一体化联盟。纵向一体化联盟指生产制造企业与其供应商、客户发展成良好稳固的合作伙伴关系，实现从原材料采购到产品销售的一体化合作，形成供应链物流联盟。该模式下，物流服务贯穿于供应链的整个过程，是实现产品和服务价值增值的关键性活动。

在纵向一体化联盟的构建和优化过程中，一般由企业物流联盟中的核心企业主导整条供应链和管理整个供应链流程。供应链物流联盟网络上节点企业的长期合作，通常以供应链核心企业为中心。如果企业想要在某条供应链上发挥重要作用，一种是成为供应链核心企业，另一种是与供应链核心企业以及核心企业的上下游主要客户建立较为稳定的企业物流联盟关系。企业物流联盟考虑的不仅是物流联盟企业，而且是整个供应链的物流运作过程和物流管理的协调。

（2）横向一体化联盟。横向一体化联盟指处于同一平行位置的若干制造企业结成的企业物流联盟。它是在某一行业领域内，产品结构相近、物流资源和能力相近的制造企业，为使物流过程合理化而互相合作形成的企业物流联盟模式，也称为行业物流联盟模式。

建立行业物流联盟的好处包括：第一，统一行业物流大市场。通过建立行业物流联盟，对整个行业市场进行有效整合，打通企业间的隔阂，减少流通阻力，实现物流业务的低障碍和低成本运行。第二，高效率地利用各企业的物流要素和资源。如果行业内各个企业都按自己的目标开发现代物流，则会建立多种不同的物流网络、物流设施、物流体系和物流规模。例如，现代物流的重要的组成部分就是物流配送中心，它的效率主要取决于它所处理的物流业务的复杂性和流量的大小，需要配送的工作量越复杂越大，效率就越高，资源利用率也就越高。若一个行业在一个地区只保留一个物流配送中心，物流配送中心所产生的附加值将是原来的很多倍。第三，形成强大的行业物资采购联盟。采购与物流，尤其是供应商物流存在非常密切的关系，如果形成相对统一的物资采购联盟，将会对物资采购市场产生极大的影响。企业联盟不仅可以获得大批量采购带来的价格优惠，而且可以同各生产商和供应商建立起持久、稳定的战略合作伙伴关系，而不是短期的商业合作伙伴关系。

（3）混合模式（产业集群模式）。以第三方物流机构为核心，既包括处于平行位置的生产制造企业，也包括处于上下游位置的中小企业联盟。中小企业通过签订企业联盟契约，将自身的物流业务外包给第三方物流企业，共同采购、共同配送、共同运输，构筑先进的物流市场，形成相互信任、风险共担、利益共享的集约化企业物流联盟。

2. 物流联盟模式的选择

物流联盟模式的选择本质是联盟伙伴的选择，它是建立物流联盟的基础和关键环节，选择合适的合作对象是联盟顺利发展的前提条件。有学者提出“兼容、能力和承诺”的原则。兼容，即物流伙伴之间通过事先达成协议，建立互惠合作的关系，并使联盟内各伙伴成员在经营战略、经营方式、合作思路以及组织结构和管理方式等方面保持和谐一致。作为合作伙伴必须具备一定的能力，能够弥补合作企业的薄弱环节，只有这样才能建立互惠的关系。物流企业与物流劳务的供需双方形成紧密的战略合作伙伴关系也可促进联盟关系的发展。

物流联盟可依据以下步骤选择联盟对象。

（1）制定企业长远的战略目标。

（2）寻找互补的合作伙伴。

（3）对潜在的合作伙伴做出评估。

（4）比较并选择合作伙伴。

菜鸟的平台物流模式如图 3-9 所示。

二、电子商务物流模式的选择因素

自营物流、外包物流和物流联盟三种模式各有优缺点，企业选择物流模式时，应根据自己的实际需要和资源条件，以提高自身的核心能力和市场竞争力为导向，综合考虑以下主要因素。

1. 物流子系统的战略地位

在物流模式选择时，首先要考虑物流子系统在企业战略中的作用及其重要性。物流地位越重要，企业自营物流的可能性就越大；反之亦然。而物流子系统的战略重要性，主要取决于其对企业核心能力的影响程度。一般可以从以下几方面判断。

（1）是否高度影响企业的业务流程？

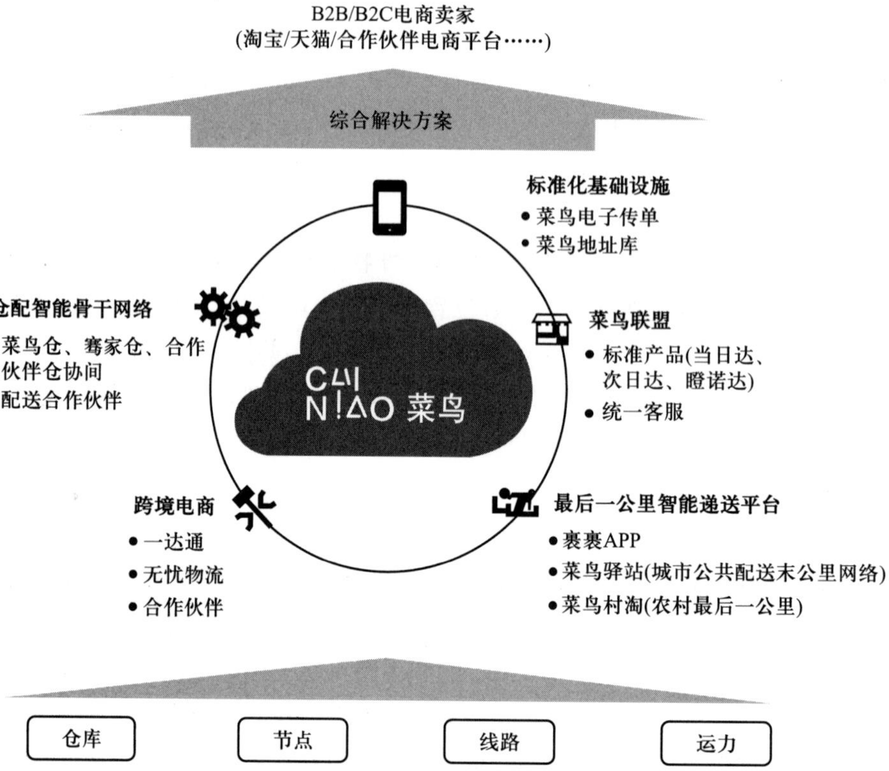

图 3-9 菜鸟的平台物流模式

(2) 是否需要相对先进的技术，采用此种技术能否使公司在行业中领先？

(3) 是否是企业长期积淀的，在短期内不能为其他企业所模仿的？

如果得到肯定的回答，就可以断定物流子系统在战略上处于重要的地位。由于物流系统是多功能的集合，各功能的重要性和相对能力水平在系统中是不平衡的，因此，还要对各功能进行分析。某项功能是否具有战略意义，关键就看它的可替代性。如其可替代性很弱，几乎只有本企业才具备这项能力，企业就应该保护好、发展好该项功能，使其保持旺盛的竞争力。

在采用外包模式时是职能外包还是组建物流联盟，主要由物流子系统对企业成功的重要性来决定。在物流子系统构成企业战略子系统的情况下，为保持物流的连续性，最好是与物流公司长期合作，建立物流联盟；在物流子系统不构成企业战略子系统的情况下，采用何种物流模式就要在顾客服务水平与成本之间寻找平衡点了。

2. 物流管理能力

企业对物流的管理能力是影响其选择物流模式的又一重要因素。一般而言，在其他条件相同的情况下，企业物流管理能力越强，自营物流的可能性就越大。在企业物流管理能力较弱的情况下，如物流子系统在战略上仍处于重要地位，则应该寻找合适的物流伙伴建立物流联盟，反之采用物流外包较为合适。

应当注意的是：具备了物流能力，并不意味着企业一定要选择自营物流，还要与第三方物流公司比较“在满足一定的客户服务水平下，谁的成本更低”，只有在企业的相对成本较低的情况下，选择自营的方式才有利；不然，企业应该把该项职能分出去，实行外包。

3. 企业柔性

企业需要根据市场变化，不断调整自己的经营方向、经营重点、市场、产品等，这对企业柔性提出了越来越高的要求。相对而言，物流外包能够增强企业柔性，能够比较容易地对企业业务内容、重点、数量等进行必要的调整。所以，处于变化发展速度较快行业中的企业，其商品种类、数量比较不稳定、非规律化，变化较多、较大，需要根据实际情况快速地调整其经营管理模式及相应的业务，为保证企业具有足够的柔性，应采用物流外包模式；业务相对稳定，物流商品种类比较稳定、数量大的企业，对企业柔性的要求比较低，更宜采用自营物流模式。

4. 物流总成本

在选择物流自营还是外包模式时，要弄清不同模式的物流总成本。计算公式为：

物流总成本=运输成本+库存维持费用+批量成本+固定仓储费用+变动仓储费用+订单处理和信息费用+顾客服务费用

这些成本之间存在二律背反现象：减少仓库数量时，可降低保管费用，但会增加运输距离和次数而导致增加运输费用。如果运输费用的增加部分超过了保管费用的减少部分，总的物流成本反而增大。所以，在选择物流系统时，要对其总成本加以论证，选择总成本较小的物流系统。

5. 产品特点

大宗工业品原料的装运或鲜活产品的分销，应利用相对固定的专业物流服务供应商和短渠道物流；全球市场的分销，宜采用地区性的专业物流公司；产品线单一的或为主机厂作配套的企业，则应在龙头企业统一下选择自营物流；技术性较强的物流服务如口岸物流服务，应采用委托代理的方式；对于非标准设备的制造商来说，企业自营物流虽有利可图，但还是应该交给专业物流公司去做。

6. 企业规模与实力

一般说来，大中型企业由于实力较雄厚，有能力建立自己的物流系统，制定合适的物流需求计划，保证物流服务的质量。另外，还可以利用过剩的物流网络资源拓展外部业务，为其他企业提供物流服务。而小企业则受人员、资金和管理资源的限制，物流管理效率难以提高，则适合将物流业务外包。

此外，企业为把资源用于核心业务上，就适宜把物流业务交给第三方专业物流代理公司。

7. 第三方物流的客户服务能力

在选择物流模式时，考虑成本尽管很重要，但第三方物流提供服务的能力是选择的关键因素。换言之，第三方物流在满足企业对物流需求的能力和可靠性的同时，对企业的零售商和最终顾客不断变化的需求的响应能力等方面应该作为首要的因素来考虑。

本章小结

（1）系统是指为了达到某种共同的目标，由若干相互作用的要素有机结合构成的、具有特定功能的有机整体。物流系统是社会经济大系统中的一个子系统。物流系统是由两个或两个以上的物流功能单元构成的，以完成物流服务为目的的有机集合体。

（2）物流系统由输入、输出、处理转化、限制、反馈等内容组成。在建立和运行物流系统时，要求实现五个方面的目标任务，即服务（Service），及时、快速（Speed），规模优化（Scale Optimization），节约（Saving），库存调节（Stock Control）。

（3）物流系统可分为物流作业系统和物流信息系统两大部分。物流作业系统包括运输、保管、搬运、包装、流通加工等功能。在这些子系统中，最重要的就是运输子系统和仓储子系统。物流信息系统是整个物流系统的神经系统和指挥系统，先进的物流信息系统是提高整个物流系统运行效率的基础条件，也是物流作业子系统之间衔接和配合的桥梁和纽带。

（4）电子商务物流系统是指在实现电子商务特定过程的时间和空间范围内，由所需位移的商品（或物资），包括设备、装卸搬运机械、运输工具、仓储设备、人员和通信联系设施等若干相互制约的动态要素所构成的具有特定功能的有机整体。

（5）电子商务物流系统的目的是在商品满足供给需求的前提下，通过各种物流环节的合理衔接，占用最少的资源，按时完成对商品的转移，并取得最佳的经济效益。

（6）电子商务物流系统突出强调一系列电子化、机械化、自动化工具的应用以及准确、及时的物流信息对物流过程的监督。它更强调物流的速度、物流系统信息的畅通和整个物流系统的合理化。

（7）要实现物流系统的合理化，必须注意仓储合理化、运输合理化、配送合理化、物流成本合理化，应建立、健全物流信息系统、电子商务物流信息系统。

思考题

1. 物流系统的概念是什么？在建立和运行物流系统时，要求实现哪几个方面的目标任务？
2. 简单介绍物流系统的组成。
3. 什么是电子商务物流系统？其有何特点？
4. 电子商务对物流系统结构的影响主要表现在哪几个方面？
5. 举例说明传统的物流系统已经不能适应电子商务的发展。

6. 对于电子商务来说，物流系统的合理与否主要体现在哪些方面？

7. 物流系统合理化对不同的商务系统要求是一样的吗？请举例说明。

8. 简述电子商务物流系统分析的过程。

9. 简述电子商务物流系统分析的内容及原则。

10. 如何对电子商务物流系统进行评价？

案例分析

终极工厂：UPS 优比速快递

美国联合包裹服务公司（UPS）于1907年成立于美国。UPS如今已发展为拥有360亿美元资产的大公司。如今的UPS，或者称为联合包裹服务公司，是世界上最大的快递承运商与包裹递送公司，同时也是专业的运输、物流、资本与电子商务服务的提供者，每天在世界上200多个国家和地区管理着物流、资金流与信息流。作为世界最大的包裹递送公司和全球领先的专业运输与物流服务供应商，UPS通过结合货物流、信息流和资金流，不断开发物流、供应链管理和电子商务等新领域。

美国纪录片《终极工厂：UPS优比速快递》中介绍了UPS最大的物流系统——肯塔基路易斯维尔的UPS世界物流港。该物流中心面积37万平方米，1.9万条运输带，总长150多千米，员工9 000余名。UPS世界物流港拥有超大扫描机，大型计算机控制庞大机器运转，拥有全世界最大的机队之一，每天运送100万件以上的货件。从鲨鱼到重要文件，每年快递运送数十亿件货件，将物品运送到世界各地。他们每天不眠不休，通过海、陆、空交通运输，在客户指定时间，完整送达货物。

UPS采用的信息技术包括：

（1）智慧标签；

（2）DIAD货物流程技术；

（3）COMPASS航班规划技术；

（4）ADSB广播式自动回报监视；

（5）DWS系统。

UPS航空公司是美国联邦航空管理局（FAA）记录中成长最快速的航空公司，以一年的时间即完成所有必要的技术和支持系统。直至今日，UPS航空公司已跻身为全球第八大航空公司，拥有先进的信息系统，如计算机化监控、规划和排程系统COMPASS，用以提供航班规划、时间表以及载货量等信息。另外，COMPASS可预先规划未来六年的最佳航班时间表，是业界独一无二的技术。

如今，每个穿深色制服的UPS送货司机都随身配备一个小小的信息传递收集器（Delivery Information Acquisition Device，DIAD）电子写字板，通过无线数据传输系统，在读取信息的同时将数据传输到UPS的数据网络中。当收货人在电子写字板上签收货物时，所有的信息会即时传到UPS庞大的电子追踪系统，与此同时发货人就可以在网上查到这些信息，并且可以看到收货人的签名。通过DIAD，还可以将道路交通情况和什么地方有客户需要上门收货等信息传达给司机。即便有几十年的地面运输经验，UPS还是依靠全球定位系统，结合派送货物的数量来规划每个司机的送货路线。

UPS采用的技术范围甚广，从小型手提式装置，到特别设计的包裹递送车辆，再到全球计算机及通信系统。DIAD是UPS员工的必要物品，利用它来即时记录和上载邮递信息至UPS网络。DIAD功能亦不断地更新，提升为业界最先进的手提式计算机，让处理量更有效率。DIAD提供收件人签名的数字图片，还提供顾客有关其货物的实时信息。这项专利装置还可使运货员与其总公司保持联络，实时了解取件时间的变化、交通路线和其他重要信息。DIAD配置了内部无线装置，可在所有传递信息输入后立即向数据中心发送信息。目前平均每天使用81 000台DIAD。

Maxi Code标签是UPS于1992年设计用于邮件系统的二维条形码，起初称为UPS Code，1996年由美国自动辨识协会（AIMUSA）制定统一符号规格才正式称为Maxi Code，亦称为USS—Maxi Code。UPS托运标签构成内容包括以下几点。

（1）路线代码：可由此得知UPS所安排的包裹递送路线。

（2）邮政编码条形码：代表包裹递送目的地的邮政编码。

（3）服务图示：包裹服务选项（全球特急快递、全球快递等），而不需读取卷标上其他文字。

（4）Maxi Code：由扫描仪无论从任何方向皆可读取的代码，利用2D符号以获取相关信息。

（5）追踪号码：让顾客透过系统追踪货件状况。

（资料来源：参考美国纪录片《终极工厂：UPS优比速快递》及相关资料编撰。）

分析讨论：

（1）电子商务物流系统的核心要素是什么？

（2）UPS世界物流港有什么核心技术？

（3）UPS的全球物流网络给我们带来什么经验借鉴？

第四章

电子化供应链物流策略

学习目标

由于企业间竞争的加剧和需求多样化的发展，产销之间迫切需要建立起一种相互信任、相互促进的协作关系，通过现代信息技术和手段来协调多个企业间的生产、经营和物流管理活动，进而能够在最短的时间内响应市场的变化。供应链体系的构建代表了现代企业战略管理的发展方向，企业的竞争优势将建立在企业的核心竞争能力以及对相关资源科学、合理配置的基础上。

本章主要介绍了应用于供应链管理的供应商管理库存、有效客户反应、快速反应，以及协同规划、预测与连续补货的管理思想和方法，以帮助读者更好地熟悉供应链物流管理的思想和策略。

学习任务

通过本章内容的学习，要完成以下几个任务。

- 了解供应商管理库存的定义、特点、优势以及实施步骤。
- 了解有效客户反应的构成要素、应用原则、应用范围和实施步骤等。
- 了解快速反应的含义、优点、条件和实施步骤。
- 了解协同规划、预测与连续补货的定义和本质特点。

导入案例

联合利华——一瓶洗发水的供应链

你从超市货架上取走一瓶清扬洗发水意味着什么？对联合利华（中国）来说，答案是1 500家供应商、25.3万平方米的生产基地、9个区域分仓、300个超商和经销商都因此而受到牵动。

这是构成这家公司供应链体系的一些基本节点。如果让它的全貌更明晰一些，你将会看到它的一头连接着来自全球的1 500家供应商，另一头则是包括沃尔玛、乐购、屈臣氏和麦德龙等在内的总共约300个零售商与经销商所提供的超过8万个销售终端。但仅凭这条单一的纵贯线，还不足以支撑起它复杂且庞大的体系，另外两个维度的填充物是：清扬洗发水、力士香皂、中华牙膏、奥妙洗衣粉等16个品牌将近3 000种规格（SKU）的产品，以及这家公司在中国超过100亿元人民币的年销售额。

如何让这个体量庞大的组织灵活地运转起来？事实上，每当你从超市货架上取走一瓶清扬洗发水时，这个极为平常的、每时每刻都有可能发生的小行为便开始对联合利华整个供应链组织的运转产生影响。

思考：

（1）消费者购物时会对商场产生哪些影响？商场一般是如何应对这些影响的？

（2）商场会采取什么样的策略来应对库存变化？这又会给制造商带来何种影响？

（3）联合利华的供应链应该怎样运作？

第一节 供应商管理库存

传统上讲，库存都是由库存拥有者自己管理的。因为无法确切知道用户需求与供应的匹配状态，所以需要库存，而且库存设置与管理由同一组织完成。但这种库存管理模式并不总是最优的。例如，一个供应商用库存来应付不可预测的某一用户（这里的用户不是指最终用户，而是分销商或者批发商）不稳定的需求，用户也设立库存来应对不稳定的内部需求或者供应链的不确定性。

虽然供应链中每一个组织独立地寻求保护其各自在供应链的利益不受意外干扰是可以理解的，但这并不可取，这样做的最终结果是影响供应链整体的优化运行。供应链的各个不同组织根据各自的需要独立运作，导致库存重复设置，因而无法达到供应链的全局最低成本，整个供应链系统的库存就会随着供应链长度的增加而发生需求扭曲。

供应商管理库存（Vendor Managed Inventory，VMI）系统突破传统条块分割的库存管理模式，以系统、集成的管理思想进行库存管理，促使供应链系统能够实现同步化的运作。

一、VMI的基本思想及原则

依据最新版国家标准《物流术语》（GB/T 18354—2021）对供应商管理库存（VMI）的定义，我们认为它是按照双方达成的协议，由供应链的上游企业根据下游企业的物料需求计划、销售信息和库存量，主动对下游企业的库存进行管理和控制的库存管理方式。具体来说，VMI是一种以用户和供应商双方都付出最低成本为目的，在共同的协议下由供应商管理库存，并不断监督协议执行情况和修正协议内容，使库存管理得到持续改进的合作性策略。

美国生产与控制协会（American Production and Inventory Control Society，APICS）针对 VMI 提出：VMI 是供应商通过获取其用户的库存数据和负责维持用户的库存水平来优化供应链运作绩效的，它的一个重要措施就是供应商有规律地定期检查用户的库存，并快速完成补给任务，从而获得较高的客户满意度。国外有学者认为：VMI 是一种用户和供应商之间的合作性策略，对双方来说都是以最低的成本优化产品的可获得性，在一个相互同意的目标框架下由供应商管理库存，这样的目标框架被经常性监督和修正从而形成一种持续改进的环境。

尽管对 VMI 的定义有所不同，但其核心思想基本一致，都体现了以下几个原则。

(1) 合作精神（合作性原则）。在实施该策略中，相互信任与信息透明是很重要的，供应商和用户（零售商）都要有较好的合作精神，才能够相互保持较好的合作。

(2) 使双方成本最小（互惠原则）。VMI 不是关于成本如何分配或谁来支付的问题，而是关于减少成本的问题，通过该策略促使双方的成本降低。

(3) 框架协议（目标一致性原则）。双方都明白各自的责任，观念上达成一致的目标。如库存放在哪里、什么时候支付、是否需要管理费、需要花费多少等问题都要回答，并且体现在框架协议中。

(4) 连续改进原则。通过持续改进，供需双方能不断创造出合作收益。

可见，VMI 就是以供应链各环节的企业都付出最低成本为目的，在一个共同的协议下由供应商管理库存，并不断地监督协议执行情况和修正协议内容，使库存管理得到持续的改进，不但能降低供应链各个环节的企业的成本，而且能克服下游企业信息和技术的局限，从而实现供应链的整体优化。精心设计与开发的 VMI 系统，既应实现供应链库存水平的降低，又应提高用户的服务水平，改善资金流，与供应商共享需求变化的透明性和获得更高的用户信任度。

二、VMI 的实施

实施 VMI 策略，首先要改变订单的处理方式，建立基于标准的托付订单处理模式。供应商与批发商一起确定供应商的订单业务处理过程所需要的信息和库存控制参数，然后建立一种标准订单处理模式，如 EDI 标准报文，最后把订货、交货和票据处理各个业务功能集成在供应商一方。

销售信息和库存信息共享（对供应商）是实施供应商管理库存的关键。供应商能够随时跟踪和检查到销售商的库存状态，快速、准确地做出补充库存的决策，对企业的生产（供应）状态做出相应的调整，从而敏捷地响应市场需求变化。因此需要建立一种能使供应商和分销商库存信息共享的信息系统。而 EDI、Internet、Intranet 等技术则能实现信息共享。一般实施供应商管理库存有以下几个步骤。

(1) 建立客户需求数据库。供应商要有效地管理销售库存，必须能够获得真实反映市场需求变化的需求信息。通过建立市场需求信息的数据库，供应商能够掌握需求变化的有关情况，把由分销商进行的需求预测与分析功能集成到供应商的系统中来。

（2）建立物流网络管理系统。供应商要很好地管理库存，必须建立起完善的物流网络管理系统，保证自己的产品需求信息和物流畅通。目前已有许多企业开始采用 MRP 或 ERP 企业资源计划系统，这些软件系统都集成了物流管理的功能，通过对这些功能的扩展，就可以建立完善的物流网络管理系统。

（3）建立供应商与分销商的合作框架协议。供应商和分销商在一起，通过共同协商，确定订单处理的业务流程以及库存控制的有关参数，如补充订货点、最低库存水平、库存信息的传递方式等。

（4）组织机构的变革或业务重组。VMI 策略改变了供应商的组织模式，供应商的订货部门增加了一个新的职能——负责控制客户的库存，实现库存补给和高服务水平。

VMI 运行示意图如图 4-1 所示。

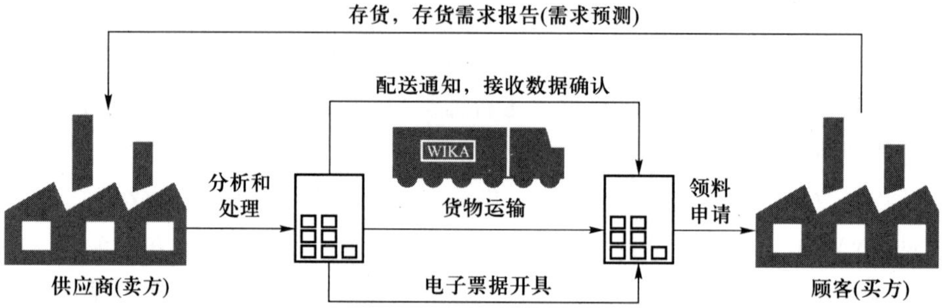

图 4-1　VMI 运行示意图

三、VMI 的支撑体系

（一）信息技术

VMI 的重要特征是网络化和信息化，信息系统是实现全供应链 VMI 管理的神经系统。通过以 Internet/EDI 作为技术支撑，VMI 使企业能够实时获取并处理各种内外部信息，从而提高整个企业快速、有效的反应能力，实现即时采购、即时制造、即时出售、即时供应。也就是说，通过运用信息网络，实现优化组合，使需求信息获取与做出的反应尽量接近实时化，将客户需求的提前期减少到最大限度，从而获取市场竞争的时间与空间优势，创造企业利润。

信息技术的运用是为了实现远程数据交换、企业间数据交换、数据实时处理、复杂数据处理与分析等功能。通过建立信息共享平台，上下游企业能够及时得到充分的信息，进行协同生产，控制从请购到订货、收货、检验、入库的流程；能够将双方企业之间的销售业务流程，包括电子订单、订单响应、订单签收、退货单全面实现电子化，有效减少因信息交换不充分带来的重复与浪费，为加强对销售流程的监控和管理提供技术上的可能。

实施 VMI 模式需要的信息技术主要如下。

（1）数据采集技术。

（2）数据传输技术。

（3）数据储存技术。

（4）其他数据通信技术。

（二）运行管理技术

VMI系统中的运行管理技术主要包括需求预测技术（可产生准确的需求预测）和补货配送技术（可根据下游企业订单、运送方式，产生出下游企业满意度高及成本低的配送）。

（1）需求预测。需求预测最主要的目的就是要协助上游企业做出库存管理决策，准确的预测可明确让上游企业提供何种商品、提供给谁、以何种价格提供、何时提供等。

（2）补货配送。用以指派可利用的成品库存以满足顾客需求，计算产品出货达到的成本效益，通过实时库存的配置，改善对顾客的服务，降低库存水平及最小运输成本，有效地管理库存量。它所产生的补货计划是依据需求预测得到的预测结果，并与下游企业约定相关的补货规则（如最小订购量、配送前置时间、安全库存、配送规则等）。在补货订单方面，系统可以自动生成最符合经济效益的建议配送策略（如运送量、运输工具的承载量及配送时间）。

（三）供应商管理库存的契约支撑

在平等、自愿、互利的基础上，上游企业与下游企业签订协议，明确双方权利和义务。共同协商最低库存量、补库数量等关键性指标。一方面，上游企业管理下游企业的库存，确定何时补充库存以及补库数量。另一方面，下游企业对上游企业进行定期考核，实行动态管理，促进上游企业不断提高产品质量和服务水平，保证下游企业能够选择优秀的上游企业作为长期的业务伙伴，形成相互信任的战略合作伙伴关系。在实际操作时，双方必须在签订VMI的协议时就双方的责任进行协商，使得VMI对双方都有利，并共同分担风险。通常情况下，实施VMI所产生的费用、风险要由上下游企业共同承担。

四、VMI的优势

实施供应商管理库存的优势主要分为零售商和供应商两大方面。

（一）零售商

（1）随着计划和订单职能向供应商转移，零售商的计划和订货成本下降。

（2）客户服务水平提高。VMI模式下，供应商可以对客户的库存需求作出快速反应。

（3）降低需求的不确定性，信息高度共享。供应商可以实时监控客户的库存水平和需求信息，大的客户订单、无预期的客户需求的出现概率降低。

（4）零售商将更多的精力集中在整体服务水平上，如质量、时间和数量等。

（5）数据处理的速度和准确性得到提高，从订单沟通到PC之间的沟通顺畅高效。

（6）整体物流成本降低和现金流改善。

（二）供应商

（1）需求平滑，减轻牛鞭效应影响，可以重新优化和平衡库存水平及产能。

（2）有效利用物流资源。可以更好地协调不同客户的补货需求，根据客户的需求制定生产计划、库存计划和运输能力计划，对交货进行排程（如提前、延迟）。

（3）降低库存。供应商了解客户的库存消耗状况、生产计划等情况，消除了部分需求的不确定性，从而降低“缓冲”库存的数量。

（4）提高信息处理效率。通过信息网络，实时交换库存及生产信息。

（5）降低物流总成本和改善现金流。

五、VMI的局限性

供应商管理库存尽管可以为供需双方带来成本缩减、服务改善的优势，但是在实施中也存在诸多局限。

（1）协作水平受限。作为独立的经济个体，供应商和制造商的合作原则仍是基于自身利益的最大化，因此在VMI实施过程中，双方的协作水平会受到限制。

（2）信任度不够高。要真正实施VMI，就要求供需双方充分信任，从而实现信息共享、密切合作，但在现实中，这种充分信任是很难实现的。

（3）合作地位不同。VMI中的框架协议虽然是双方协定，但VMI是将需方库存决策权代理给供应商，因此供应商是处于主导地位的。在决策过程中如果缺乏足够的协商，很容易造成失误。

（4）义务不均衡。VMI的实施减少了库存总费用，但在VMI系统中，库存费用、运输费用和意外损失（如物品损坏）不是由用户承担，而是由供应商承担。由此可见，VMI实际上是对传统库存控制策略进行“责任倒置”的一种库存管理方法，这无疑加大了供应商的风险。

第二节 有效客户反应

一、有效客户反应产生的背景

20世纪60年代和70年代，美国日杂百货业的竞争主要是在制造商之间展开，竞争的重心是品牌、商品、经销渠道，以及大量的广告和促销，即传统4P营销，同时在供应链交易关系中制造商占据支配地位。

进入20世纪80年代，特别是到了90年代以后，零售商开始取代制造商占据主导地位。竞争的重心转向流通中心、商家自有品牌（PB）、供应链效率和POS系统。在供应链内部，零售商和制造商之间为取得供应链主导权，为商家品牌（PB）和厂家品牌（NB）占据零售店铺货架空间的份额也展开了激烈的竞争，这种竞争使得在供应链的各个环节间的成本不断转移，导致供应链整体的成本上升，同时容易牺牲力量较弱一方的利益。

在此期间，从零售商角度来看，新的零售业态如仓储商店、折扣店大量涌现，使得它们能以相当低的价格销售商品，百货业竞争更趋激化，大量传统超市业者开始寻找适应这种竞争方式的新的管理方法。从制造商角度来看，由于日杂百货商品的技术含量不高，大量无实质性差别的新商品被投入市场，使产品竞争日趋同质化，为了获得稳定的销售渠道，它们通常采用直接或间接的降价方式作为向零售商促销的主要手段，其结果是牺牲了厂家自身的利益。所以如果生产商能与供应链中的零售商结成更为紧密的联盟，将不仅有利于零售业的发展，同时也符合生产厂家自身的利益。

从消费者的角度看，过度竞争往往导致企业在竞争时忽略消费者的需求。通常消费者要求的是商品的高质量、新鲜度、服务和合理价格基础上的多样选择。然而，许多企业往往不是通过提高商品质量、服务水平和在合理价格上的多样选择来满足消费者，而是通过大量的诱导性广告和广泛的促销活动来吸引消费者转换品牌，同时提供大量同质商品。这就使消费者不仅不能得到他们想要的商品和服务，反而被大量诱导性广告和促销活动搞得眼花缭乱。对于这种情况，客观上要求企业从消费者的需求出发，提供能满足消费者需求的商品和服务。

在上述背景下，美国食品市场营销协会（Food Marketing Institute，FMI）联合包括Coca Cola、P&G、Safeway Store在内的16家企业与流通咨询企业Kurt Salmon Associates公司一起组成研究小组，对食品业的供应链进行调查、总结、分析，于1993年1月提出了改进该行业供应链管理的详细报告。该报告中系统地提出了有效客户响应（Efficient Customer Responses，ECR）的概念和体系。经过美国食品市场营销协会的大力宣传，ECR的概念被零售商和制造商接纳并被广泛地应用于实践。

二、ECR的定义

依据最新国家标准《物流术语》（GB/T 18354—2021）对有效客户反应（ECR）的定义，我们认为它是以满足顾客要求和最大限度降低物流过程费用为原则，能及时做出准确反应，使提供的物品供应或服务流程最佳化的一种供应链管理策略。

ECR的最终目标是建立一个具有高效反应能力和以客户需求为基础的系统，使零售商及供应商以业务伙伴方式合作，提高整个杂货业供应链的效率，而不是单个环节的效率，从而大大降低整个系统的成本、库存和物资储备，同时为客户提供更好的服务。ECR 示意图如图 4-2 所示。

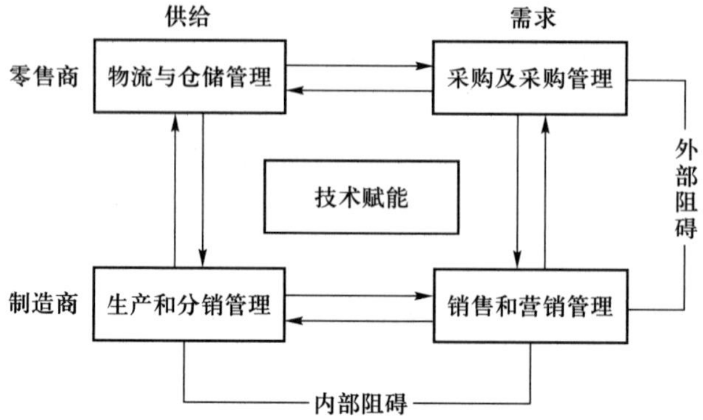

图 4-2 ECR 示意图

三、ECR 的构成要素

ECR 的优点在于供应链各方为实现让消费者满意这个共同目标进行合作，分享信息和经验。ECR 是一种把以前处于分离状态的供应链联系在一起来满足消费者需要的工具。ECR 概念的提出者认为 ECR 活动是一个过程，这个过程主要由贯穿供应链各方的四个核心过程组成，分别是有效的新产品开发与市场投入（Efficient Product Introductions）、有效的店铺空间安排（Efficient Store Assortment）、有效的促销活动（Efficient Promotion）和有效的商品补充（Efficient Replenishment），这四个核心过程也被称为 ECR 的四大要素。各要素的特征如表 4-1 所示。

表 4-1 ECR 的四种关键要素

关键要素	特征
有效的新产品开发与市场投入	与制造商密切合作，不断开发新产品，采取有效的数据库工具帮助识别畅销产品，并不断淘汰滞销产品
有效的店铺空间安排	有效利用店铺的空间和店内布局，最大限度地提高盈利能力
有效的促销活动	提高仓库、运输、管理和生产的效率，减少预先购买、供应商库存及仓储费用，达到贸易和促销的整个系统效益最高
有效的商品补充	从生产线到收款台，通过 EDI、以需求为导向的自动连续补货和计算机辅助订货等技术手段，使补货系统的时间和成本最优化，从而降低产品的售价

四、ECR 的应用原则

在美国食品市场营销协会（FMI）报告中提出应用 ECR 时必须遵守五个基本原则。

（1）致力于以较低的成本向消费者提供更高价值的服务。这种更高价值的服务体现在更好的商品功能、更高的商品质量、更齐全的商品分类以及更多的便利服务等方面。ECR 通过整个供应链整体的协调和合作来实现以最低的成本向消费者提供更高价值服务的目标。

（2）供需双方关系必须从传统竞争型交易关系向双赢型合作关系转化。这就需要商业带头人或企业的最高管理层对各企业的组织文化和经营习惯进行改革，使供需双方关系转化为双赢型联盟伙伴关系成为可能。

（3）及时利用准确、实时的信息以支持有效的市场营销、生产制造和物流配送决策。ECR 要求利用行业 EDI 的方式在组成供应链的贸易伙伴间自由交换和分享信息，这将影响以计算机信息为基础的系统信息的有效利用。

（4）产品必须随其从生产到包装，直到流动至最终客户的购物篮的过程中不断增值。ECR 要求从生产线末端的包装作业开始到消费者获得商品为止的整个商品转移过程中产生最大的附加价值，确保客户能在需要的时间获得需要的产品。

（5）必须建立共同的成果评价体系，促进在供应链的范围内进行公平的利益分享。为了提高供应链整体的效果（如降低成本、减少库存、提高商品的价值等），要求建立完善的评价体系和公平的利益分享机制。

总之，ECR 是通过供应链各方推进合作来实现消费者满意和实现基于各方利益的整体效益最大化的过程。

五、ECR 的应用范围

ECR 作为企业的一种有效响应客户需求的工具，鼓励不同的公司在以下三个方面不断寻求改善。

（1）需求。改善提供给客户的产品种类、产品推广和推出新产品的效率，以及其他相关的需求管理工作的效率。通过 ECR 的实施，提高企业对市场的反应速度。

（2）供应。改善产品通过整条供应链的效率，包括原材料的供应，产品的生产、包装及运达批发商、经销商，最后到达顾客的手中。ECR 在供应链领域的应用，改善了传统企业的供应与物流关系，加速了产品和半成品的流动，有效地提高了企业对顾客的反应速度。

（3）支援技术方法。通过利用快速、准确与全面的信息传递，如 EDI 技术，来支持提供活动所需要的技术。

企业可以利用几种概念来改善运作效率。ECR 中的概念其实并不新颖，其创新之处在于利用这些旧的概念来贯穿整条供应链，以及把精力集中在那些需要不同的商业伙伴联合起来一起工作才能达到的效果上，而不像以往只专注于一家企业内部，靠自身力量便可以达到的效果。

六、实施 ECR 的方法

1. 构建合理的供应链流程

首先应联合整个供应链所涉及的供应商、分销商以及零售商，改善供应链中的业务流程，使其最合理、有效。

2. 实现低成本的业务流程自动化

具体地说，实施 ECR 需要将条码、扫描技术、POS 系统和 EDI 集成起来，在供应链由生产线至收银台之间建立一个无纸系统，以确保产品能不间断地由供应商流向最终客户，同时信息流能够在开放的供应链中循环流动。这样，才能满足客户对产品和信息的需求，即给客户提供最优质的产品和适时、准确的信息。

3. 创造 ECR 的最佳氛围

对大多数组织来说，改变对供应商或客户的内部认知过程，即从敌对态度转变为将其视为同盟的过程，将比 ECR 的其他相关步骤更加困难，时间花费更长。创造 ECR 的最佳氛围首先需要进行内部教育以及通信技术和设施的改善，同时也需要采取新的工作措施和回报系统。但公司或组织必须具备有强烈认同感的强有力的高层组织领导。

4. 选择初期 ECR 同盟伙伴

对于大多数刚实施 ECR 的公司来说，建议成立 2~4 个初期同盟，每个同盟都应首先召开一次会议，来自各个职能区域的高级同盟代表将对 ECR 及怎样启动 ECR 进行讨论。成立 2~3 个联合任务组，专门致力于已证明可取得巨大效益的项目，如提高货车的装卸效率，减少损毁、由卖方控制的连续库存补充。

以上计划的成功将增强公司的信誉和信心。经验证明，往往要花上 9~12 个月的努力，才能赢得足够的信任和信心，才能在开放的非敌对环境中探讨 ECR 的诸多重要问题。

5. 开发信息技术项目

虽然在较少的信息技术投资的情况下就可获得 ECR 的许多利益，但是具有很强的信息技术能力的公司要比其他公司更具竞争优势。

那些作为 ECR 先导的公司预测，在五年内，联系它们及其业务伙伴之间的将是一个无纸、完全整合的商业信息系统。该系统将具有许多补充功能，既可降低成本，又可使人们专注于其他管理及产品、服务和系统的创造性工作。

七、实施 ECR 的效果

ECR 是一种运用于工商业的策略，供应商和零售商通过共同合作，改善其在货物补充过程中的效率，而不是以单方面不协调的行动来提高生产力，这样能节省由生产到最后销售的贸易周期成本。

通过 ECR，如计算机辅助订货技术，零售商无须签发订购单，即可实现订货。供应商则可利用 ECR 的连续补充技术，随时满足客户的补货需求，使零售商的存货保持在最优水平，从而提供高水平的客户服务，进一步加强与客户的关系，同时供应商也可以从商店的销售点数据中获得新的市场信息，改善销售策略。对于分销商来说，ECR 可使其快速分拣运输包装，加快订购货物的流动速度，进而使消费者享用更新鲜的物品，增加购物的便利和选择，并加强消费者对特定物品的偏好。

八、ECR 的实施步骤

企业在实施 ECR 时，最重要的是得到高层管理者的全力支持，并且高层管理者出面与准备合作的交易伙伴的高层管理者沟通，待合作双方达成合作共识之后，才可转交给后续的工作小组来负责。实施的步骤如下。

（1）准备阶段。该阶段的主要任务是建立 ECR 正确观念和成立 ECR 工作小组。

（2）确认阶段。该阶段的主要任务是寻找合作伙伴和确认问题。首先请业务单位在与企业往来的众多对象中找到符合 ECR 合作的制造商，在选择时要考虑制造商的信息化程度、经营规模以及目前经营形态是否具有改善企业运营状况的条件等因素。

（3）订立目标阶段。待与合作的制造商取得共识后，双方可以确定定量化的目标，如缺货率降低、销售数量上升等。

（4）设计和建设阶段。双方在合作项目达成共识后，需共同拟订资料传输的格式、方式以及每日或每周传输次数等细节，最后交由双方的技术部门投入建设，完成后即可安排双方进行系统的导入及使用。

（5）推广阶段。系统在导入阶段可能遇到一些问题，工作小组人员应将这些问题以及改进方法记录下来，以便在未来全面推动 ECR 时，减少同类错误。

第三节 快速反应

一、快速反应产生的背景

快速反应（Quick Response，QR）是美国纺织与服装行业发展起来的一项供应链管理策略。美国的纤维纺织行业自 20 世纪 70 年代后半期起，出现了大幅度萎缩的趋势，造成这种状况的主要原因是当时美国的纺织品进口大幅度上升。

到 20 世纪 80 年代初，进口产品几乎占据了美国纺织品市场的 40%。美国的纺织业为阻止这种产业下滑的颓势，提高生产效率，一方面加大设备投资，另一方面积极争取美国政府对进口纺织品的限制。然而，美国国产纺织品萎缩的情况仍然没能改变，市场份额不断缩小。

在这种情况下，1984 年美国 84 家大型企业结成了“爱国货运动协会”。该协会在积极宣传美国国产纺织品的同时，委托克特·萨尔蒙公司调查、研究提升美国纺织业竞争力的方法。最后，克特·萨尔蒙公司的研究报告表明，美国纺织业的主要问题是，尽管在整个产业链的某些环节存在着生产效率比较高的现象，但是供应链的效率却非常低，而影响供应链效率的主要因素是供应链的长度。整个服装供应链，从原材料到消费者购买，时间为66 周：11 周在制造车间，40 周在仓库或转运，15 周在商店，这样长的供应链不仅各种费用巨大，更重要的是，建立在不精确需求预测基础上的生产和分销，因数量过多或过少造成的损失非常惊人。整个服装产业的总损失每年可达 25 亿美元，其中 2/3 的损失来自零售或制造商对服装的降价处理以及在零售时缺货。鉴于这种情况，报告提出通过信息的共享以及生产商与零售商之间的合作，确立起能对消费者的需求迅速响应的 QR 体制。

在克特·萨尔蒙公司的倡导下，从 1985 年开始，美国纺织业大规模开展 QR 运动，正式掀起了供应链构建的高潮。

QR 主要由零售商、服装生产商和布料生产商三方组成。当时，在美国积极推动 QR 的零售商主要有三家，即迪拉德百货店、J. C. 朋尼公司和沃尔玛。其中，沃尔玛是推行 QR 的先驱。在纺织品领域，沃尔玛与休闲服装生产商赛米若尔和面料生产商米尼肯公司结成了供应链管理体系。

QR 体系的形成大大提高了参与方的经营绩效，有力地提升了相关产品的竞争力，起到了良好的带动和示范作用。更为重要的是，沃尔玛通过自身的 QR 实践，大大推动了供应链管理中各种运作体系的标准化，倡导建立了 VICS 委员会（Voluntary Inter-Industry Communications Standard Committee），并制定了行业统一的 EDI 标准和商品识别标准。除此之外，1983 年，沃尔玛导入了销售时点系统（Point of Sales，POS），并且由于当时采用了 UPC 条码，所以在整个行业最早实现了供应链中的信息共享。到 1988 年，沃尔玛已与其他 7 家合作企业实现了 POS 系统的全店导入，所有这些都使得沃尔玛成为 QR 的主导者。

沃尔玛总部所在的阿肯色州，以及周边的南卡罗来纳州和北卡罗来纳州等美国南部诸州，是美国本土服装生产企业聚集较多的区域。20 世纪 80 年代初，由于国外纺织品的冲击，美国大型零售商开始转向海外订货，从而造成这些本地企业萎缩，出现地域产业的空心化现象。针对这种状况，当时阿肯色州州长、后来的美国总统克林顿积极奔走于美国大型零售商之间，呼吁他们加大从美国本土企业进货。以此为契机，沃尔玛于 1985 年发动并参与了国货运动，涉及的商品以服装产品为中心延伸其他小商品。到 1989 年，由于国货运动的开展和供应链体系的构建，美国本土企业的销售回升了 17 亿美元。正是沃尔玛的先驱性活动，使美国服装产业的恶劣环境得到改善，削减了贸易赤字，而且大大推动了 QR 在美国的发展和高潮的形成，并使其成为现代企业管理变革的主要趋势之一。

二、QR 的定义

QR 是美国零售商、服装制造商以及纺织品供应商开发的整体业务概念。它是由一定技术支持的供应链上各成员企业之间紧密合作的一种业务方式和管理思想。其目的在于减少产品在整个供应链上完成业务流程的时间，尽可能减少库存，最大限度地提高供应链运作效率，即以最快的速度更好地满足消费者的需求。美国纺织服装联合会对 QR 的定义为：制造者为了在精确数量、质量和时间的条件下为客户提供产品，将订货提前期、人力、材料和库存的花费降到最小，同时为了满足市场不断变化的要求而强调系统的柔性。

中华人民共和国国家标准《物流术语》（GB/T 18354—2021）对快速反应（QR）的定义是：供应链成员企业之间建立战略合作伙伴关系，利用电子数据交换（EDI）等信息技术进行信息交换与信息共享，用高频率小批量配送方式补货，以实现缩短交货周期，减少库存，提高顾客服务水平和企业竞争力为目的的一种供应链管理策略。

这种新型的合作方式意味着双方都要告别过去的敌对竞争关系，要以战略伙伴关系来提高向最终用户的供货能力，同时降低整个供应链的库存量和总成本。战略伙伴关系要求合作双方进行深入的沟通和协作，然后将这种关系由上向下渗透到整个组织中，同时要求多个部门都参与规划和执行各阶段的工作。

不是所有的贸易伙伴都能变成战略伙伴。成功的战略伙伴应该具备下列条件。

（1）巨大的增长潜力。

（2）跨部门沟通。

（3）长远的观点和一致的目标。

（4）永远关注顾客的需要。

（5）不断地检测业绩。

而下列因素对成功的战略伙伴关系是至关重要的。

（1）彼此理解对方的目标和局限性。

（2）建立更有效的沟通渠道。

（3）采用新的业务战略和业务时间。

（4）在公司内部推行培训计划。

（5）实施和推广跨行业通信标准（VICS 标准）。

（6）双赢方式谈判。

三、实施 QR 的优势

（一）制造商

1. 更好的顾客服务

快速反应零售商可为店铺提供更好的服务，最终为顾客提供更好的店内服务。由于制造商送来的货物与承诺的货物是相符的，制造商能够很好地协调与零售商间的关系。长期的良好顾客服务会增加市场份额。

2. 降低流通费用

由于集成了对顾客消费水平的预测和生产规划，就可以提高库存周转速度，需要处理和盘点的库存量减少了，从而降低了流通费用。

3. 降低管理费用

因为不需要手工输入订单，所以采购订单的准确率提高了。额外发货减少也降低了管理费用。货物发出之前，仓库对运输标签进行扫描并向零售商发出提前运输通知，这些措施都降低了管理费用。

4. 更好的生产计划

因可以对销售进行预测并能得到准确的销售信息，制造商可以准确地安排生产计划。

（二）零售商

1. 提高销售额

条码和 POS 扫描使零售商能够跟踪各种商品的销售和库存情况，这样零售商就能够准确地跟踪存货情况，在确实需要时才订货。

2. 减少削价损失

由于具有了更准确的顾客需求信息，店铺可以更多地储存顾客需要的商品，减少顾客不需要商品的存货，这样就减少了削价损失。

3. 降低采购成本

商品采购成本是完成采购职能时产生的费用，这些职能包括订单准备、订单创建、订单发送及订单跟踪等。实施 QR 后，上述业务流程大大简化，采购成本也随之降低。

4. 降低流通费用

制造商使用物流条码标签后，零售商可以扫描这个标签，减少了手工检查到货所产生的成本。

5. 加快库存周转

零售商能够根据顾客的需要频繁小批量订货，降低了库存投资和相应的运输成本。

6. 降低管理成本

相关的管理成本包括接收发票、发票输入和发票例外处理时所发生的费用，由于采用了电子发票及预先发票清单技术，管理费用大幅度降低了。

总之，采用了 QR 方法后，虽然单位商品的采购成本会增加，但通过频繁小批量采购商品，顾客服务水平就会提高，零售商就更能适应市场的变化，同时其他成本也会降低，最终提高了利润。

四、QR 成功的条件

若要使 QR 的实施获得成功应具有以下条件。

（一）改变传统的经营意识和经营方式，革新企业组织

（1）企业不能局限于只依靠本企业独自的力量来提高经营效率的传统经营意识，要树立与供应链各方建立合作伙伴关系，努力利用各方资源来提高经营效率的现代经营意识。

（2）零售商在垂直型 QR 系统中起主导作用，零售店铺是垂直型 QR 系统的起始点。

（3）在垂直型 QR 系统内部，通过 POS 数据等销售信息和成本信息的相互公开和交换，来提高各个企业的经营效率。

（4）协调垂直型 QR 系统内各个企业之间的分工，消除重复业务和作业，建立有效的分工协作框架。

（5）必须改变传统的事务作业方式，利用信息技术实现事务作业无纸化和自动化。

（二）现代信息技术的应用和信息共享

要成功进行 QR 活动还必须开发和应用现代信息处理技术，这些技术包括商品条码、电子订货系统（EOS）、销售点管理系统（POS）、电子数据交换系统（EDI）、预发货清单（ASN）、电子支付（EFT）、供应商管理库存（VMI）和连续补充库存（CRP）等。

另外，必须改变传统的对企业商业信息保密的做法，以实现更加广泛的信息共享。在销售信息、库存信息、生产信息、成本信息等方面与合作伙伴进行交流分享，并共同发现问题、分析问题和解决问题。

（三）供应方必须缩短生产周期，降低商品库存

具体来说，供应方应努力做到以下几点。

（1）缩短商品的生产周期。

（2）进行多品种少批量生产和多频度小数量配送，降低零售商的库存水平，提高顾客服务水平。

（3）在商品实际需要将要发生时采用 JIT 生产方式组织生产，减少供应商自身的库存水平。

QR 示意图如图 4-3 所示。

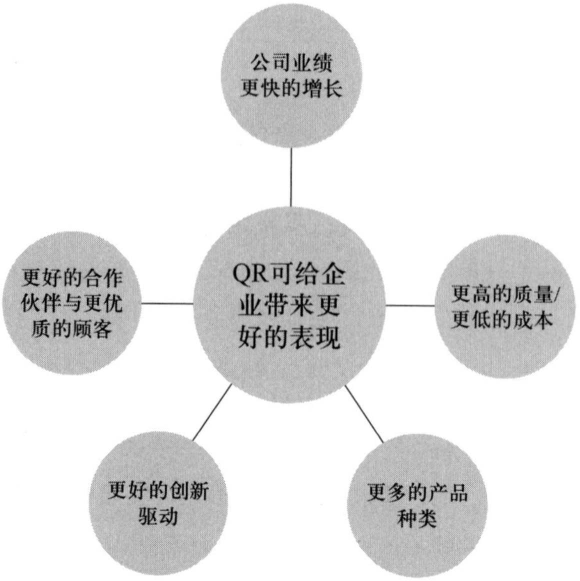

图 4-3 QR 示意图

五、QR 的实施步骤

QR 原来是大型零售商获取市场份额并进行全球竞争的工具，现在已经成为所有商品制造商和中间商的标准战略行为。QR 意味着以更低的成本增加销售额，更好地对产品进行分类，并向顾客提供更优质的服务。实施 QR 需要六个步骤，每一个步骤都需要以前一个步骤为基础，比前一个步骤有更高的回报，但是需要额外的投资。

（1）条码（条形码）和 EDI。零售商首先必须安装条形码（UPC 码）、POS 扫描和 EDI 等技术设备，以加快 POS 机收款速度、获得更准确的销售数据并使信息沟通更加流畅。

（2）固定周期补货。自动补货要求供应商更快更频繁地运输重新订购的商品，以确保在最低库存的前提下不缺货。也可以将自动补货看作商品销售预测的自动化，其使用基于过去和目前销售数据及其可能的变化进行定期预测，同时考虑目前的存货情况和其他一些因素，以确定订货量。自动补货是由零售商、批发商在仓库或店内进行的。

（3）补货联盟。成立补货联盟是为了保证补货业务的流畅。零售商和制造商联合起来检查销售数据，共同预测和制定关于未来需求的计划，在保证有货和减少缺货的情况下降低库存水平。还可以进一步由消费品制造商管理零售商的存货和补货，以加快库存周转速度，提高投资毛利率。

（4）零售空间管理。零售空间管理是指根据每个店铺的需求模式来规定其经营商品的花色品种和补货业务。一般来说，对于花色品种、数量、店内陈列及培训或激励售货员等决策，消费品制造商也可以参与甚至制定决策。

(5) 联合产品开发。制造商和零售商联合开发新产品，其关系的密切程度超过了购买与销售的业务关系，缩短从新产品概念到新产品上市的时间，而且经常在店内对新产品进行试销。

(6) 业务流程重组。通过重新设计业务流程，将前五步的工作和公司的整体业务集成起来，以支持公司的整体战略。这一步要求零售商和消费品制造商重新设计其整个组织、业绩评估系统、业务流程和信息系统，设计的中心是消费者而不是传统的公司职能，它们要求集成的是信息技术。

六、QR 与 ECR 的比较

ECR 主要以杂货行业为对象，其主要目标是降低供应链各环节的成本，提高效率。QR 主要集中在一般商品和纺织行业，其主要目标是对客户的需求做出快速反应，并快速补货。因为食品杂货业与纺织服装行业经营产品的特点不同，杂货业经营的产品多数是一些功能型产品，每一种产品的寿命相对较长（生鲜食品除外），因此，订购数量过多（或过少）的损失相对较小。纺织服装业经营的产品多属创新型产品，每一种产品的寿命相对较短，因此，订购数量过多（或过少）造成的损失相对较大。

（一）QR 与 ECR 的差异

(1) 侧重点不同。QR 侧重于缩短交货提前期，快速响应客户需求；ECR 侧重于减少和消除供应链的浪费，提高供应链运行的有效性。

(2) 管理方法不同。QR 主要借助信息技术实现快速补发，通过联合产品开发缩短产品上市时间；ECR 除新产品快速有效引入外，还实行有效商品管理。

(3) 适用行业不同。QR 适用于单位价值高、季节性强、可替代性差、购买频率低的行业；ECR 适用于产品单位价值低、库存周转率高、毛利少、可替代性强、购买频率高的行业。

(4) 改革重点不同。QR 改革的重点是补货和订货的速度，目的是最大限度地消除缺货，并且只在商品有需求时才去采购。ECR 改革的重点是效率和成本。

（二）ECR 和 QR 的共同点

(1) 共同的外部变化。随着竞争的加剧，零售商必须为生存而保持客户的忠诚度。零售商和供应商之间的关系发生了变化。

(2) 共同的目标。都以最低的成本向消费者提供所需的商品，并提高整个供应链效率为目标。

(3) 共同的策略。都重视供应链的核心业务，对业务进行重新设计，以消除资源的浪费。但 QR 解决的是出货问题，而 ECR 注重的是过量库存的问题。

(4) 共同的误区。错误地认为 QR 与 ECR 属于技术层面的问题。

第四节 协同规划、预测与连续补货

一、协同规划、预测与连续补货产生的背景

随着经济环境的变迁、信息技术进一步发展以及供应链管理逐渐为全球所认同和推广，供应链管理开始更进一步地向无缝连接转化，促使供应链的整合程度进一步提高。这里涉及的供应链高度整合的项目就是由沃尔玛推动的 CFAR（Collaborative Forecast And Replenishment）和 CPFR（Collaborative Planning Forecasting and Replenishment）。这种新型系统不仅是对企业本身或合作企业的经营管理情况给予指导和监控，更是通过信息共享实现联动的经营管理决策。

CPFR 始于沃尔玛所推动的 CFAR 项目。这是一个利用 Internet，由零售商与制造商共同做出商品预测，并在此基础上实现连续补货的供应链合作系统。后来，在沃尔玛的不断推动之下，基于信息共享的 CFAR 系统又正在向 CPFR 发展。CPFR 是在 CFAR 共同预测和补货的基础上，进一步推动共同计划的制定，即不仅合作企业实行共同的预测和补货，同时将原来属于各企业内部事务的计划工作（如工作计划、库存计划、配送计划和销售计划等）也由供应链各企业共同参与。

1995 年，沃尔玛与其供应商 Warner-Lambert、管理信息系统供应商 SAP、供应链软件商 Manugistics、美国咨询公司 Benchmarking Partners 五家公司联合成立了工作小组，进行 CPFR 的研究和探索。1998 年美国召开零售系统大会时又加以倡导，目前实验的零售企业有沃尔玛、凯马特和威克曼斯，生产企业有 P&G、金佰利、HP 等 7 家，促进了供应链管理在信息共享方面的发展。从 CPFR 实施后的绩效看，Warner-Lambert 公司零售商品满足率从 87%提高到 98%，新增销售收入 800 万美元。在 CPFR 取得初步成功后，组成了由零售商、制造商和方案提供商等 30 多个实体参加的 CPFR 委员会，其与 VICS 协会一起致力于 CPFR 的研究、标准制定、软件开发和推广应用工作。美国商业部资料表明，1997 年美国零售商品供应链中的库存约 1 万亿美元，CPFR 理事会估计，通过全面成功实施 CPFR 可以减少这些库存的 15%~25%，即 1 500 亿~2 500 亿美元。由于 CPFR 巨大的潜在效益和市场前景，一些著名的企业软件商如 SAP、Manugistics、i2 等正在开发 CPFR 软件系统和从事相关服务。

CPFR 是一种建立在贸易伙伴之间密切合作和标准业务流程基础上的经营理念。它应用一系列技术模型。这些模型具有如下特点：开放但安全的通信系统；适用于各个行业；在整个供应链上是可扩展的；能支持多种需求（如新数据类型、各种数据库之间的连接等）。

CPFR 研究的重点是供应商、制造商、批发商、承运商及零售商之间协调一致的伙伴关系，以保证供应链整体计划、目标和策略的先进性。然而，值得提出的是，即使在

美国，如今也有一半以上的零售商不允许别人访问它们的 POS 扫描数据，而这些数据对于供应商来说至关重要，因此它们不得不用高库存来应对因缺货而造成的损失，但这样做却大大提高了存货成本，不利于供应链效益的提高。要真正实现 CPFR，零售商必须向其贸易伙伴开放自己的 POS 扫描数据。

美国的 Kurt Salmon 协会通过调查、研究和分析认为，通过实施 CPFR 可以达到如下目标。

（1）新产品开发的前导时间可以减少 2/3。

（2）可补货产品的缺货将大大减少，甚至消灭（通过供应商与零售商的联合从而保证 24 小时供货）。

（3）库存周转率可以提高 1~2 倍（通过制造商减少前导时间、零售商利用顾客需求导向策略）。

（4）通过敏捷制造技术，企业的产品中可以有 20%~30%是根据用户的特定需求而制造的。

二、CPFR 的定义与特点

（一）CPFR 的定义

中华人民共和国国家标准《物流术语》（GB/T 18354—2021）中指出：协同规划、预测与连续补货（CPFR）是应用一系列的信息处理技术和模型技术，提供覆盖整个供应链的合作过程，通过共同管理业务过程和共享信息来改善零售商和供应商之间的计划协调性，提高预测精度，最终达到以提高供应链效率、减少库存和提高客户满意程度为目的的供应链库存管理策略。

（二）CPFR 的本质特点

1. 协同

从 CPFR 的基本思想看，供应链上下游企业只有确立起共同的目标，才能使双方的绩效都得到提升，获得联盟收益。这种新型的合作关系要求双方承诺公开沟通、信息共享，从而确立其协同经营战略，尽管这种战略的实施必须建立在信任和承诺的基础上，但是这是买卖双方取得长远发展和良好绩效的唯一途径。正是因为如此，协同的第一步就是保密协议的签署、纠纷机制的建立、供应链计分卡的确立以及共同激励目标的形成（如不仅包括销量，也同时确立双方的赢利率）。应当注意的是，在确立这种协同性目标时，不仅要建立起双方的效益目标，更要确立协同的赢利驱动性目标，只有这样，才能使协同性能体现在流程控制和价值创造上。

2. 规划

1995 年沃尔玛与 Warner-Lambert 的 CFAR 为消费品行业推动双赢的供应链管理奠定了基础，此后当 VICS 定义项目公共标准时，认为需要在已有的结构上增加“P”，即合作规划（品类、品牌、分类、关键品种等）以及合作财务（销量、订单满足率、定价、库存、安全库存、毛利等）。此外，为了实现共同的目标，还需要双方协同制定促销计划、库存政策变化计划、产品导入和终止计划以及仓储分类计划。

3. 预测

CPFR 强调的是供应链的协同预测，像季节因素和趋势管理信息等无论是对服装或相关品类的制造方还是销售方都是十分重要的。这类信息的共同预测能大大减少整个价值链体系的低效率、死库存，更好地促进产品销售，节约整个供应链的资源。同时，预测精度提高是最终实现协同促销计划的关键。CPFR 所推动的协同预测还有一个特点，即它不仅关注供应链双方共同做出最终预测，同时也强调双方都应参与预测反馈信息的处理和预测模型的制定和修正，特别是如何处理预测数据的波动等问题，只有把数据集成、预测和处理的所有方面都考虑清楚，才有可能真正实现共同的目标，使协同预测落到实处。

4. 补货

必须利用时间序列分析和需求规划系统将销售预测转化为订单预测，并且订单处理周期、前置时间、订单最小量、商品单元等供应方约束，以及零售方长期形成的购买习惯等都需要供应链各方加以协商解决。另外，协同运输计划也被认为是补货的主要因素。此外，例外状况的出现也需要转化为存货的百分比、预测精度、安全库存水准、订单实现的比例、前置时间以及订单批准的比例，所有这些都需要在双方公认的计分卡基础上定期协同审核。潜在的分歧，如基本供应量、过度承诺等问题需双方事先解决。

CPFR 架构图如图 4-4 所示。

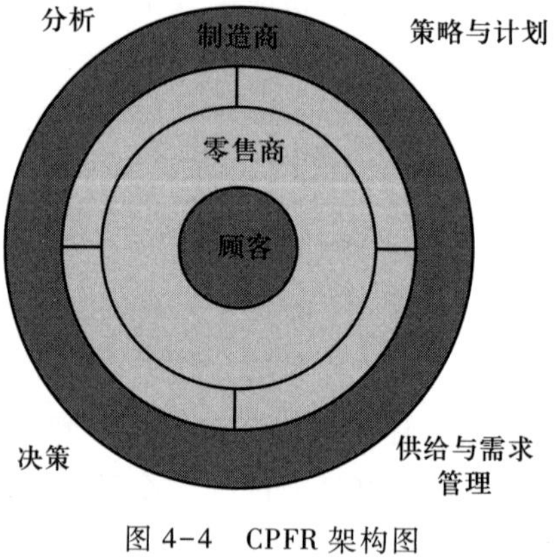

图 4-4　CPFR 架构图

三、CPFR 的实施

在沃尔玛等优秀企业的倡导下，特别是美国 VICS 于 1998 年发布了 CPFR 指导准则之后，越来越多的优秀企业开始采用 CPFR 来推动企业业绩增长，尤其是世界 500 强的企业大多已开始实施、建立或研究 CPFR。

CPFR 正越来越明显地影响着企业运营管理的基本模式，正成为企业供应链管理的主导趋势和骨干框架。

（一）CPFR 供应链的体系结构

1. 决策层

主要负责管理合作企业领导层，包括企业联盟的目标和战略的制定、跨企业的业务流程的建立、企业联盟的信息交换和共同决策。

2. 运作层

主要负责合作业务的运作，包括制定联合业务计划、建立单一共享需求信息、共担风险和平衡合作企业能力。

3. 内部管理层

主要负责企业内部的运作和管理，包括商品或分类管理、库存管理、商店运营、物流、顾客服务、市场营销、制造、销售和分销等。

4. 系统管理层

主要负责供应链运营的支撑系统和环境管理及维护。

（二）CPFR 实施的框架和步骤

1. 识别可比较的机遇

CPFR 有赖于数据间的比较。这既包括企业间计划的比较，又包括组织内部新计划与旧计划、计划与实际绩效之间的比较，这种比较越详细，CPFR 的潜在收益越大。在识别可比较的机遇时，关键在于以下四个方面。

（1）订单预测的整合。CPFR 为补货订单预测和促销订单提供了整合、比较的平台，CPFR 参与者应该收集所有的数据资源和拥有者，寻求一对一的比较。

（2）销售预测的协同。CPFR 要求企业在周促销计划的基础上再做出客户销售预测，通过将该预测与零售商的销售预测相对照，就可能有效地避免销售预测中没有考虑促销、季节因素等产生的差错。

（3）对于零售商来说，CPFR 的实施需要整合和比较的资源包括商品销售规划、分销系统、店铺运作系统。对于供应商而言，CPFR 需要整合及比较的资源则是 CRM、APS 以及 ERP。

（4）CPFR 的资源整合和比较，不一定都要求 CPFR 系统与其他应用系统直接相连，但是这种比较的基础至少是形成共同的企业数据库。

2. 数据资源的整合运用

不同类型的企业由于自身的利益点不同，计划的关注点不同，造成信息的来源不同，不同来源的信息常常产生不一致。CPFR 要求协同团队寻求到不同层面的信息，并确定可比较的层次。

CPFR 系统在数据整合运用方面一个最大的突破在于它对每一个产品进行追踪，直到店铺，并且销售报告以包含展示信息的形式反映出来，这样预测和订单的形式不再是需要多少产品，而是包含了不同品类、颜色及形状等特定展示信息的东西，这样数据之间的比较不再是预测与实际绩效的比较，而是建立在单品基础上的包含商品展示信息的比较。

在整合利用数据资源时，CPFR 强调时间段的统一，由于预测、计划等行为都是建立在一定时间段基础上的，所以，如果交易双方对时间段的规定不统一，就必然造成交易双方的计划和预测很难协调。因此，供应链参与者需要就管理时间段的规定进行协商统一，诸如预测周期、计划起始时间、补货周期等。

3. 组织评判

一旦供应链参与方有了可比较的数据资源，必须建立一个企业特定的组织框架体系以反映产品和地点层次、分销地区以及其他品类计划的特征。

通常企业在现实中采用多种组织管理方法，CPFR 能在企业清楚界定组织管理框架后，支持多体系的并存，体现不同体系的映射关系。

4. 商业行为规则界定

当所有的业务规范和数据资源的整合以及组织框架确立后，在实施 CPFR 的过程中需要制定的是供应链参与方的商业行为规则，这种规则主要表现在例外情况的界定和判断。

四、CPFR 的实施效果

CPFR 最大的优势是能及时、准确地预测由各项促销措施或异常变化带来的销售高峰和波动，从而使销售商和供应商都能做好充分的准备，赢得主动。同时 CPFR 采取了一种“双赢”的原则，始终从全局的观点出发，制定统一的管理目标和方案实施办法，以库存管理为核心，兼顾供应链上的其他方面的管理。因此，CPFR 能实现伙伴间更广泛深入的合作。它主要体现的思想如下。

（1）合作伙伴构成的框架及运行规则主要基于消费者的需求和整个价值链的增值。

（2）供应链上企业的生产计划基于同一销售预测报告。

（3）消除供应过程的约束限制。

本章小结

（1）VMI 是一种以用户和供应商双方都付出最低成本为目的，在一个共同的协议下由供应商管理库存，并不断监督协议执行情况和修正协议内容，使库存管理得到持续改进的合作性策略。

（2）实施 VMI 的原则主要有以下几个方面：合作精神（合作性原则）、使双方成本最小（互惠原则）、框架协议（目标一致性原则）。

（3）实施 VMI 有以下几个步骤：建立客户需求数据库、建立物流网络管理系统、建立供应商与分销商的合作框架协议、组织机构的变革或业务重组。

(4) VMI 的支撑体系包括信息技术、运行管理技术、供应商管理库存的契约支撑。

(5) 成功的“快速反应”伙伴关系将提高供应链上所有伙伴的获利能力。

(6) 实施“快速反应”必须改变传统的对企业商业信息保密的做法，在销售信息、库存信息、生产信息、成本信息等方面与合作伙伴交流分享。

(7) CPFR 的本质特点主要有四个方面，即协同、规划、预测、补货。

思考题

1. VMI 与传统的库存管理的最大区别是什么？
2. 实施 VMI 需要哪些技术支持？
3. ECR 是哪个行业提出的？该行业需要解决的主要问题是什么？
4. ECR 的关键要素有哪些？
5. QR 的目标是什么？主要解决什么问题？
6. QR 与 ECR 的区别是什么？
7. CPFR 的概念包括哪几个方面？
8. CPFR 的体系结构是如何构成的？
9. 本章中涉及的供应链管理策略的共同点是什么？它们跟电子商务是什么关系？

案例分析

7-11 的供应链秘诀

7-11（Seven-Eleven）原本是美国便利店连锁品牌，日本伊藤洋华堂通过特许经营的方式引入日本后仅用了 16 年便超越了其美国老大哥并完成了收购，实现了反客为主的蜕变。此后 7-11 继续在便利连锁市场书写着商业神话：在全球拥有 35 000 家门店，规模迅猛扩大的同时经营效率不降反升，每平方米销售额为便利连锁业最高……

一、快速的顾客需求反应能力

7-11 在设计供应链时，针对的不是快速送货或低成本的运送方式，而是能快速地应对市场（顾客）需求的变化。

早在 Internet 时代来临之前，7-11 已经开始使用卫星和 ISDN 网络来收集顾客需求信息。总部每天对所有商店的销售资料收集 3 次，并在 20 分钟内就完成对资料的分析。了解客户需求的速度大大提升，并且能够及时探测到顾客偏好的改变，快速的供应链反应帮助 7-11 即时调整产品销售价格、优化产品配置、改进产品以及进行促销活动。门店经理也能够即时分析库存商品的销售趋势及库存水平，以便及时订货以满足顾客的需求。

二、高效的共同配送体系

7-11 物流系统效率之高，堪称传奇。1995 年阪神大地震，救援卡车还在以二英里的时速在高速公路上行驶时，7-11 已经动用 7 架直升机、125 辆机车送出 64 000 个饭团到神户，而这时距离大地震发生还不到 6 个小时，这为 7-11 赢得了众多的赞誉。

7-11 创造了以配送中心为枢纽的共同配送解决方案；改变了批发商只能代理一家特定制造商产品的做法，授权批发商负责经营其所在区域各制造商的产品，并将商品运输到区域配送中心。虽然配送中心在 7-11 的供应链中处于核心位置，但它并没有投资建设，而是与批发商和制造商签订协议，由他们对各自所在地区内的闲置土地或运转效率低的设施投资建立配送中心，并由参加投资的公司共同经营，因此这种做法被称为“共同配送”。7-11 和参与共同经营的批发商和制造商密切协作，以先进的信息技术为基础构建起整个配送网络。

通过这种方法 7-11 既无须承担沉重的投资负担，又为门店商品的配送建立了一个非常高效的物流系统。

三、刚柔并济的供应链协调机制

7-11 供应链协作的基本原则是使自身的利益与合作伙伴之间的利益相协调，以达到共存双赢的目的。7-11 对合作伙伴实行的是“胡萝卜加大棒”的政策，同时运用激励和惩罚机制来协调与合作者的关系。

所谓激励是指合作者如果能够让 7-11 成功，那么它也能够分享到足够的利润。而惩罚机制是指当合作者犯了错误，如不能将货物及时配送时，则要支付罚金。这听起来似乎很苛刻，但 7-11 通过信任它的合作伙伴获得了成功。举例来说，如果卡车晚点超过 30 分钟，承运人必须支付与产品运送到商店毛利润相等的罚金。但是，当承运人将产品配送到商店后，没有人会检验卡车的货物，因此司机不必在卸货之后等待，这就使承运人能够获得时间和金钱的节约。

当供应链成员之间有不一致意见的时候，7-11 总是非常有耐心地与合作伙伴进行开诚布公的协商，而不是采用简单粗暴的态度。例如，7-11 为了降低鲜奶的配送成本，曾要求鲜奶供应商共用一家公司的冷藏车进行共同配送计划。但是，这项建议遭到了各鲜奶供应商的强烈反对，他们提出了品质最为重要的产品，不能够与其他公司的产品一同进行配送。7-11 没有将自己的意愿强加于供应商，而是向这些鲜奶供应商耐心解释降低其成本的效果，通过协商的方式慢慢让他们加入这项合作中来。

四、独树一帜的“温度”供应链

在 7-11 销售的产品中食品的比重高达 74.8%，要保持食品的新鲜必须对配送温度进行严格控制。7-11 在经营过程中不断总结经验，形成了独特的温度供应链系统，并提出了“速递新鲜生活”的口号。不同类型的食品对温度的要求各不相同，尤其是暖温食品和冷藏食品的配送。

为了加快冷藏食品的配送速度，保持冷藏食品的新鲜度，这类产品的订货由门店直接向供应商发出订货信息，由供应商根据订货信息直接安排生产，并将货物与送货单据送至配送中心，接着由配送中心按照不同门店的订货需求配送至门店。此外，7-11 专门设计了两仓式的货车。这种货车一个仓中温度的变化不会影响另一个仓，需冷藏的食品始终能够保持低温。

7-11 对暖温食品的配送更让人叫绝。7-11 发现，传统的保温措施会造成像四喜饭团和盒饭等暖温食品口感下降，导致销路不好。研究表明，这类产品在 20 ℃时保存能够保持刚刚烧好时的香味，一旦温度低于 16 ℃或高于 24 ℃都会导致食品松散并失去香味。为此，7-11 专门设计了新型保温车。

分析讨论：

(1) 7-11 起源于美国，却在日本取得发展和成功。你认为日本 7-11 成功的原因包括哪些方面？主要原因是什么？

(2) 在国内也有此类的便利店（如全家、罗森等），却没有一家能取得像 7-11 这般的成功。请比较国内便利店与日本 7-11，分析目前阻碍国内便利店发展的主要原因。

(3) 便利店怎样才能借助供应链伙伴之间的合作发展得更好？

第五章

电子采购与供应物流

学习目标

企业的经营活动一般都是开始于对生产设备、原材料等各种商品的采购。随着对有限资源的争夺越来越激烈，“采购竞争力”已经成为企业能否在市场中取得竞争优势的重要因素。电子商务条件下，如何充分利用网络与电子手段取得这种优势也就成为当今管理学研究中的一种重要方向。

通过本章的学习，我们将了解与电子采购相关的一些基础知识，并希望通过案例的学习引发大家的思考。

学习任务

通过本章内容的学习，要完成以下几个任务。

- 了解电子采购的优势。
- 掌握电子采购的含义。
- 掌握企业间电子采购的流程及模式。
- 了解 eCl@ss 标准下的电子采购产品与服务分类体系。
- 掌握实现电子采购的环节和相关支持技术。

导入案例

东方钢铁电子采购平台

东方钢铁电子商务有限公司（简称东方钢铁）成立于2000年，总部设在上海，是宝钢集团的全资子公司，长期从事钢铁及制造业领域B2B电子商务服务。公司旗下运营钢材和循环物资第三方交易平台“东方钢铁在线”（www.bsteel.com.cn）、制造业企业电子采购平台“采购宝”等多个第三方服务平台，并集成了电子支付、仓储管理、物流跟踪、电子单据、供应链融资等电子商务配套服务，可为相关制造业企业提供综合电子商务服务。

2012年东方钢铁电子商务交易额为1 945亿元，其中采购交易额超过199亿元，销售交易规模超过1 675亿元，拥有5万余家客户和供应商，生成电子单据436万份。截至2013年年底，客户数超过56 000家，在线交易所产生的电子单据达238万份。

宝钢作为国内具有影响力的钢铁生产企业之一，在过去传统的采购业务中，由于供应商信息滞后、市场情况不透明，采购过程不同程度地存在着执行效率低、过程跟踪困难、规范透明性差等问题，同时纸质版的发票和合同管理任务繁杂、差错率高、总体执行效率低、采购成本高。

东方钢铁作为宝钢旗下的电子商务平台，其首要任务是为宝钢量身打造阳光化的采购体系。东方钢铁与宝钢集团采购业务部门协同建立了制度化、常态化的网上采购协同推进机制。这一机制由采购方、第三方服务机构及供应商共同完成。采购方进行采购需求管理、制定采购策略、跟踪执行合同；供应商提供产品及服务；第三方服务机构提供供应商的引入及各种交易模式，从而增强采购过程的约束机制，提高抵御业务风险的能力。

此外，为了更加有效率地发布采购需求、降低采购成本，东方钢铁为供应链上下游各单元提供订单确认、预到货通知、收货单等业务协同服务。供应商通过电子商务系统及时获取采购库存、过程数据等信息，更有效地为宝钢的采购供应提供服务。与供应商协同，不仅能迅速提升宝钢的采购效率，实现采购模式的创新，而且能使宝钢以最低的总成本获得所需的产品和服务。

在核心业务之外，为服务宝钢集团，东方钢铁还建立了差旅、办公文具集中采购平台，可实现供应商信息集成和业务信息传输全套功能，推出一站式差旅服务预订和特色商旅服务，实现了成本控制和效率提升。

思考：

(1) 电子采购平台属于哪种电子商务?

(2) 企业的“采购”会涉及哪些内容和领域?

(3) 实现企业的电子采购可以有哪些途径?

第一节 电子采购系统概述

随着信息时代与知识经济时代的到来，互联网日益成为人们从事商业贸易、生产经营和事务处理的重要媒介平台。在这一平台上，电子采购正逐渐成为互联网发展的重要内容，并将成为21世纪开展商业贸易的重要手段。

一、电子采购的含义

电子采购（E-Procurement）是一种基于互联网和电子工具的采购活动，如网上招标、网上竞标、网上谈判等。人们把企业之间在网络上进行的这种招标、竞价、谈判等活动定义为B2B电子商务，事实上，这也只是电子采购的一个组成部分。

电子采购比一般的电子商务和一般性的采购有更多的概念延伸，它不仅仅完成采购行为，而且利用信息和网络技术对采购全程的各个环节进行管理，有效地整合了企业的资源，降低了供求双方的成本，提高了企业的核心竞争力。可以说，企业采购电子化是企业运营信息化不可或缺的重要组成部分。随着买主和卖主通过电子网络而联结，商业交易开始变得具有无缝性，其自身的优势十分显著。

二、电子采购的发展

电子采购最先兴起于美国，最初形式是一对一的电子数据交换系统，即 EDI。该电子商务系统大幅提高了采购效率，但早期的解决方案价格昂贵、耗费庞大，且由于其封闭性仅能为一个买家服务，令中小供应商和买家却步。为此，联合国制定了商业 EDI 标准，但在具体实施过程中，行业内及行业间关于标准问题的协调工作举步维艰，因此，真正商业伙伴间的 EDI 并未广泛开展。

20 世纪 90 年代中期，电子采购目录开始兴起，供应商通过将其产品上网，来提高和拓展供应商的信息透明度、市场涵盖面。随后，全方位综合电子采购平台出现通过广泛连接买卖双方来进行电子采购服务。

电子采购是一种在 Internet 上创建专业供应商网络的方式。它能够使企业通过网络，寻找管理合格的供货商和物品，随时了解市场行情和库存情况，编制销售计划，在线采购所需的物品，并对采购订单和采购的物品进行在途管理、台账管理和库存管理，实现采购的自动统计分析。实施电子采购，不仅方便、快捷，而且交易成本低，信息公开透明。

实现电子采购的方式有两种：使用 EDI 的电子采购和使用 Internet 的电子采购。电子采购对购买简单商品最为有效，它可以让供应商创建和维护其产品的在线目录，其他公司可以从这些目录中搜索商品、下订单以及当场确定付款和装运选择。在试图购买那些必须定制的产品时，常常需要人力判断以及人与人之间的协商。首先，要整理 RFP（建议请求）信息包，其中包括某一商品的技术规格和供应要求。其次，必须找到能够满足该请求的供应商。为了节省时间和资金，只需要与有资格的供应商联络，这样花费的精力最少。

三、电子采购的优势

电子采购优势具体体现在以下几个方面。

（1）缩短了采购周期，提高了采购效率。采购方企业通过电子采购交易平台进行竞价采购，可以根据采购方企业的要求自主设定交易时间和交易方式，大大地缩短了采购周期。自企业竞价采购项目正式开始至竞价结束，一般只需要 1～2 周，较传统招标采购节省 30%～60%的采购时间。

(2) 节约了大量的采购成本。美国采购协会称，使用电子采购系统可以为采购企业节省大量成本。采用传统方式生成一份订单所需要的平均费用为 150 美元，使用基于 Web 的电子采购解决方案则可以将这一费用减少到 30 美元。企业通过竞价采购商品的价格平均降幅为 10%左右，最高时可达到 40%多。通用电气公司通过电子采购每年节约 100 亿美元。

(3) 优化采购流程。采购流程的电子化不是用计算机和网络技术简单替换原有的方式方法，而是要依据更科学的方法重新设计采购流程，摒弃传统采购模式中不适应社会生产发展的落后因素。

(4) 减少过量的安全库存。海尔集团在实施电子采购后，采购成本大幅降低，仓储面积减少一半，降低库存资金占用约 7 亿元，库存资金周转天数从 30 天降到了 12 天以下。

(5) 信息共享优势。不同企业，包括各个供应商都可以共享信息，不但可以了解当时采购、竞标的详细信息，还可以查询以往交易活动的记录，这些记录包括中标、交货、履约等情况，帮助买方全面了解供应商，帮助卖方更清楚地把握市场需求及企业本身在交易活动中的成败得失，积累经验。这使供求双方之间的信息更加透明。

(6) 电子采购能提高交易各方的满意度。电子采购能帮助采购方改善客户服务和提升客户满意度，促进供应链绩效提升，以及改善与供应商的关系。

(7) 电子采购不仅使采购企业大大获益，而且让供应商获益。对于供应商，电子采购可以更及时地掌握市场需求，降低销售成本，增进与采购商之间的关系，获得更多的贸易机会。

国内外无数企业实施电子采购的成功经验证明，电子采购在降低成本、提高商业效率方面，比在线零售、企业资源计划（ERP）更具潜力。电子采购的投资收益远远高于过去 10 年内已经在企业中占主导地位的任何商业革命，包括企业流程再造、策略性采购等。

四、电子采购平台

（一）协同招投标管理系统

协同招投标管理系统是一个集成的招标采购协同管理平台，使各种类型的用户（包括组织者、采购业主、投标商、审批机构等）都能在同一个信息门户中一起协同工作，摆脱时间和地域的限制。

招投标协同管理系统以招投标法为基础，融合了招投标在中国的实践经验，实现了整个招标过程的电子化管理和运作，可以在线实现招标、投标、开标、评标和决标等整个招标投标流程，使招标的理念和互联网技术完美结合，从时间上、价格上、质量上都全面改变了传统的招投标方式，最大限度地实现招标方的利益。招投标协同管理系统以自主开发的工作流系统作为核心，可以帮助客户快速、高效地完成各种复杂的招标投标流程，包括各种内部审批流程等。

（二）企业竞价采购平台

企业竞价采购平台是供应商之间以及供应商和采购商之间互不见面的一个网上竞价采购管理平台，使得供应商可以远程参与采购竞价。竞价采购又称反拍卖采购技术（Reverse Auction Technology，RAT），是由采购招标和网上竞价两部分有机结合的采购方式。它用电子商务取代以往的谈判公关，帮助采购商最大限度地发现卖主，并引发供应商之间的竞争，大幅度降低采购成本，同时有力地变革了采购流程，是对企业具有跨时代意义的零风险采购辅助手段。

在传统招标采购中，供应商总是在确保低价中标的同时尽量争取价格最高，并且由于比值、比价、招投标过程较长，供应商之间相互见面等因素，容易形成供应商之间价格同盟，因此不能在最大范围内引起各投标方的反复竞价，从而使降价空间缩小，导致采购品降价不足。而 RAT 则是根据工业采购品的不同特点，由采购商制定产品质量标准、竞价规则，通过 B2B 的方式，使采购商得以更好地发现卖主，并引起供应商竞争。成交价格可以是一个，也可以是一组，对供货方来说只有竞争价格是透明的，博弈阵容对其并不透明，从而很好地强化了降价竞争，使采购品价格大大降低。经过各个卖主之间一番激烈的降价竞争，一条降价曲线会自动输出，竞价结果客观、公开，不再需要人为的议标过程。

（三）电子目录采购系统

电子目录采购系统是一套基于国内领先工作流技术的集办公自动化、产品目录管理、供应商管理以及电子采购于一体的综合解决方案。可以帮助客户快速、高效地实现内部采购供应系统的任意商业运作，搭建符合其自身需求的涵盖招标采购、竞价采购、商务谈判在内的多种采购方式的在线采购平台，并能有效地管理供应商和产品目录。

电子目录采购系统的主要功能模块包括工作流引擎、可视化流程定义工具（WFVISIO）、流程监控工具（WFMONITOR）、流程节点定义、信息发布系统、视图定义、综合查询统计定义、文档自动生成、电子文档管理、组织结构管理、权限管理、供应商管理、专家管理、产品目录管理、在线投标、开标大厅、在线评标、竞价大厅、谈判大厅、合同管理、采购效果分析、项目任务管理、日志管理、在线编辑器等。

五、电子采购的步骤

电子采购步骤主要包括如下几个方面。

1. 采购分析与策划

对现有采购流程进行优化，制定出适宜网上交易的标准采购流程。

2. 建立网站

这是进行电子商务采购的基础平台，要按照采购标准流程组织页面。可以通过虚拟主机、主机托管、自建主机等方式来建立网站，特别是加入一些有实力的采购网站。通过它们的专业服务，可以得到非常丰富的供求信息，起到事半功倍的作用。

3. 发布招标采购信息

采购单位通过互联网发布招标采购信息，即发布招标书或招标公告，详细说明对物料的要求，包括质量、数量、时间、地点及对供应商的资质要求等。也可以通过搜索引擎寻找供应商，主动向其发送电子邮件，对所购物料进行询价，广泛收集报价信息。

4. 报价

由供应商登录采购单位网站，进行网上资料填写和报价。

5. 供应商选择

根据预先设定的供应商评价指标，对供应商进行初步筛选，收集投标书或进行贸易洽谈。

6. 评标

使用网上评标方式，由程序按设定的标准进行自动选择或由评标小组进行分析评比选择。

7. 开标

在网上公布中标单位和价格，如有必要对供应商进行实地考察后签订采购合同。

8. 采购实施

中标单位按采购订单通过运输交付货物，采购单位支付货款，处理有关售后事宜。按照供应链管理思想，供需双方需要进行战略合作，实现信息的共享。采购单位可以通过网络了解供应单位的物料质量及供应情况，供应单位随时掌握所供物料在采购单位中的库存情况及采购单位的生产变化需求，以便及时补货，实现准时化生产和采购。

第二节 电子采购的流程与模式

一、电子采购的主要方式

接入互联网设备的多样性、操作系统的多样性，以及不同操作系统不同数据库软件数据保存格式的多样性和不兼容性，造成了目前虽然资源众多却无法达到真正意义上的资源共享的局面。没有一种跨平台的、通用的、标准的数据格式成为信息交换的瓶颈。同时，传统的远程调用技术如 DCOM、CORBA 等都与平台相关，需要维护大量的接口信息，成本很高，限制了信息的自由交换。上述原因造成了网上采购技术无法真正利用互联网资源实现最佳采购。目前的网上采购主要有两种方式：一种是利用 EDI 方式；一种是半人工半计算机浏览查询方式。

（一）EDI 方式

EDI 方式在采购过程中有着信息自动交换处理、速度快、安全性高等优势，然而建设 EDI 系统需要专用的网络，无法有效利用互联网信息量多的特点。同时，其高额的使用费用和维护费用也阻碍了广大的中小型企业的使用，目前 EDI 方式主要是在大型企业之间使用。EDI 使用的是专有数据格式，因此在进行交易的双方必须使用相应的软件，这就造成了 EDI 系统的数据无法与企业其他信息系统的数据自由交换，降低了数据的共享性。EDI 系统是一种紧密耦合的系统，使用者无法自动发现对方系统新增功能，需双方通过协商编写相应处理程序才能实现，因此是一种被动的网上采购系统。

（二）半人工半计算机浏览查询方式

目前网上采购使用较多的是半人工半计算机浏览查询方式。也就是说采购人员登录某些相关网站，查询相关产品信息，并记录下来，然后进行统计分析得出最佳采购方案。这种技术使采购人员仅仅配备一台可以浏览互联网的计算机就可，成本很低，适合广大的中小型企业。但这种方式需要采购人员事先知道采购网站，并且逐个浏览并收集信息，效率十分低下。这种采购方式的前提是采购人员所登录的采购网站最大限度地包括了其所需的各种采购信息。然而，互联网上网站众多，仅凭人工浏览是无法完成的，这是一种被动的采购方式。对供货商来说，其需要将产品信息尽可能多地发布在各种采购网站上等待采购商的查询，这也是一种被动的销售方式。如何有效地利用现有资源，进行主动的网上采购成为目前亟须解决的问题。

二、电子采购的流程

企业间采购流程是 B2B 中一个十分重要的流程，它不仅涉及企业间的采购、财务、库存等流程，还涉及银行、物流等贸易实体，因此，B2B 流程具有复杂性和跨功能的特点。

目前，国内有一些公司在进行 B2B 采购流程相关产品的研发，但其中不少产品的采购流程只是反映了部分中国企业的实际商务流程，CA 认证、信誉认证、议价流程、合同签订流程、财务管理、物流管理、库存管理等实际流程并没有在这些产品的采购流程中予以整合，因而其并不具有普遍性。由于采购流程只是企业商务流程中一个环节，如何将现有的采购流程整合到企业信息化系统中去，实现对其他应用系统的调用，是企业亟须解决的问题。

利用工作流技术可以解决上述问题。工作流方法是面向流程的开发方法，利用工作流技术开发和管理业务流程，不仅可以轻松实现业务流程的改变，而且交换、合并任务、重新安排资源等问题都会变得更加容易。基于工作流的符合中国企业实践的企业间电子商务采购流程如图 5-1 所示。

在该流程中，进行电子贸易的企业首先到网上银行申请账号，然后到交易平台（大卖场）“注册账户”并申请使用权限。进行交易的企业无论是买方还是卖方都必须在交易平台“认证中心”取得信用认证值，该值随着贸易的信用度动态调整。交易双方取得信用认证后，重新登录交易平台，选择交易身份。

作为买方企业，登录交易平台后，根据企业的采购要求搜索相关“商品信息”；当找到满意的商品时，进行“买方询价”，通过交易平台向卖方企业发订单（或邮件）；当卖方回复订单后，买方企业可以“查看新订单”查阅相关价格信息；如果买方对订单满意，可以发订单进行“价格确认”。如果买方对价格不满意，可以再次议价，议价失败时买方可以重新搜索其他商品信息。当买方向卖方进行价格确认后，卖方会向买方发送交易合同，此时，买方“查看新合同”并就合同中的价格、数量、包装、运用方式、运送时间以及物流价格等条款进行商议，商议成功后买方可以进行“合同确认”。此时卖方向买方发放转账通知，买方“查看转账通知”，确认无误后通过银行账户“转账付款”，然后等待卖方发货，买方提货后采购流程结束。当买方确认合同后，还须将此次交易合同内容添加到企业内部“合同管理系统”中。通过银行“转账付款”后还应该实时更新企业内部“财务系统”。买方提货后要更新企业库存管理系统，交易成功后更新相应内部的 CRM 系统。

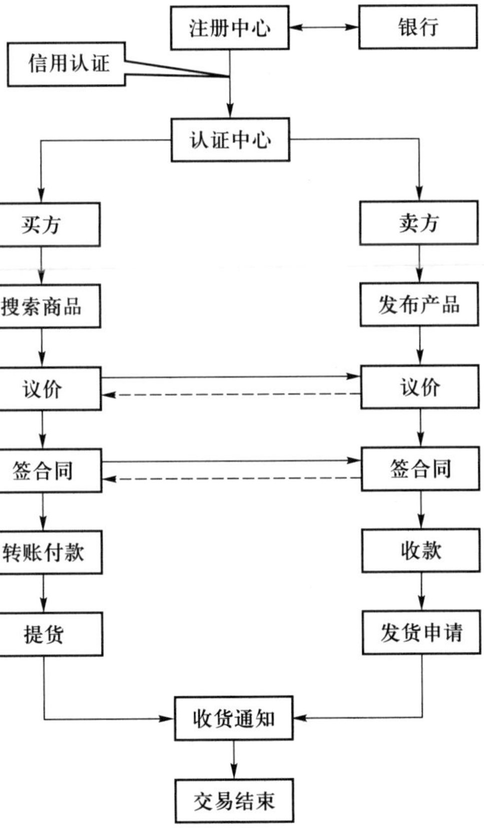

图 5-1 企业间电子商务采购流程

作为卖方企业，登录交易平台后，根据企业的产品发布“产品信息”，同时“查看新订单”。当有新订单时，表明有采购商出价，此时卖方可与买方进行议价，通过多次议价后，买方进行“价格确认”。当卖方收到买方发来的“价格确认”时表明议价成功。此时卖方拟发“销售合同”，当收到买方对合同的反馈信息后卖方“查看合同”，进入合同反复商议过程，直到卖方收到买方签订的合同。然后卖方向买方发送“转账通知”。当卖方企业银行账户有相应收入账时卖方向企业相关部门发出“发货申请”，同时通知物流中心按合同运货。物流公司按合同将货物运送给采购商后，凭“收货通知”向卖方收费。当卖方收到买方货款后，要对企业内部财务系统进行收入账相关操作处理；当卖方收到物流中心返还的“收货通知”时要对企业内部财务系统进行支出账相关操作处理。交易成功后卖方还要更新自己的 CRM 系统。

三、企业电子采购模式

电子采购所要进行的业务关系到供应商和采购商两个主体，特别是采购物料信息，均来自企业外部，这给电子采购模式的建立提供了可能。根据实施主体来说，企业的电子采购模式分为卖方电子采购模式、买方电子采购模式和第三方电子采购模式。

（一）卖方电子采购模式

卖方电子采购模式是指供应商在互联网上发布其产品的在线目录，采购方则通过浏览来取得所需的商品信息，以做出采购决策，并下订单以及确定付款和交付选择。这就像一个购物者在一条商业大街上，选出各个“商店”不断地进行比较来购买商品。

在这个模式里，供应商必须投入大量的人力、物力和财力建立、维护和更新产品目录，所以成本较高、操作较为复杂。而对采购方恰恰相反，其不需要花费太多就能得到自己所需要的产品信息，既便宜又方便，同时可以开发并维护自己的目录。但是，这一模式仍存在自身的劣势，由于“商店”是普通的门户网站，很难和买方后端的企业内部信息系统很好地集成。所以对于买方而言，一切似乎都没有改变，没有自动化，买方仍需寻找供应商的网站，登录后通过目录网络形式输入订单。每个购买者每次都必须输入所有的信息，如公司名称、地址、电话号码、账户等。很明显，如果一家公司同时拥有 500 家供应商，那么就要访问 500 个网站，不停地重复输入信息。这使得工作内容更加复杂难办。虽然这种方法与纸质的目录相比具有明显优势，但是根据实际操作来讲，这是很难实行的。另外，采购方与供应商是通过供应商的系统进行交流的，由于双方所用的标准不同，供应商系统向采购方传输的电子文档不一定能为采购方的信息系统所识别、处理和传输，这些文档必须经过一定的转化，甚至需经手工处理，大大降低了电子采购的效率，延长了采购的时间。XML（EXtensible Makeup Language）技术的出现，为互联网上的数据表示和传输提供了新的思路，使基于文本的 B2B 电子采购有所发展。不过，这种采购模式可以被视为小规模购买者和一次性采购所属的形式。

（二）买方电子采购模式

随着经济发展和技术进步，越来越多的产品由卖方市场转向买方市场，尤其是一些技术含量不高、价格需求弹性大的商品。买方电子采购模式是指采购方在互联网上发布所需采购产品的信息，供应商在采购方的网站上提交自己的产品信息，供采购方评估，并通过采购方网站进行信息沟通，完成采购业务的全过程。目前企业的电子采购一般都是买方电子采购模式，这种模式广泛存在于由少数几家大型购买方主导的行业，如航天、汽车、零售等行业。

买方电子采购模式中采购方承担了建立、维护和更新产品目录的工作。虽然这样花费较多，但采购方可以更紧密地控制整个采购流程。其可以限定目录中所需产品的种类和规格，甚至可以给不同的员工在采购不同的产品时设定采购权限和数量限制。另外，员工只需要通过一个界面就能了解到所有可能的供应商的产品信息，并能很方便地进行对比和分析。同时，由于供求双方是通过采购方的网站进行文档传递的，因此采购网站与采购方信息系统之间的无缝连接将使这些文档被后台系统识别并处理和传输。对于一个成功的买方电子采购模式来说，只有采用成熟的信息技术安全体系，采取全面的技术防护手段，才能确保采购过程顺利进行。当然，这一模式也有着自身的劣势，最初的信息整合和合理化过程中需要很大的投入，即买方承担了目录和系统维护的艰巨工作。对于没有将目录和系统维护作为核心竞争力的公司来说，它们可能考虑到将这一工作外包。当然，这涉及成本问题，还有技术更新的问题。这一系统将需要提供网络基础上的维护以便供应商能随时修改更新自己的目录，方便买方更新自己的目录。买方电子采购模式的一种演进形式为网上联合采购模式。它既有电子化的快捷高效、方便、透明，又有着联合采购的价格折扣和成本下降的优点。如同批发和零售的价格差距一样，原材料或零部件采购的单价与采购数量成反比。在应用联合采购模式时，联合的各个企业都必须在采购中共享信息、分担风险、共用渠道、共同运作。典型的例子就是，美国三大汽车厂商通用汽车、福特、克莱斯勒合作，运营 B2B 网上采购的商务网站，该网站面向所有的汽车零配件供应商，它的网上交易额达到6 000亿美元以上。美国零售业第二的 Sears 和欧洲第一的家乐福联合成立 B2B 网上采购公司，共同在全球采购连锁商品，目的是与沃尔玛竞争，预计网上的交易额将达 3 000 亿美元以上。

（三）第三方电子采购模式

第三方电子采购模式是指供应商和采购方通过第三方设立的网站完成采购业务的过程。在这个模式里，无论是供应商还是采购方都只需在第三方网站上发布并描绘自己提供或需要的产品信息，第三方网站则负责产品信息的归纳和整理，以便于用户使用。由于企业虚拟化和非核心能力外包趋势的发展，第三方电子采购模式受到关注。在第三方电子采购模式下，第三方以自身专业化的采购技能，为客户提供完善的电子采购服务，建立一个网上交易市场和服务平台，供双方询报价、谈判以及下订单。网站平台有基本的公共电子目录，还有供应商的数据库，并邀请认证机构对供应商进行等级评价。第三方电子采购模式能够提供更多的有效信息与增值服务。

第三方提供的网站相当于开设了一个买卖双方的交易市场，这个市场已经不局限于信息展示的功能，而是更注重以客户服务为中心来革新采购流程管理，电子技术只是手段，最终目的是使整个采购商务流程能基于网络平台完成。第三方电子采购模式实际上是将传统的商业模式转向电子商务模式，由传统的市场向电子市场转变。电子市场加速了企业电子商务模式的转变，高效率地实现了网上买家和卖家迅速匹配。

传统采购的过程烦琐复杂，由于购销双方的信息不对称，使双方都需要支付大量的费用进行市场调查，电子采购可以按需求商品的各方面属性提出采购要求，使符合条件的供货商通过互联网交流信息，消除诸多中间不增值的环节，大幅度降低采购成本，同时缩短采购周期，提高采购效率和效益。与传统采购方式相比，电子采购以透明、统一、准确、及时等特色体现出很明显的优势。

由上面的分析可知，根据模式不同，电子采购资本的投入量有明显的差异。买方电子采购模式无疑需要投入较多，这不仅是因为技术复杂，而且与后台系统的集成要求大量的投入。虽然花费了高额成本，但成效也相当明显。使用第三方电子采购模式的企业需要支付给第三方网站一定的费用，根据客户要求后台集成性的高低确定不同的费用，金额大致是几万元至十几万元不等，但这比企业自己拥有采购网站要便宜许多。卖方电子采购模式所花费的成本一般很少，企业只需支付上网费等少量费用，花费一般不超过万元。

第三节 基于 eCl@ss 的电子采购分类体系

一、电子采购对产品与服务的分类要求

科学合理的分类是电子采购及其相关服务高效运作的前提。电子采购的运作模式与传统采购的运作模式有着较大的差异，在电子采购环境下对产品和服务的分类有了新的要求。

（一）方便交易

买卖双方从交易的洽谈、签约到货款的支付、交货通知等整个交易过程都在网络上进行。在电子采购的实施过程中，需要有一个高效、快捷、方便的产品和服务分类，这

样才能保证电子采购的通畅和快捷。

（二）支持电子采购

分类必须满足一系列标准。客户和供应商必须支持电子采购过程，明确描述产品系列，定义契约项目。

（三）减少交易费用

对于公司内部，分类必须规定权限，保障其经济性，并且能够进行统计分析，实现捆绑需求，实现电子目录查询功能，同时给企业带来好处。分类标准可为企业采购带来巨大的经济优势：买方可扩大其供应商范围，减少交易费用，并通过不同供应商之间的竞争提高市场透明度。对供应商同样可以起到减少交易费用、拓宽顾客群的作用。

建立科学的产品和服务分类体系是在电子采购环境下产品和服务分类研究的主要内容之一。建立电子采购环境下产品和服务分类体系时，应遵守科学性、系统性、唯一性、可延性、简明性、协调性原则。

二、基于 eCl@ ss 的分类体系

eCl@ ss 是用于电子采购环境下对产品和服务进行分类与描述的国际标准，确保买家及供应商进行正确的信息交换。随着信息技术和通信科技的发展，电子采购越来越多地成为贸易的一种交易方式为许多企业所用。在电子采购背景下，企业对数据交换提出了更高的要求，使得统一产品和服务的分类与描述标准越来越重要。eCl@ ss 分类标准填补了目前市场电子采购分类标准的空白。在欧洲已发展成为一种领先的分类系统，在全世界也正得到广泛接受。

eCl@ ss 旨在为整个产品周期提供高效的全程支持。它提供了一套完整的产品描述与分类标准，包括一个精心设计的等级分类结构，用于对产品进行分类，还为描述分类及各级类别的一系列特性提供了清晰的、多语种的、针对产品和服务的等效定义。

eCl@ ss 产品分类与描述是以国际标准化数据模型（ISO 13584-42/IEC61360-2）为基础的，协调国际和国内标准，符合国际标准化特性（如国际标准化组织（ISO）、国际电工委员会（IEC）、欧洲标准化委员会（CEN）、德国标准化学会（DIN）等）。其总体目标是根据一个通用的数据模型，把不同的系统结合在一起，从而避免由于分类不当导致产品以及服务描述产生重复工作和资源投入。

eCl@ ss 的分级系统通过逻辑规则将材料、产品和服务归类，并通过符合国际规范的标准属性描述反映产品的特殊性质。它将产品和服务以 4 级的编码结构分类，覆盖了 25 个专业范围，包含了近 75 000 个可用于搜索的主题词。

三、eCl@ss 分类体系的特点

（1）顺应了商业要求和工程要求，具有简单而透明的维护与修改过程，是一个开放性的分类系统，可以满足使用者对国际分类系统提出的要求。

（2）贯穿整个供应链，可按系统属性进行分类，直接或间接涉及所有的产品材料及服务，是用于对产品、材料和服务进行分类与描述的国际标准；可用于商业，也可用于材料和设备管理以及产品信息系统。

（3）支持电子采购过程，明确描述产品系列，定义契约项目；关键词搜索帮助偶尔使用的用户找到适合的材料分类，从而避免复杂的分类搜索。

（4）能进行统计分析，实现了电子目录查询功能。提供多种语言支持，在电子采购领域具有广泛的应用前景。

（5）多种语言支持。eCl@ ss 以英语、法语、西班牙语、中文和德语提供分类与特征描述，并可根据需要支持其他语言。

（6）持续改进与优化。eCl@ ss 定期升级、数据优化。如 eCl@ ss 尚未提供的标准，其专家组将持续改善，用户也可在线提交内容更改。

四、eCl@ss 分类体系的应用案例

德国铁路股份公司（DBAG）引入使用 eCl@ ss 获得了成功。该公司是德国最主要的运输服务和物流提供商，共有 25 万名员工。公司的愿望是能够成为一个高于平均增长速度的服务供应商，具有强的赢利能力，并成为欧洲关注的焦点。其主要业务是铁路客运与货运服务。

过去，该公司使用德国铁路股份公司的特殊分类系统。按照采购责任而不是市场标准将产品进行分类和归组。这样，由于分类不清晰而在采购过程中常常出现问题。因此，公司决定使用 eCl@ ss 标准来描述其特定的铁路配件和产品。

采购要求使用一种标准化的语言，用于描述技术性货物和服务，以及在全球网络内与外部的供应商进行数据交换。eCl@ ss 的材料组反映了采购市场的材料分类情况，而材料专家则对 eCl@ ss 分类中的材料进行技术上的界定。公司根据 eCl@ ss 标准的要求将其融合在公司的企业资源计划中，并将轨道车辆配件分为大约 16 万类。所有的铁路专用零件以及其他的货物和服务都遵从 eCl@ ss 标准进行分类。将所有的产品都包括在 eCl@ ss 分类系统中，采购人员可以在几乎 60 万种产品中选择和订购。

目前，公司要求所有供应商使用 eCl@ ss 结构来描述产品和服务。eCl@ ss 使德国铁路股份公司可以更好地比较不同的供应商提供的货物和服务。

德国铁路股份公司通过使用 eCl@ ss 获得了以下好处：可以在全世界范围内找到新的特定的铁路货物和服务的供应商；有机会将相似的货物和服务集合在一起，获得更好

的采购条件；促进供应商之间的竞争；拥有一种语言，能够对货物和服务详细描述，并且被全世界理解。

采购商和供应商均认为，使用此分类标准后受益匪浅，商业利益明显提高。eCl@ ss 产品分类标准可运用到整个产品周期，它将在电子采购领域得到广泛的应用。为了给用户带来更多的效益，该分类系统得到了合作伙伴的支持。这些合作伙伴包括联合国标准产品与服务代码（UNSPSC）和国际物品编码协会、国际标准化组织（ISO）、国际电工委员会（IEC）、欧洲标准化委员会（CEN）等，此外还包括一些国内标准化机构。目前 eCl@ ss 分类系统已有中文版本，这也意味着 eCl@ ss 正式进入中国市场，迈出了其国际化进程中至关重要的一步。

第四节　电子采购方案实施

自 20 世纪 90 年代中期以来，电子采购在世界范围内得到了广泛的应用。A. T. Kearney 咨询公司在 2002 年进行了一项采购绩效评估的研究，在其报告中指出，所调查的公司在缩短交货提前期和降低交易成本等方面的结果非常令人失望。究其原因，主要是公司过多地重视了硬件系统的投资和开发，忽视了对电子采购实施策略的研究。规划和实施电子采购需要在战略、组织流程和系统方面做出重大调整，从而真正获取电子采购的效益。

一、方案实施环境分析

电子采购不是简单的采购书面作业的电子化，而是与供应商和第三方物流服务商流程和资源的全面整合。因此，电子采购的成功实施要求采购企业对外部环境有清楚的认识和分析。

（一）法律环境

缺乏信任和交易安全、日益增加的网络犯罪和在互联网上传播的极具破坏性的病毒等是电子采购实施的主要障碍，因此企业要充分应用目前生效的法律法规可以最大限度地保护电子交易正常进行。在分析法律环境时应该考虑的问题有：电子合同、隐私和数据保护、在线争端解决机制、知识产权保护、数字签名、税收，以及针对互联网犯罪的适用法律等方面。

（二）电子支付环境

电子采购必须与电子化金融体系密切配合才能顺利完成，因此采购企业需要分析：目前的金融服务是否能够实现跨区域、跨银行的电子支付；可利用的支付手段有哪些，其安全性和可靠性如何；是否存在跨国家的支付与结算系统等。

（三）安全环境

由于电子采购的无形化特点，以及互联网的开放性，电子采购的安全性备受关注。电子采购企业必须保证有成熟的安全技术可以利用，如防火墙技术、数据加密技术、病毒防护技术等。

二、电子采购实施策略

在具体策划电子采购的实施中需要重点考虑以下几个方面。

（一）战略方面

企业必须对新的电子采购有清晰的目标，确保电子采购系统能够支持企业的整体竞争战略。企业的高层管理人员也必须对电子采购达成一致意见，从而保证企业各部门能够协调运作。同时，企业还要对外部环境进行分析，如有多少个供应商有能力参与企业的电子采购、企业是否有实力要求供应商对电子供应进行投资等。

（二）作业流程方面

电子采购不是当前采购业务流程的简单电子化或自动化。企业必须仔细评估供应商和企业自身的采购作业流程，确定是否需要重新设计采购作业流程以保证电子采购顺利实施。在多数情况下，企业需要聘请第三方咨询服务商帮助企业改进业务流程，邀请供应商参与采购作业流程分析以实现新的电子采购系统顺利实施。

（三）组织方面

电子采购要求企业的组织结构、组织文化、人员培训等方面必须支持实施电子采购对企业采购职能和其他职能所带来的变革。企业必须明确电子采购可能影响的部门和人员以及影响程度，企业内部是否存在对变革的阻力，企业是否有详细的培训计划等。

（四）技术方面

安全、可靠、易于管理和维护的计算机网络是企业实施电子采购的必要组成部分。企业需要知道：自身的电子采购系统是否与供应商的系统兼容；企业新的电子采购系统是自主开发还是外包；如果外包，如何选择电子采购系统的供应商；新的电子采购系统如何与财务、生产、营销等部门链接等。

（五）绩效评估方面

企业采用电子采购就是为了获取新系统所能带来的益处，因此评估和控制电子采购的绩效是保证电子采购成功运作的关键。科学的绩效衡量指标有助于公司发现新的电子采购中存在的问题并及时改进，这些指标包括订货满足率、准时交货率、处理采购订单的时间、采购价格降低、库存成本降低、订货成本降低、运输成本降低、供应商绩效提高、与供应商关系改善等。

三、实施电子采购的技术支持

电子采购是集计算机技术、多媒体技术、数据库技术、网络技术、安全技术和密码技术、管理技术等多学科技术于一体在电子商务中的应用，因此要实现电子采购必须依靠下列技术支持。

（一）数据库技术

数据库用于储存和管理各种数据，以此支持决策。数据库技术在电子商务和信息系统中占重要的地位，是实现电子采购必不可少的技术条件。随着业务流程的变化而不断改进，数据库技术从最初的手工管理阶段发展到现在的数据仓库阶段。数据仓库是基于企业的需求和技术的成熟而产生的，包括数据仓库技术、联机分析处理技术和数据挖掘技术。这些先进的数据仓库技术对提高整个信息系统的效率有很大的作用。信息一般以数据的方式储存，各种数据的特点不同，被使用的情况不同。在企业电子采购中，存在供应商数据、采购物资数据、内部物资需求的数据等，有效地组织好这些数据才能更好地支持采购决策的制定和实施。随着企业上网进行商务活动，Web 数据库产生了，它结合了 Web 数据量大、类型多的特点和成熟的数据库管理系统。前端是界面友好的 Web 浏览器，后台是成熟的数据库技术，在电子化的采购中可以通过这种方式实现在线采购。

（二）EDI 技术

企业与企业之间的交易谈判、交易合同的传送、商品订货单的传送等都需要 EDI 技术。

EDI 是指具有一定结构特征的数据信息在计算机应用系统之间进行的自动交换和处理，这些数据信息称为电子单证。EDI 的目的就是以电子单证代替纸制文件，进行电子贸易，从而在很大程度上提高商务交易的效率并降低费用。在 EDI 中，计算机系统是生成和处理电子单证的实体；通信网络是传输电子单证的载体；标准化则将生成的电子单证按规定格式进行转换以适应计算机应用系统之间的传输、识别和处理。

（三）金融电子化技术

电子采购过程包括交易双方在网上进行的货款支付和交易结算，因此，金融电子化则为企业之间进行网上交易提供保证。在全球供应链网络中，交易双方可能相隔很远，双方货款只能通过银行系统来结算，银行在企业间的交易中起着重要的作用，它们处理这些业务的效率将直接影响到企业的资金周转，构成影响供应链上资金流流动的因素之一。可见，银行是电子采购、电子商务必不可少的组成部分。

金融电子化强调支付过程和支付手段的电子化。银行作为电子化支付和结算的最终执行者，起着联结买卖双方的纽带作用，网上银行所提供的电子支付服务是电子采购中最关键要素和最高层次，直接关系到电子商务和企业电子采购的发展前景。现代化支付系统是以计算机网络为支撑环境，将中央银行各分支机构与各商业银行有机结合在一起的综合性大型集成系统。中国人民银行正在集中建设针对商业银行跨行支付的清算和结算服务系统，即中国国家现代化支付系统（CNAPS）。除此之外，还有 CNAPS 的业务系统、大额支付系统、电子批量支付系统等几个应用系统。这些系统都由中国国家金融数据通信网（CNFN）提供技术支持。中国国家金融数据通信网是面向国内金融部门服务的专用网络，由邮电部与中国人民银行及国有商业银行联合投资、共同建设。它的骨干网 1997 年年底已完成两期工程建设。其网络规模通达 200 个城市，中继、用户端口总容量近 2 500 个。可见金融电子化的过程在中国正在不断深化，提供的服务也将更广泛，这为电子采购的实施提供了良好的金融服务。

金融电子化提供跨银行、跨地区的贸易结算、资金划拨等服务，使企业和个人能够通过信息化的手段随时随地享受高质量的金融服务。提高了资金的使用效率，方便了企业和个人。

（四）网络安全技术

企业上网采购，在进行合同签订、合同传递、订购款项支付等过程中，网上信息是否真实可靠，信息能否确保不被篡改等是企业十分关心的问题，安全问题极为重要。信息失真会给交易双方带来风险，甚至造成重大经济损失。

网络安全技术是实现电子商务系统安全保障的关键技术，包括防火墙技术、信息加密与解密技术、数字签名技术等。一个安全的电子商务系统首先必须具有一个安全可靠的通信网络，以保证交易信息安全、迅速传递。另外，必须保证数据库服务器的绝对安全，防止网络黑客闯入窃取信息。在基于网络的电子交易中，由于交易各方不进行面对面的接触且有时不使用现金交付，这就对电子交易的可靠性和安全性提出很高的要求，客户要求提供发送的信息保证绝对安全，而不被非法修改；保证只有其目标接收方才可能收到其发送的信息，不被非法窃取；商户能够验证信息确实来自合法的客户，从而使客户对此信息的发送不可否认，双方均需对彼此合法身份进行验证。这就是网络安全的四大要素：传输保密性、数据完整性、信息不可否认性、证明交易原始性。为此，需要考虑以下几种关键技术。

（1）通过专用网络建立两两之间的安全信道，通过 EDI 进行数据传输，再加上使用专用的加密技术，其安全性大大提高。但是，如果使用公共线路也不可避免地受到攻击。而使用专用线路则其应用范围就会打个折扣，因为电子商务环境下，不可能通过建立一个一个的专线网络来进行信息数据的交换，多数是利用公共线路。

（2）加密技术是实现信息保密的重要手段之一。它通过一定的算法对信息进行加密与解密来保证信息的安全性。如 1976 年提出的公钥加密体制中的密钥是成对的，一个是加密密钥，另一个是解密密钥，加密密钥是公开的，加密算法和解密算法也是公开的，只有解密密钥是保密的，因此，在网上发送信息时，可利用公开加密密钥对信息加密，而加密信息只有解密密钥拥有者才能解密，以保证网上交易的安全性。

（3）为了防止系统受到攻击，需要使用的技术有数字签名、身份识别和信息完整性校验等。

（4）建立防火墙，在企业内部与外部之间的界面上构造一个保护层，并强制所有的连接都必须经过此保护层，在此进行检查和连接，只有被授权的通信才能通过。如应用数据加密工具、验证和口令管理、用户身份验证技术、接入控制机制、抗病毒产品、电子商务管理工具、旁听监视、告警技术、单用户修改技术、骚扰判断、硬设安全和查询服务等技术。

（五）计算机及网络技术

网上采购和企业内部采购相关的信息传递、处理都离不开计算机。微机硬件性能增强，提高了信息处理速度和准确性。软件功能的完善不但方便了操作，也使其操作界面更加友善。

电子采购的网络基础包括局域网技术、广域网互连、接入技术及网络通信协议。在局域网方面，参考和引用了 LAN/RM（IEEE 802 标准）参考模型，结合自身特点制定具体的模式和标准。

广域网互连是把跨地区、跨国的计算机和局域网连接起来，所涉及的技术有 ISDN、宽带、ATM 等。ISDN 是一种公用电信网络，与使用 Modem 设备接入相比，其传输速率具有不可比拟的优势，ISDN 传输速率高达数百 Kb/s 甚至数百 Mb/s。目前，宽带网技术更加成熟，提供的网络带宽不断增加，逐步解决了数据传输的瓶颈问题。

接入技术是负责将用户的局域网或计算机与公用网络连接在一起，对于企业来说就是企业的内部局域网同 Internet 连接。因此，要求有高的传输效率，随时可以接通或迅速接通，价格便宜。目前，比较现实的技术有电缆 Modem 和 ADSL Modem 等，为实现内部与外部的连接提供技术条件。

本章小结

（1）电子采购是由采购方发起的一种采购行为，是一种不见面的网上交易，如网上招标、网上竞标、网上谈判等。它不仅完成采购行为，而且利用信息和网络技术对采购全程的各个环节进行管理，有效地整合了企业的资源，帮助供求双方降低了成本，提高了企业的核心竞争力。

（2）与传统采购相比，电子采购具有提高采购效率、缩短采购周期、节约大量的采购成本、优化采购流程、减少过量的安全库存、共享信息、促进供应链绩效提升，以及改善与供应商的关系等优势。

(3) 常见的电子采购平台有招投标协同管理系统、企业竞价采购平台、电子目录采购系统等形式。从采购模式来看，又可分为卖方电子采购模式、买方电子采购模式和第三方电子采购模式。

(4) 企业采购流程是 B2B 中一个十分重要的流程，它不仅涉及企业间的采购、财务、库存等流程，还涉及银行、物流等贸易实体，因此，B2B 流程具有复杂和跨功能的特点。

(5) eCl@ss 是用于电子采购环境下对产品和服务进行分类与描述的国际标准。它提供了一套完整的产品描述与分类系统，用于对产品进行分类，还为描述分类及各级类别的一系列特性提供了清晰、多语种的、针对产品和服务的等效定义。

思考题

1. 什么是电子采购？
2. 电子采购与传统采购相比具备哪些优势？
3. 企业电子采购有哪些模式和类型？
4. 简述 eCl@ ss 标准下的电子采购产品与服务分类体系。
5. eCl@ ss 分类体系有哪些特点？
6. eCl@ ss 分类体系对促进企业电子采购具有什么意义？
7. 企业实现电子采购需要哪些相关支持技术？

案例分析

电子商务平台助力宝钢渡过“严冬”

来自全国各地的商家激烈角逐着一个项目，获胜者将有资格拆掉宝钢集团一家下属企业的高炉，这天是 2014 年 4 月 1 日。

尽管出价硝烟弥漫，但这场竞价并非面对面进行，而是在宝钢集团电子商务平台——东方钢铁电子商务有限公司（以下简称东方钢铁）竞价平台上展开。最近几年，宝钢集团越来越多的销售、采购、废料处理交易从线下迁移到了线上。以这次竞价标的而言，换作过去，宝钢需要花钱请人来拆解，然后当垃圾卖掉。而这一次，类似资产，由于大批买家出价，1 700 万元的起拍价，七八个小时就以 4 200 万元成交。

2013 年，在宝钢股份所有钢材销售中，东方钢铁销售比例已占九成以上，在 1 903.27 亿元的营业总收入中，通过东方钢铁实现的期货销售量为2 028万吨，销售额 1 251 亿元。作为最重而目前又最不景气的行业，钢铁与电子商务的结合度早已超出人们想象。

除了煤和矿石，涉及钢铁生产、销售的方方面面，宝钢都在努力把它搬到东方钢铁平台上。东方钢铁的电子采购平台也一改以往每类产品仅有三四个供应商的局面，供应商数量已经增加到数十家。在线采购的直接结果是随着供应商的增加，采购竞争范围扩大，采购成本大幅降低。

2013 年宝钢股份总经理曾在内部会议上做了一个调查，显示宝钢集团通过电子采购将平均成本降低了 5%左右。尽管钢铁供大于求，钢价大幅下降，企业对原材料的采购都很谨慎，采购量下滑，但宝钢集团十大板块 140 多个单元，2013 年全年通过电子采购平台的采购额仍接近 200 亿元，仅电子采购一项就节省了 10 亿元。

销售环节同样在“触电”减负。整个宝钢集团每年仅合同使用量就数以万计。在使用电子合同前，宝钢都是通过快递寄送合同，一次价格 25 元，合同在运输过程中跟着货物走，会经过多次流转。有时，运输商开车 100 多千米去上游拿提单也是家常便饭。抛开时间、燃油、人工成本不算，一张合同的综合成本在 150 元左右。

线上交易的电子合同不仅省去了烦琐的物理环节，还成为减负利器。客户只需在提货的最后环节打印出一张纸即可，与此前相比，一份合同保守估算可省下 50 元。从 2014 年年初至今，宝钢的合同、保单、质保书、提单等电子单据已有 35 万张，仅此一项至今已节省至少 1 750 万元。线上交易不仅大大节省了成本，而且通过唯一的授权，杜绝了宝钢的质保书等被拿去冒用的现象。

2014 年 4 月某日 14 点 50 分，离时长 3 小时的竞拍结束还有 10 分钟，东方钢铁门口的电子屏幕上显示一宗废料正在竞拍中，起拍价 4 000 元/吨，15 点整，这宗废料以 6 400 元/吨的价格成交。而直至 2013 年上半年竞价平台上线前，这种废料的命运一直是被扔掉，有一些会被卖掉，但价格非常低。

东方钢铁尽管是宝钢控股的电子商务平台，却面向全行业提供电子商务服务。2013 年年底，东方钢铁再生资源交易平台上线，几乎每一天都会有钢厂通过这个平台把工业废渣、拆解的旧设备拿来竞拍。上线半年左右，通过东方钢铁再生资源交易平台拍卖的来自诸多钢铁企业的废料溢价已达 18 亿元，其中这个平台为宝钢集团创造的溢价为 14 亿元左右。行业景气时，对于“财大气粗”的宝钢集团来说，这个数字并不可观，可对时下处在生死边缘，“一吨钢仅能赚一根冰棍钱”的钢企来说已经是个天文数字。据中国钢铁工业协会统计，在亏损严重的市场环境下，2013 年列入统计的 86 家重点大中型钢铁企业共负债 3.09 万亿元，重点钢铁企业的销售利润率仅 0.62%。

宝钢集团为钢铁再生资源交易平台提供了 80%左右的循环物资，大量钢厂副产品、废旧物资和可利用设备，通过在线竞拍直接对接需求。竞拍流程很简单：宝钢把废旧物资挂到平台上，集团的财务对其进行定价，参与竞拍的商家到东方钢铁网站上查看图纸以了解废旧物资中的钢材量，参与竞拍。对于大型拍卖物资，宝钢也会组织参与者去看现场，以便商家采样化验。

与萧条的线下钢材市场相比，钢铁再生资源交易平台上热火朝天。线上竞拍的方式不仅提高了能源使用效率，而且增加了物资的价值和竞争的公平性，小企业十分活跃。

除了做B2B，东方钢铁还将触角伸向B2C。考虑到每个大企业后面都有大量员工群体，这部分人学历、收入、地域等相对集中，购买力也相当，消费习惯和需求类似，所以更容易对他们实行精准营销。因此，东方钢铁2013年成立了东方易购B2C电子商务平台，员工持股20%，各类大型企业员工可以直接在上面购买衣、食、住、行等各类产品。

东方钢铁原有用户很容易被吸引过来，而对东方钢铁网站来说，综合的电子商务平台也能增加网站的流量和入口，从营销角度来说，这是一个很好的生态。东方易购未来很可能从外部引入资金，现在已有联华等超市想投资合作。

除了东方钢铁、东方易购，整个宝钢集团本身也在深化改革，对于电子商务板块，宝钢以后基本都会采用混合所有制形式，通过激励员工的创造性，努力让宝钢变轻。

（资料来源：周夫荣．电商解放钢铁侠：钢铁企业努力让自己变轻，中国钢铁新闻网。有删减。）

分析讨论：

(1) 案例中宝钢的电子采购属于哪种类型？它是如何实现的？

(2) 从案例来看，你认为企业的“采购”业务应涵盖哪些领域？

(3) 除了节省采购成本以外，你认为电子采购还可以为企业带来什么好处？

(4) 你认为中小企业应该如何实施电子采购战略？

第六章

制造企业电子化物流策略

学习目标

在整个供应链范围内，流通领域的电子商务特别是在销售环节的应用已经被大多数企业和消费者认可，并有大量的成功实践者提供了丰富的案例。然而，快捷、方便的网络营销模式势必对生产系统提出更高的要求，没有与之相适应的生产系统，电子商务将成为无本之源、无米之炊。

通过本章的学习，我们除了要了解信息网络技术对生产系统产生的影响以及生产系统变革对电子商务的促进作用之外，还应掌握利用电子商务手段实现生产系统变革的方法和途径。

学习任务

通过本章内容的学习，要完成以下几个任务。

- 掌握生产物流系统的定义和特点。
- 了解生产物流的发展过程。
- 掌握生产物流系统的构成。
- 掌握生产系统信息化的概念及生产系统中的信息需求。
- 掌握生产物流信息化的实现手段和应用技术。
- 了解基于现场总线的生产物流信息系统。
- 掌握制造企业电子商务平台的概念和构成。

导入案例

风驰汽车的电子商务

风驰汽车多年前就已经实施了一套生产管理方面的 ERP 系统，但随着企业生产经营规模不断扩大，原有系统在采购管理、库存管理等诸多方面已不能满足企业的要求，因此，信息化改造要求涉及企业的整个业务流程，需要建立 SCM 系统并形成完善的 ERP 系统。于是，公司根据生产经营的需求重新设计了信息系统，历时 4 个月就完成了系统的改造和更新，大约 600 台个人计算机配置到企业信息网络。现在的系统能容纳 100 个用户可在任何时间运行、同步进行会议。同时，该新系统涵盖采购管理、生产管理、库存管理、人事管理、财务管理、销售管理等几乎所有部门。

由于该信息系统方案的实施，企业业务管理水平得到提高，增加了收益，客户服务水平也有了明显提高。生产运营方面，企业每年采购的生产性原材料都在20亿元以上，现在有了新的ERP系统，采购成本下降了5%~15%。按其下限5%粗略测算，每年可节约采购成本1亿元。另外，由于该系统的实施，生产中使用的国产化件占用资金也将从1.2亿元降到4 000万元，将节约资金占用8 000万元。可以说，信息系统的改造和重构给企业带来了巨大的收益。

与此同时，随着互联网在商业上的应用逐渐普及，风驰汽车也迅速建立了企业网站。为了全方位地推进电子商务，公司还花重金将网页设计得非常精美：产品的图片清晰度高，可以360度旋转浏览等。为了给公司的网站赋予创造价值的能力，公司还应用了最新的电子商务技术以便顾客可以直接从网上购买汽车。但是到目前为止的状况是，网站虽然吸引了大批参观者，但通过网站购买汽车的人却寥寥无几。

由于该电子商务方案实施后，优势无法体现，负责电子商务的副总裁非常苦恼。现在摆在他面前的问题是：目前的电子商务战略是不是有问题？进一步扩大电子商务的投入是否有必要？电子商务的建设应从哪方面入手才是正道？

（资料来源：根据中国商业管理网的资料整理。）

思考：

（1）风驰汽车的电子商务水平如何？具备了哪些功能？

（2）风驰汽车若要实现全方位的电子商务，还需要具备什么条件？

（3）对于制造企业来说，到底需要什么样的电子商务系统？

第一节　制造企业物流系统

制造业在我国国民经济中占有举足轻重的地位，是我国工商企业中最重要的组成部分。研究生产物流系统、改善生产制造过程中的物流水平，以及研究生产物流系统与电子商务的关系，对于推进和发展供应链管理模式与电子商务显得非常重要和必要。

一、生产及生产物流

（一）生产系统

生产活动是人类最基本和重要的活动之一，现代意义上的生产包括实物产品的生产及制造过程，以及无形产品的生产及服务过程。本节所说的生产主要指有形商品的生产及制造。

现代生产制造企业生产的产品种类繁多，组织形式千变万化。例如，机床厂可以生产车床、铣床、磨床或加工中心中的一个类型的产品，也可以同时生产其中几类的机床。它的内部组织一般包括设计部门、生产车间、仓库、管理部门和营销服务部门等。各个部门又可细分为诸如加工车间、总装车间、检验车间、包装工段等单位。仓库也有原料库、零件库和成品库等不同类型。生产的同时，机床厂还必须和原材料供应商、零配件制造厂保持一定的合作关系。其产品可以通过自己的营销网络提供给用户，也可以通过销售公司去销售。

又如电力的生产，由于其生产的特殊性——只能生产多少用多少，难以大量储存。所以，它的生产、输送、销售则采用了另一种组织形式。首先是发电厂，有燃煤、燃油、天然气的火力发电厂，还有利用水力发电的水电厂，发出的电通过不同电压等级的输电线路输送到用电终端城市，再通过各种电压等级的变电所、配电站和配电线路送到各个用户。这样就形成了规模庞大的电力系统。每个电厂都有多台发电机组，为了合理而经济地调度电力负荷与电力生产，电力系统设有大区总调度室（如东北、华北、华东等），大区下面还设有省调、地调等。发电厂内部一般都有生产运行、设备维修、燃料保证、储存和管理部门等。

这些表面上看来千差万别的生产制造企业，从宏观上来看，都可以用一个统一的概念来加以描述，那就是生产系统。

“系统”是由一组为完成特定功能的单元（这些单元通常被称为“子系统”），通过相互间的有机联系组成的，可分为输入、转化处理和输出三个环节。现代生产系统就是一种人造系统，而且是一个复杂的大系统。其输入是所有生产运作资源；转化处理是生产、制造以及运输（或传输）等；最终产品以及相关服务则是这个系统的输出。如图 6-1 所示。

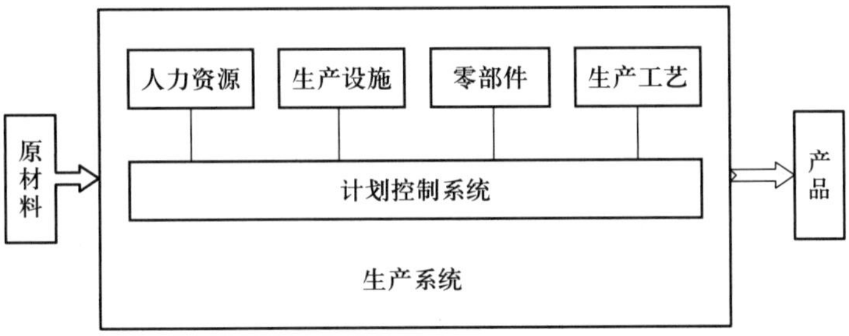

图 6-1 生产系统模型

生产系统也可以看成一系列生产要素的组合，其中的运作资源主要包括人力资源、生产设施、零部件、生产工艺以及计划控制系统。

在生产系统的转化处理过程中，系统发生的转换主要如下。

(1) 物理属性转换，如生产制造。

(2) 位置、时间转换，如物流、仓储等。

（3）信息的转换、传递，各位置的状态信息等。

（二）生产物流活动

生产物流活动即生产物流，在定义上可以分为广义和狭义两种。广义的生产物流是从供应链角度下的定义，其处于供应链中间位置，是生产制造企业物流的总称，指生产制造企业所涉及的所有物流活动，从企业的原材料、外购件购进入库起，直到企业成品库的成品发送为止的这一完整过程。它包括商品在经过生产制造企业过程中涉及的所有原料、配件、半成品直至成品的存放、搬运装卸、输送和包装，然后到流通部门的入库验收、分类、储存、配送，最后送到客户手中的全过程，其中也包括贯穿于这一过程中的信息传递。狭义的生产物流则是指生产企业内部进行的涉及原材料、在制品、半成品、产成品等的物流活动。如图 6-2 所示。本章所说的生产物流是指贯穿于生产系统中的狭义生产物流。

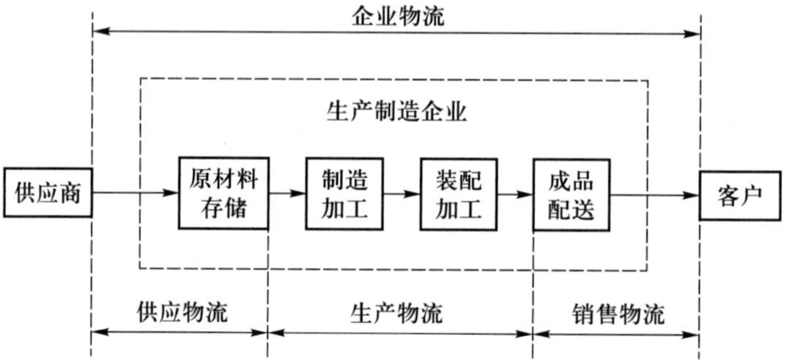

图 6-2　制造企业物流的组成

生产领域的物流活动，常常是与生产活动穿插交织、融为一体的，本身的功能独立性不强。例如，加工过程中物料的搬运等，就很难严格区分开哪些属于工艺过程的加工活动，哪些属于物流活动。尤其是在化工、建材、钢铁等采用连续生产模式的行业，其许多生产过程都是在运动中实现的，这造成了生产物流没有得到普遍重视和深入认识。

对生产物流进行管理的目的就是要保持企业物流协调、畅通、快速、准确、安全、高效运行，从而达到降低企业生产成本的目的。通过缩短生产物流作业时间，保证产品交货期；通过提高物流作业质量，来保证产品质量；通过优化物流作业空间，提高生产物流设施利用效率；通过减少生产物料库存及在制品数量，减少流动资金占用、降低产品制造成本；通过降低蕴含在整个生产过程的物流成本，如燃料中的物流成本、材料中的物流成本、人力中的物流成本、加工过程中的物流成本等，提高整个生产的水平和质量，减少消耗和占用，降低生产的总成本。

生产物流研究的核心是如何对生产过程的物料流和信息流进行科学的规划、管理与控制。

二、生产物流系统的构成

（一）物流系统

和前面介绍过的生产系统一样，通常所说的系统是指“为达成某种共同的目的，若干构成要素相互有机地结合而成的复合体”。它具以下特点。

（1）各个系统都具有一定的目的。

（2）在系统中通常有多种要素存在。

（3）各要素之间互相关联。

物流系统就是这样一个为“有效地达成物流目的”的多功能复合体。这里说的多功能主要包括仓储、运输、搬运、配送、包装、物流加工和信息技术等物流职能。

（二）生产流程和生产物流系统

企业生产物流的一般流程为：将原材料、燃料、外购件投入生产后，经过下料、预处理、发料，运送到各加工点和储存点，以在制品的形态，借助一定的运输机械，从一个生产单位（车间、工位或仓库）流入另一个生产单位，按照规定的工艺过程要求进行加工、储存，始终体现着物料实物形态的流转过程，从而构成了企业内部物流活动的全过程。企业生产物流系统的模型如图 6-3 所示。

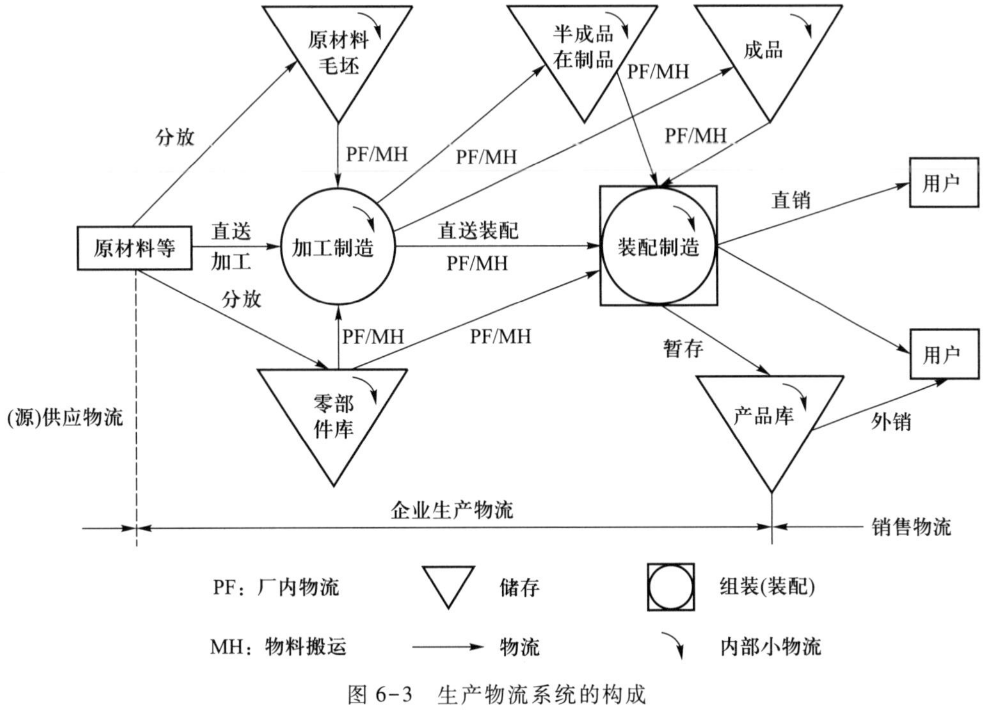

图 6-3 生产物流系统的构成

1. 工厂布置

工厂布置是指在工厂范围内，各生产手段的位置确定，各生产手段之间的衔接和以何种方式实现这些生产手段。具体来讲，就是机械装备、仓库、厂房等生产手段和实现生产手段的建筑设施的位置的确定。在工厂布置时要依据具体的生产工艺及物流过程进行，即在确定设计工厂布置时，不但要考虑工艺过程，而且要考虑整个物流过程，这一物流过程包括物料在车间之间的运动，物料在车间内部的运动，各储存、搬运设施的选择及位置的确定以及搬运路线、储存方式等。在考虑工厂布局时，物流既存在于工艺过程中，又以独立的因素存在。物流活动是工厂布局的决定因素。工厂布局的具体内容如下。

（1）生产区域、仓库区域、料场区域及管理区域的相对位置的确定及占地面积、占地比例的确定。

（2）生产区域中的车间位置及占地大小的确定。

（3）车间内部各个设备位置的选择和确定。

（4）仓储区域中库房位置及占地规模的确定。

（5）仓库的装备布置。

2. 工艺流程

工厂的工艺流程即生产流程，它是指工业生产从原材料投入，通过设备、机械、传送带、管道的不同加工、反应、变化直到生产出合格产品的全过程。工艺流程是技术加工过程、化学反应过程与物流过程的统一体，一般有两种典型形式。

（1）被加工物体基本固定位置，加工或制造操作处于运动的状态，如造船、大楼建设等。

（2）被加工物体在运动过程中完成加工的形式，如流水线装配汽车、家用电器等。

3. 装卸搬运

在生产物流中，装卸搬运是发生频率最高的物流活动，甚至会决定整个生产水平。例如，用传送带式取代岛式工艺，将大大缩短工艺时间，提高工艺水平和质量。

生产物流中的装卸搬运类型主要有如下两种。

（1）衔接性装卸搬运。

（2）工艺性装卸搬运。

4. 生产物流节点

几乎所有的工厂都必须设置生产节点，这种节点的功能、作用以及设计、技术都以不同的形式存在。一般来说有以下三种类型的仓库。

（1）储存型仓库。

（2）衔接型仓库。

（3）外运型仓库。

（三）生产物流系统的层次

现代生产物流系统主要由管理层、控制层和执行层三个层次组成，如图 6-4 所示。

根据各个层次的不同分工，物流系统对其性能的要求也不同：对管理层要求较高的智能性，对控制层要求较高的实时性，对执行层则要求较高的可靠性。

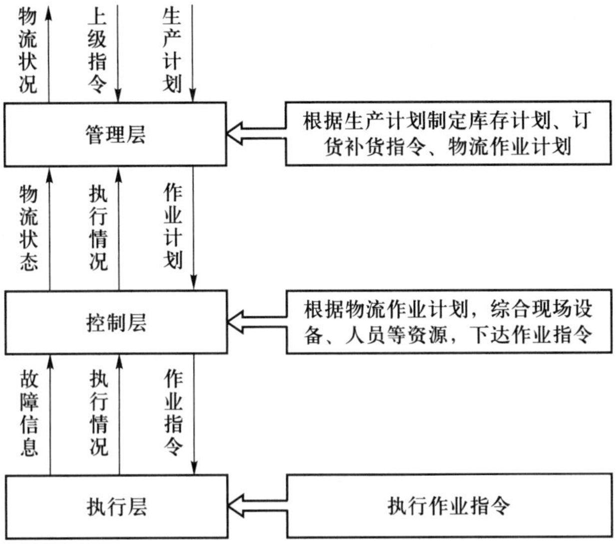

图 6-4　生产物流系统的层次构成

1. 管理层

在与生产系统高度联动的条件下，管理层往往表现为企业资源计划 ERP 软件的核心部分——物料计划模块，是物流系统的中枢。其主要功能如下。

（1）接收上级系统的指令（如生产计划），并下发此计划。

（2）调度运输作业。

（3）管理立体仓库库存。

（4）统计分析系统运行情况。

（5）物流系统信息处理。

管理层应具有数据处理能力和智能性要求较强的系统。

2. 控制层

控制层是物流系统的重要组成部分，它接收来自管理层的指令，控制物流机械完成指令所规定的任务，同时接收执行层的指令。控制层的另一任务是实时监控物流系统的状态（如物流设备情况、物流系统各局部协调情况等），将检测情况及时反馈给管理层，为管理层的调度决策提供参考。

3. 执行层

执行层由自动化的物流机械组成。物流机械的控制器接收控制层的指令并执行各种操作。这一层包括如下方面。

（1）自动储存系统，主要组成设备有高层货架、堆垛机、出/入库台、缓冲站及仓库周边输送设备等。

（2）输送车辆，如自动导引车等。

(3) 各种缓冲站。缓冲站是临时储存物料以便交接或移位的装置，分为工位缓冲站、加工缓冲站、装配缓冲站和测量缓冲站等。

三、生产物流的特点

与供应链中其他环节的物流系统相比，生产物流具有鲜明的特点。主要有以下几个方面。

(一) 是生产工艺的一个组成部分

物流过程和生产工艺流程几乎是密不可分的。有的是在物流过程中实现生产工艺所要求的加工和制造，如水泥、化肥等的生产；有的是在加工制造过程中同时完成物流，如汽车等大型机械设备的总装过程；有的是通过物流对不同的加工制造环节进行连接，如机械零配件的生产过程。它们之间有非常强的一体化的特点，几乎不可能出现完全独立运行物流活动的情况。

(二) 具有“成本中心”的作用

国外的一项统计表明，在生产制造环节的成本构成中，真正用于改变商品属性的“制造加工”的成本仅占10%左右，而40%的成本构成均被诸如储存、装卸、搬运等物流活动耗用；劳动时间中制造/物流的占比关系更是达到了惊人的1∶19。可见，物流活动在生产系统中对资源的占用和消耗较多，是一个重要的组成部分，对生产物流概念的认识和研究，其本质就是要在商品的生产制造环节中找到“第三利润源泉”，切实降低生产成本。

(三)“定制”物流

物流必须完全与生产的工艺流程一致，符合生产的专业化技术要求。因此，生产物流系统一般都具有专门性而缺乏通用性，即使生产同种产品的两家工厂，其生产物流系统的构成也不可能完全相同。也就是说，一般都要求通过“定制”，才能取得较高的效率。

(四)“准时化”要求

生产物流的目的是保证生产活动顺利进行，所以具有非常鲜明的“准时化”特征，对物流运作的时间和质量都有非常高的要求。一方面，传统的生产物流系统为了保证能达到一定的运作效果，往往采用加大冗余的方式来实现，这也是以往生产模式中物流费用占比过高的一个主要原因。另一方面，生产系统的协同运作特性，也使生产过程中的物流需求严格地受到生产计划的控制，使各个流程中的不同物料都成为典型的相关需求。这样一来，就可以方便、有效地运用MRP、TOC等先进的生产管理技术，对这种需求进行细致、准确的管理。

（五）独立运作

生产物流的规模通常受单个生产系统能力的制约，很难通过整合多家企业需求来达到集约运作的规模化效果。但由于与生产计划联动，可以保证在一定时间内规模固定不变，这也为企业实行准确、精密的预测和计划提供了有利条件，可以通过运用资源管理系统等有效的信息手段，使生产过程中的物流“无缝衔接”，实现物流的精益化。

四、生产物流研究的发展

对生产物流的研究历史，可以追溯到 20 世纪初对福特生产方式的研究和经济批量订货模型的出现。但真正将生产物流作为一个确切的对象进行研究则是在第二次世界大战后提出 logistics 概念，以及管理学研究领域进一步细分的结果。在这一过程中，我们可以将生产物流的发展分为四个阶段。

第一阶段是分割的物流功能阶段。在 logistics（物流）观念确立之前，储存、搬运、运输等物流活动没有引起管理人员的重视，管理人员仅将其看成生产的辅助活动，更没有整体的物流观念。物流的实际活动被分散在企业的不同部门和不同领域，各自独立运作，缺乏衔接。

第二阶段是物流的职能一体化阶段。20 世纪 70 年代，系统的物流观念已经得到广泛认可。针对物流的运作已经开始从系统的观念出发，尽量将组成物流系统的各项功能进行整合，从而实现了企业中原来互不相关的许多活动，可以由“物流”两个字统一起来。对物流活动的管理规划也开始着眼于提高效率和降低成本，许多相同的职能被整合，形成了统一规划运作的物流职能部门。

第三阶段是内部一体化阶段。20 世纪 80 年代以后，为生产提供支持的生产物流逐渐与生产系统完成了整合，实现了通过生产计划来定义、规划物流活动的运作模式，这可以说是生产物流管理的一次质的飞跃。这一时期，出现了大量以生产计划、生产运营为对象的管理工具和新型的生产方式，如物料资源计划（MRP）、约束理论（TOC）及后来大行其道的 JIT 生产。

第四阶段是外部一体化及信息化阶段。在供应链管理（SCM）思想日益深入及全球化趋势的竞争背景下，对于物流活动企业已经不再单纯满足于内部效率的提升，而是更多地将关注点放到了供应链上。信息技术的飞速发展也使企业这种跨越企业界限，从而实现供应链联动的管理需求在技术上成为可能。自动化仓库/自动存取系统（AS/RS）、条码、电子数据交换接口（EDI）、自动导引车（AGV）、自动补货系统、自动订货系统、智能交通系统、资源管理系统、供应链数据总线等信息系统也被大量开发并应用于供应链的日常运作之中。

在企业已经实现信息化的基础上，将逐渐形成一种超越企业组织界限的“准管理组织集团”形式，在这种通过信息技术结成的“虚拟企业”中，可以进一步整合供应链资源、优化供应链流程、对供应链成员进行协同管理等。这时的生产物流将脱离企业生产物流的概念，而真正成为供应链上一个与用户需求及原材料供应联动的节点。

第二节 生产物流信息化

在经历了一系列的技术变革之后，随着电子信息技术的发展，生产物流系统也逐步走向智能化和信息化。生产物流系统从机械化、自动化到信息化、智能化，最终作为 ERP 等供应链管理工具中一个重要的子模块，帮助企业成为供应链联盟、行业联盟、战略联盟中的一员。由此可见，信息化管理已经成为我国制造业保持竞争力水平的重要战略。

一、生产物流信息需求特征

生产过程中的物流活动对信息的需求特性主要表现在以下几个方面。

（1）信息的及时性。要实现企业物流管理的准时化，就必须实现物流信息采集的及时化。只有通过实时的数据采集，企业管理人员才有可能确切地掌握物料以及物流活动当下的真实动向和状况。然而在目前许多制造企业中，如在制药企业生产过程中，由于各种环境因素，往往会存在现场数据采集、录入的延时。对于这类状况，我们就需要采用诸如 GIS、GPS 以及 RFID 等更为先进的技术手段，在生产活动进行的同时，自动、实时地获取生产和物料信息，及时掌握生产进度，才能对该过程进行有效的生产物流管理和控制。

（2）信息的准确性。准确性是信息系统工作的基础。物流信息必须精确地反映当前和定期的物流活动，以衡量生产所需物料的水平。准确性可以解释为物流信息系统的报告与实物计数或实际状况相比所达到的相同程度。与信息的及时性一样，增加信息的精确性可以大大减少不确定性，并减少库存量。生产物流信息系统中，计算机的参与大大减少了人为操作失误率。

（3）信息的完整性。信息的完整性是信息系统工作的根本保证。信息的完整性体现了物料信息的来源和流向，使对生产过程的全面监控成为可能，可以更好地为企业物料资源计划的制定、在制品管理等环节提供详尽的原始数据。

综上所述，生产物流信息系统必须实现对物料信息管理的及时性、准确性和完整性。

二、生产物流信息化的内容与技术

（一）生产物流信息化的内容

生产物流从原料和外购件的投入开始，经过下料、发料、运送到各加工点和储存点，再按照加工的顺序，以在制品的形态，从一个生产单位（仓库或工序）流入另一个生产单位（仓库或工序），按照规定的工艺过程进行加工、储存，借助一定的运输装置，在某个点内流转，又从某个点流出，始终体现着物料实物形态的流转过程，这样就构成了企业内部物流活动的全过程。所以，生产物流源于原材料、辅料、外购件的投入，止于成品库，贯穿生产全过程。

物料随着时间进程不断改变自己的实物形态和场所位置，它不是处于加工、装配状态就是处于储存、搬运和等待状态。由此可见，制造企业的物流状况的优劣，会对企业的生产过程、生产效率造成直接的影响。

在生产过程中，现场的各种物料信息在被信息系统采集之后，进入相应的数据库进行储存，再通过信息系统对数据库中的各种采购、拣货、储存、加工、装配、配送以及销售等相关实时信息进行分析处理，最终形成作业指令下达到现场的作业层，最终把各项业务活动都整合起来，以达到整个生产系统的协调一致，从而提高整体效率。可见，生产物流研究的核心是如何对生产过程中的物料流和信息流进行科学的规划、管理和控制。

生产物流与信息流的相互关系可以用图 6-5 表示。可以看出，在企业物流管理中，信息流总是和物流同时进行。一个完整的物流系统是由物流作业系统和物流信息系统构成的。物流作业系统的运作指令从物流信息系统中获得，只有与物流信息系统默契配合，物流作业系统才有可能良好地运转。也就是说，只有将二者作为一个整体，才能称为一个完整的物流系统。随着通信技术和计算机技术迅速结合，物流信息系统不仅是支撑整个物流活动的基础，还起到了整合生产、销售、财务、供应等部门的纽带作用，最终实现支持整个生产和经营信息化的作用。物流信息系统在企业中不是孤立存在的，它和企业内部甚至外部相关部门的各个环节都存在关联。企业部门联动效果、资源整合效果的关键，其实都在于物流信息系统作用的发挥。

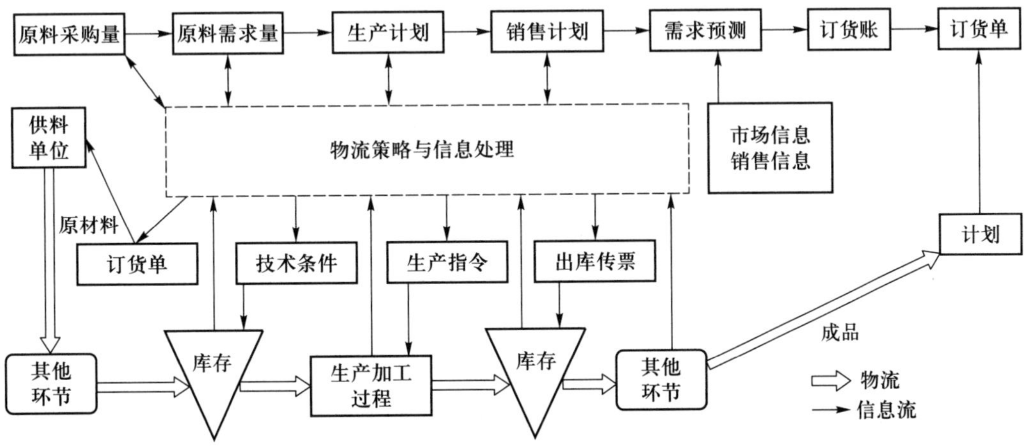

图 6-5 生产物流与信息流的关系

在物流信息系统中，我们所说的信息一般由两大部分组成：一是内部的物流信息，包括运输、储存、生产流通的状态信息以及各种作业指令。它是伴随生产物流活动而发生的，属于物料流转信息。二是外部的相关信息。它本身与物流活动没有直接的关系，但物流活动又必须使用到这些信息，如通过 EDI 交换的各种数据，包括供货商信息、顾客信息、订货合同信息、交通运输信息、市场信息、政策信息，还有来自企业内部财务等部门与物流活动有关的各种信息。

（二）生产物流信息化的技术

物流信息系统正常、可靠运行的前提条件是获得准确、及时的数据。所以实现生产物流的信息化首先是信息采集。目前生产现场中使用比较多的信息采集技术主要有条码技术（Barcode）、射频技术（RFID）和卫星定位技术（GPS）；对于外部信息，物流信息系统通常是通过电子数据交换技术（EDI、XML）获得。在数据被采集进入系统以后，就要使用数据库（Database）技术、数据仓库（Data Warehouse，DW）技术、联机分析处理（On-line Analytical Processing，OLAP）以及数据挖掘（Data Mining，DM）技术等来对这些数据进行储存、加工、筛选及检索。接下来，再按照一定的逻辑算法最终形成现场的作业指令、订发货单、共享信息等，供企业各个层次及外部战略合作者使用或生成各种数据报表作为管理者进行决策的依据。

1. 条码技术

随着 ERP、工厂制造执行系统（Manufacturing Execution System，MES）、现场自动化系统（Shop Floor Control System，SFC）等各类计算机管理信息系统在生产过程中普及应用，条码作为一种低成本的数据采集技术，能有效解决各类管理信息系统所遇到的数据采集和输入的瓶颈问题，实现数据快速、准确的自动化采集，提升工作效能，从而实现管理目标。

作为条码数据采集的自动识别系统一般由识别设备和自动识别软件等组成。识别设备包括扫描器、译码器、计算机终端和打印设备。自动识别软件一般包括扫描器输出信号测量、条码码制及扫描方向的识别、逻辑值的判断，以及阅读器与计算机之间的数据通信等几部分。根据需要，一台现场终端设备可配置多台阅读器，一台译码器也可以用若干个扫描器联网，形成一个数据采集网络。

条码阅读设备可分为两大类，生产现场可以根据具体情况选用。

（1）在线式阅读器。这类阅读器一般直接由交流电源供电，在阅读器与计算机或通信装置之间由电缆连接，传递数据。多功能阅读器除具有识别多种常用码制的功能外，根据不同需要还可增加可编程功能、可显示功能以及多机联网通信功能等。

（2）便携式阅读器。便携式阅读器通常由电池供电，适用于移动作业的场合。当数据收集好后，可先把数据储存起来，也可通过无线网络实时传送到主机。便携式阅读器被广泛应用于仓库管理、商品盘点以及多种野外作业。

2. 无线射频识别技术

无线射频识别（Radio Frequency Identification，RFID）是一种非接触式的信息采集

技术，它可利用无线电波对记录媒体直接进行读写，识别的距离可从几十厘米至几米。根据读写的方式，可以采集输入数千字节的信息，并且可交互，还具有极高的保密性。这些性能特点将给生产现场中处于不同状态的物料数量、种类、工位和状态等信息的管理带来极大的方便。

根据 RFID 系统完成的功能不同可把 RFID 系统分成四种类型：电子商品防窃系统、便携式数据采集系统、网络系统、定位系统。

（1）电子商品防窃系统（Electronic Article Surveillance，EAS）技术是一种设置在需要控制物品出入的门口的 RFID 技术。该系统可以根据电子标签中的信息对物料所在位置进行校验。

（2）便携式数据采集系统是使用带有 RFID 阅读器的手持式数据采集器采集数据。

（3）网络系统。固定布置的 RFID 阅读器分散布置在给定的区域，并且阅读器直接与物流管理信息系统相连。信号发射机是移动的，一般安装在移动的物体和人上面。当物料经过特定区域时，阅读器会自动扫描标签上的信息并把数据信息输入物流管理信息系统储存、分析、处理，达到控制物流的目的。

（4）定位系统用于自动化加工系统中的定位以及对车辆、轮船等进行运行定位支持。阅读器放置在自动化流水线中移动的物料、半成品、成品上，信号发射机嵌入到操作环境的地表下面。信号发射机上储存有位置识别信息，阅读器一般通过无线的方式或者有线的方式连接到物流管理信息系统。

3. 地理信息系统

地理信息系统（Geographical Information System，GIS）集图形和数据库于一体，储存和处理空间数据，结合数据库和电子地图，把地理位置和相关属性有机结合起来，以直观的方式组织、分析和管理信息，并根据实际需要准确真实、图文并茂地输出给用户，实现信息的可视化，为管理者提供直观形象的决策支持方式。

目前，GIS 技术在生产物流中的应用已经受到了人们的普遍关注。采用 GIS 技术的物流管理信息系统把地理数据库和生产信息管理数据库相连接。一是可以将物流信息和图形信息相结合，运用其空间分析功能，能够对点、线、面作不同的空间分析，获取相关信息，分析物流最短路径，合理划分配送区域，节约生产成本。二是可以统一资源管理平台，使得各种不同的资源在统一的平台上进行管理和维护，所有物流信息资源的变化情况都可以在一幅地图上实时而动态地显示出来。三是可以将资源管理过程中的地理要素的作用和影响直观地表示出来，便于发现与地理因素有关的各种资料和知识。例如，在生产系统的运行过程中，可随时直观地提供生产资源的实时信息，对信息进行快速、准确的查询，其表现形式图文并茂，从而可以提高物流管理决策的科学性和准确性。

4. 数据储存处理技术

在生产物流领域使用的数据储存技术现在主要有数据库技术、数据仓库（DW），处理技术主要有联机分析处理（OLAP）和数据挖掘（DM）。

数据仓库在国外的应用已经非常广泛，它与传统数据库之间存在关键性的差异。数据仓库是“一个面向主题的、集成的、随时间变化的、非易失性的数据集合，用于支持管理层的决策过程”。企业利用数据仓库技术可以把数据转变成知识，如分析客户习性以协助产品规划，锁定主要客户群的方向，从而使企业增加获利机会，降低潜在的风险。它的主要应用就是为 OLAP 和 DM 等处理系统提供海量信息支持。

OLAP 的作用主要是用来帮助用户有效、方便地完成信息（如物流信息）的多维结构分析工作。它可将数据加以筛选、分析、汇总，并以各种数据模式呈现给用户，让用户从不同的主题和角度，凭借专业直觉，通过复杂的查询能力、数据对比、报表来提供不同粒度层次的分析。由于 OLAP 使用了多维数据库，事先储存了各种维度（如产品维、时间维、地点维）组合的聚合数据，所以，面对拥有海量数据的数据仓库，用户根据不同的维度查询汇总数据时，不需要运行程序而耗占大量的时间，而只需要在多维数据库中直接进行查询，并可以快速得到结果。

DM 是指利用分类、关联性分析、序列分析、机器学习及其他统计方法，从数据仓库庞大的数据中找出隐藏的、未知的但对企业经营十分有用的信息。这类似于探宝过程。有些企业的历史数据是以百万、千万计，分析起来相当困难，而利用数据挖掘工具，有可能从庞大的数据中筛选出有用的信息，以客观的统计分析方法快速、准确地找出企业所需要的信息，以利于企业掌握准确的经营动态，从而降低成本，增加利润。

5. 信息交换技术

物流系统的信息化过程是供应链条件下实现电子商务的基础，而信息系统的效率则依赖于信息交换能力及其标准化。也可以说，信息交换技术是生产系统和电子商务系统的纽带和桥梁。

EDI 一直都是商业机构间数据交换的标准，但是 EDI 结构复杂、开发和应用成本昂贵，普遍应用有一定困难，XML 的出现突破了 EDI 的发展瓶颈。开放且基于文本的 XML（扩展性标识语言）非常适用于服务器之间交换事务信息。利用 XML 的可延伸性及自我描述的特性，同一数据可以用不同的表现方式提供给不同用户，在多个不同的数据库之间传递信息。应用 XML 进行数据传输并不强迫网络中的所有节点企业使用统一的数据处理标准，而是通过客户化的接口来实现不同系统数据格式之间的统一，能够实现企业与多个不同的供应商、客户及配送单位之间物流信息互动，使销售或采购订单可以直接驱动物流的运作，并将即时的物流运作信息反馈到企业内部信息管理系统。

XML 大大降低了数据管理和交换的成本。EDI 和 XML 的结合即产生了 XML/EDI。XML/EDI 是具有真正 Web 风格的 EDI，可以很好地嵌入电子商务的工作流。采用 EDI-XML 转换器，能够将 EDI 转换成 XML。

我国也建立了适合我国国情的电子商务的数据标准——cnXML。cnXML 的目标是基于 XML 技术建立一个符合中国商业习惯、传统和商业流程的 B2B、B2C 电子商务语言规范，提供一套统一、灵活、开放并且可扩充的数据交换格式。cnXML 支持请求/回应、单向发送和多向发送三种交易方式，还支持 Internet 开放购买模型（OBI）。因此，物流信息系统可采用 cnXML/EDI 来进行异构数据传输。

第三节 现代生产技术物流解决方案

传统战略以产品为中心，由此形成的企业特征主要表现如下。

(1) 组织形式为按职能划分，形成金字塔形的层级结构。

(2) 管理模式为纵向控制和优化。

(3) 生产完全由产品驱动，并按标准化产品组织生产流程。

(4) 运营战略主要关注成本、质量和交货期。

而顾客大都被视为“外部对象”，除了销售和客户服务部门，其他职能部门无法直接同客户接触。

20 世纪 90 年代以来，由于经济全球化和市场国际化的发展趋势，制造业所面临的竞争更趋激烈。以客户为中心，基于时间，面向整个供应链，成为在新的形势下制造业发展的基本动向。与此同时，生产经营战略也开始向以客户为中心进行重大转变。企业特征逐渐呈现以下变化。

(1) 组织向动态、组合式的弹性结构转变。

(2) 管理着眼于顾客需求，并形成增值链的横向优化。

(3) 生产由客户需求驱动，并按模块化方式组织。

(4) 经营关注点开始转变为价值。

顾客和供应商等外部资源都被看成企业实现增值的重要资源，并成为企业受控对象的一部分。

在上述背景下，一系列以适应全新市场竞争环境的现代生产技术开始出现，并逐渐取代传统生产组织模式，成为主流，由此带来企业物流从管理思想到运营实践的根本性变革。

一、基于 ERP/MES 系统的物流管理

(一) 基本概念

1. 企业资源计划

企业资源计划（Enterprise Resource Planning，ERP）是以物料需求计划（MRP）为核心，在制造资源计划（MRP Ⅱ）的基础上发展起来，并整合了面向对象技术、计算机辅助软件工程以及开放的客户机/服务器体系等现代信息技术，以供应链管理作为指导思想的大规模企业信息系统。该系统虽然仍然以物流作为核心运作对象，但它极大地扩展了企业管理信息的外延，使企业在整体运作的协调性方面得到了长足的进步。从这个意义上来说，ERP 不仅仅是信息系统，它充分利用企业的所有资源（企业内部资源

与外部市场资源），为企业制造产品或提供服务创造最优的解决方案，最终达到企业的经营目标。

2. 制造执行系统

为了增加 ERP 系统生产计划的适应性及底层生产过程的信息流动，提高计划的实时性和灵活性，美国先进制造研究机构（Advanced Manufacturing Research）提出了制造执行系统（Manufacturing Execution System，MES）的概念，并将其定位于重点解决车间生产管理问题。

MES 的作用主要是通过信息传递对从订单下达到产品完成的整个生产过程进行优化管理。当工厂发生实时事件时，MES 能够对此及时地做出反应和报告，并用当前的准确数据对它们进行分析和处理。这种对状态变化的迅速响应使 MES 能够减少企业内部没有附加值的活动，有效地指导工厂的生产运作过程，从而使其既能提高工厂及时交货能力，改善物料的流通性能，又能提高生产回报率。MES 还通过双向的直接通信在企业内部和整个产品供应链中提供有关产品生产行为的关键任务信息。

（二）ERP/MES 企业物流系统集成

1. 集成系统结构

可以用 AMR 提出的企业集成模型（见图 6-6）来描述一个理想企业生产运营系统的结构。

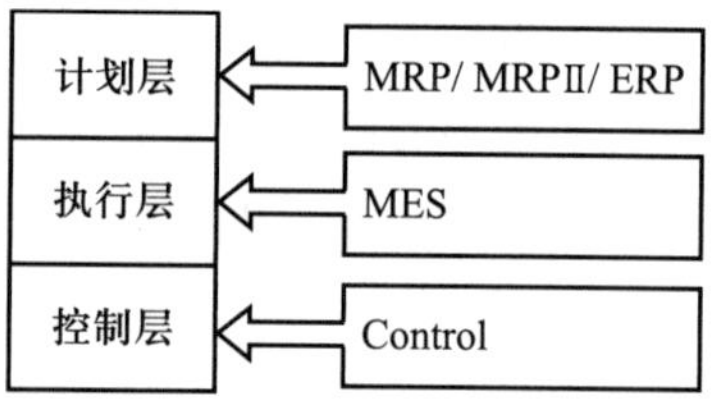

图 6-6 企业集成模型

计划层：强调企业的计划性。它以客户订单和市场需求为计划源头，充分利用企业内的各种资源，降低库存，提高企业效益。

执行层：强调计划的执行和控制。通过 MES 把 ERP 与企业的生产现场控制有机地集成起来。

控制层：对具体设备进行控制。

从企业集成模型可以看出，制造执行系统在计划层与控制层之间架起了一座桥梁，填补了两者之间的空隙。

2. 生产作业调度与控制

生产作业调度与控制的目标是通过对制造过程中物料流的合理计划、调度与控制，缩短产品的制造周期，减少在制品，降低库存，提高生产资源的利用率。

在离散制造系统中，零配件的提前期主要由四部分组成：加工准备时间、加工时间、等待时间和运输时间。零配件在系统中大量无效的通过时间是导致库存增加，从而引起生产效益降低的根本原因之一。生产作业调度与控制的主要目标就是减少这部分的非加工时间。

根据生产与市场需求情况，生产计划一般可分为年度、季度、月度、旬度或周度生产计划。在此基础上，根据各种资源的实时状态数据，制定工序级生产作业计划，该计划将确定规定的计划期内各种制造设备的具体使用情况，每日班内加工的零件种类及数量等。生产调度是在生产作业计划的基础上确定生产任务的加工顺序，并对各种制造资源进行实时动态调度。

在制造企业日常生产中，工件需按规定工艺路线在各个按功能组织的工作中心之间移动，生产作业排序通过决定工件加工顺序以及分配相应的生产设备来对工件进行加工。不同规模的生产具有不同的生产工序类型及相应的生产计划方法。一般将车间生产能力分为无限负荷和有限负荷。无限负荷指的是当将工作分配给一个工作中心时，只考虑它需要多少时间，而不直接考虑它是否有完成这项工作所需的足够资源，也不考虑在该工作中心中每个资源完成这项工作的实际顺序。有限负荷指的是根据订单安排生产任务的调整时间和运行时间，并对每一种资源进行详细的计划。生产作业可以分为前向排序、后向排序。前向排序是指系统接受一个订单后对订单所需作业按从前向后的顺序进行排序，前向排序系统能够指示订单完工的最早日期。相反，后向排序是指从未来的某个日期开始，按从后向前的顺序对所需的生产作业进行排序，后向排序可以指示要按规定日期完成生产任务，一个作业必须开始的最晚时间。

离散制造企业生产调度和控制的基本顺序如下。

（1）分配订单、设备及人员到各工作中心。

（2）决定订单顺序，即建立订单优先级。

（3）对已排序作业开始安排生产，即生产调度。

（4）车间生产作业控制。在生产作业过程中，检查其状态和控制生产作业速度。

（5）生产控制分析。

上述的生产计划与生产调度都只是为系统内物流做出计划，计划时期望系统能运行在最优或次优状态，但实际系统中总会出现各种随机扰动，从而使系统的实际状态与期望状态之间产生偏差。

生产作业控制的目标就是校正系统状态的偏差，使物料流动和资源利用等尽可能同生产计划与调度所期望状况相吻合。生产作业控制的过程由系统实时状态数据采集、数据分析与决策支持组成。它根据系统实时状态对生产活动进行再调度，再调度虽然与前述的生产调度在调度策略、目标等方面有相似之处，但再调度的重点是有偏差的生产任务。

二、基于精益生产系统的物流管理

（一）精益生产与精益思想

精益生产（Lean Production）是源自丰田生产方式的管理方法，它的目标是在生产过程中降低成本、提高效率和质量，并且最大限度地让顾客对产品和服务满意。美国学者系统地总结了精益生产系统中所蕴含的管理思想，并将其扩展到生产制造业之外的其他领域。

生产经营过程始终以顾客需求为导向，合理优化配置企业拥有的资源，运用多种现代管理技术最大限度地追求经济效益是经营系统的核心理念，其本质就是要以最少的投入创造最多的价值。精益思想的基本原则和理念主要包括以下几个方面。

（1）确定价值（Value）。以顾客需求为依据来确定价值，而不是从制造企业本身或者某个部分来确定价值。

（2）确定价值流（Value Stream）。分析企业流程，找出流程中的增值部分，去除非增值及浪费流程。

（3）流动（Flow）。使整个流程当中创造价值的活动流动起来，防止中断、回流、迂回和报废的产生。

（4）拉动（Pull）。始终由顾客需求拉动整个生产流程创造价值。

（5）不断改善（Perfection）。消除制造业从内到外的种种浪费，不断追求完美。

（二）精益物流的内涵

在物流领域，精益思想与供应链管理相结合，就形成了精益物流的概念。精益物流要求制造企业的原材料、零部件、半成品、产成品在供应链的流动过程中不断增加其价值。其特征主要如下。

1. 顾客需求拉动

顾客需求是企业价值创造的导向，是制造企业开展生产制造活动的驱动力。因此，在收到需求订单后才开始物流系统的运作是精益物流的核心，靠需求来拉动整个产品的生产制造活动需要体现在企业生产活动的每一个环节。

2. 准时且准确

准时是制造企业生产体系保持畅通的必要前提，物流系统畅通才能保证生产过程各环节顺畅。准确性内容包括客户需求预测、库存、信息传递等各个环节，这是精益物流的重要条件。

3. 低成本、高质量

精益物流系统可以使制造企业优化资源配置，对客户订单准确、快速反应，采用准时制生产配送，有效减少了采购费用和库存费用。同时消除人员冗余、场地占用、生产节拍混乱等浪费现象，从而提升产品制造过程对质量的把控程度，提高物流以及制造产品的质量。

4. 强调协调

精益物流涉及制造企业多个职能部门以及供应链中的上下游企业，所以必须保证供应链物流流程中参与的企业和部门协同合作，共同应对物流问题，共同解决。一方面，做好制造企业内部各个职能部门的协调，使其相互交流信息，发挥员工发现问题、消除浪费的积极主动性；另一方面，制造商要同上游供应商和下游销售商信息共享，相互信任，保持战略决策的一致性。

5. 信息联网

精益物流系统必须依靠高科技的计算机网络的支持，物流服务涉及多个部门、多种职能，需要处理大量的复杂数据，物流精益化在很大程度上依赖于信息的网络共享。

6. 系统集成

精益物流系统需要供应链中供应商、制造企业和销售商进行企业基础资源、信息资源和物流资源的有效集成，以此来优化资源配置，发挥不同企业的强项优势，快速响应客户需求，提高产品和服务的质量。

7. 持续改善

精益物流是对物流活动的改善，并且这种改善是不断循环的过程。精益物流是供应链环境下企业物流的动态管理过程。从改善到消除浪费，从而形成价值流，再到发现新浪费，再一轮的改善。在这种动态循环的不断改进中，整个物流系统不断优化，使制造企业浪费减少，效率提升，物流总成本不断降低。

（三）精益物流的实现

精益物流的核心是在提高客户满意度的前提下消除生产和供应过程中的浪费。精益思想中的“浪费”主要包括几个方面：无效生产的浪费，指产品积压和多余的库存；因供应链上游不能按时交货或提供服务而造成的浪费等；无利润或低利润的业务；不满意的顾客服务；产品的缺陷；不必要的材料转移；不必要的操作者移动；不需要的流通加工程序；人力资源的浪费和能源的浪费等。

其中，在生产过程中，前两种浪费尤为突出。下面，我们就针对以上几点就如何实现精益物流进行讨论。

1. 确定需求，解决无需求造成的积压和多余的库存

一个基本的原则是，根据顾客需求的品种、数量和需求时间等来组织企业的生产。这也是精益思想的一个基本原则。在此原则下，可分别对功能型产品进行讨论。功能型产品主要面向基本需求。和创新型产品不一样，它们通常具有需求稳定且易于预测、产品生命周期较长的特点，如食品业。创新型产品一般不是生活必需品，它要求在产品样式或技术上进行不断创新，并具有需求不可预测、生命周期短的特点，如流行服饰和个人计算机。

（1）消除“牛鞭效应”。功能型产品满足基本需求，不会有太大的变化，因而需求可以预测。其造成积压和多余库存的原因主要是由需求信息偏差逐级放大引起的“牛鞭效应”，即产品需求订货量的波动程度远远大于产品的实际市场销售量的变化幅度。因供应链上每一级节点的企业只根据相邻节点企业的需求信息确定自己的采购计划和库存并进行生产，需求信息的偏差就会沿信息流方向逐级放大。

基于精益的物流解决方案如下。

① 供应链中水平层次和垂直层次的参与者越多，信息的加工次数越多，扭曲程度也越大，因此应尽量减少水平和垂直层级的数量。

② 减少或避免消费者的先期购买行为是保证信息正确性的最初环节。

③ 信息共享是消减“牛鞭效应”的最佳办法。目前，电子商务的发展，信息技术

（POS 和 EDI）的突飞猛进，都为企业之间的信息共享提供了保证。

④ 供应链结构中各实体之间的利益在某种程度上是互相矛盾的，在没有其他激励的条件下，没有参与者会先公开自己的信息。因此，建立完善的契约制度是提高信息共享程度的前提。

（2）创建敏捷供应链。创新型产品的新颖性使需求不可预见，且其生命周期很短，这是由于仿制品大量出现会使创新型产品的竞争优势丧失，而公司被迫进行一连串的更新颖的创新。短生命周期和产品的多样化使需求更加具有不可预测性。

这就需要仔细研究产品在整个生命周期内的销售量或其他市场信号，并使供应链可以作出快速反应。在这个过程中，供应链内部的信息和从市场传递到供应链的信息流都极其重要，并要确定存货和生产能力在供应链的适当位置以应对不确定的需求。

2. 加强供应链合作

供应链上游的延迟将导致不能准时交货，甚至因此导致顾客退货造成的产品积压损失。这种影响对产品生存期短、改型频繁的企业特别严重。问题的实质在于供应链链式结构的特点。

加强供应链的合作可采取以下措施。

（1）进行业务流程再设计，精简供应链，消除冗余环节，尽可能使流程合理化。

（2）把沿价值流的所有参与企业集成起来，摒弃传统的各自追求利润最大化而相互对立的观点，以最终顾客的需求为共同目标，共同探讨最优物流路径。

3. 选择合适的竞争战略

（1）放弃非核心业务。长期以来，企业出于管理和控制的目的，对为其提供原材料、半成品的其他企业一直采取投资直建、投资控股或兼并的“纵向一体化”管理模式，即其核心企业与其他企业是一种所有权的关系。在全球经济一体化的趋势下，自给自足的“纵向一体化”生产方式已丧失了竞争力，取而代之的是跨行业、跨地域的“横向一体化”协作生产模式，业务伙伴之间的业务联系由供应链管理来保证。供应链上每个节点企业的业务都不搞大而全，而应突出自己的核心业务来提高企业的核心竞争力，至于非核心业务，则可转包给业务伙伴。

（2）使用第三方物流。第三方物流凭借规模经营优势、专业化优势、知识人才优势和个性化服务优势，可以有效地为企业节省投资和费用、减少库存、降低风险、提供增值服务，使客户专注主业，增强核心竞争力。当然，企业还需综合衡量外包的风险以及自营的优势，只有做到与第三方物流（3PL）签订合同前谨慎审视自己、评价需要和期望，才有可能选择正确的物流伙伴，才会取得双赢效果。

4. 加强对员工的培训

精益体系中一个非常重要的要素就是全员参与，只有在业务流程中的每一个环节都能切实贯彻客户至上的理念，才有可能达到精益体系的运作要求，因此可以说员工的素质是实现精益管理目标的基础。

对此，在实现精益物流的过程中，企业应注意做到以下几点：强化服务意识，并建立有效的激励机制，增加员工的收入，以吸引高素质的人才；从领导做起，让“以客户为中心”的观念深入人心；经常对销售人员进行业务技能及精益思想的培训，不断提升员工的综合素质。

5. 持续改进

精益物流是动态管理，对物流活动的改进和完善是不断循环的，每一次改进，消除一批浪费，形成新的价值流的流动，同时又会产生新的浪费，因而需要不断改进，使物流总成本不断降低，提前期不断缩短，浪费不断减少。实现这种不断改进需要全体人员的参与，上下一心，各司其职、各尽其责，达到全面物流管理的境界。

三、现场总线技术

电子商务条件下，要求在企业生产物流管理中，信息传输和控制系统具有反应速度快、稳定性好、可扩充性强、可维护性好等功能特性。现在，在许多制造企业，尤其是汽车生产企业中，应用最普遍的现场总线技术就是一种为适应这一要求而产生的系统集成手段。

现场总线是一种全数字化、双向、多站的通信系统，主要被作为工业控制计算机系统的工业总线。按照国际电工委员会 IEC 61158 的标准定义，安装在制造和过程区域的现场装置与控制室内的自动控制装置之间的数字式、串行、多点通信的数据总线称为现场总线。它在自动化生产系统，如装配制造、流水线生产、交通运输、项目型制造等方面都有十分广阔的应用前景。

作为工业网络体系，现场总线系统的突出特点如下。

(1) 系统具有开放性，扩展方便。

(2) 具有可互操作性与互换性。

(3) 现场设备具有智能化与自诊断功能。

(4) 系统结构具有高度分散性。

(5) 具有对现场环境的适应性等。

(一) 现场总线技术与 INTERBUS

现场总线（CANBUS）最初出现于德国，是博世（BOSCH）公司为汽车检测、控制系统而设计的。它有多种工作方式，网络上任意节点都可在任意时刻主动地向网络上的其他节点发送信息，它采用非破坏性总线仲裁技术，当多个节点同时向总线发送信息时，按优先级高低接收，CANBUS 的传输速率最高可达 1Mb/s。

继博世之后，德国 Phoenix Contact 公司又在 1990 年推出了 INTERBUS（Interbus/Fieldbus）。该技术可广泛应用于汽车、烟草，以及流程式生产等行业。INTERBUS 采用集总帧型的数据环通信，这种通信保证了数据传输的同步性和周期性，全双工的通信方式和 2M 的一致速率保证了数据通信的实时性，差分信号传输和专门的总线环路检查保证了强大的抗干扰性和设备实时监控。

现场总线技术在很大程度上解决了生产现场数据传递的问题，使得生产管理及现场控制系统能够发挥其应有的作用。

（二）基于 CANBUS 的生产物流管理信息系统

制造企业内部的物流伴随着生产的全过程，是企业运作的基础。它直接关系到生产过程能否顺利进行、生产计划能否按要求完成。生产物流的管理主要包括生产物流作业管理和生产物流状态监控，以及伴随物流同时发生的信息流管理。

对于制造企业来讲，生产物流管理信息系统需要支持同步化物流的需求，CANBUS 系统能使物料供应及时、高效，同时节省线边占用空间，减少线边库存，并自动统计缺料次数的时间与频次、原因，可有效防止不必要的延误、等待时间甚至由物料短缺产生的停线问题。整个信息系统由基本生产信息管理、生产作业计划管理、生产状态监控管理、生产物料及在制品管理组成，如图 6-7 所示。

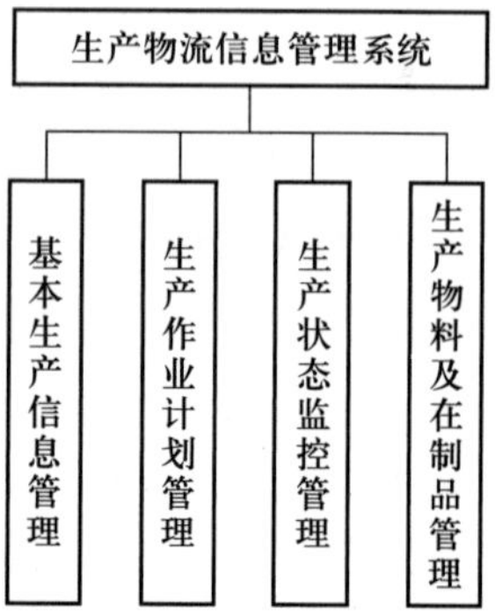

图 6-7 生产物流信息管理系统的构成

1. 基本生产信息管理

对于生产物流而言，基本生产信息管理包括物料及在制品、成品的各种参数，一般由零部件编号、规格、数量、产品编号等组成，还包括在各个工序上制造零部件参数以及设备参数等。制造参数又分为两种：一是由产品编号确定的基本制造物料参数；二是由状态参数选定的选项物料参数。由产品制造参数可以定义管理的域，其中包括的制造参数有产品编号、部门、工艺、物料代码、制造物料描述、计量单位和物料报警数量等。系统使用人员有浏览产品制造物料参数的权限，其中参数信息是与产品和工艺紧密相关的制造信息和物料信息。产品工艺制造参数是生产加工过程的一些重要提示信息，这些信息需要实时传送到生产工位上，提示工人进行生产操作。

2. 生产作业计划管理

生产作业计划管理就是根据生产加工的需要，计划和调度各种运输设备，规划运输路线，使所需的物料及时、通畅地运达指定位置。生产物流计划的核心是生产作业计划的编制工作，即根据计划期内规定的出产产品的品种、数量、期限，具体安排产品及其零部件在各工艺阶段的生产进度。与此同时，为企业内部各生产环节安排短期的生产任务，协调前后衔接关系。生产物流计划包括以下几个主要的任务。

首先，为了保证按计划规定的时间和数量出产各种产品，就要研究各种零部件或物料在生产过程中的移动规律，以及在各加工工序的生产周期，以此来安排经过各加工工序的时间和数量，并使系统内各生产环节的在制品的结构、数量和时间相协调。即通过计划中的物流平衡以及执行过程中的调度、统计工作，来保证计划的完成。

其次，均衡生产，即在企业及企业内部的车间、工序、工作地等生产环节，在相等的时间阶段内，完成等量或均增数量的产品。均衡生产有以下要求。

(1) 每道生产工序都要均衡地完成所承担的生产任务。

(2) 不仅要在数量上均衡生产和产出，而且要保持各个阶段物流的比例性。

(3) 要尽可能缩短物料流动周期，同时要保持一定的节奏性。

最后，加强在制品的管理，缩短生产周期。保持在制品、半成品的合理储备及管理是保证生产物流连续进行的必要条件。在制品过少，会使物流中断而影响生产；反之，就会造成生产物流不畅，拉长生产周期。因此，合理控制在制品，既可减少在制品占用量，又能使各生产环节衔接、协调，按物流作业计划有节奏、均衡地组织物流活动。

3. 生产状态监控管理

在实际的生产过程当中，企业要随时掌握车间的生产状况，以便企业的管理者能够确定企业的生产进度，合理安排企业的生产，保证企业计划顺利完成，这时就必须对生产的物流进行有效控制，即生产状态监控管理。其种类如下。

(1) 集中式监控管理。集中式监控管理是由一台主控计算机完成物流系统的管理和控制功能，储存所有物料信息及生产物流设备信息。所有控制决策功能由集中控制单元承担，使用一个全局数据库记录系统的全部活动，并可以分别向所有的物流设备发送指令。

集中式监控管理的优点如下：

① 可以共享全局信息。

② 能够达到全局优化。

③ 结构简单，便于集成。

④ 具有唯一的系统状态信息源。

集中式监控管理存在以下缺点：

① 系统的响应速度慢且不一致。

② 不易扩充。

③ 风险集中。

④ 灵活性不够。

(2) 分布式监控管理。分布式监控管理是将物流系统划分为若干单元（或称为子系统），每一单元单独监控几台设备，单元之间相互平等和独立，每一单元都可以向另一单元申请服务，同时也可以接受其他单元的申请并为之服务。物流系统分布式监控管理的优点是：扩充性好，可以方便地增加新的单元。当某一单元发生故障时不会影响其他单元的正常运行。它的缺点是网络传输的数据量大，单元软件设计及相互协调比较复杂。

(3) 混合式监控管理。对于制造企业而言，一个复杂的物流系统要搬运成千上万种不同种类的零件，其设备也是多种多样的。因此只使用集中式或者分布式的一种监控管理方式很难达到最好的效果。这就需要将这两种监控管理方式结合起来，相互补充。在最高管理层设置集中的监控管理方式，依次在各个部门设置分属机构，由上级协调下级的所有活动，在每一级都有对应的集中的数据库来记录相关信息。而且，几乎各种物流的典型设备都由计算机系统进行控制。将这些控制系统联系起来，进行协调、有序的工作。

在生产监控中，生产状态监控管理系统应由三大要素组成，如图 6-8 所示。

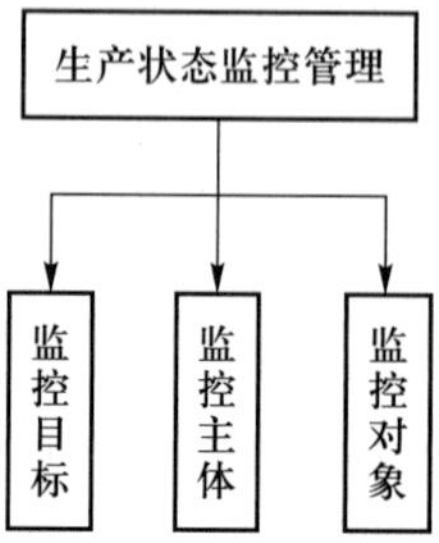

图 6-8 生产状态监控管理的构成要素

4. 生产物料及在制品管理

无论是生产的作业计划管理，还是对于生产的监控管理，都离不开物流信息。生产物料及在制品管理实际上是对生产过程的物流信息进行管理。在物料及在制品流动中，其数量、规格、种类、所处的地理位置和消耗的变化是按照实际加工需要来进行的。在生产物流系统运行过程中，物流的控制是进行生产管理和生产控制的核心和基础。这个过程一般包括以下几个步骤。

（1）建立各个产品与各个阶段的物料需求标准。

（2）制定物料需求计划。

（3）确保生产过程中物流信息的收集、传送、处理和协调。

（4）物料需求调整。

第四节 制造企业电子商务平台

一、制造企业的电子商务

电子商务的本质，实际上是使参与市场交易的各方，充分利用新兴的微电子技术及网络技术来大大扩展交易范围，缩短交易时间，降低交易成本。在这种形势下，传统的制造企业要继续参与市场也就必须开展电子商务，实现其电子化，并能把它与企业的信息化管理建设有机地结合起来。

工业经济时代的特征是生产能力不足和商品短缺，因此，企业以“产品”生产为导向，产品的成本和质量是企业最重要的竞争手段。企业基于“劳动分工”原理建立自己的生产线，并追求大规模和标准化产品生产以期取得市场竞争中的成本优势和利润最大化。

在电子商务时代，社会生产能力与商品均过剩，客户存在极大的商品选择空间而且表现出“个性化”需求特征。在这种时代背景下，企业只能以“客户”为导向，按多品种小批量组织生产。产品的持续创新是企业最重要的竞争手段，“客户满意度”是企业发展的最重要指标。企业能否快速响应客户的个性化需求变化，决定了企业在激烈竞争的市场中能否生存和发展。

企业要建立对客户需求的快速响应能力，不仅需要对企业内部资源进行有效的组织和计划，而且需要企业把经营过程中的各有关方面如供应商、制造工厂、分销网络、客户等纳入一个紧密的供应链中，高效地安排企业的产、供、销活动，以满足企业利用全社会一切资源快速高效地进行生产经营的需求，从而进一步提高效率和在市场上获得竞争优势。

二、制造企业电子商务系统的构成

企业电子商务系统至少应包括五个部分，即基础设施、业务管理系统、企业网站、网络安全设施和商务系统。其中，基础设施是实现电子商务不可或缺的基础平台；业务管理系统主要是实现企业正常运转的企业内部管理信息系统；企业网站是基于业务管理系统对外界发布企业信息、实现内外信息沟通的企业信息窗口；网络安全设施是保障企业信息资源乃至全部资产安全的重要设施；商务系统是企业实现全球化经营的供应链系统。

（一）基础设施

基础设施是实现企业电子商务的基础网络平台。企业业务管理系统中各项功能的实现、企业网站与业务系统的连接、业务系统与商务系统的连接、网络安全设施的建立等都基于该平台。

美国 IBM 公司提出的“电子商务基础设施”（E-infrastructure）就是一个典型的企业网络基础设施的概念，如图 6-9 所示。

图 6-9 是一个企业向电子商务转型的完整 IT 基础架构，它主要提供一种整合的环境，包括硬件、软件及服务等。企业的每一项核心业务如 ERP、CRM、SCM、商业智能、电子交易等，都可借助于 E-infrastructure 的支持获得最佳效果。在 E-infrastructure 环境中，由于使用了开放标准，各种设备、中间件和服务器能够共同工作，不同型号的系统和平台能够集成在一起。在图 6-9 中，虚线内的部分就是一个层次完整的电子商务基础设施，其上运行着企业的各项具体业务应用。

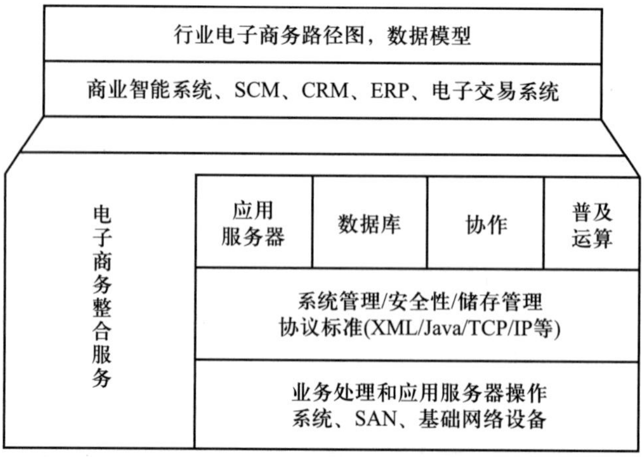

图 6-9 企业电子商务基础架构示意

（二）业务管理系统

业务管理系统是实现企业各职能部门日常运营的信息系统的统称，如大型企业的办公自动化系统、ERP 系统、CRM 系统，或者小企业的进、销、存系统等。

（1）办公自动化系统的基础作用。企业电子商务首先要建设的应用系统应该是建立在电子协作环境下的办公自动化系统。在企业内部建立网上电子协作环境，能实现信息的共享和及时上传下达，实现高效率的网络协调工作，提高企业内部运转效率，及时对企业内外发布信息。

（2）ERP 信息系统实现了企业供应链管理功能（见图 6-10），为企业全面电子商务提供了重要的数据来源。以制造资源计划（MRP Ⅱ）为核心的 ERP 系统是制造企业事务处理的中枢，它将企业的各种业务功能（人力资源、财务、制造、会计、分销等）连接到一个共同的系统下，使企业业务流程流畅和事务处理自动化。这种定位强调了 ERP 的集成和作为数据源的作用。

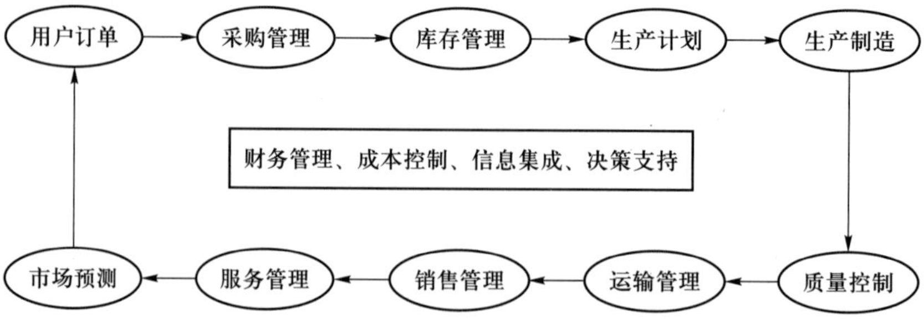

图 6-10 企业供应链管理功能集成示意

（三）企业网站

企业电子商务网站是企业与外部联系的窗口，一般都具有以下功能：作为自主的企业公共信息中心、商品展示中心和网上电子商务营销中心，它支持在线商品查询、在线订单下达、在线支付、在线商品交易状态查询，同时也有助于企业了解市场需求、搜寻定位潜在客户、跟踪目标市场、与客户互动交流、热卖促销、进行客户关系管理等。

无论是采购员、计划员、工作调度员、销售经理还是管理者，通过企业网站都能迅速获取有关业务、应用及服务等方面的信息。企业网站平台可以设置多种角色配置，并根据需要定制和增加。一般来说，网站平台的操作只需 Web 浏览器就能完成，易于维护，便于管理。

（四）网络安全设施

现代企业在利用网络技术电子化业务流程的过程中，必须考虑到网络会遇到来自两方面的信息安全问题，即信息储存安全和信息传输安全。

信息储存安全是指储存在联网计算机中的信息，不被未授权的网络用户非法使用；信息传输安全是指保证信息在网络传输过程中不被泄露和篡改。

1. 电子商务安全体系结构

电子商务安全体系结构是一个复杂的集成系统结构，包含了安全平台、加密技术、认证技术、安全协议、支付系统、业务系统和安全检测系统。

2. 安全检测技术

电子商务系统安全性是建立在安全设备、安全软件、安全系统和安全检测基础上的，因此需要建立实时在线的检测报警系统。图 6-11 是一个具有检测和应急功能的网络安全检测系统结构模型。

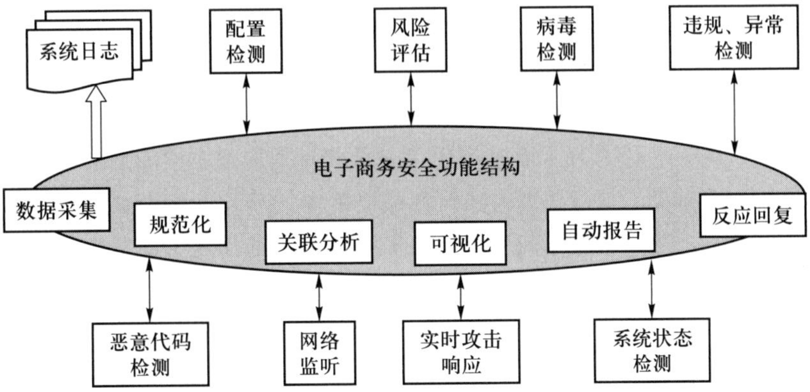

图 6-11 电子商务安全检测及应急结构

3. 安全管理技术

对企图破坏或非法获取信息的人来说，服务器有很多弱点可被利用。像 Web 服务器及其软件、后台数据库和数据库服务器及工具软件都是非法入侵的入口。典型的服务器软件包括 Web 服务器、FTP 服务器、邮件服务器、Telnet 服务器及主机上的操作系统。

（五）商务系统

企业电子商务系统的最后一个组成部分便是进行商务过程的数据接口 EDI 系统以及企业的 ERP 系统，这个商务系统集成地实现了包括企业客户资源、供需链资源和其他相关资源的所有企业资源的集成管理，体现了供应链管理思想，最终达到提高效益、增强企业核心竞争力的目标。

本章小结

（1）生产中的物流活动即生产物流，在定义上可以分为广义和狭义两种。广义的生产物流是从供应链角度的定义，其处于供应链中间位置，是生产制造企业物流的总称。狭义的生产物流则是企业角度的定义，即从生产企业物流中除去供应物流和销售物流，直接贯穿于生产制造流程部分的物流活动独立出来，作为一个专门的研究对象。

（2）完整的生产流程一般为将生产资源投入生产后，在不同的阶段以原材料、零配件、在制品到成品的形态从一个生产单位流入另一个生产单位，实际上就是一个不断改变对象属性的同时完成实物流动的过程。

（3）现代生产物流系统主要由管理层、控制层和执行层三个层次组成。根据各个层次的不同分工，物流系统对其性能的要求也不相同：对管理层要求具有较高的智能性，对控制层要求具有较高的实时性，对执行层则要求具有较高的可靠性。

（4）要使生产物流系统实现高效、准时、快速、低成本运作，就必须采用一切可以利用的信息技术，对这个过程进行科学、合理的规划和管理。这包括工厂布置、流程规划、搬运系统设计以及运作过程中的有效控制。

（5）为了增加 ERP 系统生产计划的适应性和底层生产过程的信息流动，提高计划的实时性和灵活性，MES 的概念被提出，并将其定位于重点解决车间生产管理问题。MES 的作用主要是通过信息传递对从订单下达到产品完成的整个生产过程进行优化管理。

（6）精益思想与供应链管理相结合，就形成了精益物流的概念。精益物流要求制造企业的原材料、零部件、半成品、产成品在供应链流动过程中不断增加其价值。精益物流的核心是在提高客户满意度的前提下消除生产和供应过程中的浪费。

（7）现场总线是一种全数字化、双向、多站的通信系统，主要被作为工业控制计算机系统的工业总线。CANBUS 系统能使物料供应及时、高效，同时节省线边占用空间，减少线边库存，并自动统计缺料的时间与频次、原因，可有效防止不必要的延误、等待时间甚至由于物料短缺而产生的停线问题。

(8) 运用现代管理理念和信息技术对生产系统进行改造重组，就可以为企业的电子商务提供强有力的后盾支持，而这个改造重组的活动本身也就是将电子商务引入生产制造领域。企业电子商务系统至少应包括五个部分，即基础设施、业务管理系统、企业网站、网络安全设施和商务系统。

思考题

1. 什么是生产系统？它与流通系统有什么区别？

2. 生产物流有什么特点？

3. 影响生产物流效率的主要因素有哪些？

4. 生产物流系统有几个层次？它们的职能和作用分别是什么？

5. 生产系统信息化的内容是什么？为什么要在生产过程中进行信息化改造？

6. 生产物流信息系统都应具备哪些功能？

7. 什么是 MES？它在企业中有什么作用？它与 ERP 有什么联系？

8. 精益物流与精益生产有什么关系？其核心是什么？

9. 什么是现场总线？它在生产系统的信息化过程中能起到什么作用？

10. 电子商务对生产过程有什么影响？制造企业的电子商务平台有什么特点？

案例分析

微软的 MALLS 汽车行业精益物流解决方案

对于制造企业来说，生产环节的持续改善是保持持久竞争力的关键，因此，不断引入先进的生产技术就成为现代制造企业的首选战略。随着“精益生产”方式被大量导入，我国越来越多的制造企业开始思考如何运用这一生产技术来切实提高自身的生产效率。精益生产的核心是消灭包括库存在内的一切浪费，而库存管理的关键环节是物料的输送。同样，精益物流是从精益生产的理念蜕变而来的，通过消除生产和供应过程中的非增值的浪费，来减少备货时间，提高客户满意度。

一、MALLS 简介

微软的 MALLS（Manufacturing Advanced Lean Logistics System）是针对汽车制造行业的一套基于管理信息系统制造的精益物流解决方案系统（见图 6-12）。它从生产制造的物料实时需求出发，提供现场拉料、配送中心的物料补料，同时对线旁、厂区及RDC的库存进行管理。MALLS能有效解决汽车行业日益重要的柔性生产和精益生产的业务需求，降低物流过程中的浪费并将供货延迟降到最低。

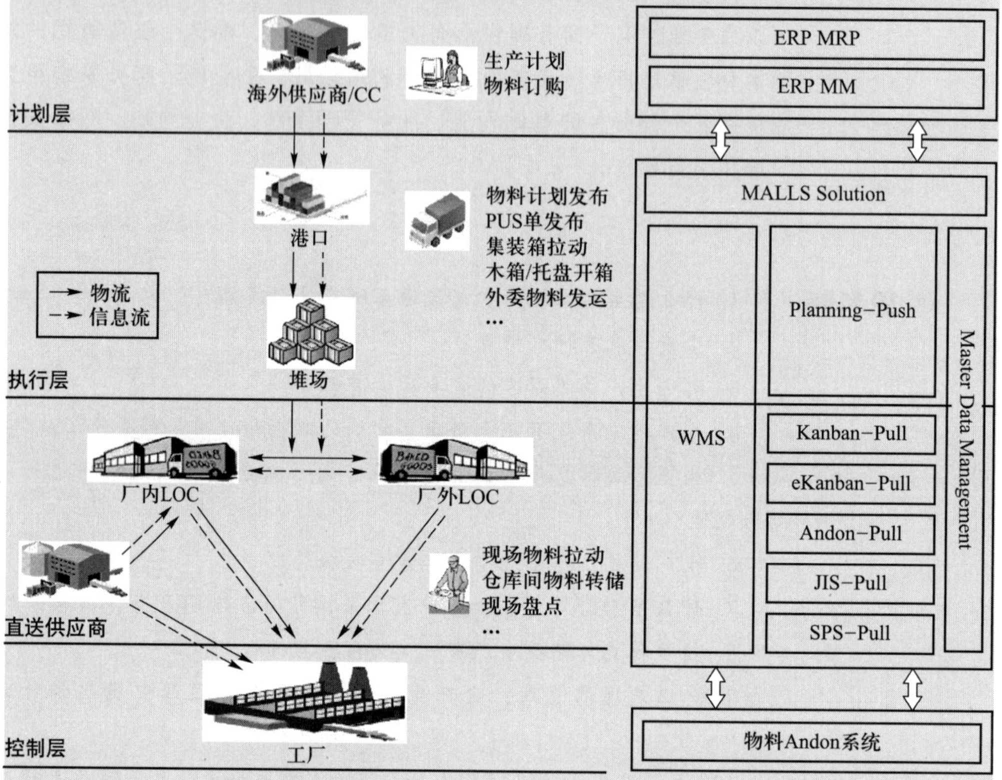

图 6-12 微软基于精益管理的物流解决方案

二、MALLS 系统的构成模块

（1）Pull（拉料模块）是通过生产现场采集各种物料需求数据，通过计算引擎将需求转化成物料清单，并通过网络发送到供应商终端，供应商根据物料单的内容和规定的路线、工作时间、窗口时间等要素将物料送到工厂线旁。

（2）Push（补料模块）是根据ERP物料需求及现场物料消耗情况生成补料计划，将货物从港口、堆场或者供应商拉到配送中心，执行开箱拆箱、物料上架及外委发运等操作。

（3）WM（仓储管理）对配送中心库进行仓库管理，包括入库、移库、出库、盘点、库存管理等。

（4）MDM（主数据管理）是对生产物料清单的管理，从E-BOM到M-BOM，到零件断点整个生命周期的管理，同时提供物料信息、供应商、位置信息、包装信息等主数据的管理。

三、MALLS的实现功能

通过模块的不同组合实现以下功能（见图6-13）。

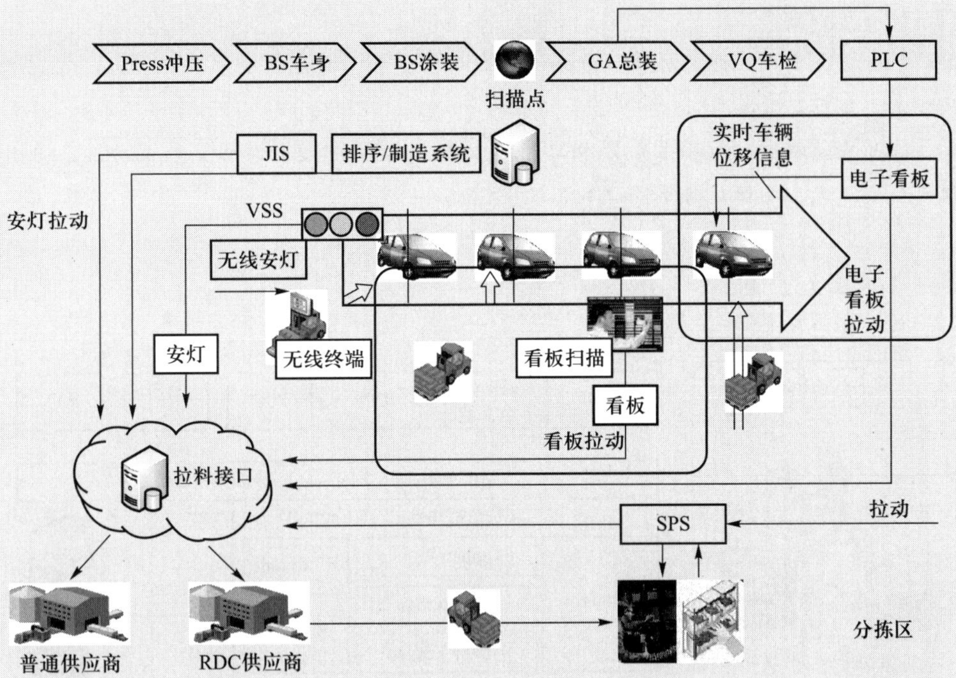

图6-13 模块组合

（1）物料拉动。该拉动模式是以手工传递看板卡的方式，传达补充物料需求信息的物流管理方法。目的是为体积小的、分量轻的、手工处理的料箱补充所需物料。

（2）及时供货。即JIT（准时生产）及时供货的一种特殊而极端的状态。按照柔性生产的要求，供应商将零部件排序好“及时”送到线旁，JIS改变以往“批量生产，顺序供货”的模式为“顺序生产，顺序供货”。

（3）安灯系统。即一种物料拉动无线任务调度方式，主要目的是解决工厂生产车间内部的物料运输的任务调度问题。其工作模式是线旁操作工触发无线按钮来对线旁物料进行拉动，铲车操作工则根据无线终端上接收的交互拉动信息执行送料、补料操作。

（4）电子看板。代替手工看板扫描的功能。该方式是依据车辆在生产线工位上的变化来计算物料需求。该方式减少了看板卡的投递、收集、扫描等工作，节省了大量的人力资源，缩短了物料上线时间，提高了物流效率。

（5）SPS系统。通过看板、安灯及其他形式将生产零件拉动至SPS配载操作区，操作人员根据系统输出的配料信息，将一台车份的零件配载到相应的料车上，按需求时间送至生产线指定工位投入，料车在线随对应生产车辆同步行进，配料车内零件全部装配完毕后，在指定工位撤出。

四、MALLS的架构优势

(1) 五个统一。即统一开发平台、统一数据管理、统一管理运维、统一版本管理、统一接口服务。

(2) 五大要求。即高可靠性要求、高安全性要求、高性能要求、(7×24) 可配置性要求、高稳定性要求。

(3) 五大特性。即多工厂多车间支持、多RDC/LOC支持、多层拉动方式、多种门线配载模式、多供应商支持。

(4) 五大拉料方式。即JIS、看板、安灯、电子看板、SPS（Set Parts Supply，成套供应/配置)。

具体如图6-14所示。

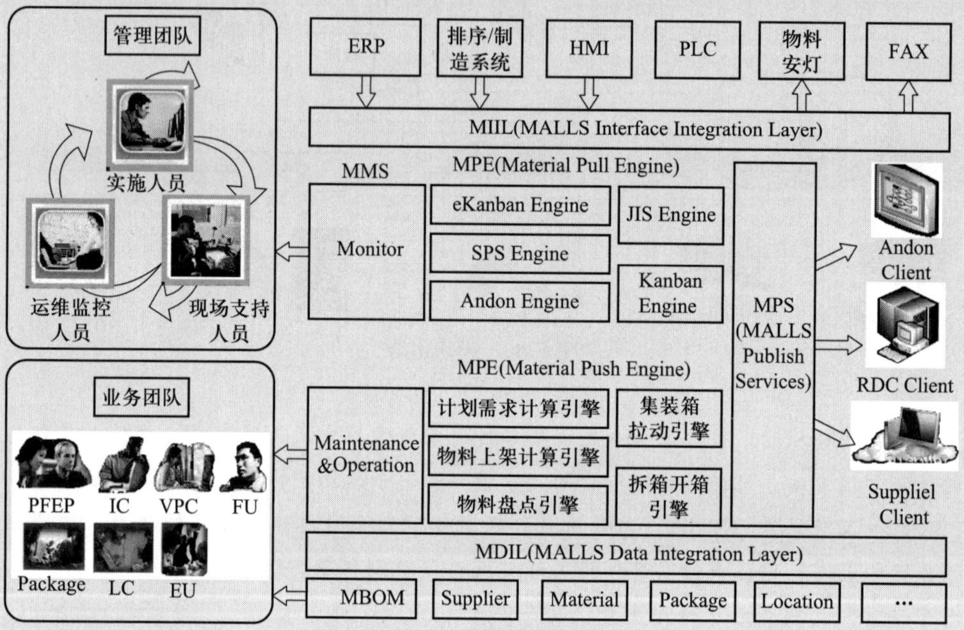

图6-14 MALLS的整体架构

五、上海通用的MALLS应用

柔性化和混线生产是上海通用汽车的主要特色，IT柔性制造控制神经系统、精益的物料供血系统是通用柔性化生产的核心支撑。MELOS将精益生产的精髓跟先进的技术有效结合起来，已经成为上海通用精益生产的物流管理平台。

1. 上海通用面临的业务挑战

随着应用的扩展以及柔性化进一步需求，上海通用传统的制造业务操作模式在日益变化的柔性生产线面前也存在很多弊端，如无法满足更多平台及车型的混线扩张生产，无法满足更多平台及车型扩张下线旁空间不断扩张的需求，无法克服多平台及多车型柔性制造下料箱、料架的投入等。同时，由于历史原因，上海通用汽车三地工厂存在三个不同版本的物流拉动系统，分别为JIT/DD、PPS和EPS。分散的系统增加了业务数据维护的复杂度，也加大了IT运维的负担，因此引入新的业务运作模式以及对系统平台的整合就显得更加迫切。

2. MALLS解决方案

(1) 统一上海通用三地业务需求，提炼精益物流的核心需求。

(2) 统一三地物料拉动系统的架构，整合为MELOS精益物流管理平台。

(3) 引进先进的SPS拉料模式。改进原有的JITDD/EPS/PPS模式。

(4) 实现多工厂支持、多LOC支持及多层拉动模式。

(5) 实现主数据的统一管理。

3. 应用效果

通过和微软的合作，上海通用建立了MELOS精益物流管理平台，在为企业创造价值的同时，实现了信息技术的价值提升，成为企业发展的核心动力。

分析讨论：

(1) 微软MALLS解决方案与电子商务有什么样的关系？

(2) 制造企业与流通企业在电子商务解决方案的侧重点上有何不同？

(3) 上海通用应用MALLS方案可以带来哪些好处？

(4) 你认为制造企业还可以通过哪些途径利用电子商务来获取优势？

第七章

电子商务环境下的大规模定制

学习目标

在整个供应链范围内，流通领域内的电子商务特别是作为销售手段的应用，已经被企业和消费者普遍认可，并有大量成功的实践者提供了丰富的案例。然而，快捷、方便的网络销售模式势必对生产和配送系统提出更高的要求，如果没有与之相适应的生产系统和配送系统，电子商务将成为无本之木、无米之炊。

通过本章的学习，我们除了要了解大规模定制的概念、发展以及实现方法，还要了解基于电子商务大规模定制的支撑技术及物流体系。

学习任务

通过本章内容的学习，要完成以下几个任务。

- 了解大规模定制的概念、发展状况、优劣势等。
- 了解大规模定制实现所要求的能力及方法。
- 了解基于电子商务的大规模定制的含义、模式、特点与支撑技术。
- 了解大规模定制物流体系的含义、发展、思路、设计与实现流程。
- 掌握电子采购的实现环节和相关支持技术。

导入案例

红领集团的大规模定制

红领集团的大规模定制是今天传统规模化生产企业在互联网时代转型的一个范例。在很多人认为大规模完全个性化定制还有许多问题没有解决，还需要摸索很长时间，还无法成为现实的时候，红领人已经把大规模定制变为了现实。

西装是男士的正装，制作过程比较复杂。一般规模化生产的西装都是统一规格和统一面料的。但是西装的合身性要求很高，统一规格的尺码与消费者身材的差异必须很小，穿着才合身，差异过大，穿着就很难看。另一类西装是手工定制的，首先由高级裁缝师根据多年的制作经验为消费者丈量身材尺寸，消费者可以选择自己喜好的面料，然后要经过人工打版、裁剪、缝纫、熨烫等多个环节制作西装。但是人工制作时间长而且效率低，一件西装的制作时间短则要几周，长则要几个月。一般情况下，还要消费者再来试穿定制的半成品西装，以微调尺寸让西装更合身，这样更拉长了制作周期，而且十分麻烦。

红领集团于1995年成立，拥有20多年服装生产和品牌运营经验。红领集团原来是通过门店来销售自己规模化生产的统一规格西装、衬衫和其他类型服装的。十几年前，红领集团开始探索大规模定制西装和衬衫的可能性。

定制西装首先遇到的关键问题就是西装打版。在手工定制西装中，高级打版师傅每天最多打两个版，还会存在误差，从而导致返工。如果坚持使用手工打版，每天生产100套西装，至少需要50位高级打版师傅；每天生产1 000套西装，就要有500位高级打版师傅。随着产量增加，找到如此数量的高级打版师傅是不可能的，而且即使找到了，成本也会非常高。手工打版成了制约手工西装生产规模的主要问题。

思考：

(1) 红领集团为什么要走“定制”之路？“定制”模式和传统生产模式最大的差别在哪里？

(2) 服装算不上“高科技”，但为什么红领的“定制”化会引起那么多关注？

(3) 要实现“定制”生产的战略目标，应如何克服案例中提到的障碍？

第一节　大规模定制概述

进入21世纪，随着科学技术的飞速发展和社会的不断进步，需求呈现出个性化和多元化的趋势。企业之间的竞争开始转向基于时间和客户需求的竞争。为客户提供定制化的产品，已经成为现代企业提高新的竞争优势的一种必然趋势。大规模定制以其独特的竞争优势，引起人们的重视并得到迅速的发展。

一、大规模定制的概念

大规模定制（Mass Customization）是一种集企业、客户、供应商、员工和环境于一体，在系统思想指导下，运用整体优化的观点，充分利用企业已有的各种资源，在标准技术、现代设计方法、信息技术和先进制造技术的支持下，根据客户的个性化需求，以大批量生产的低成本、高质量和高效率提供定制产品和服务的生产方式。其基本思路是基于产品族零部件和产品结构的相似性、通用性，利用标准化、模块化等方法降低产品的内部多样性。增加客户可感知的外部多样性，通过产品和过程重组将产品定制生产转化或部分转化为零部件的批量生产，从而迅速向客户提供低成本、高质量的定制产品。

物流在实现大规模定制中起着重要的作用。没有有效的物流管理，企业所需的原材料不能及时运抵，客户定制的产品不能按时送达，大规模定制根本不可能实现。因此，物流过程直接影响大规模定制的成本和敏捷性。物流服务提供商通过提供高价值的增值服务降低大规模定制的总体成本，并完成一些定制活动，作为供应链中的一员，在大规模定制中做出贡献。

“定制”这一说法，对人们并不是一个陌生的概念。根据客户要求来提供产品和服务的方式就早已存在，如裁缝根据身体尺寸制作不同的衣服，鞋匠根据脚的尺码为需要的客户定制鞋子。但这种生产方式最终由于生产效率低下、质量难以持续保证、服务的市场面太狭窄和制作周期较长而被大规模生产方式取代。可以看到，早期的“定制”是一种手工劳动，与大规模生产和大规模定制生产都有着根本的差别。此外，早期的“定制”生产方式有其本身的社会历史根源，主要是受生产制造技术的局限。由于技术水平长期低下，发展缓慢，直至20世纪初，人们在绝大部分时间里，几乎还是依靠手工制作所需要的物品。可以说，早期的“定制”生产方式与手工作坊生产是基本相同的。

随着多元化市场需求的发展，以产品标准化、统一市场、长产品生命周期为特点的市场环境已经发生了根本性的转变。多样化和定制化的产品代替了标准化产品，产品的生命周期和开发周期日益缩短。客户（无论是消费者还是企业）的要求也越来越苛刻，他们希望获得自己真正需要的产品或服务。同时，随着工业进一步全球化和集中化，竞争日益激烈，对成本的要求越来越高。过去，由于小规模的定制生产会给企业带来巨大的成本上升，所以企业的策略通常不是追求低成本，就是追求高度的产品多样化，不是大规模生产标准化的产品（或针对该产品的服务），就是以高成本生产多样化的产品，如图 7-1（a）所示。而今天，越来越多的企业发现，它们必须找到既能提高效率又能实现定制化的方法，只有这样才可能在竞争激烈的环境中得以生存，如图 7-1（b）所示。

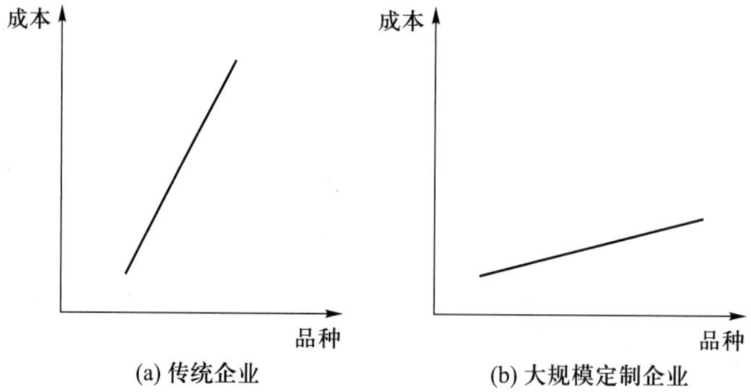

图 7-1 企业产品品种-成本曲线

1913 年，世界上第一条汽车流水生产线在福特汽车公司出现，这是大规模生产方式出现的标志。大规模生产方式建立在消费者的需求是相似和同质的假定基础上的。大规模生产促使成本大幅度下降并使产品迅速普及化。第二次世界大战后，消费需求发生了巨大的变化，人们开始追求多样性和个性化的消费方式，大规模生产面临新的挑战，于是，多品种小批量生产方式受到广泛注意。但多品种小批量生产方式仍然只是一种向消费者提供多种产品选择的生产方式，即先根据市场预测生产多品种的产品，再让消费者选择适合自己的产品。当人们的消费多样化不断发展时，大规模生产方式对产品需求的预测变得更加困难，因此也存在大量的问题。此外，大规模生产不可避免地会存在一定的成品库存。

大规模定制是一种用户先选择后生产的方式，通过信息技术和现代制造技术，它可以面向大量消费者以低成本的方式提供产品，而且由于是消费者先定制后生产和配送，因此可大大降低成品库存。大规模定制生产在国外已有许多成功的例子。如生产 Personal Pair 牌女式牛仔裤的公司 Levi Strauss&Co. 可根据腰围、臀围、裤长和内接缝进行定制；一家窗户制造商，拥有数百万种可制造的窗户结构，开发了一种名为“知识之窗”的多媒体软件，可由各分销商和最终用户合作设计自己的窗户，订单可直接传给离最终端用户最近的加工工厂；日本一家眼镜公司推出一种客户可定制系统。最为著名的成功例子是计算机行业的 Dell 公司在互联网上直接面向最终用户提供可定制的计算机产品。

作为一种新的生产方式，大规模定制生产方式早在 1970 年就由预言家阿尔文·托夫勒（Alvin Toffler）在他的《未来的冲击》（*Future Shock*）一书中做出了预言。大规模定制是企业参与竞争的新方法，是关于企业如何获得成功的一种新的思维模型。它包括诸如基于时间的竞争、精益生产和微观销售等许多流行的管理思想的精髓。

二、大规模定制的优势与实施条件

企业通过系统资源的协调配置，得到实施大规模定制所需的资产与能力，从而为企业带来竞争优势和经济效益。

（一）大规模定制的优势

1. 经济性

大规模定制通过产品结构和制造过程的重组，运用现代信息技术、新材料技术、柔性制造技术等一系列高新技术，把产品的定制生产问题全部或者部分转化为批量生产，以大规模生产的成本和速度，为单个客户或小批量多品种市场定制任意数量的产品。这充分体现了大规模定制生产模式具有规模经济、范围经济和集成经济等经济效应。

（1）规模经济。规模经济最核心的概念是在投入增加的同时，产出增加的比例超出投入增加的比例，即边际收益递增。大规模定制生产充分利用了规模经济原理，在很大程度上突破了传统企业生产的局限性，形成了具有综合优势的规模经济，即生产的规模经济、交易的规模经济和储存的规模经济。具体表现为成员企业的专业化所形成的定制生产的规模经济优势。大规模定制生产通常通过建立协同供应链形成网状企业群结构，从而提升快速反应能力和竞争能力。供应链中的各成员企业把资源集中于自身的核心优势上，成员企业以内部专业化、规模化实现了规模经济优势；交易费用节约形成定制生产的规模经济优势。网络技术的兴起，管理信息系统的完善，柔性制造技术的发展，电子商务的普及，使传统企业跨越时空障碍的协作成为可能，资源在全球范围内的流动、配置、使用成为可能，市场交易方式日益简便，从而大大降低了企业的外部交易费用。信息化导致的企业开放式扁平化组织结构使企业的市场应变能力增强，信息沟通速度加快，组织的市场响应能力提高，有利于突破传统企业内部、企业之间的信息不畅和失真带来的“牛鞭效应”，形成储存规模优势。

（2）范围经济。范围经济是指企业增加所提供的产品和服务的种类，降低市场的不确定性，满足个性化需求、增大销售产品的概率，获得总产品效益而实现经济效益的增加。大规模定制通过产品多样化，充分满足客户个性化需求，获得更佳的市场满意度、更高的销售额。较高的利润和对客户需求更充分的理解，则使企业可以提供更丰富的多样化和定制化产品，从而导致市场的进一步细化，反过来又使这些企业能更好地满足客户的个性化需求。

（3）集成经济。采用大规模定制经营模式的企业通常以供应链方式结成利益共同体以整合外部资源，实现成员企业间的资源共享，使企业能在短期内达到规模经济的要求，在优势互补中使联盟整体在生产能力、资金、技术等方面形成规模优势。同时，众多企业在局部空间上的有机集聚会产生整体系统功能大于在分散状态下各企业所能实现的功能之和的现象。这种因众多企业的空间聚集而产生的额外好处就形成了集成经济。集成经济源于企业内部以及企业之间在生产运作、资源共享、经营理念上的有机合成与耦合。正是从经营意识形态到实际生产经营功能的集成化实施，使大规模定制生产合作的企业之间形成以网络为介质的“集成经济”。

2. 提高客户服务水平

客户让渡价值（Customer Delivered Value）是指整体客户价值（Total Customer Value）与整体客户成本（Total Customer Cost）之间的差额部分。大规模定制营销企业能快速向客户提供个性化产品，在提高产品价值、服务价值等的同时降低了价格、时间成本等整体成本，提高了客户让渡价值。

在大规模定制条件下，企业与客户的联系更加紧密，不仅防止了大批量标准化生产有可能出现的产品库存积压，而且有利于减少流通环节，降低流通费用。

（1）减少客户的沟通成本，实现对客户的快速反应。以实现全球资源优化配置的供应链为依托，以网络技术和电子商务迅速发展作为保障，大规模定制使企业快速、及时地获取客户的个性化信息及订单。CAD 系统能够根据在线订单快速设计出符合客户需求的产品，柔性制造系统保证迅速生产出高质量的定制产品。定制企业及供应商、第三方物流公司通过电子商务系统实现信息的及时传递和资源共享，提高了与客户的沟通速度、交易速度、交货速度和售后服务速度，实现了对客户多样化需求的快速反应。

（2）满足更多消费者的需求，提高客户满意度。传统的目标市场营销考虑的重点是同一消费群体对某一产品属性的共同需求，而不是每个消费者与众不同的特殊需求。大规模定制营销却弥补了这一缺陷，使更多消费者的需求得到全面而充分的满足，并且通过与客户的交互进一步发掘其潜在需求，使客户具有更高的满意度。

（二）实施大规模定制的条件

大规模定制营销的实现依赖于供应链上的企业将客户新的需求转化成新产品或新服务的能力。大规模定制对企业的资金、技术、品牌、管理和员工素质等提出了很高的要求，成为很多企业难以跨越的门槛。实施大规模定制的限制条件主要集中在以下几个方面。

1. 应对大规模定制复杂性的资金和品牌影响力

大规模定制能使企业更好地服务于客户，但同时也将导致市场营销工作的复杂化、经营成本的增加以及经营风险的加大。定制工作的复杂性决定了定制企业必须具有强大的资金支撑和品牌影响力。

2. 管理运作的水平

大规模定制营销对企业综合管理能力提出了很高的要求，它要求企业具有敏锐的市场意识、较高的信息鉴别处理能力以及不同系统之间的衔接能力。另外，它也对企业员工的知识水平和知识结构、组织创造能力、组织整体具有的知识量及共享能力提出了较高要求。

3. 供应链管理的水平

有效的供应链网络是大规模定制的一个前提，制造商、零售商和其他供应链的参与者必须是这个网络具有能动性的一部分，这是实现功能集成、降低成本和提高响应速度的一个重要前提。这对定制企业的供应链管理能力和跨企业组织协调能力提出了很高的要求。

4. 供应链信息化水平

大规模定制的实现是以较高的信息化水平为基础的。实施大规模定制成功与否，很大程度上取决于需求信息能否顺利实现向生产单元的转化，并在不同生产单元间合理传播利用。大规模定制要求企业与消费者在从设计到生产到销售的全过程中进行互动，必须快速、准确地确定客户需求，把客户需求信息交付设计单元和制造单元，组织敏捷物流系统实现原材料和产品及时配送。这对定制企业的信息化技术和信息管理能力提出了很高的要求。

5. 市场营销水平

大规模定制营销是一种个性化的定制营销，其订单直接来源于客户的个性化需求，能否准确地把握市场趋势、充分了解消费者的需求是开展大规模定制营销的关键，这对定制企业的市场调研能力、营销组织能力等提出了很高的要求。定制企业必须拥有强大的市场调研、市场分析、消费需求研究和产品设计部门和团队。

另外，大规模定制营销的实施还必须建立与客户交流、沟通的平台。大规模定制要求消费者提供自己的详细资料并使用电子支付方式进行付款，大多数消费者并不希望把自己的详细资料公布于众，并且对电子渠道支付方式的安全性存在疑虑，如何提供更安全的支付手段和资金支付平台成为一个非常重要的因素，这也是对传统模式下核心定制企业的一个巨大挑战。

三、大规模定制的基本步骤

以定制企业为核心的大规模定制模式主要由客户需求获取、定制产品的设计、定制产品的制造、定制产品的递送和售后服务几个阶段组成。

（一）客户需求获取

首先，定制企业会将自己的产品进行模块化设计，将一个产品分为几个独立的可以自由组合的可选部分，然后将其通过电子商务系统放置在自己的网站上供客户选择。客户通过访问电子商务网站，可以选择产品族中感兴趣的功能或组件选项，填写文字或数字来完成个性化需求的表达。选择完成后，客户提交订单，制造商也获得了该客户的定制化产品的订单。

如果企业所提供的定制产品选择不能满足客户需求，客户无法通过选择功能或组件选项和填写文字或数字清楚地表达自己的个性化需求，则大规模定制营销企业可以通过派专家与客户进行沟通，将客户需求加入产品设计，使客户的需求信息能够在产品设计中得到体现。

（二）定制产品的设计

根据客户的需求选项和表达从产品族模型中配置满足客户个性化需求的定制产品，定制产品制造商制定这种产品所需要的零部件和原材料清单，同时传递给供应商和第三方物流公司。然后根据所需的零部件和原材料选择一个或多个合适的供应商。原材料供应商、零部件供应商在接到原材料需求信息和零部件清单后，即刻准备定制产品所需要的原材料和零部件，并将信息反馈给制造商。最后再根据客户和供应商的地理位置选择配送产品、零部件和原材料的第三方物流公司，第三方物流公司设计最优物流方案，并将信息反馈给制造商和供应商。

当客户的个性化需求不能通过已有的选项和填写文字（或数字）表达时，制造商的设计人员和客户进行交流，协同设计出满足客户需求的定制产品。整个过程在协同设计、企业资源计划和供应链管理系统支持下完成。主要参与者有制造商、客户、供应商和第三方物流公司。

制造商设计人员在设计时，首先考虑利用已有的功能组合来满足这些客户的需求，在已有的功能组合无法满足客户需求时，才考虑设计新功能。产品功能设计过程一般需要客户对设计方案进行评价和提出修改意见。确定客户定制产品后，制造商和供应商通过互联网利用协同设计系统进行设计。制造商设计产品结构，供应商开始相应的零部件设计或原材料选择。确定定制产品零部件和原材料清单（BOM）后，供应商进行零部件选择和生产，定制企业进行组装，由第三方物流公司完成原材料和产品的实时配送。

（三）定制产品的制造

在制造阶段，主要有制造商、供应商和第三方物流公司参与。客户可以查询制造执行情况，但一般不参与制造过程。

在制造过程中，根据客户订单和产品配置信息产生物料需求计划和JIT作业计划，制造商与供应商和第三方物流公司协同工作。供应商和第三方物流公司根据制造商的计划和自己的任务产生自己的作业计划。接着原材料供应商准备原材料，由第三方物流公司配送给零部件供应商和制造商，然后零部件供应商和制造商根据各自的任务制造出不同的零部件，由第三方物流公司配送给制造商，最后制造商将零部件装配成定制产品。

为了快速响应客户的需求，大规模定制营销企业在制造过程中应该建立产品模块库和成品组装系统、客户数据库、敏捷的产品开发机制、柔性生产系统等，以更好地把握客户的需求，对客户的需求进行快速响应，提高定制效率，更好地满足市场需求。

（四）定制产品的递送

定制产品制成后，必须尽快将大量的产品准确、及时地运送到分布零散的客户手中，这是一个繁杂的操作过程。在递送阶段，主要有制造商、第三方物流公司和客户参与。

在递送阶段，第三方物流公司根据配送作业计划进行产品配送。客户在收到产品前，可以通过信息服务平台查询产品的准备、配送和在途情况。制造商也可以查询产品的在途和客户接收情况。因此，只有高效、可靠的第三方物流公司参与，大规模定制营销才能实现。

（五）售后服务

售后服务阶段主要有制造商、客户、供应商和第三方物流公司参与。客户将产品质量、故障等信息反馈给制造商。制造商根据客户反馈的信息，制定维修计划，同时将计划传递给供应商和第三方物流公司。制造商和供应商根据维修计划制造维修件，然后由第三方物流公司配送到制造商的维修网点。这些维修网点对客户的产品进行维修和维护，并根据需要存有一些常用的维修件，以便接到维修计划后及时响应，而供应商或制造商则根据维修计划及时地补充维修件的库存。

第二节 大规模定制的实现

一、实现大规模定制的必要能力

（一）准确获取客户需求信息

准确获取客户需求信息是满足客户需求的前提条件。大规模定制企业要提供定制的产品和服务满足每个客户个性化的需求，因而准确获取客户需求信息的能力就显得非常重要。大规模定制企业通过电子商务、客户关系管理及实施一对一营销的有效整合来提升其准确获取客户需求信息的能力。电子商务使大规模定制企业跨越中间环节，实现直销，不但降低了产品的流通成本，而且有助于企业及时、准确地获取客户需求信息。另外，电子商务系统提供了制造商与客户、制造商与合作伙伴快速沟通的平台，该平台是大规模定制企业理解和引导客户需求、客户与合作伙伴一起进行定制产品设计的基础条件。

客户关系管理（Customer Relationship Management，CRM）以客户为中心，通过对企业业务流程的优化整合，对客户资源进行研究和管理，从而提高客户的满意度和忠诚度，提高企业的运行效率和利润。CRM 以客户为中心的思想与大规模定制是一致的。大规模定制企业通过 CRM 实施一对一营销，能够系统、全面、准确地获取客户个性化的需求信息，使客户需求定制信息在各部门传递共享，针对这些定制的信息安排设计、生产，为客户提供满意的定制产品。目前比较流行的在线客户需求提取方法是产品配置系统（Product Configurator），又称选择面板（Choice Boards）、设计系统（Design Systems）或协同设计平台（Co-design Platforms）等。产品配置系统是实现企业与客户交互，体现企业多样化产品和获取客户个性化需求信息的重要途径。目前在线产品配置系统已经在工业界被广泛利用，如戴尔、耐克、阿迪达斯等。

（二）敏捷开发设计的能力

大规模定制企业要以多样化、个性化的产品来满足多样化和个性化的客户需求，因此企业必须具备敏捷开发设计的能力。敏捷开发设计的能力是指企业以快速响应市场变化和市场机遇为目标，结合先进的管理思想和产品开发方法，采用设计产品族和统一并行的开发方式，对零件、工艺进行通用化，对产品进行模块化设计以减少重复设计，使新产品具备快速上市的能力。

大规模定制企业通过面向产品族的设计能力、模块化设计能力、并行工程、质量功能配置能力和产品配置设计能力的有效整合来构建和提升其敏捷开发设计的能力。大规模定制的产品设计不再是针对单一产品进行，而是面向产品族进行设计。它的基本思想是开发一个通用的产品平台，利用它能够高效地创造和产生一系列派生产品，使得产品设计和制造过程的重用能力得以优化，有利于降低成本、缩短产品上市时间，实现零部件和原材料的规模经济效应。

模块化设计是在对产品进行市场预测、功能分析的基础上，划分并设计出一系列通用的功能模块，然后根据客户的要求，选择和组合不同模块，从而生成具有不同功能、性能或规格的产品。模块化设计把产品的多样化与零部件的标准化有效地结合起来，充分利用了规模经济和范围经济效应。

并行工程是集成、并行设计产品及其相关的各种过程（包括制造过程和支持过程）的系统方法。这种方法要求产品开发人员从开始就考虑产品整个生命周期中从概念形成到产品报废处理的所有因素，包括质量、成本、进度计划和用户的要求。并行工程是基于时间的竞争提出的设计方法，可大大缩短产品的开发时间，充分考虑到了产品的可制造性、可装配性，是大规模定制所需要的设计能力。

质量功能配置能力是在产品族规划中常采用的 QFD（Quality Function Deployment，质量功能展开）技术。从质量保证的角度出发，通过一定的市场调查方法获取客户需求，采用矩阵图解法将客户需求的实现过程分解到产品开发的各个过程和各职能部门，通过协调各部门的工作保证产品的最终质量，使得设计和制造的产品能真正满足客户的需求。

产品配置设计能力是根据客户需求确定产品结构和物料清单（BOM），配置出相应的定制产品的能力。在大规模定制模式下，产品品种繁多，如果没有一个有效的方法进行配置，大规模定制将变为大规模混淆，客户可能因为无法选择而放弃。产品配置设计可以方便地配置出满足客户需求的产品，实现设计的快速响应，缩短订单响应时间。

（三）柔性生产制造的能力

多样化和定制化的产品对企业的生产制造能力提出了更高的要求。传统的刚性生产线是专门为一种产品设计的，因此不能满足多样化和个性化的制造要求。大规模定制要求企业具备柔性生产制造的能力。主要通过企业柔性制造系统（Flexible Manufacturing System，FMS）与网络化制造的有效整合及采用柔性管理来构筑、提升其柔性生产制造的能力。FMS 是由数控加工设备、物料运储装置和计算机控制系统等组成的自动化制造系统。FMS 是一种高效率、高精度和高柔性的加工系统，能根据加工任务或生产环境的变化迅速进行调整，以适宜于多品种、中小批量生产。

网络化制造是一种基于 Internet 的企业联盟式的制造模式。网络化制造通过改变企业的组织结构形式和工作方式，提高企业的工作效率、缩短产品的开发周期及提升企业柔性生产制造的能力。大规模定制生产企业通过 FMS 与网络化制造的有效整合所形成的柔性生产是一种市场导向型的按需生产。其优势是增强大规模定制企业的灵活性和应变能力、缩短产品的生产周期、提高设备的利用率、改善产品质量。企业要形成柔性生产制造的能力需要实施与之相应的柔性管理。柔性管理即在动荡变化的环境下针对市场的复杂多变性、消费需求的个性偏好，实施富有弹性的快速反应的动态管理。

二、生产运作组织

大规模定制是当今高度竞争的市场环境下，非常具有竞争力的一种柔性生产方式。但是，大规模定制要想真正实现，首先需要在设计阶段着手，因为产品设计阶段的成本在整个产品成本中占 80%。任何生产方式的成功都离不开与其相适应的设计方法的成功，规模定制也不例外。大规模定制设计（Design For Mass Customization，DFMC）的概念是 1996 年由 M. 米切尔提出的，即采用并行流程围绕产品族进行设计，以有效地满足客户需求。这种方法的目标是在产品设计的早期阶段进行整体概念设计的同时，考虑范围经济性和批量经济性；其重点为建立合理的产品族结构，同时完成一组产品的设计，而不只是单个产品。为了有效地实现大批量定制，设计就要捕捉并定义个体客户对产品的需求，设计过程必须从传统的设计制造集成扩展到销售、服务等部门。大规模定制设计在设计领域和产品族的两维图上的扩展参见图 7-2。

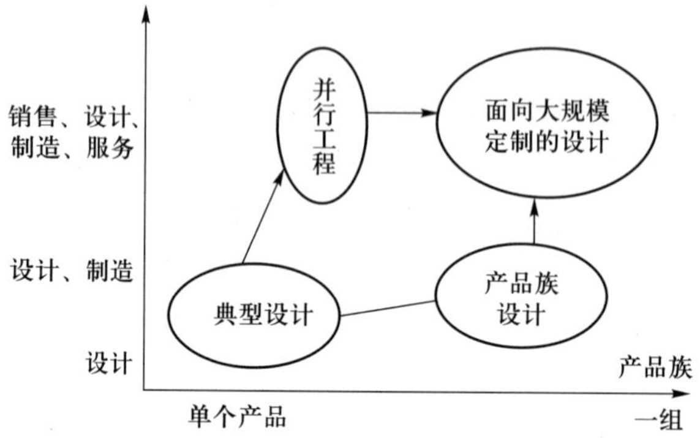

图 7-2 企业产品设计领域扩展

为达到设计目标，传统的设计流程需要在以下几个方面进行改进。

（1）产品开发与快速设计分离。大规模定制设计将产品设计分成产品开发和快速设计两个阶段。产品开发阶段对企业的客户群进行定位，分析已拥有的客户需求，预测未来的客户需求，建立相应产品族结构，形成完善的变型机制。快速设计阶段在产品开发阶段的基础上，以产品配置器为主要工具，结合定制设计，快速实现随时到来的客户需求。

（2）工作流程并行。并行工程是在时间竞争前提下提出的缩短产品设计时间、提高竞争力的一种方法。它通过产品设计、制造等领域活动的并行来缩短产品的开发时间。为加快设计速度，并行也为大规模定制设计所需要，成为大规模定制设计安排流程的重要一环，并行范围进一步扩展到产品的销售和服务等领域，成为产品全生命周期的并行。

（3）加强流程间合作。产品族结构不能满足客户需求时，就需要进行定制设计。流程的合作有利于尽快产生设计思想。企业如果存在不同的产品族，在产品族的开发阶段应加强流程之间的合作，在产品的模块划分和零部件设计中取得一致，尽量采用相同的设计成果，促进设计成果重用，增加可同时制造的零件数量，形成批量经济性。

大规模定制设计方法概括起来就是要实现产品零部件的标准化和模块化。下面介绍常用的设计方法。

（1）标准化、规范化。产品中大量使用标准零部件有利于降低成本。企业应将对产品成本影响较大的零部件进行标准化，通过其他零部件的变型来满足定制的需求。为了提高速度、降低成本，还应考虑对原物料、加工代码等进行标准化。规范化是指分析企业零件、合并相似件、减少零件数量、提高零件使用频率，从而降低零件管理费用的方法。实现标准化、规范化的方法包括 ABC 分析、产品结构分析、零件分析、参数分析、编码技术等，对零件的使用频谱进行分析，标准化使用频谱高的零件，规范化使用频谱较低的零件，合理分布企业零件。

（2）面向产品族设计。面向产品族设计是指结合预测分析已有客户需求，根据产品拟采用的定制方法提取变型参数，同时设计一族产品的设计方法，其目标是提供可变型的产品模型，作为针对单个客户需求进行产品配置和快速设计的基础。其产品模型具有如下特征：产品结构的组成模块能够为特定客户配置出最终产品；模块组织能够让销售、设计、制造和服务部门采用一致的方式反映企业能力和客户需求；能够作为信息集成平台实现产品设计全过程的集成；能够用来评价产品生命周期中决策的经济性。

（3）模块化设计。模块化设计是对一定范围内的不同功能或相同功能，不同性能、不同规格的产品进行功能分析，划分并设计一系列功能模块，通过模块的选择和组合构成不同的产品，以满足不同的市场需求。虽然定制是提供满足客户特定需求的最终产品，但它仍依赖于零部件的加工与制造，采用规范化或标准化或易于变型的零部件模块可以降低成本，并提高速度。模块划分可以参考如下原则：① 产品族的划分。② 设计制造中的重复件。③ 划分粒度。④ 产品的全生命周期。综合考虑各个方面可以获得具有较好经济性的产品模块。

（4）后延设计。为了增加产品种类、客户满意度和制造效率，又提出了产品变型后延的设计方法（Delayed Product Differentiation，DPD），其前提是产品成为特定制造过程、特定阶段的特定产品的时刻的后延（见图 7-3）。制造过程可分为多个阶段，每阶段需要不同的零部件。提高早期阶段零件的通用性，在后期阶段进行定型，可以减轻供应链负担，降低生产成本。通用性指不同的产品使用同一组件。采用产品变型后延概念的设计方法称为后延设计，它对零件进行分析，将零件分解为几个零件的装配组合，以增强通用性。

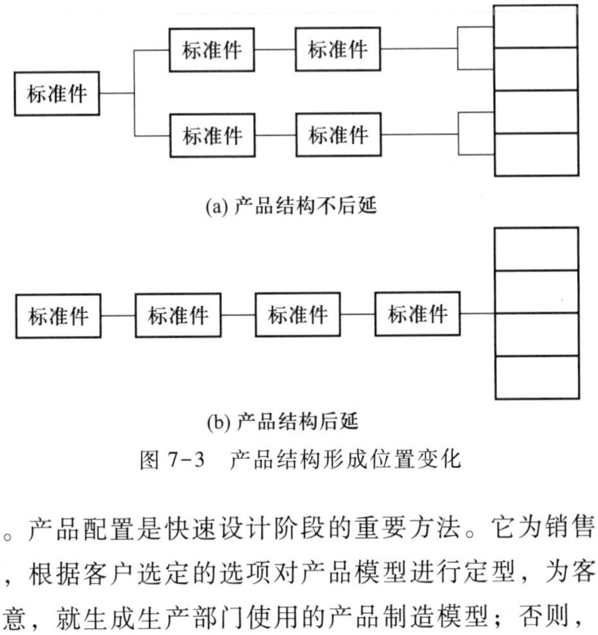

图 7-3 产品结构形成位置变化

（5）产品配置。产品配置是快速设计阶段的重要方法。它为销售人员定义客户的个性化需求提供选项，根据客户选定的选项对产品模型进行定型，为客户展示产品和提供价格。客户如果满意，就生成生产部门使用的产品制造模型；否则，则需要为设计人员提供设计实例，使定制设计有较高的起点。为实现产品配置，产品开发阶段应考虑并满足如下要求：① 模块、组件应该具有参数化数字模型。② 模块、组件的几何约束、物理约束能够得到保证。③ 模块、组件间的约束关系已经确定，即变型时能确定受影响的零部件及其参数。

大规模定制生产方式得以实现的重要原因是，人们对产品功能的需求尽管有差别，但也有共性。因此，实现的关键在于，企业首先真正从根本上弄清客户的个性化需求和共性需求，并从产品的设计、制造、装配、供应以及销售服务等环节上进行总体规划，决定在哪些环节上应采取何种措施满足客户的个性化需求，在哪些环节上又可沿用大规模生产方式。只有这样，才能达到满足客户个性化需求和一定规模下的低成本相统一。不同的企业实现大规模定制生产方式有不同的做法，在不同的环节上，不同企业也可采用不同的实现方法。

三、大规模定制的竞争优势

（1）通过采取多种方式让客户参与产品的设计，使产品更加符合客户的个性化需求，这是传统的大规模生产或多品种小批量生产不可能实现的。因此，也可以说，大规模定制生产是最接近客户的一种生产方式。

（2）减少成品库存费用。由于生产完全根据客户的定制请求来进行，生产出来的产品都是可销售的产品，除了必要的在途运输中的成品，几乎不占用成品库存费用。

（3）避免了客户因得不到所需要的产品而离开，或避免了因产品无人问津而不得不降价处理的情况。在传统的生产方式下，生产基本是根据对市场的预测来进行的，而任何形式和方法产生的预测结果都不可能准确，因而总是存在不能完全满足客户需要的情况。而客户则因得不到所需要的商品而对产品感到失望，作为销售者将不得不对商品作降价处理。但在大规模定制生产方式下，只要客户愿意提供自己对产品的特殊需求，企业将予以满足。

（4）避免了客户对产品的抱怨，因为这是完全按其意图设计和生产的，客户的满意度会提高。

（5）开发中由于采取模块化，每次可以很低的成本改变一个模块。

（6）大多数客户愿意多付钱。

第三节 基于电子商务的大规模定制

一、大规模定制与电子商务

近年来，随着市场竞争日趋激烈，客户需求的个性化和多样化日益增强，企业不得不生产定制化的产品，但同时又要满足快速和高质量的要求。对于如何满足这些需求，大规模定制是一种有效的途径。大规模定制结合大规模生产和定制的优势，以大规模生产的高效率和低成本，为客户提供单件或小批量的满足其需求的个性化产品。这种生产方式因为在不牺牲企业经济效益的前提下，能够充分满足客户个性化需求，使企业获得了巨大的竞争优势，故而得到企业的重视，并且在很多行业得到了实践，获得了巨大成功。有人甚至预测，大规模定制将改变 21 世纪的制造业，正如批量生产改变 20 世纪的制造业一样。

采用大规模定制生产模式的企业面对的是众多的个体客户及其个性化的需求，如何有效地向这些客户进行营销，快速和低成本地获取客户的个性化需求，是实现大规模定制的一个关键问题。显然，传统的面向统一大市场的营销模式已不能满足大规模定制的需求。电子商务（E-commerce，EC）为实现大规模定制的营销和客户需求的获取提供了一条有效的途径，可以低成本、快速和高质量地为客户提供定制化的产品和服务。

二、大规模定制的电子商务模式

（一）体系结构

基于电子商务的大规模定制以定制企业为核心，通过电子商务平台将定制企业、供应商、客户和第三方物流公司等密切联系起来。

1. 定制企业

在该模式中，定制企业是核心，起协调工作的作用。它与供应商、第三方物流公司、客户都有密切的关系，通过电子商务将定制企业内部的 Intranet 把企业各个部门有机地联系起来，成为一个有机、协调、统一的系统。客户是定制企业要服务的对象，通过电子商务平台，客户将其产品需求告诉定制企业，以便企业根据客户的要求生产他们需要的产品。供应商根据定制企业的要求为其提供适当的原材料和零部件，满足定制企业的生产需要。第三方物流公司根据定制企业发出的配送货物信息，快速、准确地将原材料和零部件从供应商输送给定制企业，最后又将定制产品送到客户手中。

2. 供应商

该系统中，供应商是一个非常重要的角色。它为定制企业提供其生产所需的原材料和零部件，按照定制企业生产定制产品的要求，在第三方物流公司的协助下，在正确的时间将正确的原材料和零部件送到定制企业，为定制企业实现大规模定制生产做出保证。

3. 客户

整个系统最终目的是满足客户的个性化和多样性需求，这也是大规模定制的最终目的。现代企业的竞争是市场的竞争，市场的竞争归根结底就是客户的竞争，一个企业只有满足了客户的需求才能获得发展，所以满足客户需求越来越受到企业的重视。

定制企业只有满足了客户的需求和很好地为客户服务，才能赢得市场，实现整个系统的目的。

4. 第三方物流公司

第三方物流公司在此系统中起着连接系统物流的作用。供应商根据定制企业的原材料和零部件供料需求，委托第三方物流公司将原材料准时地运送到定制企业。定制企业同样根据客户的产品需求信息，按照客户所需要的时间和地点，委托第三方物流公司来完成配送任务，将定制产品送到客户手中。第三方物流公司的出现，使企业集中精力在其核心业务上，将物流任务交给第三方物流公司来完成，这样可使定制企业获得竞争优势。

（二）运作过程

在该模式中，定制企业通过电子商务平台与客户进行直接的沟通，获取客户的订单信息或者需求信息。如果客户对定制企业提供的可选产品不满意，可以将自己的需求信息告诉定制企业，定制企业将客户需求加入到产品设计中来，如果设计出来的产品客户感到不满意，双方进行再次修改直到达成共识。当定制企业得到客户的订单信息，就会通过 Intranet 快速地把得到的信息在企业内部各部门进行共享，使企业合理安排生产。定制企业根据生产信息，与供应商通过电子商务平台及时进行联系，让供应商在正确的时间提供正确的原材料和零部件。供应商可以通过电子商务平台委托第三方物流公司完成运输任务。当定制企业将客户所需要的产品生产出来以后，就通过电子商务平台与第三方物流公司联系，使定制产品快速送达客户手中。

（三）运作核心

在系统的整个构成环节中，客户需求信息的获取是最困难的，也是最难以把握的。准确、快速、及时地获取客户需求信息是决定大规模定制生产模式成功的一个关键因素，甚至决定一个企业能否真正实现大规模定制生产。

定制企业首先将自己的产品进行模块化设计，将一个产品分为几个独立的可以自由组合的可选部分，然后将其通过电子商务系统放置在自己的网站上供客户选择。当客户登录定制企业的网站后，就可以根据商家提供的在线产品，来选择自己所需要的产品或者根据可选部件来定制自己需要的产品。如果对已有的选择感到满意，客户就可以在线向定制企业下订单。当定制企业所提供的选择不足以满足客户的需求时，客户可以告知定制企业，此时定制企业就会派专家与客户进行沟通，将客户需求加入产品设计，使客户的需求信息能够在产品设计中得到体现。然后定制企业将产品设计情况反馈给客户，让客户进行确认，客户如果满意就会下订单，如果不满意客户将与定制企业再进行沟通直到感到满意为止。至此，定制企业与客户的动态沟通过程才算结束，客户的需求信息最终被获取。只有客户的多样化和个性化需求信息被获取，定制企业才能够生产出客户真正需要的定制化产品，大规模定制生产模式才能够真正实现。

三、基于电子商务的大规模定制的特点

以第三方电子商务平台为核心的大规模定制是由第三方电子商务平台作为整个大规模定制营销过程的核心和组织者，充分发挥自身信息集成和处理的优势，通过提供高效的定制信息平台，将供应商、销售商、第三方物流、客户等成员整合到一个集成化动态供应链系统中，开展大规模定制营销。与传统的以定制企业为核心的大规模定制相比，新模式的核心特点是开展大规模定制营销的核心和组织者是第三方电子商务平台。

第三方电子商务平台为核心的大规模定制营销系统依托第三方电子商务平台信息集成和处理、电子商务技术、信息平台建设等方面的专业优势，以第三方电子商务平台为核心发挥其信息的收集、处理、整合、传递与专业信息平台建设的作用，通过选择合适的合作伙伴——定制企业、供应商和销售商组成基于核心能力的虚拟供应链动态联盟，实现优势互补，共同完成大规模定制营销。

随着信息技术的快速发展、市场的进一步变迁和第三方电子商务的实践，第三方电子商务平台逐渐向两个大趋势发展：综合化和专业化。综合化发展的电子商务平台企业通过增加相关服务为客户提供更多的价值和便利，以带来更高的满意度；专业化发展的电子商务平台集中力量于某一行业，在该行业领域深入挖掘价值，以期获得专业化优势。从目前的发展趋势来看，专业化是第三方电子商务平台的大方向。另外，大型的综合化的第三方电子商务平台拥有巨大的综合实力。虽然涉足众多行业，但是就其内部运行来说仍然是按行业划分为众多模块，进行内部行业专业化运作，这就为发展以第三方电子商务平台为核心的大规模定制提供了广阔的前景。

该模式下的大规模定制，与客户进行直接沟通，获取需求信息和客户订单，并组织整个定制过程的不是定制企业，而是第三方电子商务平台。第三方电子商务平台是市场信息的中枢，通过自己对行业信息的了解，对市场的把握，对客户需求进行研究和描述，并由设计人员提出产品概念和初步设计方案。通过电子商务网站将新产品概念和设计方案向市场公布，了解市场反应情况并进行产品设计完善。在此基础上，第三方电子商务平台选择定制企业作为核心合作伙伴，双方设计人员组成联合设计小组将概念产品变为现实。第三方电子商务平台与客户进行沟通、互动，获取需求信息和订单信息，必要时将客户邀入设计过程共同修改直到达成共识。此外，第三方电子商务平台和定制企业共同选择相应的原材料和零部件供应商、第三方物流公司，组织大规模定制动态供应链企业联盟。定制企业、供应商、第三方物流公司等合作伙伴通过接入第三方电子商务平台的标准化信息系统平台，通过虚拟企业内部局域网进行信息流、物流、资金流的及时、准确传递，以使定制过程完美实现。

四、基于电子商务的大规模定制的优势

由于电子商务的一些固有特点，使基于电子商务的大规模定制生产模式具有独特的特点和优势，定制企业可以快速、及时地获取客户的个性化需求信息，实现多样化和虚拟的产品网上展示，并且能够大幅度地降低大规模定制产品的销售成本。

（一）快速、及时地获取客户的个性化需求信息

通过电子商务的网上直接交换式沟通，客户可以登录企业的网站，随时随地向企业传达自己个性化需求信息或者提出一些建议，企业也可以随时根据网上的信息准确、及时地进行大规模定制生产。以前企业花费大量的人力、物力、财力来做市场调查，获取客户的需求信息或潜在需求，而现在通过网上的直接沟通，可以不用花大量的成本去获取需求信息，能省掉附加于产品成本的生产前费用。利用电子商务，可以降低企业与其供应商、物流公司的沟通成本，并且可以大大缩短交货周期，因此，企业可以将推动式的面向库存的制造变为拉动式的面向订单的制造，实现对客户多样化需求的快速反应。

（二）实现多样化和虚拟的产品网上展示

通过电子商务系统，企业可以将自己的产品信息放置于网上的电子橱柜中，让客户进行选择。在传统的商店中，展示的产品都是已经制造出来的，而这些产品能否销售出去还是一个未知数。大规模定制环境下，企业可以通过电子商务系统在网上展示自己能够生产的产品，但这些产品都是虚拟产品，当得到客户的需求信息之后，企业才根据订单进行生产，这样可以避免生产出来的产品销售不出去的情况，“砖头加灰浆”商店则不能展示虚拟产品。

（三）降低大规模定制产品的销售成本

通过电子商务系统，定制企业可以将自己的产品信息及时在网上发布，省去花在产品广告、促销等活动上的成本。客户通过电子商务系统可以随时随地了解产品信息，并且在线低成本地获取自己所需的产品信息或者下订单。在大规模定制环境下，每个订单都是个性化的小批量的（甚至是单件），如果采用传统的营销手段，那么成本将会是很高的，而在电子商务系统下，产品的销售成本将会降低甚至达到零。利用电子商务系统，面向众多的需求不同的客户，每件产品的营销成本可能降到接近大量生产产品的水平。

五、基于电子商务的大规模定制的支撑技术

（一）制造系统模块化

与模块化的产品设计相似，模块化的生产单元具有标准的接口，具有良好的可替换

性，当用户需求发生变化或出现意外情况时可以通过模块间的替换满足动态的需求变化，使制造系统具有柔性和快速响应能力，从而满足大规模定制的要求。根据企业的产品种类情况，由某些通用模块构建生产线平台，通过改变某些面向特定客户和应用的模块来调整生产线的产品范围。模块化制造系统的关键问题是模块之间的接口，包括硬件接口和信息接口。如果模块之间的接口是标准的，那么生产工程师就可以把来自不同供应商的设备集成到一个制造系统中。模块化制造系统的优点在于它提高了系统的可重组性和可扩展性。当产品类型发生变化时，可通过更换相应的工艺模块来调节系统的适应能力。当产品需求量发生变化时，可通过增加（减少）某些关键模块单元或提高（降低）系统自动化程度来增加（减少）产量，同时保证一定的经济性。另外，模块化的生产线也使管理简化。

（二）柔性物流系统

大规模定制对物流系统的期望可以归纳为：可以传输任何体积、重量、形状的物品，不需要轨道，没有路线的约束，提高传输速度，减少安装时间，增加智能化向导能力和自恢复能力。传统的一体化的传送带、吊车、有导轨的自动导引车（AGV）等物料传输系统已经不能满足柔性物流的要求了。目前提出的一些物料运输系统和装置在柔性和可重组性方面都进行了一定的考虑。模块化的传送带将传送带模块分为线性传送带模块和连接传送带模块。通过这些模块的组合，可以形成不同形式的传送带，通过改变模块的方向和位置可以快速调整传输路线，而且二维传送带和三维传送带的组合可以形成各种类型的空间运输路线。

（三）动态响应的控制结构

到目前为止，制造系统基本上有三种控制结构：集中控制结构、递阶控制结构和异构控制结构。其中异构控制结构将系统分解成近似独立的实体，实体通过预先定义的通信接口进行合作。实体之间消除主从关系，具有局部自治性，系统构成对实体是透明的，实体需要与其他实体合作。在异构控制结构中，每一个实体具有高度自治性，可以快速响应环境变化。大规模定制生产由于其订单到来的随机性，要求控制系统具有动态响应的特点。异构控制结构是大规模定制制造系统应该借鉴的结构。

（四）减少生产准备工作

在大批量生产模式下，制造商通过增加批量，将生产准备时间和成本分摊到尽可能多的产品中。大规模定制的极端情况是，每种产品的批量为一，生产准备工作减少，制造商就可以做到按订单生产。生产准备工作的减少是大规模定制生产的重要前提。

（五）动态组合的布局方式

传统制造系统规划的一个重要方面是合理安排车间、制造单元的布局，以加快工件的流动，减少排队等待时间、运输时间等。大规模定制制造系统规划的目标除了包括传统的制造系统规划目标外，更重要的是要保证制造系统的动态组合和调整能力，以满足大规模定制所要求的柔性和快速响应能力。

第四节 大规模定制电子商务物流体系

一、大规模定制物流体系

传统上，厂商或物流服务提供者为以最小成本获得最大收益，尽量简化物流操作，对所有客户提供相同水平的物流服务，称之为大规模物流。其优势在于充分利用规模经济效应，提高物流操作效率，降低物流成本。但不足之处也很明显：未意识到或有意忽视客户需求的多样性和差异性，以及企业物流服务目标的多重性，单从企业内部角度考虑物流服务的提供，很少或没有客户参与物流服务的设计和评价，客户服务标准的建立旨在有利于物流活动的开展，而非满足客户的特定需求。

由于企业规模、产品性质等因素的影响，客户对物流服务产生不同的需求，如降低库存水平、快速反应市场、追求最小变异等。同时企业物流观念逐渐从减少复杂性和节约成本转向提高收入和边际利润，从而产生了定制物流。定制物流充分考虑客户需求的差异性，视每位客户为一个单独的细分市场，并设计专门的物流服务模式来满足客户的特定要求。定制物流以客户服务为中心，通过提供独特的物流服务方案来满足客户的需求，达到共赢的目的。另一方面，定制物流也存在不足，由于将每位客户作为一个细分市场，提供不同的物流服务，企业物流方案的设计和实施变成一个庞大的工程，无论是厂商自营物流还是第三方物流都面临有效管理和满足客户需求、维护客户关系、评价物流业务绩效等诸多问题，物流活动的开展难以产生规模经济效应，难以降低物流总成本。

以上两种物流服务方式是降低成本或追求服务的极端情形。当前厂商和第三方物流企业不仅要满足客户不同的物流需求，而且面临降低物流总成本、提高物流和供应链效率的挑战，要求探寻一种将规模经济效应有效运用到定制物流服务的新的物流模式。为此，将大规模物流与定制物流进行集成，在二者中求得某种平衡，从而产生大规模定制物流。

一般认为，大规模定制物流指的是根据客户的不同物流需求进行市场细分，运用现代物流技术和信息技术以及先进的物流管理方法，通过物流功能的重新整合，实现以大规模物流的成本和效率为每个客户提供定制物流服务。除了有效提供定制物流服务之外，大规模定制物流还有利于企业扩大市场占有率、提高客户忠诚度、增加利润等。

二、大规模定制物流的发展

随着消费者需求个性化与多样化程度的提高，市场竞争日趋激烈，企业迫切希望在低成本的情况下满足客户的定制化需求。在商品日益丰富的今天，客户导向成为新的营销观念，而物流服务是客户服务的重要组成部分，受到了广泛的重视。物流服务正逐渐成为体现企业个性化服务的一种手段，成为满足客户个性需求的一项利器。由客户的个性需求衍生出工商企业对物流服务的个性化需求，进一步衍生出物流企业提供大规模定制物流服务的动机。

另外，物流企业的企业客户拥有不同属性的产品、业务流程，因此物流服务需求个性化或定制化特点明显。有些学者认为个性化或定制化是物流服务需求的最大特点。以宝供物流为例，其服务的客户既有电子类的飞利浦，也有日化类的宝洁。如果为每个企业提供一套完全定制化方案，服务成本必然很高，而大规模定制物流服务则把客户的定制需求与低成本的大规模物流完美结合起来，是现代物流走向成熟的必然结果。

在电子商务成为现代潮流的今天，对物流的要求越来越高，给物流的压力越来越大，物流正逐渐成为电子商务的瓶颈。在电子商务时代，降低配送成本的同时要满足严格的物流服务需求，物流面临着巨大的挑战，包括：零星需求增多，配送时间有严格限制，高频率小批量的配送增多，给波动性需求提供可靠的配送服务等。正如利用大规模定制解决生产方面的难题一样，大规模定制物流正逐渐被用于应对物流的挑战。

三、大规模定制物流的特征

当提到大规模定制，人们会不自觉地想到产品，而常常会忽略了物流。我们通常所称的大规模定制实际上是大规模定制生产，和大规模定制物流共同构成大规模定制，因为两者解决的是相同的问题：以定制化方案来更好地满足多样化的市场，同时取得大规模市场的经济性。因此，大规模定制包括大规模定制生产和大规模定制物流两大部分。

（一）以客户需求为导向

大规模物流主要追求提高物流效率、降低物流成本，是一种推动型物流服务模式。而大规模定制物流旨在充分识别客户的物流需求，并根据需求特征进行市场细分，寻求差异化的物流战略，通过对物流功能的重组和物流操作的重构，提供客户化定制物流服务，是一种需求拉动型物流服务模式。

（二）以现代信息技术和物流技术为支撑

大规模定制物流要在获得大规模经济效应的同时提供客户定制物流服务，必须依靠现代信息技术和物流技术，包括电子数据交换（EDI）、条码（Barcode）、电子自动订货系统（EOS）、全球卫星定位系统（GPS）、地理信息系统（GIS）、射频技术（RF）等。这些技术使企业能采用先进的管理方法如快速反应（QR），有效客户反应（ECR），准时制管理（JIT），提供客户要求的供应商管理库存计划（VMIP），提前运送通知（ASNs），协同规划、预测与连续补货（CPFR），上架准备等特定服务，支持工厂和仓库中新增的物流活动如直接换装（Cross-docking）操作、运输调度及回程安排等。

（三）以物流细分为手段

大规模定制物流通过对物流需求的细分，划分出客户群，并根据每个客户群的需求特征确定物流服务水平，从而避免为单个客户定制物流服务水平的复杂性和低效率。在具体实施时，首先根据客户具体的物流服务需求，将客户细分为某个客户群，以该客户群对应的物流服务水平为基础，综合考虑客户的需求特征，对物流服务内容进行适当的增减，确定客户化定制物流方案。从产品角度进行的市场细分可以充分识别客户需求，进而确定目标市场，寻求差异化市场机会，为每个客户群提供所需要的产品。同样，从物流角度进行市场细分，可以明确各个客户群的物流需求，在此基础上实施差异化物流服务战略，提供客户所需要的物流服务。

（四）以物流功能模块化、标准化为基础

物流服务功能主要包括运输、保管、包装、装卸搬运、配送、流通加工、信息处理等，各个功能可以视为物流服务的模块，对其进行标准化。各模块功能可通过自营或外购的方式实现，以每个组织的核心竞争力为依据确定自营功能模块，外购非核心能力的功能模块。在实现标准化的过程中，可以运用标杆瞄准（Benchmarking）方法，以该功能领域的领先者或竞争对手为标杆，实现物流设施设备、物流操作等的标准化。最后，根据具体的客户需求进行物流功能模块的组合，以物流服务总效益最大化为指导，实现各功能模块的协调。

四、大规模定制物流方案

（一）建立物流资源的模块化及模块的标准化

建立物流资源的模块化及模块的标准化有利于在多条并行的供应链之间进行整合，以实现范围经济效应。物流资源包括技术资源、管理资源、组织资源和人力资源。其中，技术资源由物流设施设备、现代物流技术、信息技术、虚拟物流技术等构成。

资源共享有利于更好地满足定制物流的需求。这是因为随着资源的增多，满足定制物流需求的手段也增多，从而有利于物流定制化的实现。

（二）基于时间的资源共享

如果资源在一个时期内是闲置的，则可以通过优化充分利用资源。物流活动是通过

一系列资产设备来开展的，如仓库、车辆、港口、机场、配送中心等。资产设备如果在一个时期内只局限于一个用户，则存在着资源浪费的风险。基于时间的资源共享意味着资源一个时期内可以在多条供应链之间共享。

（三）基于空间的资源共享

资源也可以在一定空间范围内共享，当然其中也包含时间因素。实行此策略的一大障碍是物流标准化方面的不足。我国在长期计划经济体制的影响下，各地区、各行业各自为政，物流标准不一致，例如托盘的尺寸、卡车的大小、仓库货架的尺寸等无法配套使用，严重影响了资源的共享，降低了物流运作效率。另一大障碍是公司对于合作的态度。企业合作包含互补性合作甚至与竞争对手的合作，许多公司由于担心失控或者商业敏感性问题而不愿意物流资源共享。

（四）基于信息的资源共享

信息系统是支持物流系统的一个关键因素。信息系统以及信息本身都可在并行的多条供应链间分享，以达到互利的目的。

（五）基于定制分离点的思想

定制分离点是大规模定制在生产领域的一个重要思想。在分离点，产品的生产由大规模通用生产向定制化生产转变，这样可以用大规模生产的成本来满足定制化需求。这一思想同样可应用于大规模定制物流领域。

五、大规模定制物流的设计与实现流程

（一）物流细分

由于大规模定制物流要提供有效的客户化定制方案，满足不同客户的特定需求，因而实现大规模定制物流首先要从物流角度进行市场细分，通过物流细分来识别客户的需求特征，并按照一定的标准划分客户群，从而为物流服务水平的设计打下基础。

物流细分所使用的工具与市场细分相似，主要是进行因素分析，不同之处在于分类依据的因素不同，市场细分主要以客户需求的产品特征为基础，物流细分则主要以客户的物流需求和产品的物流特征为基础。这些因素主要包括购买关系性质、订货和账单送交方式、运送和服务支持、订单内容、运送内容等。

根据客户潜力及公司潜力对每个客户的战略重要性进行评价，确定客户成本—服务的均衡，将成本—服务分析和战略重要性分析相结合，制定新的物流服务战略，从而有效地提供大规模定制物流服务。

通过物流细分将具有相同需求特征的客户划为一个客户群，并界定不同客户群的需求，以识别物流服务的优先性。

因此，通过物流细分，企业将市场划分为不同的客户群，明确了各个客户群的物流需求以及各种物流需求的优先性，可根据企业自身实力、竞争状况等因素确定目标市场，选择不同的目标市场战略。

（二）定制物流服务水平设计

在细分市场之后，要针对每个客户群定制物流服务水平。为此，首先要了解企业的物流服务能力，在此基础上，根据物流细分的结果设计满足客户群物流需求的服务水平。由于明确了各客户群的物流服务需求，设计相应的物流服务水平是一件比较直接的事。但在很多情形下，如为了跟上竞争者的物流服务水平，或采取差异化战略而缺乏相应的物流能力，或缺乏满足重要客户物流需求的某些物流能力等，在物流服务水平的设计方案中需增加新的物流服务能力，才能满足客户的物流服务要求。这时，就应比较新增物流服务能力的总成本和收益机会，做出正确的决策。

其次，所设计的物流服务水平必须进行内外部的测试和检验，并根据测试反馈情况，进行适当的变更，最后确定物流服务水平。内部测试主要是针对市场营销部门和销售人员进行，当某些方面发生冲突时，要进行协调，确保总体效益最大。

最后，在为具体客户提供物流服务的实际操作中，为客户提供的物流服务水平以该客户所在客户群的物流服务水平为基础，再根据客户特定需求对物流服务内容进行适当增减，从而在物流规模化的基础上提供定制化物流解决方案。

（三）物流服务能力重构

要达到设计的物流服务水平，必须重构企业的物流服务能力。为此，要综合考虑物流操作流程、物流资产和技术以及人员安排三个方面。

（1）新的物流操作流程要确保能有效地提供定制物流服务。对制造商而言，需要明确新执行的物流活动；了解由于物流服务变动所影响的客户数目和预期的产品数量，寻求执行新流程而不干扰其他产品流的最好方式；明确单个流程（接收、入库、储存、拣选、分拨、运输计划）所受到的影响；弄清市场预测、生产计划、存货管理和分销管理流程和政策，以及市场营销流程和政策需进行的调整与改变。

（2）物流资产和技术也是物流服务能力重构中必须考虑的问题。进行重构时要分析资产构造的变化，确定重构的仓储设施、新增物流设备的数量；明确为支持新流程，在销售、订单管理以及客户服务方面的变化；明确为支持提供新服务，在生产计划、供应链计划、仓储和运输管理方面的变化等。

（3）物流服务能力重构还需考虑人员安排。一般情况下，工作流程上的变化、引进新系统需对人员进行培训。另外，如果物流能力的实现是外包第三方，则需与第三方物流服务提供者进行新的协商，因而物流服务能力重构需对人员安排进行合理的调整，对员工进行相应的培训。

综上分析，在向客户提供定制化的产品和服务时，应根据客户的需求情况选择适当的定制方式。为了给客户提供更好的定制化产品或服务，企业可选择多种方式相结合，或在不同的阶段，或针对不同客户或不同的产品选择不同的定制方式。

本章小结

(1) 大规模定制生产模式具有规模经济、范围经济和集成经济等经济效应。

(2) 大规模定制的实施主要涉及以下几个步骤：客户需求获取、定制产品设计、定制产品制造、定制产品递送和客户售后服务。这几个步骤是无缝集成的。

(3) 大规模定制的实现需要企业具备以下能力：准确获取客户需求信息的能力；敏捷开发设计的能力；柔性生产制造的能力。

(4) 基于电子商务的大规模定制生产模式具有独特的特点和优势，使定制企业可以快速、及时地获取客户的个性化需求信息，实现多样化和虚拟的产品网上展示，并且能够大幅度地降低大规模定制产品的销售成本。

(5) 没有有效的物流管理，企业所需的原材料不能及时运抵，客户定制的产品不能按时送达，大规模定制根本不可能实现。因此，物流过程直接影响大规模定制的成本和敏捷性。

(6) 大规模定制物流的特征包括：以客户需求为导向；以现代信息技术和物流技术为支撑；以物流细分为手段；以物流功能模块化、标准化为基础。

思考题

1. 什么是大规模定制？它具有什么样的优势？
2. 简述大规模定制的实施步骤。
3. 企业实现大规模定制必须具备什么能力？
4. 企业实现大规模定制的方法是什么？
5. 基于电子商务的大规模定制的含义是什么？基于电子商务的大规模定制的模式和特点是什么？
6. 基于电子商务的大规模定制的支撑技术是什么？
7. 大规模定制物流的含义是什么？它具有什么样的特征？
8. 大规模定制物流的设计与实现流程是什么？

案例分析

红领的经营创新：运用互联网，实现服装大规模定制

全球服装定制供应商平台，使传统产业深层融入科技，将服装定制的数字化、全球化、平台化变成现实，把复杂的定制变得简单、快速、高质、高效。七个工作日交

付成品，一次性满足客户的个性化需求，真正实现了服装全定制，提供了全生命周期、全产业链个性化定制的全程彻底解决方案。

全球服装定制供应商平台：无限制的自主设计，提供多种数据采集解决方案，真正实现一人一版、一衣一款、一件一流，超预期满足客户的个性需求。

全工艺快速服务优势：全手工、半手工、全毛衬、半毛衬、黏合衬的单体定制优势；七个工作日交付成品，小批量、多品种、快速加工和快速补货的生产优势。

标准化质保体系：确保定制服装精准合体、质量稳定；超强满足能力，客户只需经营好品牌，公司提供服装定制全程彻底解决方案。

裸价定制，打造成本优势：个性化的工业化生产，极大地降低成本，客户可以用最简单快捷的方式、最合理的价格穿上属于自己的专属服装，让奢侈品不再奢侈。

以上是红领集团企业官网的简介，但是要真正实现这些目标，红领首先面临的就是服装定制中的“打版难题”。

“最开始我们想买一套现成的系统，但是买不到，而且没人去研究这个系统。所以我们就自己投钱做。”红领集团董事长张代理说。至今红领已经投入 2.6 亿元，历时十几年。

经过大量数据的积累和反复试验，张代理董事长找到了解决思路和方法，通过输入丈量的 19 个个体数据与最适合体型版型自动匹配，可以保证衣服贴身合体。但是这样数据量就是海量的数据。根据测算，1 个数据的变化会引起 9 666 个数据的同步变化，比如肩宽差 1 厘米，相应身体其他部位都会发生变化，有很强的关联性。红领多年来一直在累积数据，至今已经累积 100 万万亿条数据。红领为此设立了一个 100~150 人规模的团队，这些人先设立规则，并按规则建立数据库。测试样的衣服做出来后，有不合适的地方，红领会再去改规则。不停地变动规则，不停地改变数据库。例如，腰围和立裆数据关联，开始设计的规则是腰围加大立裆随之加长，但后来发现这种关联是错误的，因为没有考虑到人体更复杂的东西，于是规则再次发生变化。最后研发成功了可标准化复制的 RCMTM（Redcollar Made To Measure，红领个性化定制）服装柔性生产系统。RCMTM 系统彻底解决了打版自动化问题，现在红领集团每天生产 1 200 套西装，一套西装的制作仅需 7 个工作日，且都是一次制作完成。“这套系统仍在完善中，高和胖都没有问题。不满足率已降低到万分之一。”红领集团董事长张代理说。

RCMTM 平台解决了打版问题，接下来是如何把版做成西装，每件西装如何裁剪、缝纫、熨烫、质检、入库等都要保证个性化西装大规模生产。如果不是生产定制西装，工业化流水线作业很简单，因为所有产品都是相同的，流程很容易标准化，但定制产品是根据每个人身体数据制作的，流水线上的每件都是不同的，如何实现标准化生产？红领集团创新设计了基于数据的标准化生产线。

订单经过 RCMTM 制版后的数据会传输到布料部门，按照打版数据准备布料，裁剪部门会按照打版数据进行裁剪。裁剪后的一套西装的布片挂在一个吊挂上，同时会配一个电子标签。在流程每一个加工环节，每个工人面前都有一个射频识别终端，以识别电子标签，按照标签中详细的定制要求进行生产，电子标签包含了全面的加工要求和原料（如里衬、扣子、袖边等）数据。红领研发了多个系统，全部以数据来驱动，系统每天会自动排单，包括打版、裁剪、自动整合版型，真正实现了19个客户量体数据完成定制全数字化。张代理董事长说，每个员工都在网络终端上“在线”工作。

今天英美等发达国家的许多品牌服装商把目光投向红领集团，它们要把品牌服装改变成定制的品牌服装，将定制服装的加工生产交给红领集团。服装加工生产是一个低附加值的产业，现在红领集团通过定制的规模化生产将服装加工生产变成了高附加值产业。

基于红领集团的规模化定制生产的核心竞争能力，张代理董事长在规划和实施红领集团输出技术，帮助传统的规模化服装生产企业转型为定制型的规模化服装生产企业，已经在试点。

红领集团也在实施C2M+裸价+O2O的新的客户服务商业模式，客户在线下商店丈量19个身体数据，由线下商店将客户量体数据输入红领的客户终端系统并在系统中选择服装款式和面料，将来也可以自己修改和设计款式，然后传给红领集团，5个工作日个性化西装和衬衣就可以直接寄给客户。定价采用面料价格加上加工费的裸价。

（资料来源：根据红领集团官网、阿里案例工场等资料编撰。）

分析讨论：

(1) 从案例来看，真正实现服装“一对一”定制的关键是什么？

(2) 从生产流程来看，“定制化”与“规模化”的根本区别在哪里？

(3) 红领“大规模定制”的制造延迟点在哪里？

(4) 在大规模定制背景下，应使用怎样的物流系统来与之相配？

第八章

第三方电子商务物流系统

学习目标

近年来，由专业电子商务企业创建、管理和运营的第三方电子商务平台在我国的发展可谓“如火如荼”，迅速成为推动电子商务发展的主力军。它的兴起极大地降低了广大中小企业进入电子商务领域的门槛，也为消费者提供了一个充分展示电子商务独特魅力的天地。可以说，第三方电子商务的发展壮大为全面实施“互联网+”战略奠定了基础。

本章将从第三方电子商务物流系统入手，通过介绍共同集配、配送资源计划以及O2O模式下的物流系统三种第三方电子商务物流系统中常见的物流管理运作方式，让读者初步掌握第三方电子商务平台物流体系运作和管理的基本原理和方法。

学习任务

通过本章内容的学习，要完成以下几个任务。

- 掌握第三方电子商务物流系统的概念、内涵和特点等。
- 了解共同集配的概念、作用和组织运作方式。
- 了解配送资源计划的基本原理、特点和运算逻辑。
- 了解O2O模式的基本概念和发展现状。
- 了解传统企业应用O2O模式的物流及营销优势。
- 了解传统业态利用第三方电子商务平台整合资源的基本思路及解决方案。

导入案例

阿里巴巴等共同组建“菜鸟网络”

2013年5月28日，阿里巴巴集团、银泰集团联合复星集团、富春集团、顺丰集团、“三通一达”（申通、圆通、中通、韵达）、宅急送、汇通及相关金融机构共同宣布，“中国智能物流骨干网”（简称CSN）项目正式启动，合作各方共同组建的“菜鸟网络科技有限公司”正式成立，马云任董事长，沈国军任首席执行官。

菜鸟网络计划首期投资人民币1 000亿元，希望用5~8年的时间，努力打造遍布全国的开放式、社会化物流基础设施，建立一张能支撑日均300亿元（年度约10万亿元）网络零售额的智能骨干网络。目标是“让全中国任何一个地区做到24小时内送货必达”。

阿里巴巴、银泰、复星、富春、顺丰和“三通一达”等共同组建“菜鸟网络”，同时启动“中国智能物流骨干网”项目建设，这是智能大数据、物联网、云计算、自动化技术等技术在国内的大规模商业实践。中国电子商务研究中心主任曹磊研究员就阿里系统物流的布局绘制了图8-1。

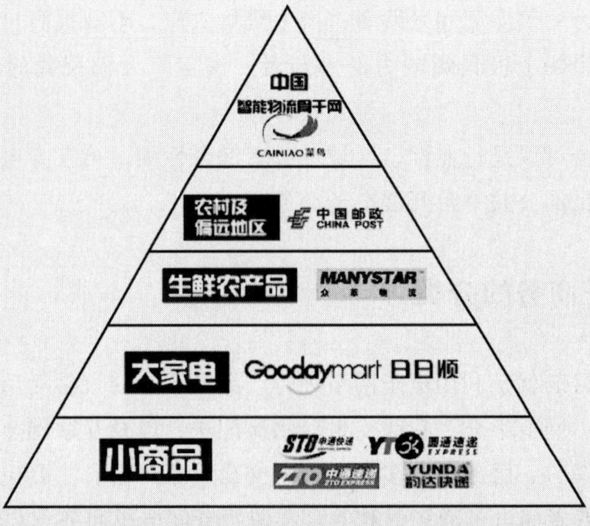

图8-1 物流系统布局

根据CSN的目标，在三五年时间内，在全国打造搭建形成一个网状的物理的智能骨干体系，把它做成一个平台。在中期，“中国智能物流骨干网”将通过信息系统深度融合和处理，整合社会第三方物流企业，计划用5~8年的时间建立一个支撑日均300亿元网络零售额的物流网络。在远期，CSN将不断完善其物流信息系统，并向制造商、电商、第三方物流开放，可以基于大数据和云计算等技术，建立服务于整个“生态系统”的供应链管理体系，整合商流、物流、信息流，实现大物流发展战略。

（资料来源：根据曹磊《互联网+：产业风口》（2015年）整理。）

思考：

（1）阿里巴巴做这样一个物流平台其目的和作用是什么？

（2）对消费者来说，“菜鸟网络”这样的物流平台究竟有什么价值？

（3）对快递企业和其他第三方物流企业来说，它又有什么样的价值？

第一节 第三方电子商务及其物流概述

第三方电子商务泛指独立于产品或服务的提供者与需求者，利用网络服务平台，按照特定的交易与服务规范，为交易各方提供包括认证、交易、支付、物流、信息增值业务等在内的服务的过程。这一概念表明，为市场交易方提供交易信息匹配，准确地在互联网中找寻到具有价值的信息，在交易过程中提供资金支付的安全保障，以及方便、快捷的相关配套服务是第三方电子商务服务的核心。电子商务企业利用第三方交易平台可以通过聚集众多优秀的供应商和采购者，产生聚集效应，不断提高自身平台的品牌知名度和影响力，成为市场上极具影响力的参与者。淘宝、天猫及我的钢铁网都是这样的平台。

第三方交易平台可以是行业性、区域性或者综合性的。第三方电子商务模式的实质就是依赖第三方提供的公共平台开展电子商务。

一、第三方电子商务的分类

电子商务主要目的就是利用电子网络进行产品及服务的贸易活动，从运营流程来看主要包括网上购物、网上中介、在线支付、物流配送，以及互联网金融等不同环节。尽管互联网上提供的销售、服务多种多样，但从交易对象来看，主要包括企业间电子商务（B2B）、企业与消费者间电子商务（B2C）和消费者间电子商务（C2C）三种模式。

其中，B2B 电子商务可以划分为特定企业间电子商务和非特定企业间电子商务两种类型。特定企业间电子商务一般是指在维持长期交易关系的企业间进行的电子商务活动，这类商务模式的参与者往往为了相同的经济利益，而采用特定网络来进行产品设计、市场开发和库存等企业管理活动。而非特定企业间电子商务一般特指在开放的网络环境中为每笔交易寻找最佳伙伴，从而完成企业间交易的商务活动。针对非特定交易的电子商务平台系统一般都由专业的第三方电子商务企业负责建设和运营，并提供相应的配套服务。

B2C 电子商务是以由商家或企业通过网站向消费者提供商品和服务的一种商务模式。因此，B2C 电子商务一般是以零售商为主导直接面向消费者，借助互联网开展的零售活动。目前，我国的 B2C 电子商务形式主要有以下几种形态：由大型零售企业建立的综合型电子商务平台，如京东商城、苏宁易购、亚马逊等；由品牌运营商整合其供应链形成的垂直型电子商务网站，如小米、聚美优品、去哪儿等，这类电子商务企业主要针对满足于某一特定消费群，或定位于某种特定商品如服装、家电等，在特定领域内深度挖掘，积极与上游制造商合作，化解渠道冲突，扩大产品线与产品系列，完善售前、售后服务，提供多样化的支付手段；由专业电子商务企业建立的交易平台，为众多中小生产、零售企业提供网上交易配套服务，如天猫商城等。

C2C电子商务是指消费者之间的电子商务，这一类型平台的思想来源于传统的跳蚤市场。在跳蚤市场中，买卖双方可以进行一对一的讨价还价，只要双方同意，立刻可以完成交易。从理论上来说，C2C模式是最能够体现开放、共享的互联网精神和优势的。数量巨大、地域分布广阔、时间不一的买方和同样规模的卖方通过一个平台找到合适的对家进行交易，在传统领域要实现这样广泛的开放式交易几乎是不可想象的。同传统的二手市场相比，它不再受到时间、空间、商品，甚至交易对象的限制，节约了大量的交易成本，其价值是显而易见的。由于此类电子商务的参与者大都由大量中小卖家构成，买家也非常分散，传统企业很难独立完成其建设运营过程。因此，现有C2C电商平台基本均由专业电子商务企业搭建及运作，典型平台如淘宝、eBay等。

可见，在电子商务领域，无论其参与者是谁，无论设计何种商品，由专业的电子商务企业提供的第三方交易服务都绝对是主流。因此，研究和探讨第三方电子商务平台的物流系统就显得格外重要了。

二、第三方电子商务平台的功能和特点

从第三方电子商务服务的本质来看，通过为交易各方提供完善、便捷的交易功能来实现赢利和发展，是电子商务企业建立交易平台的根本目的和动机。这就要求第三方电子商务平台须具备以下功能及能力。

（1）交易信息服务。供需各方通过注册成为平台会员，就能够在平台上发布产品、需求、服务等各类交易信息。计算机网络和通信技术的发展使用户在平台上用以展示其交易信息的手段也日趋多元化，从早期的纯文本信息，到图片、声音、动画、视频等各种形式的多媒体信息。这也对平台运营商提出了更高的专业性要求。

（2）交易规则及监管。公平、公正的交易规则及便利、友好的交易流程是市场健康发展的基础。因此，对于第三方电子商务平台的运营方来说，制定一套科学、合理的交易规则及交易流程是首要任务，只有在充分保证交易各方权益的前提下，电子商务平台才能持续健康地发展壮大。另外，正如市场中维护市场交易秩序的管理者，还要求平台运营方能够在海量动态的交易过程中，实时地对平台参与者的交易活动进行监控和管理，并能够采取有效的措施来保证交易规则和流程的严格执行。

（3）丰富的增值服务。一个运营成功的第三方电子商务平台，除了能为平台参与者提供安全、便捷的交易环境外，还能为交易方提供完善、便捷的配套服务，如支持多种支付方式，提供在线物流管理、库存管理、小额金融信贷服务等。

（4）安全的交易环境。由于电子商务平台实质上是利用网络虚拟市场完成包括实物交易的各种商务活动，也就是说，这些商务活动是在开放的互联网上展开的，因此，如何在开放的互联网平台上实现保证交易过程的安全性和私密性就显得至关重要。因此，平台应满足认证性、保密性、完整性和不可抵赖性四个方面的安全要求。

同时，由于第三方电子商务平台的建设和运作都是基于不参与交易本身的专业电子商务企业完成的，因此具有以下特点。

（1）第三方运作。其在交易过程中处于中立立场，集成了参与交易各方的需求、供给、支付、物流及其他配套服务信息，制定交易规则，支持交易过程中的各项活动，撮合买卖双方供求，对商务平台进行维护、监控和管理，保证平台的稳定、安全。

（2）专业化运作。由专业的电子商务企业运作，充分利用电子商务企业的专业性，为交易平台的信息和服务集成提供技术支持，创建更专业、全面的功能，为平台上的会员企业提供专业化的服务，充分体现聚集效应，实现规模经济。

（3）集成化运作。第三方电子商务平台运作是建立在自由、开放的互联网基础之上，并利用其覆盖面广、价格低廉和功能更齐全等优点，集成与交易相关的各项功能，提供完善、便捷的交易配套服务。

三、第三方电子商务平台的价值和优势

第三方电子商务是以平台客户为核心的开放式经营模式，只有不断创新服务内容，才能为客户及自身创造价值。这种模式的优势主要如下。

（1）扩大市场。用户企业可以借助第三方电子商务平台的技术和信息优势，拓展渠道能力和品牌影响，提升自身的产品知名度，在时间和空间两个维度上扩大市场。

（2）增强关注度。借助电子商务平台上完善的信用保证机制和配套服务体系，中小企业的商务活动更容易获得市场和客户的关注及认可。

（3）提升执行能力。第三方电子商务平台能够利用先进的技术优势、专业的市场操控能力和完善的诚信体系动态地满足各方的需求。

（4）提高交易的安全性。第三方电子商务平台凭借优秀的技术团队、先进的设备、稳定的系统和合理的构架等，在最大限度上保证用户交易的稳定性和安全性。

（5）满足消费者的需求。第三方电子商务平台能够整合多方面的优势资源，通过信息交互迅速获取客户需求，快捷地提出解决方案以满足相应的需求。

同时，第三方电子商务又是一种典型的“以服务为中心”的交易与服务平台。因此对于广大中小企业及个人的平台用户来说，还可以在以下两个方面体现其价值。

（1）降低社会交易成本。第三方电子商务广泛应用将减少企业信息化方面重复建设费用，降低整个社会信息化建设支出；可以改进各行业、各地区供应链运营水平，如减少整个社会的库存水平，提高资源利用率；可以促进集群企业提高创新能力，促进整个社会信息化进程，从而实现“以信息化带动产业化，以产业化促进信息化”的战略。

（2）降低信息成本，产生聚合效应。第三方电子商务可以减少中小企业信息化建设以及应用的各项支出；对广大企业在公共平台上发布供需信息，形成聚合效应，扩大商业机会，降低经营成本。企业还利用第三方公共平台丰富可靠的信息发现商机，研发产品或服务，改变企业经营模式和结构，提高在市场中的竞争能力。由于第三方平台提供

者掌握丰富的资源，并具有良好的客户沟通能力，可以帮助企业逐步完善供应链建设。

四、第三方电子商务平台的运作服务系统

在第三方电子商务平台的服务体系中，由于不同商家一般拥有由不同供应商、不同商品流通渠道构成的供应链，商品采购、储存一般都采用分散模式由各商家自己解决。因此，一般情况下平台仅为不同商家所具有共同需求的类目提供服务。就物流环节来讲，由于小额、分散的终端配送是所有平台商家所面临的共同服务需求，所以现阶段，中小型快递企业就成为电子商务平台最主要的物流服务提供商。其服务链及物流需求如图 8-2 所示。

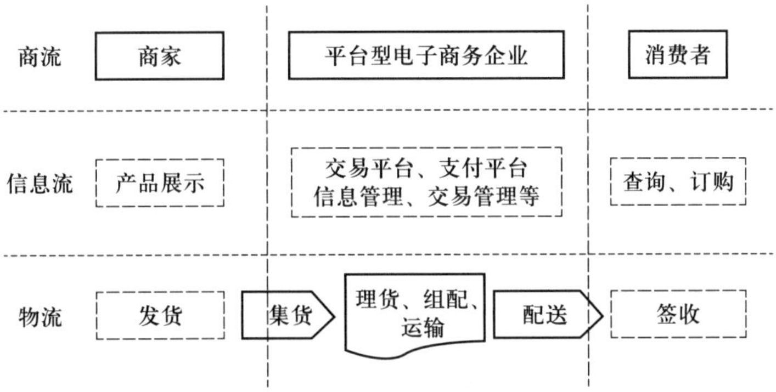

图 8-2 第三方电子商务平台的运作流程

电子商务企业为商家提供开设网店的交易平台，商家在平台上进行店铺装修、推广与商品销售。当顾客在商家的网上店铺订购商品，则订购信息进入物流环节。商家可将事先存放于自营仓库或第三方物流企业仓库的商品进行分拣、包装等操作，继而通过第三方物流的配送体系将符合订单信息的商品派送到顾客手中。第三方电子商务平台对物流的需求具有以下特征。

（1）协同性。通过整合平台物流配送需求，降低配送成本。

（2）安全性。通过有效监控手段和机制保证货物安全。

（3）高效性。能够满足电子商务客户高效、便捷、实时的物流要求。

（4）多元化。可以同时为不同类型的客户提供多种类型的服务。

（5）柔性化。可以满足不同类型客户的个性化要求。

（6）信息化。拥有完备的信息技术手段，进行实时物流跟踪。

（7）集成化。通过互联网完成系统的互联互通，实现实时的物贸联动。

单纯从物流角度来看，由于第三方电子商务平台的运营方并不参与实质性商品交易，因此大多数平台也并不介入交易流程本身。国家邮政局快递大数据平台实时监测数据显示，2021 年我国快递业务量已达 1 083 亿件，这是我国快递业务量首次突破千亿级别，已连续 8 年稳居世界第一，对全球市场增长贡献率超 50%。其中大部分业务来自淘宝

(包括天猫)、京东和拼多多等电子商务平台，物流数据大多源于快递企业的信息系统。

当然，随着第三方电子商务平台的发展壮大，电子商务企业并没有忽视这个由网络交易催生出来的巨大市场，以及随着消费者电子商务飞速发展而日益显现的物流瓶颈问题。从2007年开始，阿里巴巴集团投资百世物流，2010年3月又投资星晨急便，2013年5月更是高调地与银泰集团联合复星集团、富春控股、顺丰集团、“三通一达”（申通、圆通、中通、韵达)、宅急送、汇通，以及相关金融机构共同组建了菜鸟网络科技有限公司（简称“菜鸟网络”）。2014年7月10日，阿里巴巴集团宣布全面启动渠道下沉战略，“菜鸟网络”联合日日顺物流，全面激活全国2 600个区县的物流配送体系服务于此战略，实现全国93%的区县家电送货入户。正如此前阿里巴巴集团宣扬那样，淘宝大物流是“通过线上平台与线下物流配送体系、前端平台展示与后端物流管理能力的全面对接，将打通内外部商家的数据信息通道和物流仓储配送渠道，提供整体物流解决方案，可帮助商家节约物流成本20%到30%”。

可以看出，“菜鸟网络”是淘宝商业生态系统构建的一个重要组成部分。这将进一步推进淘宝的商业生态圈理念：专业的人做专业的事情，让平台上的商家更专心做自己的销售和店铺管理，仓储物流工作则外包给专业的物流公司；原先相对孤立的淘宝网、卖家、快递，经过整合从信息流角度实现有机的协同，对传统快递业形成挑战，引进仓储与配送的整合也是对物流行业规范的一大促进措施。

阅读资料

2022年中国电商发展现状

2011—2020年，我国电商交易规模逐年增长，到2020年达到37.2万亿元。但从2022年中国电商行业分析报告来看，2018年以前全国电商交易规模增速保持在10%以上，2019—2020年下降至10%以下。

2021年在疫情防控隔离政策的促进下，全国电商交易规模增速有所回升，基于2021年全国跨境电商交易规模增速为15%，2021年全国电商交易总规模超过40万亿元。

行业市场规模持续扩大。数据显示，2021年我国品牌电商服务行业市场规模为2 950.9亿元，同比增长22.6%。预计2022年我国品牌电商服务行业市场规模为3 663.2亿元，同比增长24.1%。目前电商市场服务需求不断增长，随着服务商数智化能力的构建及全链式服务体系的完善，品牌电商服务市场规模将进一步扩大。

大健康产业发展红利将进一步释放。2022年中国电商行业分析报告数据显示，我国大健康产业规模持续扩大，2021年大健康产业整体营收达8万亿元，预计2024年达9万亿元。2022年，国务院发布《“十四五”国民健康规划》，要求全面推进健康中国建设。有分析师指出，在政策支持下，大健康产业将稳健发展，大健康发展红利将得到充分释放。

社交电商、直播电商等电商新业态发展势头强劲，逐渐成为电商主流商业模式，商家与消费者的距离进一步拉近，“人、货、场”发生转变，品牌电商运营思维需要做出转变。此外，私域经济快速发展，各方对私域流量的竞争进一步加剧，加速了各品牌电商对自身私域的布局。

此外，2022 年中国电商行业分析报告数据显示，2021 年年末网购使用率高达 81.6%，“95 后”逐渐成为网络购物的消费主力。随着年轻人群逐渐成为消费主力和电商主要用户，品牌方在市场争夺中也需要适应新一代客户群体的消费需求和特点，变换营销方式。同时，随着网络消费群体逐渐趋于年轻化，传统的机械式运营已不能适应市场，各品牌商需针对不同消费群体给出差异化的服务方案，对服务商运营提出精细化要求。

目前，电商 B2B 业务凭借单笔金额大、长期订单稳定等优势，在我国跨境电商结构发展中仍占据主导地位。与跨境电商 B2B 模式相比，我国跨境电商 B2C 模式在资金运转、企业运营效率及财务表现等方面具有明显优势。

（资料来源：根据媒体公开数据整理。）

第二节 共同集配

一、共同集配的概念

共同集配是共同集货（Common Goods Consolidation）与共同配送（Common Delivery）相结合的一种联合物流方式。共同集配是指为了提高集货与配送效率以及实现物流合理化，由生产、批发或零售、连锁企业等物流配送企业建立的一种功能互补的物流联合体。进行共同集配的核心在于充实和强化集货与配送功能，其优势在于整合现有物流资源，有利于实现物流资源的有效配置，弥补物流企业功能的不足，促使企业集配能力的提高和物流规模的扩大，更好地满足客户需求，提高物流效率，降低物流成本。

集货是针对分散客户，将分散的或小批量的物品集中起来，以便进行规模化运输、配送的作业。而共同集货则是物流共同化的主要模式之一，指由几个物流部门或几家物流公司组成共同集配联合体，采用共同的运输车辆，采用捎脚的方式向各货主取货，这种方式可以减少或避免车辆轻载现象，提高车辆的运输效率和降低运输成本。

共同配送是经长期的发展和探索优化出的一种追求合理化配送的形式，也是美国、日本等一些发达国家采用较广泛、影响面较大的一种先进的物流方式。共同配送既符合互利的商业原则，又可以使企业借势增强自身的竞争力。另外，还可避免连锁企业自身的配送中心或者专业社会化配送中心所带来的设施浪费，尤其是避免散兵游勇式的配送车辆集中所导致商业闹市区的严重交通拥塞。比如，由于逐步推广共同配送，日本的7-11连锁便民店14年之内曾将送货卡车从72辆减至12辆，交通流量削减了83%，其通过共同配送系统送的商品占所有商品的85%。目前，日本的共同配送业务十分普及。

共同集配有如下两种运作形式。

（1）地区内的集货与配送业务均由一个部门或一家物流企业为多个用户进行集货与配送操作。即由专业集配企业综合某一地区内多个用户的要求，统筹安排配送时间、次数、路线和货物数量，全面进行配送。

（2）仅在配送环节上将多家用户待运送的货物混载于同一辆车上，然后按照用户的要求分别将货物运送到各个接货点，或者运到多家用户联合设立的配送货物接收点。这种配送有利于节省运力和提高运输车辆的货物满载率。在实际运作过程中，由于共同集配联合体的合作形式、所处环境、条件以及客户要求的服务存在的差异，共同集配的运作过程也存在较大的差异。在第三方电子商务背景下，共同集配的运作过程如图8-3所示。

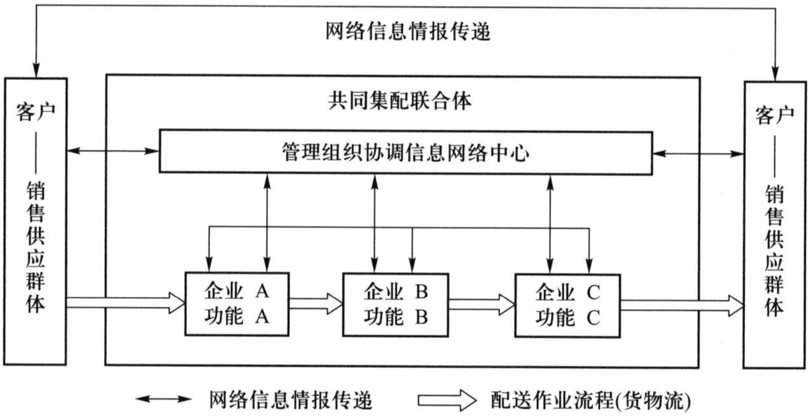

图8-3 共同集配的一般运作过程

二、共同集配的优势

共同集配的本质是相关企业在求得共同利益前提下的一种有条件的合作。这些条件包括外部市场环境、地区经济环境、企业自身状况。因此，共同集配作为一种企业间联合的非政府行为，只要按照“扬长避短，形式多样，互利互惠，共同发展”的原则进行运作，就能真正体现出它的优势。

（一）整合地区物流资源

它将克服部门分割、地区保护等妨碍宏观物流活动的现象，有效、合理地利用国有或地区（集团）所有的物流设施与设备，做到物尽其用。同时，因减少城市交通堵塞和环境污染，极大地降低宏观物流的总成本，缩短流通时间等所带来的社会效益也十分显著。

（二）降低企业成本

我国当前企业面临的主要问题是资金不足、资源有限，而且企业之间拥有的状况不平衡（如有的企业人员过剩、技术力量雄厚，而有的企业资金尚可，但缺乏人才），若采用共同化的物流配送管理，使上述的一些企业实行横向的集约联合，便可取得资源互用、效益共享之功效。

（三）扩大企业运营规模

采用共同化和社会化的管理可以取得与借贷引资、合资合作等相似的效果，既扩大了企业的运营规模，同时企业所承担的风险也因此而减小。

（四）提高物流服务水平

物流配送的共同化和社会化，可使企业间优势互补。如某个业主缺乏货源，可由加盟的其他业主提供，使客户真正享受全方位的快捷服务，客观上起到了提高物流服务水平的作用。

（五）提高物流能力

一般情况下，可用物流量来衡量物流企业的生产能力。限制物流量的因素较多，除构成物流系统的各个环节之外，物流管理方面也是不可忽视的因素。一个企业单独运作，若在某一环节上受阻，系统将受极大影响，甚至不能运行，直接影响到物流量。如某企业各环节都较强，但是装卸跟不上，显然物流量要受到影响，采用共同化管理，可以借助加盟的其他企业的装卸力量弥补。通过统一调度，提高车辆的装载率，减少和避免空驶，使运输成本下降，并使物流量不受到影响或少受影响。加盟企业可以共用广告宣传，同享广告的宣传效果，扩大企业影响，提高了企业的生产能力。

三、共同集配的组织原则及组织形式

（一）组织原则

共同集配的核心在于改善和强化集货和配送的功能，提高端头物流的效率，实现集货和配送的集约化和系统化。因此，作为开展共同集配的联合体成员，首先要有共同的目标、理念和利益，才能使联合体有凝聚力和竞争力，才能有利于共同目标和利益的实现。开展共同配送、组建联合体的原则有以下几个方面。

（1）功能互补的原则。

（2）平等自愿的原则。

（3）互惠互利的原则。

（4）协调一致的原则。

（二）组织形式

共同集配的运作实质是整合不同企业的物流需求，将同一地区的集货与配送环节进行统一运作，通过共同的集配中心，对物流过程中的集货、配送两个环节进行共同运作，最终实现降低物流成本、提高物流效率的目的。具体做法有以下三种。

1. 协作模式

在这种模式下，各企业对运输工具和物流设施的所有权不变，但是各企业可以根据各自物流运输的特点及客户分布情况，建立协调机制保证共同配送正常进行。

2. 联合模式

与前一种模式相比较，采用联合模式建设大型集配中心，共同完成集配的规模较大，有利于发挥经济规模优势；对参与的所有企业而言，既节省大量物流设施、设备、人员的投资，又能够集中精力发展自己的核心业务；有利于实现专业化，配送水平相对较高。

3. 一体化模式

这种模式是从供应链一体化角度出发，将上层和下层流通成员整合在一起。这种模式的集约化程度很高。

对于一体化模式的共同集配而言，集约化程度越高，要求的运作专业化水平越高。因而对于一体化模式，应组建专业集配企业来负责运作，通过提高专业化运作水平和加强组织协调能力，来取得理想的效果。

四、共同集配体系的架构

共同集配的实施过程是一个复杂的过程，要以系统的观点来审视，全面分析，细致规划、设计，充分考虑人力、资源、时间、资金等多种要素，以确保所建立的体系能实现预期的目标。具体步骤如下。

（一）形成共同集配联合体

寻找合适的合作者及适宜的集配对象，整合区域内物流资源。首先需要了解联盟成员企业的物流情况，并设定一定的进入条件，并且适当考虑区域和功能互补。主要考虑条件有配送范围、配送地点与分布、配送要求、服务水准、运送车辆的特性、配送商品的特性、物流设施状况、物流系统的独立性与兼容性等。明确开展合作的业务范围，划定需要纳入共同体系的配送商品与服务内容，分别统计其种类、批次、包装、订单截止时间、集货交货时间、验收方法和规划等，分析探讨形成的配送网络和竞争优势等，确定自己的目标市场及所达到的目标。

（二）建立统一决策、调度和协调机构

形成共识，并经多方协商在决策、调度与运作上协调一致，是架构共同集配联盟的关键。如果缺乏相应的决策、调度和协调机制就会为日后运作埋下混乱与障碍的种子。这种机制的建立应首先厘清联盟各方的责任与权力，对于决策、调度与协调机构的产生进行充分沟通形成一致意见，并形成具有法律效力的协作合同。

（三）确立共同集配作业的主体

结合参与各方的具体情况和意愿，选择符合联盟成员需求的集配模式及其组织形式，同时明确各参加单位对应的负责部门和运营机构，共同组建结构完善、权责明晰的配送推进主体。

（四）设计集配系统

重新整合集配联盟各项业务与物流资源，明确整体服务水平和个别要求，选择合适的保管、装卸、理货、备货、拣选、集配等各环节的作业方式，并配置好开展这些作业所需要的设施、设备、车辆、人员等资源，统一退货处理、订发货记录、单据传递、信息传输等流程与标准。在设计的过程中，注意采用先进的技术手段，以降低实际的操作成本。

（五）完成收支分配制度

完成收支分配制度主要是做好两方面工作：一是确定共同集配系统内各类费用的计算、分摊办法并能进行相应的控制；二是建立合适的利益分配协调机制。

（六）科学论证

科学论证应包括两个方面：一是技术论证，主要包括与共同化有关的技术及企业间资源、设备和管理技术的论证，同时还包括与电子商务相关的安全技术、支付技术及网络技术的论证。二是邀请相关专家对系统进行评价，以便改进，并且要取得参与企业的一致意见。

（七）系统建立和运行

按系统规划设计的方案投入运营，并同具体业务相结合。

（八）系统评价

建立科学、合理的评价体系，为共同集配系统的持续改进打下坚实的基础，确保联盟合作协调体系能顺利、高效地运行。

第三节 配送资源计划

一、配送资源计划概述

配送资源计划（Distribution Recourse Planning，DRP）也称为分销需求计划，它是应用 MRP 的原则，统一物料的配送需求的一种动态方法。该技术方法主要解决分销物资的供应计划和调度问题，基本目标就是合理进行分销物资和资源配置，达到既保证有效满足市场需要，又使得配置费用最省的目的。

在供应链上，DRP 的应用范围相当广泛，对企业而言，既可用于规划原材料的进货补货安排，也可用于企业产成品的配送计划。

在逻辑上，DRP 是物料需求计划 MRP 系统原理和技术在流通领域的延伸应用。但两者之间存在一个根本的差异：MRP 通常是在一种相关需求的情况下运作的，由企业制定和控制的生产计划所确定；DRP 是在一种独立的环境下运作的，由不确定的顾客需求直接确定存货需求。两者共同构成企业的 DRP/MRP 集成系统，如图 8-4 所示。

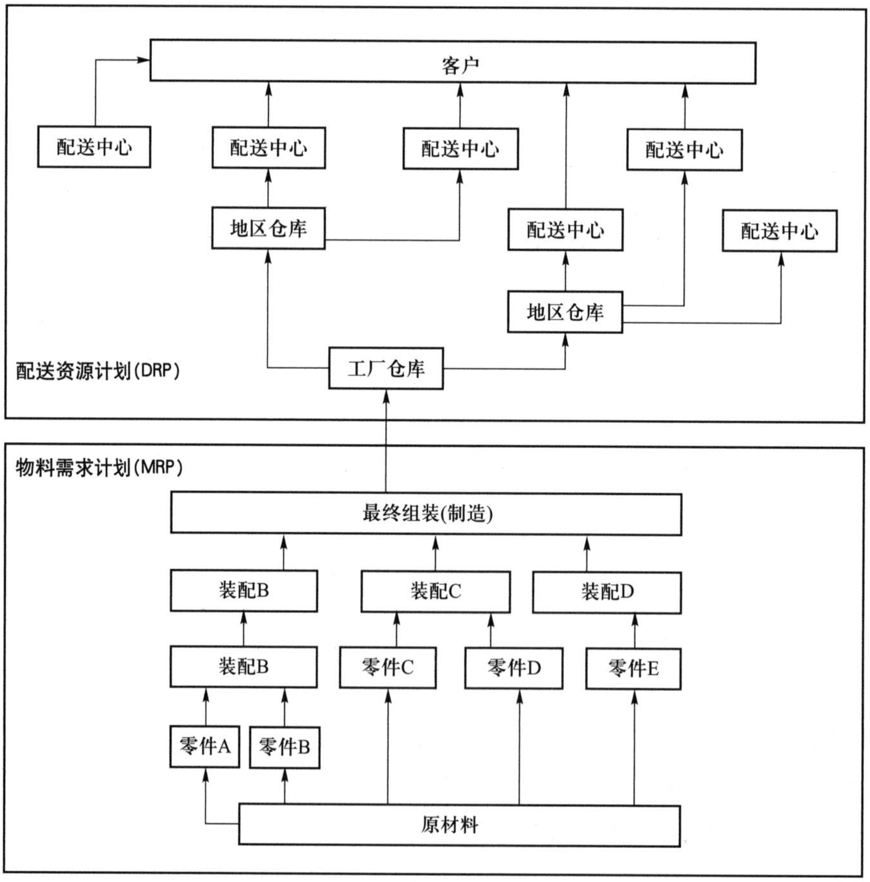

图 8-4 综合 DRP/MRP 系统功能模型

企业可以运用 DRP 系统所产生的信息来计划未来的物料（尤其是存货）需求。例如：

（1）协调同一供应商提供的多项物料的补货需求和安排。

（2）选择更有效的运输方式，以及相应的交通工具的容量规模等。

（3）预先做好运输和接货、卸货的人员、设备安排工作。

（4）从最终客户需求出发，利于配送需求条件驱动产生企业的主生产计划，控制 BOM 表，并最终影响物料需求计划的编制。

二、DRP 的原理

DRP 实际上是一种“准时供应”的思想，而准时供应的实现以大范围内的物流系统实时控制为基础，是计算机集成系统中决策支持系统的主要方法和原则之一。准时制物流要求将用户所需产品准时、保质、保量地送到用户手中。制定物流计划的关键也就集中在订货需求与库存控制计划上。

DRP 原来主要应用于管理企业的分销网络的系统，目的是使企业对订单和供货具有快速反应和持续补充库存的能力。通过互联网将供应商与经销商有机地联系在一起，DRP 为企业的业务经营及与贸易伙伴的合作提供了一种全新的模式。

现在 DRP 技术更多地应用于流通领域进行物流资源配置。其在物流中心的工作原理如图 8-5 所示。

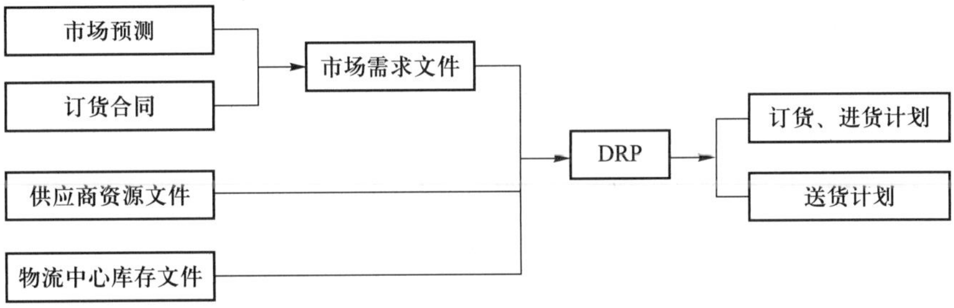

图 8-5 物流中心 DRP 系统工作原理

DRP 系统的输入为三个文件。

（1）市场需求文件，是所有的用户订货单、提货单或供货合同，也包括下属各子公司、下属各地区物流中心的订货单。将这些订单按品种、需求日期进行统计构成一个文件，制定出市场需求文件。如果市场需求没有这些预先的订货单、供货合同等，那么市场需求量就需要靠预测来确定。市场需求文件是进行 DRP 处理的依据，是 DRP 处理的最重要文件。没有这个文件，就不可能进行 DRP 处理。

（2）物流中心库存文件，是物流中心的仓库里所有库存物品量的列表。物流中心需要依据它确定什么物品可以从仓库里提货、送货及送多少，什么物品需要订货、进货。仓库里有的物品可以提货、送货，但是送货的量不能超过现有的库存量；仓库里没有的，可以订货，但是订货量不要超过仓库里对该物品的容量。

(3) 供应商资源文件，是物资供应商的可供资源文件。该文件包括可供物品品种，也包括供应商的地理位置等内容。此文件主要是作为 DRP 制定订货计划的依据。

DRP 的输出为两个计划。

(1) 送货计划。对于客户需求的物品，如果仓库里有，就由仓库提货、送货。由于仓库与客户、下属子公司、子物流中心（统称需求者）有一定距离，所以提货、送货需要一个提前时间，以保证货物能按需求时间及时送达。送货分直送和配送。对于大批量需求者实行直送；对于小批量需求者实行配送。所谓配送，是对成片小批量用户的依次循环送货。配送方式在保证客户需求的同时，又可减少车次、节省费用。

(2) 订货、进货计划。对于客户需求的物品，如仓库到时候没有库存量，则需要供应商订货、进货。因为订货、进货也需要花时间，所以也需要设定订货提前期。要根据具体的供应商来设定提前期，这由供应商资源文件提供。

三、物流中心 DRP 的运作过程

就物流中心来说，要决定某种商品的需求量，首先需要查询该产品的预测需求量，然后去检查该商品的库存量并计算库存能够维持多长时间。如果需要维持一个安全库存，就必须将它从计算维持时间的库存中扣除。物流中心 DRP 的运作过程如图 8-6 所示。

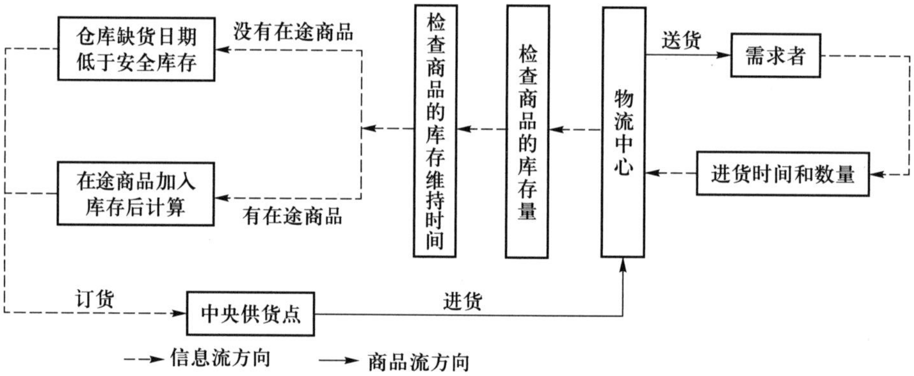

图 8-6 物流中心 DRP 的运作过程

当没有在途商品时，DRP 计算的日期是仓库缺货日期（如果考虑安全库存则是低于安全库存的日期）。当考虑在途商品时，必须将在途商品入库以决定库存能够维持的时间，这样库存商品与购进在途商品数之和所需的日期，就是订货进货到达的最佳日期。商品到达物流中心日期与中央供货点的装运配送日期可能不一致，这就需要计算中央供货点订货进货提前期。这段时间包括：本物流中心将订货信息传输到中央供货点的时间，加上由中央供货点到本物流中心的装运时间以及物流中心的验货、收货时间等。进货批量应当是规定的订货批量。对物流中心送货的处理也应该参考送货提前期来确定送货日期。即用户的需求日期倒推送货提前期，以确定本物流中心向用户的送货日期。

这样，既确定了本物流中心向供货方的订货、进货日期和数量，又确定了本物流中心向需求方送货的日期和数量，如此物流中心的工作计划就可以确定了。这个过程就是DRP在物流中心的运作过程。

四、DRP的特点

（一）优点

作为综合分销计划系统的配送资源计划为管理部门提供了一系列的好处，主要表现在营销和物流两个方面。

1. 营销方面

（1）DRP的实施改善了服务水准，保证了准时递送并减少了顾客的抱怨。

（2）更有效地改善了促销计划和新产品引入计划。

（3）提高了预计短缺的能力，使营销努力不花费在低储备的产品上。

（4）改善了与其他企业的协调功能，因为DRP有助于共用一套计划数字。

（5）提高了向顾客提供存货管理服务的能力。

2. 物流方面

（1）实行了协调装运，降低了配送中心的运输费用。

（2）能准确确定何时需要何种产品，降低了存货水平和仓库空间需求。

（3）减少了延长供货现象，降低了顾客的运输成本。

（4）改善了物流与制造之间的存货可视性和协调性。

（5）能有效地模拟存货和运输需求，提高了企业的预算能力。

（二）局限性

尽管配送资源计划有很多可观的优点，但是它本身还有诸多限制，在实际应用时要加以注意。

（1）DRP计划系统需要每一个配送中心精确的、经过协调的预测数。而在实际情况中，预测的误差是不可避免的，这可能成为一个大问题。

（2）DRP系统要求配送设施之间的运输具有固定而又可靠的完成周期。虽然完成周期可以通过各种安全的前置时间加以调整，但是完成周期的不确定因素则会降低DRP系统的效力。

（3）由于生产故障或递送延迟，综合计划易受系统紧张的影响或频繁改动时间表的影响，尤其是补货运输周期和卖方递送可靠性等方面的不确定因素可能使DRP系统极度紧张。

五、应用举例

（一）不考虑在途商品的情况

现L物流中心有商品A库存1 000单位，安全库存为400单位，每周需求量在160~

240 单位。从表 8-1 中可以看出，计算逻辑是现在库存减去每周的预测需求量（需求主计划）。不考虑在途商品时，物流中心可能在第 5 周出现缺货。如果不从中央供货点运送商品到 L 物流中心，物流中心在第 3 周必须得到更多的补货，否则将出现缺货。在本例中，进货提前期是两周，而正常的进货批量是 600 单位。两周时间是从中央供货点到物流中心的进货时间。600 单位正好是两个满负荷运输台班。因此，应把批量 600 单位的商品在第 3 周运抵物流中心，这批商品则必须在第 1 周从中央订货点装运出发。

表 8-1　DRP 需求与库存处理逻辑表

时间	期前	第 1 周	第 2 周	第 3 周	第 4 周	第 5 周	第 6 周	第 7 周	第 8 周
需求主计划		200	240	180	220	240	200	160	240
计划库存	1 000	800	560	380	160	-80	-280	-440	-680
到货库存				600			600		
订、进计划									
送货计划									

注：商品 A，订货批量为 600 单位，送货提前期为 1 周，进货提前期为 2 周，安全库存为 400 单位。

由表 8-2 知，当第 3 周货物到达后，需重新计算计划库存，发现第 6 周的计划库存 320 单位又低于安全库存。所以物流中心要求第 6 周必须有一批商品到货，同样这批商品必须在第 4 周从中央订货点装运发出。

表 8-2　DRP 订货进货与库存处理逻辑表

时间	期前	第 1 周	第 2 周	第 3 周	第 4 周	第 5 周	第 6 周	第 7 周	第 8 周
需求主计划		200	240	180	220	240	200	160	240
计划库存	1 000	800	560	380	160	-80	-280	-440	-680
到货库存				600			600		
订、进计划		600			600				
送货计划		240	180	220	240	200	160	240	

注：商品 A，订货批量为 600 单位，送货提前期为 1 周，进货提前期为 2 周，安全库存为 400 单位。

另外，可以用同样的方法，求出送货计划，即由用户的需求日期提前一个送货提前期就可以确定送货日期。送货量就等于用户需求量（这里假设用户需求量要求全部配送。如果不是全部配送，则送货量就不等于需求量，可以进行临时调整）。本中心该产品的送货提前期是 1 周，所以把每周的需求量提前 1 周就得到送货日期和送货量。

（二）考虑在途商品的情况

上面的例子没有考虑在途商品。在考虑在途商品的情况下，该如何确定送货计划和订货、进货计划呢？DRP 在途商品的处理逻辑如表 8-3 所示。假设本中心产品 A 这个计划期的期前送货在途量为 200 单位，预计在计划第 1 周到达用户，而期前订货、进货在途量为600单位，预计在第2周到达物流中心。因为送货在途将冲减用户需求，从而提高本中心该期库存量而在途商品将增加本中心库存，减少订货、进货次数，这样计算就可以得到表8-3中的结果。在这个例子中，计划期假设为8周，而实际的DRP系统中，计划期可以延长到1年或更长。

表8-3 DRP在途商品的处理逻辑表

时间	期前	第1周	第2周	第3周	第4周	第5周	第6周	第7周	第8周
需求主计划		200	240	180	220	240	200	160	240
送货在途到货		100							
计划库存	1 000	1 000	1 360	1 180	960	720	520	960	920
进货在途到货			600						
到货库存								600	
订、进计划						600			
送货计划		240	180	220	240	200	160	240	

注：商品A，订货批量为600单位，送货提前期为1周，进货提前期为2周，安全库存为400单位。

以上是L物流中心产品A的DRP计划操作方法。DRP计算的最终成果有两个：一是A的送货计划，二是A的订货、进货计划，如表8-4和表8-5所示。注意送货计划都是跟特定产品和特定用户群相联系的，而订货、进货计划都是与特定供货单位、特定产品相联系的。

表8-4 L物流中心A送货计划

时间	第1周	第2周	第3周	第4周	第5周	第6周	第7周	第8周
A送货计划	240	180	220	240	200	160	240	

表8-5 L物流中心A订货、进货计划

时间	第1周	第2周	第3周	第4周	第5周	第6周	第7周	第8周
A订货、进货计划					600			

一个物流中心通常有很多种商品，每种商品都可以通过运行DRP得到类似的送货计划和订货、进货计划。这样，把各个品种的送货计划汇总起来，就得到了物流中心总的送货计划表，把各个品种的订货、进货计划汇总起来，就得到了物流中心总的订货、进货计划表，如表8-6和表8-7所示。

表8-6 L物流中心总送货计划

时间	第1周	第2周	第3周	第4周	第5周	第6周	第7周	第8周
A送货计划	240	180	220	240	200	160	240	
B送货计划	200	140	220	300	200	140	200	

续表

时间	第 1 周	第 2 周	第 3 周	第 4 周	第 5 周	第 6 周	第 7 周	第 8 周
C 送货计划	40	100	200	200	200	160	240	
D 送货计划	20	180	240	260	200	180	300	
E 送货计划	240	200	220	240	200	160	240	
合计	740	800	1 100	1 240	1 000	800	1 220	

表 8-7 L 物流中心总订货、进货计划

时间	第 1 周	第 2 周	第 3 周	第 4 周	第 5 周	第 6 周	第 7 周	第 8 周
A 订货、进货计划					600			
B 订货、进货计划			1 000			1 000		
C 订货、进货计划					600			
D 订货、进货计划		400					400	
E 订货、进货计划					600			
合计		400	1 000		1 800	1 000	400	

物流中心经过运行 DRP，制定 DRP 计划的全过程，最后得到了每种商品送货计划，订货、进货计划及物流中心的总送货计划，总订货、进货计划。

第四节 O2O 模式物流体系

一、O2O 模式及其特点

（一）O2O 的概念和发展现状

O2O 是指在互联网时代，在以生活服务为主的领域通过线上线下营销促进经营和消费的新型商业模式。即通过线上和线下多种渠道对站点进行广泛的推广和营销引流，从营销、交易和用户体验入手，以碎片化的方式形成精准、互动的新型社会化营销模式。

随着互联网规模及电子商务快速发展，网上信息的全球性、实时性、高效性以及内容的丰富性和全面性，使得电子商务的价值得以凸显。以用户体验为核心的 O2O 电子商务模式于 2011 年引入中国，因其具有挖掘网络信息服务市场价值、完成线上线下互动的无缝连接、推动企业整体发展的特点，开始在各大第三方团购网站应用上线。随着大众点评、百度糯米、美团等大量第三方团购网站的兴起及资本市场对这一新兴商业模式的追捧，各界开始全面推广 O2O 营销模式。自 2012 年主流第三方电商平台开始赢利以来，越来越多的传统企业开始利用第三方电商平台的流量和服务开展其电子商务战略，O2O 进入全面发展阶段，并促使 O2O 电子商务模式也呈现多样化发展趋势。O2O

模式实现了线上线下的有效融合，促进资源整合，推动企业与其他行业广泛发展。

（二）O2O 模式发展的特点

O2O 模式是在电子商务高速发展的大背景下应运而生的新型商务模式。它的出现，为传统行业实现“互联网+”战略提供了一条发展路径。从目前的情况来看，新兴的 O2O 模式发展主要有如下 4 个趋势。

1. 以用户体验为服务内容

传统行业强调一种二维经济关系，即为付费的用户提供服务。而作为 O2O 模式的服务商，则会以用户需求为核心，对产品和服务进行整合，并针对用户本地需求进行线下实体店引导，无论用户是否付费，只要应用其产品或服务，就可以为其提供完善贴心的服务。用户可以通过 O2O 网站，获取更丰富、全面的商家及其服务的内容信息，并得到相应的优惠或配套的增值性服务，通过移动终端、二维码等方式获取商品信息。O2O 模式吸引高黏性用户，满足线上线下用户需求。O2O 模式是传统企业在开拓市场中的一种重要营销渠道，通过数据分析提供符合用户需要的产品或者服务，通过电商平台，进行线上线下互动式营销，从而充分利用互联网来拓展传统企业自身业务，成为企业的重要营销渠道和重要的经济增长点。

2. 以在线支付为核心

O2O 模式运作的核心在于提供在线支付功能。在线支付不仅包括支付主体的完成，也是某次消费最终形成的唯一标志，是考核获取消费数据唯一可靠的标准。尤其是对提供线上服务的电商企业而言，主要是通过用户在线支付的行为从中获得效益，从而把精准的用户需求信息传递给线下的商业伙伴。在以提供服务性消费为主，且不以广告收入等为赢利来源的 O2O 模式中，在线支付显得更为重要。通过多种线上支付手段为企业有针对性地对用户展开进一步的营销推广起到重要作用，尤其对生活服务类企业来说应用 O2O 模式的线上支付功能更能提升用户体验，获得用户的满意度。通过智能手机和移动网络，利用第三方电商平台所提供的丰富支付手段实现快速安全支付成为打通传统企业与互联网经济的一条重要纽带，也成为应用企业利用电子商务提升销售业务、扩大市场份额、进行多营销渠道发展的重要手段。

3. 以效果评价为基础

在互联网时代，只有以一个巨大的用户群为基础，极低的付费率才能产生足够的利润。作为传统企业的重要营销渠道，O2O 模式通过对线上交易的记录及追踪，不仅获取了用户流量、消费行为、产品销售信息等，更为实现大数据挖掘做好推广及营销策略安排。通过获取客户在线营销的投资回报率数据，对应用企业提供个性化的营销服务体系有强大的推广作用及可衡量的推广效果，进一步帮助企业进行精准营销。因此，通过将支付模式和客流引导相结合的模式，大大提升企业营销效果，有利于应用企业长久发展。

4. 以经营个性化为手段

O2O 模式发展的又一重要特征是面对用户的多样化及个性化需求，及时采取多元化的营销手段，促进线上线下有效互动。O2O 模式是支付模式和线下门店客流量的一种结合，通过整合大量商业信息促进提升交易量，实现电子商务企业对数据流量的获取，采取与微信、二维码、微博、百度地图等相关公司联合推出的快速搜索功能、团购、打折优惠、支付宝支付手段等为用户提供便捷的服务体验。企业通过应用 O2O 模式还可以与其他第三方平台营销站点进行信息整合，协助企业通过电子商务拓展其营销和采购渠道，建立与物流、信息流、商流一体化联动体系，形成综合交互性服务平台。

二、O2O 模式下的物流系统

（一）O2O 物流的优势

随着移动电子商务的飞速发展，O2O 模式除了受到以餐饮、娱乐为主的服务性行业青睐以外，也引起了大量传统以实体经营为主的流通及生产企业的兴趣，它们纷纷开始尝试通过利用 O2O 模式来实现自身的互联网战略。对于这类企业来说，对物流系统进行相应的信息化改造也就成为一个需要面对的重要问题。

从电子商务的角度来看，O2O 模式也与传统的电子商务模式有着明显的差异，它可以充分发挥线下的实体资源的优势，使顾客既能在线上享受到信息搜寻、价格对比和便捷支付等电子商务的优势，又能在线下完成对实物商品和服务的体验。因此，O2O 模式最大的优势就在于更加注重用户的互动体验，使线上的电子商务与线下的实体商务融为一体，实现三个融合。

1. 仓库融合

同品牌线上线下销售渠道可共用仓库，网络销售可达到就近发货，更好地发挥品牌多仓多点的优势。

2. 门店融合

线上虚拟店铺与线下实体店铺相辅相成，可以实现资源共享、销售同步，使线上线下的管理相互融合。

3. 服务方式融合

将线上线下消费者、商品的数据信息融合，进行客户信息管理，可以拓展多样化的售后服务方式，完善用户体验和整个服务流程。

另外，O2O 模式还有利于提高物流利用率，通过线上和线下资源整合，缩短物流配送时间、提高物流服务质量；减少商品库存周期，降低商品的库存成本。

（二）O2O 物流的主要模式

1. 入驻式

京东开通 O2O 业务，最大的优势之一就是多年来投入巨资打造的自建物流体系。2010 年 3 月，京东建成华北、华东、华南、西南四大物流中心。京东涉足 O2O 市场的最大支持就是辐射全国大部分区域的物流体系。京东拥有 1 400 个配送站和超过 1.5 万名物流配送人员。京东商城之所以能够实现线上手机下订单，线下利用自建的强大的物流系统为实体店配送商品，就是通过线下实体店信息系统、商品系统、服务系统、支付系统、会员系统、供应链系统和京东商城进行全方位无缝对接。

2014 年 3 月 17 日，京东宣布与上海、北京、广州等 15 座城市的上万家便利店进行 O2O 合作，计划覆盖全国所有省会城市和地级市。京东 O2O 模式是充分利用门店、连锁店、互联网的优势，并将其结合，打造新兴的连锁业态，利用京东的模式，把货先运到京东自建的仓库里，最后再配送货物到买家处。

京东的 O2O 业务将主要集中在商超，即油、盐、酱、醋及白菜等中低价生鲜产品。在生鲜 O2O 模式下，京东可以共享连锁零售企业低成本的物流和供应链体系、采购能力和仓储能力。

京东针对 O2O 业务有三个新的物流体系，即同城配送体系、三级网络配送体系、本地点对点实时配送体系。京东首创本地点对点实时配送体系，自建物流体系让京东有能力提供“个性化”服务。在此物流体系支持下，京东的 O2O 业务可实现定时达、1 小时送达、15 分钟极速达。

目前，京东着力打造的自营物流已覆盖全国 1 000 余个区县，使得京东有能力成为电商领域内自有物流覆盖最广的企业。相对于其他使用“四通一达”等第三方物流的企业来讲，自建物流对 O2O 模式的开放性、灵活性将更强。

2. 门店仓式

作为国内 O2O 模式的先行者和领导者，苏宁在其 O2O 模式下实体店不再是只有销售功能的门店，而是一个集展示、体验、物流、售后服务、休闲社交、市场推广于一体的新型互联网化门店，利用互联网、物联网技术收集分析各种消费行为，推进实体零售进入大数据时代。

在北京、广州、深圳、南京、成都等重点城市，苏宁的妥投率已经达到了 99%。同时苏宁全国 1 600 家实体门店都成为其物流配送网点，为线上销售提供服务。

苏宁在全国拥有的物流仓储及相关配套总面积接近 400 万平方米，5 000 多名快递员，由 8 个采购枢纽中心、57 个区域配送中心、352 个城市配送中心、1 583 个快递网点构成的仓储配送网络初具规模，可覆盖全国 90%的区县，形成物流系统平台。

苏宁的物流部门进一步实现社会化开放，由企业物流转变为物流企业，各种信息流在平台上无缝对接，仓储、出库、入库、干线运输、支线运输、“最后一公里”配送等环节，彼此信息透明，高时效对接，减少无效等待时间，提高物流效率、降低成本。

苏宁将门店直接化身为门店仓，通过用户选购商品和配送地址的智能匹配，优先从门店仓直接进入“最后一公里”的配送。苏宁拥有的 1 600 家门店资源，正是苏宁在物流建设上独一无二的优势——O2O 模式优势使苏宁的物流配送更省时高效。苏宁线下门店不仅是门店仓，更是快递点。用户订单生成后，苏宁会立刻以消费者的地址为中心进行大量的数据检索和智能匹配工作，优先在距离该地址最近的门店仓选货，其次是附近地设仓，再次是中心仓。这既保证了商品永远从离用户最近的地方发出，节省配送成本、仓储成本，也保证了只要区域内任何一个仓库里有货，用户都可以下单，方便了用户体验和购买。

苏宁在物流中推进营销和服务，将线上与线下互动相融合，拓展了营销空间；利用门店仓直接发货的快捷物流，以贴近消费者的方式，既缩短了消费者购物后的等待时间，又为消费者提供了优质服务。

值得一提的是，苏宁根据客户需求而不断开发拓展服务能力，注重提供个性化、细节化的服务。苏宁的每一个配送员都是其物流服务的延伸，配送员戴白手套验货、代扔垃圾，上门手机贴膜、上门装系统、上门调试无线网络等也提升了用户体验。苏宁模式还善于根据用户订单分析用户需求，配送员在送货同时可以携带其他互补产品、替代产品完成二次销售，并同时实现消费者信息收集、售后服务等功能，实现了物流的价值增值。

3. 平台式

阿里巴巴一直以交易平台参加电子商务运营，其最大优势在于汇聚了巨大访问流量的平台，可以为客户提供良好的信息服务平台，并且帮助商家解决入口和流量问题。阿里巴巴完善的金融支付体系，可以方便地进行资金转账、支付等。

阿里巴巴在线下没有真正的自营物流资源，因此迫切需要整合优质的物流资源。为建设中国智能物流骨干网络，并将在物流、电子商务、金融、信息安全等多领域进行合作，阿里巴巴与中国邮政前后两次战略合作，这都有利于阿里巴巴在O2O电商市场整合物流资源，弥补阿里巴巴线下物流弱势，对接线上线下，打通虚实结合的服务链。阿里巴巴借助中国邮政遍布全国的物流仓储、分拣中心，联合建立电商公共物流体系。阿里巴巴把互联网技术、电商数据与中国邮政遍布全国城乡的十多万服务网店相结合，在服务网点提供网络订购、快件自提等服务，还将服务体系拓展到更广泛的城镇市场和农村市场。另外，为开拓社区便民服务，抢占民生物流市场，阿里巴巴通过中国邮政的服务店，把菜篮子工程等民生网购服务搬进了城镇社区和乡村。

2014年3月30日，阿里巴巴投资银泰商业，双方整合优势资源，构造打通线上线下的未来商业基础设施体系，实现线上线下的商品交易及会员服务无缝接通，并对社会开放，为所有的线下各大商业集团、零售品牌及零售商服务，推动实体商业与互联网经济融合。这是传统百货企业与纯电商的合作。这种银泰+阿里巴巴“混搭O2O模式”的物流服务有三种：一是传统的线下体验线上物流中心发快递；二是客户线下自提；三是店发快递。这有利于引领线下商圈庞大的用户资源，依托实体店铺，双方利用各自优势，取长补短，实现1+1>2。

三、O2O电子商务参与各方的物流需求

系统服务的开展以满足系统服务对象的业务需求为目的。为了更好地完善物流系统，提高物流业务的执行力，需要对业务参与各方的需求进行分析。基于O2O电子商务

模式的物流需求，主要涉及对象包括电子商务企业、实体商家、物流服务商和最终用户。

（一）电子商务企业

作为第三方电子商务平台的提供者和运营方，电子商务企业也承担着对交易全过程的管理和监督职责，因此也是完成 O2O 业务全程物流服务的监管方。这种监管职责包括对物流服务商的信用资格认证、物流信息跟踪、物流资源整合、流程监控、库存协调，以及在途查询等。在整个物流流程中，电子商务企业需要帮助客户企业整合线下物流资源、协同库存、建立物流信息共享机制、提供系统间数据交换功能及满足多种配送模式下不同参与者差异性物流需求能力。希望获取更多的 O2O 模式下的数据流量，增加流量转化率，吸引更多的传统实体卖家进驻平台，增加用户黏性，降低物流成本。并能够利用电子商务数据储存、处理方面的优势，通过对交易、业务、物流等数据进行深度分析与数据挖掘，为参与 O2O 的线下实体商家客户提供更加精确的市场及物流决策等增值服务。

（二）实体商家

实体商家参与 O2O 模式的动机主要在于降低成本与扩大销售。因此，通过电子商务提高物流服务效率、降低进货及物流成本，获取更多客流量，利用网络与电商进行协同库存调配等成为实体商家实施电子商务战略的期望与目标。与纯粹的电商卖家不同，实体商家是 O2O 电子商务中连通虚拟与现实的重要媒介，一般情况下自身也具备商品展示、流通、结算、仓储配送等完整的商务功能。

大量传统行业通过原有渠道提供实物配送、仓储等物流服务，在 O2O 模式下开展电子商务就需要打通与电子商务企业及物流服务商间的信息共享，并利用信息技术进行大量的订单处理、商品交接、在途商品监管和追踪服务、安排仓库出入库及配送方式规划、车辆调度等。

（三）物流服务商

物流服务商是为 O2O 模式下的中小电子商务企业开展业务提供相关物流配送服务的第三方企业。物流服务商有协同不同企业与不同客户实现物流配送服务，以实现高效、经济目的的需求。

（四）最终用户

O2O 模式下，最终用户既可以通过网络享受电子商务的高效、低价和便捷，又可以通过实体门店获得真实的用户体验。因此可以说，O2O 模式的出现不但搭建了一条连接实体经济与虚拟经济的桥梁，也是未来实体经济和电子商务融合的方向。用户在物流方面最大的需求，就是可以购买线上的任意商品，而不会出现因地理位置限制无法配送不能下单的情况，同时也希望在电商平台购物后能够了解货物准确、即时的信息，并尽量缩短物流时限。在接受物流服务时，用户通常希望从其交易的电商平台直接获得相关的物流信息，便于其做接货准备。但就目前的状况来看，对大量中小城镇的 O2O 用户而言，除用户自提外，通常物流服务商还只能将货物配送到某一节点，而不能提供送货上门的服务，这样一来会大大降低用户的消费体验。因此，用户希望电商平台可以在不明显增加支出的前提下提供更多的配送方式，使 O2O 购物更加方便、快捷，提升用户服务的满意度。

四、传统业态企业与电子商务平台物流信息整合方案

我国大多数传统业态中的中小流通企业一般采用独立经营，服务对象主要为当地城镇居民，覆盖面小，信息化水平较低，多为人工作业，缺乏支持资金、商品配送、管理等方面的信息能力，导致资源利用率较低。通过采用 O2O 模式借助电商平台，可以扩大服务范围，提高信息化水平，整合自身资源。

传统企业现有信息流程通常依据订货信息、库存信息进行商品需求汇总，再与各供应商实现现金交易采购，在这一过程中，企业对商品信息的实时获取存在一定的偏差，包括在对商品库存的监管、在途的监控以及物资调配等方面都会存在缺陷。在交易流程中，难以对用户信息进行采集和管理，也就无法针对不同消费者偏好进行商品促销及采用恰当的营销策略。

在现有交易流程中（见图 8-7），作为 O2O 电商平台主要用户的中小企业不仅承担着向周边区域内顾客完成商品供应的职责，也是该区域内消费者物流职责的主要承担者。但分散、小规模的传统经营模式不但使物流运作效率低下，也增加了社会物流的总成本。电子商务的出现无疑给传统流通业态带来了巨大的冲击，企业如果不能及时转变经营策略，以适应由信息技术飞速发展带来的变革，势必被市场淘汰。

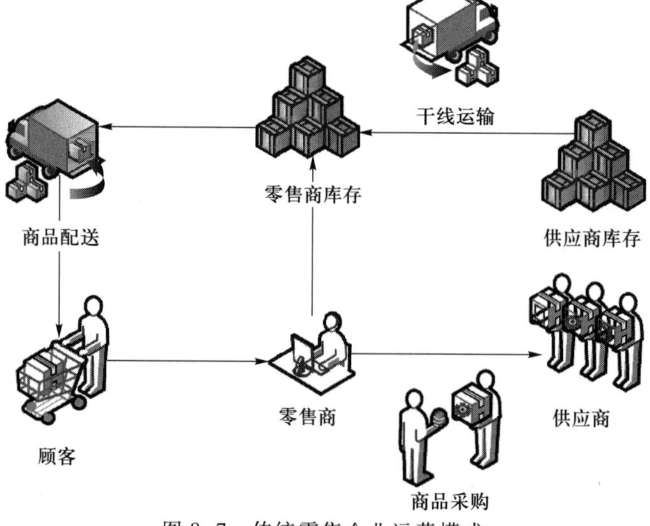

图 8-7 传统零售企业运营模式

利用电子商务平台的信息优势，实现物流服务的高效组织与运作，是中小传统企业实施 O2O 电子商务战略的重要目标之一。要实现这一目标，就需要电商平台能够整合用户企业现有的物流资源，并进行科学有效的配置。如运用交易数据，提高区域内运输需求与运输能力的匹配度，提高返程车的满载率；整合优质产品的供应商资源建立协同库存，扩宽中小流通企业进货渠道，再通过扩展经营范围增加赢利点。这样才能使 O2O 电商模式成为中小企业实现“互联网+”战略的重要推手。

打通电商平台中同一区域内的用户企业、第三方物流服务商和 O2O 电商平台的信息系统，使得用户企业和第三物流服务商在不改变原有业务信息处理方式的前提下，通过系统接口实现其业务信息与电商平台数据的共享，将大大提高商品供需信息的流通以及传输效率。并可以帮助物流服务商完成物流业务系统与平台用户企业交易系统的对接，实现业务、物流数据的交互与集成，降低交接货物等流程信息的传递延迟，也可以避免由于货物、交接时间、地点等信息沟通不畅而导致的无效物流问题。

对于消费者来说，所选商家不必再自配货物到物流商指定节点，而由电商平台整合线下物流资源后提供统一的配送服务，还可以基于 O2O 模式开展线上线下协同库存调配。这样，既可以避免顾客因地理位置原因而无法下单的情况，也可以实现更为高效、精准的配送服务，改善消费者的购物体验。

传统零售企业运用 O2O 电商模式的物流运作模型如图 8-8 所示。

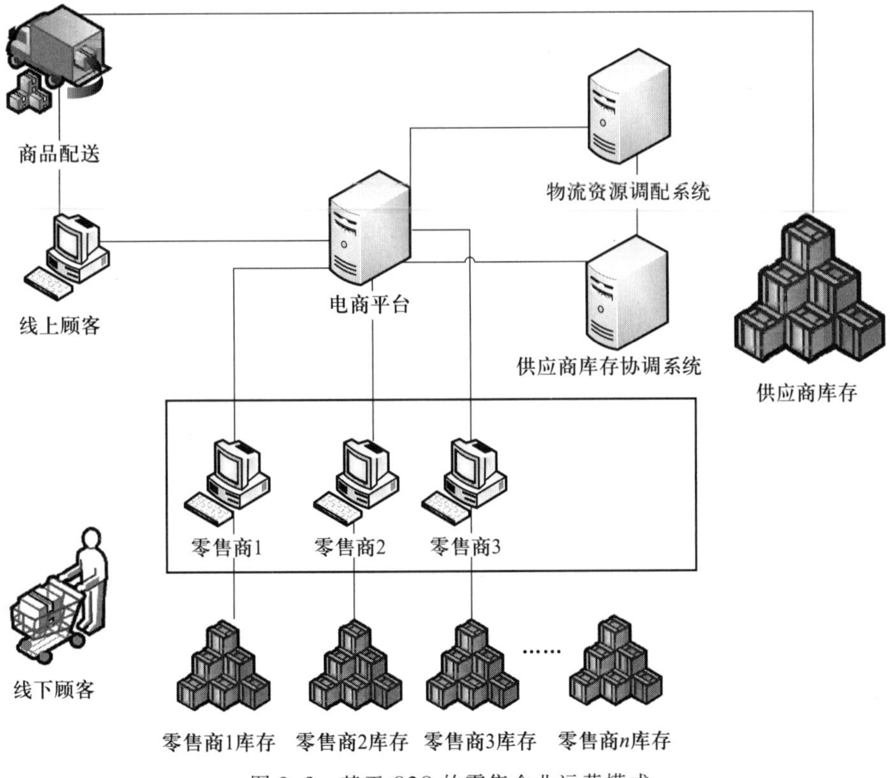

图 8-8　基于 O2O 的零售企业运营模式

总之，通过整合各方信息，对交易信息进行交换、集成、协调与处理，是建立用户企业、物流服务商，以及电商企业有效合作机制，实现共赢目标的基础。

本章小结

（1）第三方电子商务泛指独立于产品或服务的提供者与需求者，利用网络服务平台，按照特定的交易与服务规范，为交易各方提供包括认证、交易、支付、物流、信息增值业务等在内的服务的过程。目前，第三方电子商务应用涵盖了 B2B、B2C、C2C 几乎所有商务领域。

（2）与企业电子商务相比，第三方电子商务更具专业化、集成化等特点。对广大中小企业来说，可以通过低门槛地利用第三方电子商务来完成扩大市场、增强关注度、提升执行能力、提高交易安全性和满足消费者需求等经营目标。从社会角度来讲，则可以有效降低社会交易成本和信息成本，产生聚集效应。

（3）共同集配是指为了提高集货与配送效率以及实现物流合理化，由生产、批发或零售、连锁企业等物流配送企业建立的一种功能互补的物流联合体。其本质是相关企业在求得共同利益前提下的一种有条件的合作。

（4）共同集配的组织形式主要有协作模式、联合模式和一体化模式三种。

（5）配送资源计划是应用 MRP 的原则，统一物料的配送需求的一种动态方法。DRP 原来主要应用于管理企业的分销网络，目的是使企业对订单和供货具有快速反应和持续补充库存的能力，因此该模式在供应链上的应用效果最为明显。

（6）DRP 系统输入包括市场需求、库存和供应商资源三个文件，输出为送货计划和订货、进货计划。

（7）O2O 是指在互联网时代，在以生活服务为主的领域通过线上线下营销促进经营和消费的新型商业模式。它通过线上和线下多种渠道对站点进行广泛的推广和营销引流，从营销、交易和用户体验入手，以碎片化的方式形成精准、互动的新型社会化营销模式。

（8）O2O 物流的主要模式有入驻式、门店仓式和平台式三种。基于第三方电子商务平台的物流模式一般均属于平台式。利用电子商务平台的信息优势，实现物流服务的高效组织与运作，是中小传统企业实施 O2O 电子商务战略的重要目的之一。

思考题

1. 电子商务的第一方、第二方和第三方分别指谁？第三方电子商务与其他形式相比有何特点？

2. 对应用企业来说，第三方电子商务有什么样的好处？应用第三方电子商务的企业一般都是什么类型的企业？

3. 什么是共同集配？其本质是什么？

4. 共同集配要如何实现？其不同的组织形式分别适用什么环境？

5. 配送资源计划与制造资源计划、企业资源计划是什么关系？

6. 配送资源计划的输入和输出分别是什么？它的基本原理是什么？

7. O2O电子商务最大的特点和优势是什么？O2O电子商务的出现对电子商务以及传统行业会带来什么样的影响？

8. O2O物流有哪几种运作模式？各有何优缺点？与其他电子商务形态相比，其物流实现低成本高效运作的难点和关键在哪里？

案例分析

"菜鸟"战略：通过两个平台整合物流资源，实现共赢

菜鸟网络由物流仓储平台（俗称"地网"）和基于大数据的物流信息平台（俗称"天网"）构成。

其中，物流仓储平台将由8个左右大仓储节点、若干个重要节点和更多城市节点组成。大仓储节点将针对东北、华北、华东、华南、华中、西南和西北七大区域选择中心位置进行仓储投资。其中，华东最大仓在金义都市新区，华南在广州萝岗区，华北节点最大仓将落户天津。

外界猜测，菜鸟更倾向于基于大数据的中转中心或调度中心、结算中心。其打通阿里巴巴内部系统与其他快递公司系统，通过转运中心，买家从不同卖家购买的商品包裹可合并，节省配送费用。这样，物流成本降到最低，时间做到最短。

分析讨论：

（1）第三方电子商务平台是否应该介入物流环节？这样做有何优缺点？

（2）菜鸟网络与京东的自建物流系统有何异同？

（3）从物流的角度来说，菜鸟网络到底属于第几方？它的价值如何？

第九章

电子商务物流信息平台

学习目标

在互联网的发展过程中，专业的电子商务物流平台出现的时间较晚，但其对互联网的普及和壮大起到了巨大的推动作用。与传统信息平台模糊的定位及运营模式不同，随着互联网应用发展的多样化和专业化，近年来一些更为专业、定位明确、运营模式清晰的电子商务物流平台大量涌现，并迅速实现赢利，彻底颠覆了自互联网泡沫破灭以来人们对物流平台的固有印象。

本章分别对传统信息平台和专业的物流金融平台、物流园区平台、区域物流信息平台进行详细、深入的了解和分析，希望读者能从专业角度重新审视和评价电子商务物流平台发展的趋势及本质内涵。

学习任务

通过本章内容的学习，要完成以下几个任务。

- 掌握物流信息平台的概念和结构。
- 了解物流信息平台的层次划分及不同层次的设计原则。
- 了解物流金融的概念与类型。
- 掌握物流金融平台的构成及运作流程。
- 掌握物流园区的概念与分类。
- 了解物流园区信息平台的系统功能和建设运营步骤。
- 掌握区域物流、区域物流系统和区域物流信息平台的概念。
- 了解区域物流信息平台的层次、功能及建设和运作模式。

导入案例

传化集团的“智能公路港”平台

传化集团创建于1986年，是知名的多元化现代民营企业集团。2003年，传化集团一笔3亿元的投资——杭州传化公路港物流平台引发了一场供应链革命：货车配货时间从72小时缩短为6小时，周边3万家制造企业与商贸企业的物流成本降低逾20%，每年降低物流成本约30亿元，提供5 000多人就业，撬动了平台（园区）40亿元的年产值，上缴利税 1.5 亿元。

通过十几年的探索实践，“公路港”已在杭州、成都和苏州等城市成功运营。截至 2014 年，传化公路港物流平台年营业收入达 120 亿元，年车流量 3 000 万辆次，日吞吐货运量近 100 万吨；日服务货运车 20 万辆，货运司机 30 万人次；带动服务业收入 600 亿元，累计上缴税收 20 多亿元；解决就业人数 10 多万人。有效弥补了公路物流短板，提升了物流效率，完善了城市物流功能，促进了生态环保，推动了行业转型升级，提升了区域经济运行质量。最终，传化物流将形成一个以服务卡车为核心、地面服务与信息化指挥并举的公路物流生态圈，满足 6 000 万企业运力的采购，实现 1 000 万辆卡车的高效调度，让物资快速有序流动，产生更为巨大的经济、社会效益。

传化集团因此被评为“中国物流示范基地”“国家标准 5A 级物流企业”，获“国家级管理创新一等奖”，并参与国家标准《物流园区分类与规划基本要求》《社会物流统计指标体系及方法》的制定，荣获国家 11 项自主知识产权证书。

2014 年传化物流“智能公路港”3.0 版正式启动，富阳、无锡、青岛三个项目在建，并在沈阳、哈尔滨、天津、济南、重庆、武汉、长沙、南充、衢州、宿迁、泉州布点，在 20 多个城市落实，与 100 多个城市洽谈，受到 200 多个城市邀请。未来计划以干线交通为联动纽带，构建全国实体平台网络，每个平台配备“一港三区”的地面服务体系。依托线下实体平台网络，传化物流同步打造线上一体化信息指挥体系，开展全网范围内的运力采购、运力调度和跟踪监控，以物流信息交易为核心，形成全国公路物流运力池，实现对货运车辆全国一盘棋统一指挥调度，从根本上避免车辆空驶或最大限度降低空驶率。

（资料来源：根据传化集团相关资料整理。）

思考：

（1）传化物流的公路港是通过什么方式赢利的？其价值从何而来？

（2）与一般概念上的物流企业相比，传化物流的公路港模式有何不同？

（3）你认为保证传化物流的公路港顺利运营的核心工具是什么？

第一节 物流信息平台

一、物流信息平台的概念

（一）物流信息平台定义

从理论角度考虑，物流信息平台的内涵可以理解为：将信息技术、计算机处理技术、网络技术、数据通信技术等先进技术充分应用于物流信息系统中，按照既定的规则从不同的子系统提取信息，在平台内部对共用物流数据进行融合、处理和挖掘，为平台不同的使用者提供不同层次的基于全系统范围的信息服务和辅助决策，以及相关业务服务等，满足平台用户对共用物流信息的需求，实现物流信息的采集、处理、组织、存储、发布和共享，以达到整合物流信息资源、降低整体物流成本和提高整体物流效率的目标。

物流信息平台是现代物流企业收集和整合资源的重要手段，是为其他企业提供物流服务的重要场所。由于互联网的发展以及物流信息技术应用的成熟，建设各种级别的物流信息平台已成为物流行业发展的一大趋势。

（二）物流信息平台的形态

1. 封闭式平台系统

封闭式平台系统依附于线下实体，为组织内或组织间提供封闭式的信息服务。此种模式的主要代表有：电子口岸系统、物流园区监管系统、贸易集散地的交易系统。封闭式平台系统拥有特定的公共用户群体，为专一目标服务，不同的平台系统之间不存在市场化竞争的情况。封闭式平台系统模式稳定，并有特定的目标服务群体。

2. 公共物流信息门户

公共物流信息门户以平台模式出现，属于门户类的物流信息平台，具有较高的开放性。同时，在服务范围上更趋向多样化，提供更大范围的信息交互。此种模式的主要代表有：锦程物流网、福州港口物流信息平台和南昌物流信息平台。公共物流信息门户有两种不同的价值趋向：一种是政府主导投资的公益性信息门户，不以营利为目标；另一种是企业主导投资的营利性信息门户，存在明显的市场化竞争。其商业模式将持续变化，并向多样化方向发展。

由于两种形态之间并不冲突，因此大多企业用户可以同时使用两种形态提供的服务。封闭式平台系统产生于不同组织内部，其投资取决于所依附的线下实体，因此具有很强的个性化特征，并拥有稳定的收入来源。而公共物流信息门户则具有更高的开放性，信息来源具有多样化特征。

二、物流信息平台的需求分析

物流信息平台涉及多个政府管理部门、物流枢纽、物流园区、物流企业、工商企业等，在系统建设中如何保证信息流正确、及时、高效、通畅是构建信息平台的关键因素。同时，如何将大量的共用信息进行组织处理，对相关部门提供共享信息以实现协调工作机制的建立，对各物流企业提供相应共享信息以支持各类功能的实现，都是信息平台发展规划中必须解决的问题。

物流信息平台参与的主体为政府、企业和用户等，构建物流信息平台的目的在于为企业提供信息支撑，为相关行业部门进行物流管理与市场规范化管理提供必要的信息支撑条件；整合全社会微观物流资源，提供不同内容的信息服务，使物流信息成为物流体系的桥梁和纽带；通过建立城市物流信息平台使市内相关行业管理部门与企业群体能进行有效沟通，实现快捷、便利、实时的物流信息交流。

因此，可以从物流企业、工商企业、政府部门三方面调研分析信息需求情况。

（1）物流企业对物流信息服务的要求：公共物流基础设施资源信息、物流市场需求信息资源、物流业务运作信息资源、其他物流咨询服务等信息资源。

（2）工商企业对物流信息服务的要求：物流供应商的资料、物流业务交易管理、专项及其他增值服务等。

（3）政府部门对物流信息服务的要求：区域物流运行基本数据处理、区域物流资源整合支持功能、区域物流分析及其规划支持等。

不同参与单位对物流信息平台的信息需求又有以下方面特点。

（1）物流系统内外信息的依赖性。物流企业对公共物流基础设施、交通运输网络等外部信息具有很大的依赖性，要求公共信息平台的存在，以提高物流信息获得性和减少信息成本。

（2）物流信息需求的差异性。物流企业、使用外购物流的客户和政府主管部门对物流信息的需求是不同的，其差别主要体现在：时间差异性、内容差异性和程度差异性。

（3）物流信息交换的复杂性。集成物流服务涉及客户在内的多个经营主体，各主体经济关系、技术应用、企业文化及信息系统模块的差异性，导致了物流信息交流的复杂性。数据交换是在不同企业、不同隶属关系管理体制下，采用不同运行模式运行的各部门系统间进行，各系统的数据结构、存储形式和接口协议不同，缺乏标准化对物流数据共享、物流资源整合带来困难。

（4）物流数据共享的有限性。部分物流企业对其特定用户是按封闭系统运行的，物流内部信息与外部共享范畴非常有限。

三、物流信息平台的设计原则

物流行业是典型的服务行业，隶属于第三产业，客户满意程度决定了物流企业的生存能力。为此，企业的物流信息平台设计应以顾客为核心，这是物流信息平台设计原则的灵魂。具体来讲，企业物流信息平台的设计原则应包括以下几个方面的内容。

（一）扩展性原则

平台扩展性包括空间和时间两个方面。空间扩展性是指平台能够实现不同地理位置上的范围的扩展，物流系统设施（如仓库）在空间设计范围，因此，物流信息平台必须适应物流设施的地域变化；时间扩展性是指平台应随着用户需求、技术进步、企业构架的变化而变化，系统能够方便地对各功能模块进行改造、增设，以适应新的变化。

（二）先进性原则

当前计算机技术发展迅速，物流信息平台在技术上应该是先进的，能够在若干年内满足企业的信息处理要求。这就要求在操作系统、数据库、网络平台等方面尽量采用当前主流并具有良好发展前途的产品，在系统的设计开发过程中充分考虑到系统将来的升级和功能扩充需要。

（三）开放性原则

由于物流信息涉及的范围比较广泛，平台必须与数量众多、性质不同的相关领域的其他系统衔接，因此，物流信息平台与其他系统的接口设计密切相关，以保证与物流信息相关的各信息系统能互联互通。

（四）安全性原则

安全性不仅是物流系统本身的需要，也是物流信息平台服务电子商务职能的必然要求。这是因为，物流信息平台是现代电子商务系统的重要子系统，为保证电子商务顺利进行，物流信息平台也必须具有高度的安全性。

（五）易用性和易维护性原则

系统的易用性主要是指软件有友好的用户界面，操作简单方便，符合用户行业的作业流程特点。系统信息应当尽量使用用户熟悉的术语来表达，针对用户在使用过程中出现的各种问题，系统应该提供一定的在线帮助，最大限度地缩短用户对系统的熟悉过程，方便用户的使用。

系统的易维护性是指便于企业的计算机管理人员对系统的维护。由于目前物流技术和电子商务的技术发展速度很快，因此物流信息平台必须具有极强的易维护性，以适应技术变化、业务变化和环境变化。面向对象的技术可以大大降低软件维护的费用。

（六）可靠性原则

物流信息平台在设计过程中应该考虑尽量避免输入异常、硬件失效、软件失效等引起信息平台失效的因素产生，以及在上述异常和失效发生时，能做出及时处理，提供紧急应对手段。

（七）标准性原则

平台必须支持各种开放的标准，系统软件（操作系统、数据库管理系统、开发工具、应用开发平台等）和硬件（工作站、服务器、网络等）符合当前主流的计算机软硬件标准、国家标准和行业标准。

四、物流信息平台开发和建设的基本思路

开发和建设物流信息平台主要遵循以下几条思路。

（一）充分利用货运信息资源

以货运站、运输交易市场、运输企业、货运配载服务企业、船公司承运单位、第三方物流企业及货主和相关的银行、保险等部门或单位为主要服务对象，为货主、承运者和政府主管部门等提供货物运输市场信息和相关服务，逐步实现水路、公路运输中集装箱和零担货运的信息化管理，大幅度提高运输的效率、质量和效益。

（二）支持交通 EDI 系统

通过实现集装箱、大宗散货和小件杂货水路运输单证的电子自动传输和交换，逐步形成以港航为主体，覆盖外贸运输全过程的水运 EDI 系统；积极推广公路运输 EDI 系统，以实现公路集装箱和零担货运输单证的电子自动传输和交换，为提高社会效益和经济效益、更快更好地与国际接轨打下良好的基础。

（三）支持电子商务的开展，积极推动网上交易

通过电子商务的应用，重新整合传统的物流与商流、资金流、信息流，使商流、资金流、物流和信息流在物流信息系统的支持下同一时间发生流动，从而为运输供需双方提供准确和及时的服务。逐步实现货物异地交易、电子委托、电子支付、电子确认、货物单证传输等。

（四）在物流信息平台的建设中，要遵循已制定和实施的信息化标准和规范

根据逐步形成的信息标准体系及全球信息网络化的趋势，紧紧围绕公路、水运基础数据库群与交通信息化重点建设项目，确定平台中有关指标、代码和网络传输标准等。尽量采用国际标准和规范或国际上通用的事实标准和规范。

五、物流信息平台的开发实施步骤

（一）可行性研究

可行性研究是在信息平台开发项目确定之前，对信息平台开发的必要性、可能性以及可行的候选方案，从整个系统生命周期的角度进行分析和评价，为信息平台的开发提供科学的依据。可行性研究包括明确任务、现有资源调查、提出方案、可行性分析几个部分。

（1）明确任务。从信息平台开发的角度，对设想的目标，信息平台的功能范围、基本工作过程及其关键技术进行明确的描述。

（2）现有资源调查。根据信息平台的建设目标，对可能的信息提供者、提供渠道进行调查。如物流信息平台中货物跟踪信息的提供者是 GPS、GIS 运营商，检验检疫信息由出入境检验检疫局提供，报关关贸信息由海关 EDI 提供。

（3）提出方案。在现有资源调查的基础上，根据各方的要求，对开发新的信息平台的需求做出分析和预测，同时考虑开发新的信息平台所存在的各种制约因素。

（4）可行性分析。可行性分析是对拟建信息平台的各种候选方案在技术、经济、运行等方面是否可行进行分析和比较，确定其构成方案。

（二）系统分析

系统分析包括需求调查、数据分析、功能分析等部分。

（1）需求调查。在可行性研究阶段的现有资源调查重点是了解建立信息平台时主要的信息提供者和提供渠道，而这个阶段的需求调查则是为了明确目标信息平台的各功能模块以及各功能模块的基本功能，最终用信息流程图描绘出信息平台各功能模块、各层次的功能，从而建立目标平台的逻辑模型。

（2）数据分析。数据分析是对得到的大量资料进行整理、分类、汇总、分析和归纳。采用数据流图、数据字典的方法并通过数据规范化的过程，明确信息平台中各类数据的属性、数据的储存要求、数据的查询要求等，并给出定性和定量的描述和分析。

（3）功能分析。目的是便于模块的划分。这也是后续进行功能模块设计的原始依据。

（三）开发需求分析

在系统设计之前，必须参照表 9-1 所示的项目对信息平台的开发需求进行分析。

表 9-1 目标系统需求分析

项目	描述	
目标系统的限制	性能	响应时间限制：实时性，连贯性 资源利用情况：硬件匹配限制系统精度、质量
	可靠性	有效性 完整性
	安全保密性	安全、保密要求
	运行限制	权限管理、访问量控制
	物理限制	规模、处理能力等

系统设计就是为实现逻辑模型所做的各种技术考虑和设计。它根据信息平台的逻辑模型建立信息平台的物理模型，即根据目标平台逻辑功能的要求，考虑信息平台的规模、复杂程度等实际条件，确定系统的实施方案。系统设计包括模块设计、代码设计、输入输出设计、数据库设计、可靠性与安全性设计等。信息系统的完整开发过程如图 9-1 所示。

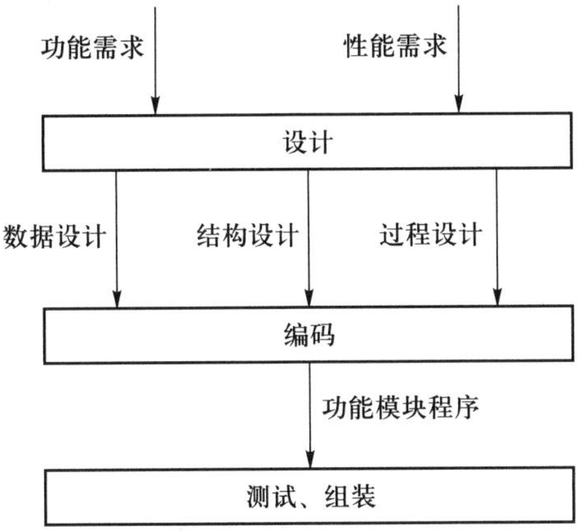

图 9-1 信息系统的开发过程

（1）模块设计。首先针对信息平台内部进行层次分解，从完整功能角度将信息平台进行模块划分，确定模块的调用和模块之间数据流以及控制流的传递关系。模块设计的原则是独立性、灵活性、共享性。

（2）代码设计。确定编码的对象、名称、目的、使用范围、数量及编码方法、编码构成等内容。

（3）输入输出设计。输入输出设计即人机界面设计，它包括方法的选择、设备的选择、格式设计以及有效性检测等。对于这一层次的设计主要注重两点：一是提供友善的人机界面，使用户容易接受；二是对非法输入数据的过滤，即输入数据的有效性检测，尽量过滤掉不符合规定格式的数据，这样做的好处是减少了信息平台中不必要（没有价值）的网络交互，减少了网络堵塞，从而提高了整个信息平台的性能。

（4）数据库设计。针对 Web 数据库的特殊性，在进行数据库设计时，应该从数据库的可靠性、响应速度，以及数据库缓存、表格的合理创建几个方面考虑。

（5）可靠性与安全性设计。可靠性与安全性设计主要包括信息平台的安全保密性能设计、文件与数据的备份与恢复、网络安全等，具体设计是预防对策的设计、恢复对策的设计。

（四）系统构建

企业物流信息平台的系统构建主要包括软硬件准备、程序设计、系统测试、信息平台发布等方面。

（1）软硬件准备。它主要是指运行信息平台所需的硬件环境、系统软件及开发信息平台所需的工具软件。包括所用服务器类型、品牌，服务器的系统软件类型，开发信息平台的工具软件。

（2）程序设计。在程序设计中应该考虑到后期的可维护性，所以在程序设计时一定要做到：层次结构清晰、可读性强；程序中用到的变量必须统一规范；将经常使用的功能代码设计成函数、组件等供统一调用。

(3) 系统测试。信息平台软件测试主要是通过利用客户端测试程序模拟大量客户同时访问信息平台时的场景来测试信息平台的性能状况。系统测试的目的是发现问题，同时为信息平台的性能改善提出可行方案。

(4) 信息平台发布。Web 站点发布通常有远程发布和本地发布。本地发布相对简单，而远程发布则可以利用 E-mail、FTP、Web Publishing Wizard 等方法进行。此外，利用 Visual InterDev、IIS、Dreamweaver 等软件中的站点发布向导也可以方便、快捷地发布所开发的站点。

(五) 系统维护

物流信息平台构建的最后一个阶段是平台的运行维护阶段。一个信息平台要具有长久的生命力，必须不断完善，以适应变化。系统更新的原则是在不干扰信息平台正常运行的前提下，将信息平台的部分内容进行更新；当信息平台出现故障时，则尽量以最短的时间排除故障，或者首先将故障域暂时隔离，使得用户受影响最小。该过程主要包括网页的维护、网页的更新、网站升级等内容。

第二节 物流金融平台

一、物流金融概述

物流金融是指在物流运营过程中，相关企业通过金融市场和金融机构，运用金融工具使物流流程产生价值增值的融资和结算的服务活动。

物流金融业务不是传统的抵押贷款或者质押融资，这是因为它改变了传统金融贷款过程中银行、申请贷款企业双方的责权关系，也完全不同于担保贷款中担保人承担连带赔偿责任的三方关系。它越来越倚重物流运作过程，主要表现为物流企业的配套管理和服务，形成了银行、物流企业、贷款企业三方密切合作的关系。

(一) 参与主体

物流金融涉及四个主体：买方、卖方、第三方物流和金融机构。

买方是指商品市场中的需求方，通常表现为资金的供给者。

卖方是指商品市场中商品拥有者，并愿意通过某一合意价格将商品所有权转让给买方。卖方通常表现为商品的供给者。

第三方物流是指除货物有关的发货人和收货人之外的专业物流企业。第三方物流企业通过与商品交易方合作，为其提供专业的物流服务。它不拥有商品，也不参与商品的买卖过程，而是为客户提供以合同为约束、以结盟为基础的，系列化、个性化、信息化的物流代理服务。

金融机构是指专门从事货币信用活动的中介组织。我国的金融机构按地位和功能可分为四大类：中央银行，即中国人民银行；商业银行及政策性银行；非银行金融机构，主要包括信托投资公司、保险公司，各类信用合作社、证券公司和财务公司等；在中国境内开办的外资、侨资、中外合资金融机构。以上各种金融机构相互补充，构成了我国完整的金融机构体系。

第三方物流企业与金融机构联合起来为资金需求方提供融资，促成商品交易的实现，对于提高商品流通和物流管理效率有着重要的现实意义。同时，第三方物流企业借助金融机构给客户提供金融担保服务可成为一项物流增值服务项目。

（二）服务内容

物流企业通过提供金融服务，可以实现物流过程中的资金支付、结算、信贷、保险功能，这些功能将实现物流与资金流的一体化。物流金融正成为物流企业进行高端竞争的服务创新，并带动银行共同参与新型金融业务。

物流金融还包括银行参与物流的运营过程，通过针对物流运作的特点，开发和应用各种金融产品，有效地组织和调配物流领域中资金的流动。包括发生在物流过程中的各种存款、贷款、投资、信托、租赁、抵押、贴现、保险、有价证券发行与交易以及金融机构所办理的各类涉及物流业的中间业务等。

（三）业务运作

物流金融的运作模式主要表现为质押、担保、垫资等，在实际操作过程中也可能是多种模式的混合。事实上，金融服务在商品流通过程中发挥的作用越来越重要。由于商品从生产制造到流通配送的整个过程中会存在大量的库存，库存占用了企业大量的资金，因此，在运营环节利用金融业务来解决由于库存造成的资金沉淀是一条有效途径。

在运用金融手段有效利用企业资源的实际操作中，降低风险是一个首要问题。而掌控企业物流运营的机构就必然成为最直接、最有效的操作者。在实际商品的流通渠道不变的情况下，企业需要将沉淀的资金盘活，而银行考虑的是如何控制风险，那么就需要了解抵押物的规格、型号、质量、原价和净值、销售区域、承销商等信息，也需要查看权利凭证原件，辨别真伪。另外，交易各方为规避风险，大多都通过银行借助信用进行交易，资金流的运作过程烦琐，还会产生不必要的成本。

二、物流金融的信息流程

物流金融的核心在于对物流过程中的货物以各种形式进行质押监管融资。质押监管融资是融资企业、物流企业以及银行等金融机构三方密切合作前提下的全新金融业务形式。客户与银行签订贷款协议，将自有动产货物作为质押物抵押给贷款银行，贷款银行向其提供贷款等金融服务，同时授权物流企业对该货物进行监管，物流企业根据授权书提供监管服务。

（一）仓单质押信息流程

仓单质押是指由融资企业和物流企业及贷款银行达成合作意向后签署三方合同，按照合同内容，融资企业把货物（质押物）储存在经银行同意的物流企业仓库中，货物入库并由物流企业盘点后开具仓单，融资企业根据该单据向融资银行申请贷款，银行审核无误后发放贷款。贷款期内实现正常销售时，货款全额划入监管账户，银行按约定根据到账金额开具分提单给货主，仓库按约定要求核实后发货；贷款到期归还后，余款可由货主（借款人）自行支配。

该模式下，银行并非提供与货物等值的银行贷款，而是根据质押物的市场价和未来价格变动趋势及贷款企业情况等综合情况向其提供贷款，因此贷款额并非完全按质押物价值确定，也无法确定具体贷款比例。一般情况下，信誉较好、生产规模较大的企业贷款比例相应较高。质押期内，作为监管方，物流企业按合同内容对仓单所标质押物进行监管，并对仓库内质押物出现的人为因素灭失及损坏等问题负责。该业务模式如图 9-2 所示。

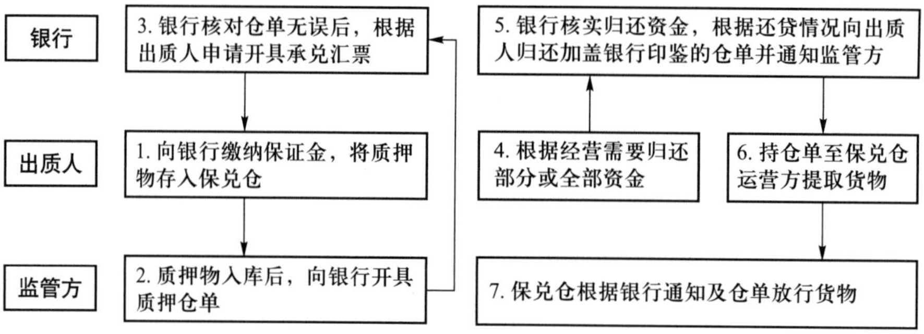

图 9-2 仓单质押信息流程模式

近几年仓单质押模式发展迅速，已成为中小企业融资的最有效渠道和手段之一。该模式由于具有成功率高、贷款迅速、授信额度可循环使用等特点，深受中小企业的欢迎。在该业务操作过程中，银行在放贷的同时降低了信贷风险，物流企业拓展了服务范围和业务渠道，实现了服务增值，因而实现了三方共赢。

（二）保兑仓信息流程

在融资企业中，部分企业需要通过贷款进行原材料采购，以保证持续生产和发展。考虑到该类型企业的需求，金融机构携同物流企业开创了保兑仓模式：根据合同内容，先由贷款银行开具银行承兑汇票给融资企业，其在有效期内持该银行开具的承兑汇票选择供应商进行材料的采购等业务，采购完成后运至三方合同中所指定的物流企业仓库，物流企业进行入库评估后将其作为该企业的质押物履行监管职责。在承兑汇票到期后，供应商开立的银行账户将会收到融资银行所开具银行承兑汇票上标注的款项。

物流企业在整个过程中对质押物的安全负责，融资企业还款后，物流企业在接到银行的通知后，释放监管的质押物。在实际操作过程中，遇到融资企业不履行还款义务等问题时，该批质押物可由该货物的生产商回购，或根据合同由监管的物流公司回购。保兑仓信息流程模式如图 9-3 所示。

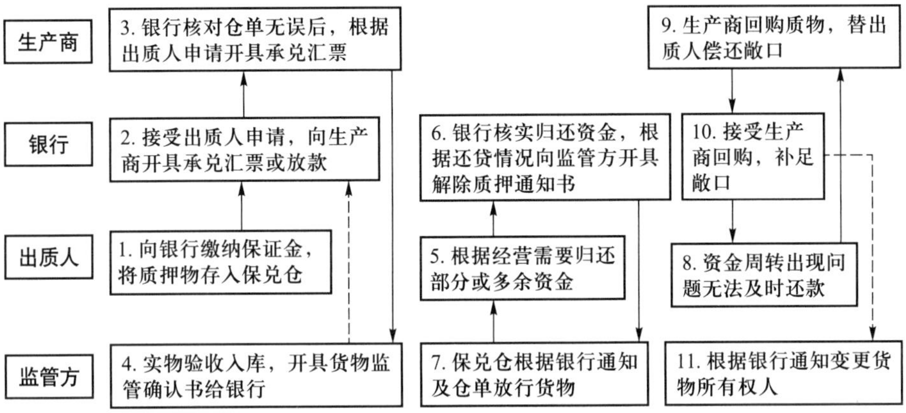

图 9-3 保兑仓信息流程模式

保兑仓信息流程模式的好处在于降低了融资企业的融资成本，提高了融资企业的采购能力，由于供应商的销售成本也有所减少，增强了其销售能力。因此，保兑仓信息流程模式使得整个供应链的综合竞争力有所提升。

（三）融通仓信息流程

融资企业与银行签订合同，由贷款银行事先确定质押物存放的仓库，融资企业按约定将合同质押物存放至该仓库。同时，贷款银行享有该质押物的所有权，该银行委托物流企业对质押物进行质押监管，并由物流企业确定质押物的价值，贷款银行据此确定贷款发放的比例。

在该模式中，物流企业完全按银行指令进行操作，按程序对质押物的数量和总价值进行监管。因此，物流企业对质押物负有保管责任。其信息流程模式如图 9-4 所示。

融通仓信息流程模式操作灵活，是我国第三方物流企业向现代物流企业转型发展的新标志。该模式不仅能有效地缓解中小企业的资金压力，而且可以实现融资企业物流和现金流的相互转换。

（四）海陆仓信息流程

海陆仓是在传统仓单质押融资模式基础上形成的，与前几种模式最大的差异是其质押物并不是现有货物，而是未来将要进口的货物（可能存放于国内的港口以及内陆仓库），运送方式多为海运或者海陆联运。该模式是仓单质押监管以及货物在途运输质押融资模式的结合，信息流程模式如图 9-5 所示。

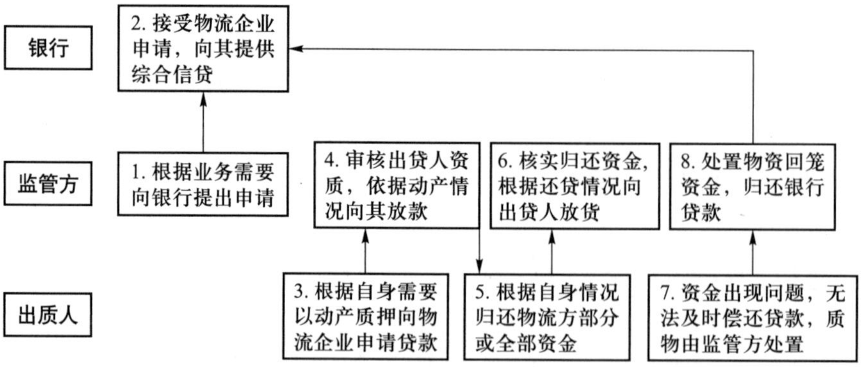

图 9-4 融通仓信息流程模式

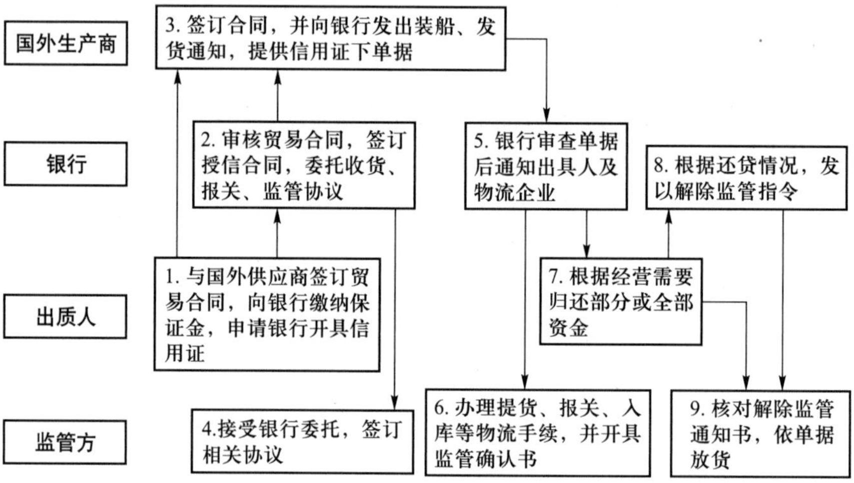

图 9-5 海陆仓信息流程模式

通常情况下，海陆仓信息流程模式是与国际结算业务息息相关的一种单笔贸易授信业务，其更加适合进口开立信用证业务，以及该信用证项下的进口融资业务。对金融机构而言，不仅带来了手续费收入和汇兑收益收入，更有获益丰厚的融资利息收入等，因而很受金融机构欢迎。

三、物流金融平台需求分析

物流金融方式多样，选择灵活，能有效帮助金融机构、物流企业和融资企业实现三方的共赢，因而在共同利益的驱动下被越来越多的业内企业接受，成为一项炙手可热的新型服务模式。

但也必须认识到，完善的物流金融服务是质押物、资金和信息的融合，信息化系统的实现是其内在的需求。实现物流金融服务模式的前提是融资企业、金融机构与物流企业间进行及时、高效和准确的信息交流。该服务高度融合了质押物、资金和信息，缺一不可。可见，信息化对于此类业务的重要性。为了保证质押监管融资的长效发展，必须将信息化提升至业务开展的首要位置。建立物流金融平台是为了突破相对独立、封闭的固有信息模式，创新金融产品，实现合作共赢的目的。

（一）物流金融平台对各方的意义

1. 资金需求企业（出质方）

（1）物流金融平台能够帮助中小企业有效缓解其融资难题，获得急需的资金，从而保障其健康、稳定、快速发展。

（2）物流金融平台可以加速中小企业的资金周转，也可以大大提高资金的使用效率，从而为中小企业的扩大再生产以及经营规模不断壮大提供坚实的后盾。

（3）物流金融平台可以帮助融资企业降低资金成本，使之获得更高的资本收益率及资金利用率。

（4）物流金融平台的建设可以提高相关企业的信息化管理水平和规范化程度，使物流企业可以在仓库管理、配送等领域为融资企业提供更加高效、快捷的服务。帮助相关企业加快产品周转率，有效缩短其销售周期，进而有利于增强企业的综合竞争力，促进发展。

2. 第三方物流企业（监管方）

（1）物流金融平台的建设可以促进物流企业资产的有效使用，提高运输、仓储等生产设施的利用率。由于开展物流金融的准入门槛较高，因此，物流龙头企业可以通过物流金融平台的建设增强和扩大自身的竞争优势。

（2）物流金融平台的建设可以进一步促进优势物流企业与其客户及金融机构间的合作伙伴关系。作为物流金融业务的监管者和质押物实体流动的执行者，物流金融平台客观上可以为融资企业和金融机构降低经营风险和坏账风险，增强其与两者之间的合作关系，促进物流企业的良性发展。

（3）物流金融平台可以提升企业的综合竞争力，拓宽服务渠道，促进物流业整体的发展。通过网络等基础设施建设和信息化程度及相应管理水平的不断提升，可以帮助物流企业进一步提升其在供应链中的地位。

（4）物流金融平台的运用，有助于物流企业获得新客户，开拓新市场，延伸物流服务链条，拓展其物流服务网络。

（5）物流金融平台的建设和运用，可以帮助物流企业不断创新和扩大第三方物流服务内容和范围，提高自身赢利水平。帮助物流企业充分利用已有资源，在为客户及金融机构降低成本的同时，也为自己带来丰厚的回报。

3. 金融机构（银行）

（1）可以拓展金融机构的服务范围，增加其收入。通过建设物流金融平台可以将物流企业、融资企业和金融机构紧密相连。对银行而言，与物流企业之间的资金结算和收入结算已然成了银行业发展的另类方向。大中型物流企业经常使用银行托收、开立信用证等金融工具，使用此类工具必然带来银行资金查询、结汇、资金结算等业务量的增加，银行中业务收入的快速增长。

（2）有利于商业银行开拓新客户。商业银行习惯于先根据企业的规模及经营状况对其进行评级与授信，再对企业进行融资。物流金融业务的出现打破了这一模式，可以让商业银行跳过前期评级与授信，而根据融资企业的质押物的价值提供融资，从而扩大客户群体。

（3）物流金融平台的建设有利于降低客户违约风险。对银行而言，中小企业融资存在的违约、坏账风险要比大中型企业大得多。由第三方物流龙头企业提供的质押监管服务使商业银行在不增加成本的条件下可以有效地控制质押动产，使贷款有了有力的担保。

（二）物流金融平台的功能需求

综合型第三方物流企业一般包含运输、仓储、配送、工程物流、物流规划、物流咨询等内容的业务活动。而在此过程中，为客户提供相应的金融服务又更为复杂，具有类型多样、时间跨度长、区域跨度广、业务流程复杂、承受风险大、业务单据多等特点。

为便于在信贷审查和综合信用管理时做到有效控制风险、提高办事效率，银行就需要及时、准确地获得客户企业相关信息和数据，包括企业生产经营动态，质押产品（或物资）的价格、需求、贸易流转状态等信息。因此，物流监管企业必须具备强大的信息采集、处理和管理能力，才能有效监控客户所质押产品的市场状况及仓储、运输、配送等物流状况，从而及时采取有效措施，预防和化解丢货、骗货、货损、货差等风险。

由于物流活动的复杂性和多样性，为了计算准确，选择合理、最优的物流方案，物流作业规划、统筹方法与图上作业法等大量工程学、运筹学方法被广泛应用于常规的物流管理中，但这对于提供质押监管等物流金融服务显然是不够的。因此，搭建一个能为各利益方实现信息实时共享的信息平台，为银行提供及时、可靠的信息保障和物流全过程监管，促进业务运转过程的信息化和高效率，实现信息流、资金流和物流的集中和统一管理，符合银行、融资企业和物流监管等各方企业的共同利益。

典型的物流金融平台信息流程如图 9-6 所示。

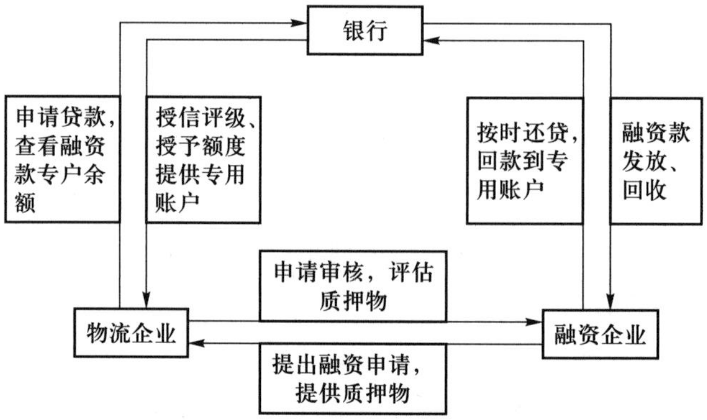

图 9-6 物流金融平台信息流程

四、物流金融平台构架

为保证物流金融业务顺利进行，物流金融平台可以根据不同运营模式进行平台设计建设。一般来说，平台可分为前台应用和后台业务。前台应用主要包括信息查询、业务管理、自动报表，后台业务包括系统管理、数据处理与其他业务，如图 9-7 所示。

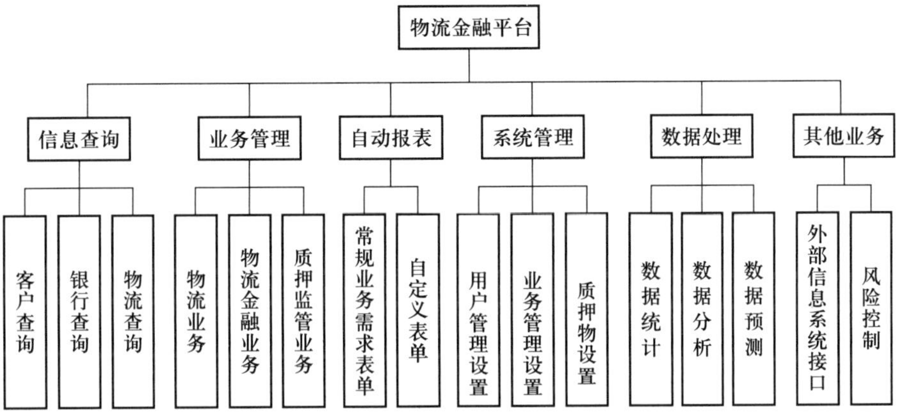

图 9-7 物流金融平台功能模块构成

（一）信息查询模块

银行、物流公司、客户等用户通过互联网连接到物流金融平台，根据设定的用户名和权限使用该模块进行信息查询。

（1）客户。可查询货物运输、仓储、销售、质押率、产品市场价格变化及相关政策信息。

（2）物流企业。可查询货物状况及市场供需等信息。

（3）平台运营方。可查询所有物流金融业务的信息，根据客户需求提供相应的服务，并通过与银行的对接获取例如企业信用情况、资产情况等相关信息。

（4）银行查询。可查询相关企业、供应链及市场的信息，以便实时采取风险控制措施。

（二）业务管理模块

该模块主要包括对物流、质押监管及融资等业务的管理，具体以平台方企业提供的业务服务范围而定。主要是以基础物流业务为依托，开展各类以动产质押融资为核心的业务及其他银企业务。

（1）物流业务。通过平台发布物流供求信息，提供网上撮合交易等服务。既可以通过开放式管理获得大量供求信息缓解市场信息不对称，也可以掌握市场变化趋势为物流金融的开展提供信息保障。主要包括物流交易、物流保障、物流应用、物流托管等内容。

（2）物流金融业务。除提供动产质押、融通仓、保兑仓、海陆仓等物流金融业务的在线申请、审核、管理等，还需要对生产厂的发货、退货、回购能力进行在线管理和更新，以便更好地为客户和银行提供信息支持。

（3）质押监管业务。接受银行委托，对银行融资项目提供质押动产的监管服务，主要包括质押物在线管理、货值评估等。

（三）自动报表模块

将原有的纸质单据、报表转化为相应的电子报表，实现了与银行、客户之间的电子文件的传递，提高了工作效率。模块主要包括常规业务需求表单和自定义表单这两个部分。

（1）常规业务需求表单。包括入库单、提货单、存货单、质押单等。

（2）自定义表单。根据用户需求设定表单。

（四）系统管理模块

对整个系统的设置、管理，主要包括用户管理设置、业务管理设置和质押物设置这三大模块。

（1）用户管理设置。包括金融机构的设置、客户设置、用户权限设置。

（2）业务管理设置。包括质押模式设置、质押流程设置、监控等级设置。

（3）质押物设置。是根据公司开展业务中的质押物的具体情况进行的设置，对于每种质押物都可以设定质押的数量、等级、质量等信息。

（五）数据处理模块

这一模块主要目的是对物流及资金流相关数据进行收集、整理和分析，并实现数据的导入和导出功能。此模块主要是为服务提供各方管理和决策提供支持。主要由三部分构成。

（1）数据统计。通过对动态数据的及时采集、录入，来达到通过各种数据、图表来反映业务、市场情况的目的。

（2）数据分析。在企业输入和收集的数据的基础上，通过设置相应的数学计算模型，计算质押率，并最终生成分析文档和报表。

（3）数据预测。在专业人士和企业管理人员共同商讨的基础上，或企业管理人员根据专业人士提供的资料，得出的预测结果。

（六）其他业务

通过与本企业及企业外部信息系统，如仓储、运输管理系统、财务系统、典当系统等进行对接，实现信息的交互及整合。如对于到期无法偿还的质押物，在取得银行授权后，通过相关接口与外部交易平台对接，进行出售或拍卖。与银行合作开发出相应的风险评估技术和风险预警模型，对现有物流金融业务可能面临的风险进行评估、控制和预警。

第三节　物流园区信息平台

一、物流园区概述

（一）物流园区的内涵

物流园区的概念源自20世纪五六十年代在日本大量兴起的“物流团地”。其后传入我国。它一般是指将众多物流企业聚集在一起共同经营的一个产业集中区，也可以称为物流开发区、物流产业集群等，主要是通过实行专业化和规模化经营，充分发挥物流企业的整体优势，促进物流技术和服务水平的提高，共享相关设施，降低运营成本，提高规模效益。物流园区的内涵可以归纳为以下三点。

（1）由分布相对集中的多个物流组织设施和不同的专业化物流业构成，具有物流产业组织、经济运行等物流组织功能的规模化和功能化区域。首先是一个空间概念，与工业园区、经济开发区、高新技术开发区等概念一样，具有产业一致性或相关性，拥有集中连片的物流用地空间。

（2）作为城市物流功能区，物流园区包括物流中心、配送中心、运输枢纽设施、运输及管理中心和信息管理中心等适应城市物流管理与运作需要的物流基础设施。

（3）物流园区也是依托相关物流服务设施进行流通加工、原材料采购和便于与消费地直接联系的生产等活动，具有产业发展性质的经济功能区。作为经济功能区，其主要作用是开展满足城市居民消费、就近生产、区域生产组织所需要的企业生产、经营活动。

（二）物流园区的特征

我国物流园区的特征主要如下。

（1）集中成片的物流用地。这些土地是城市规划的一部分，承担城市主要的物流功能。

（2）涵盖物流服务的大部分功能。能实现诸如货物运输、分拣包装、储存保管、集疏中转、信息服务、货物配载、业务受理、通关报税等各种物流服务功能。

（3）聚集众多物流企业。就像高新技术开发区汇集很多高新技术企业一样，物流园区汇集了众多的物流企业。

（4）统一的物业管理。由于园区用地、基础设施甚至信息平台是众多物流企业共享的，需要统一管理，应由专业物业管理公司为物流企业提供物业服务。

（5）一定的政策环境。为吸引物流企业进入园区，物流园区一般都享受一定的优惠政策，如低廉的土地使用费与房屋租金、税收与管理费用的减免、贷款支持等。

（三）物流园区的功能

物流园区既是现代物流体系中不可或缺的物流组织管理节点，又是城市化发展中交通运输组织、信息组织、产业整合、资源整合、调整原材料采购和配送等功能聚集地，是具有产业发展性质的经济功能协调区。正是物流园区对经济发展、城市交通和流通渠道建设诸方面的积极意义促使国内外各级政府都对其加以重视和扶植。

物流园区能有效整合物流资源。实行现代化的物流作业，减少重复运输，实现设施共享。建立一体化、标准化的中心节点，通过物流园区的高效作业实现以下基本功能。

（1）对物流园区的需求整合，形成规模化的运输需求，使设备、设施大型化（车辆等运输装卸工具）成为可能，有效地提高运送、装载效率。

（2）集中作业可以推进装卸机械化，降低装卸费用。

（3）实现共同运输。有效减少重复运输，提高运输工具利用率和作业效率，降低能耗，减少社会道路占用面积等。

（4）建立一体化的输送体系。设置标准化集装箱和托盘的流转基地，把各地运输公司导入整体运输体系，包括低温冷库、特种仓储设备基地，实现设施共享，实现生鲜食品、特殊商品的运输现代化进而促进物价的稳定。

（5）集约功能。物流园区首先要有量上的集约，要有一批物流企业在此集中经营。通过集中经营推动物流服务的进一步分工细化，通过专业化的运作降低成本，规范服务，实现优势互补，增强行业整体的市场竞争能力。

（6）综合运作与转运衔接功能。物流园区的综合功能还体现在发挥有效衔接作用上，主要表现在实现公路运输、铁路运输、河运、海运等多种不同运输形式的有效衔接。物流园区是完成一体化物流的一个重要节点。

（7）管理、指挥功能。物流园区形成后，政府的职能部门工商、税务、海关、环保、交警等进入并形成一条龙服务体系，这有利于政府的宏观指导和企业的规范运作。同时，物流园区本身也是辐射范围内物流运作的指挥、管理和信息中心，通过园区将信息集中，达到指挥调度的功能。

（8）辐射、拉动功能。物流园区的服务区域不能仅仅按行政区域来划分，而应该考虑园区自身的辐射、拉动半径，这个半径不再局限于某个行政区域，而是一个经济区域。

（9）传统的物流职能。物流园区应具备所有物流的传统功能。

（10）新型物流职能。新型的物流园区还可以具有结算、需求预测、物流系统设计咨询、物流教育与培训、订单处理、检验和报关、税务代理、货物运输紧急救援、货物跟踪，以及帮助交易人处理纠纷等职能。最重要的是，为客户提供全方位的信息服务。

二、物流园区信息平台的概念

（一）物流园区信息平台的含义

物流园区信息平台是指利用信息技术对物流园区内物流作业、物流过程和物流管理的相关信息进行采集、分类、筛选、储存、分析、评价、反馈、发布、管理和控制的通用信息交换平台。只需接入物流园区信息平台，就可以真正实现企业之间、企业与客户之间物流信息的共享。可以说，物流园区信息平台为企业提供了低成本实现企业信息化的条件，通过共享信息，企业能以更低的成本为客户提供更好的服务，真正实现物流的现代化。

物流园区信息平台是现代物流企业收集和整合资源的重要手段，是为其他企业提供物流服务的重要场所。由于互联网的发展以及物流信息技术应用的成熟，物流园区信息平台已成为物流行业发展的一大趋势。物流园区信息平台能够整合现有企业的物流信息资源，优化行业物流运作，从而实现社会物流系统整体效益的最大化。

（二）物流园区信息平台的结构

作为物流园区的一个有机组成部分，物流园区信息平台的规划与建设必须符合物流园区的内涵和特征，服务于物流园区的管理，充分体现物流园区的发展目标和功能定位，实现物流园区高效、有序的运作，提高对入驻园区企业的服务水平。

在对物流园区信息平台规划设计时，要以物流园区的发展目标和功能定位为基础，结合入驻园区企业的业务特点和地区物流需求进行。一般情况下，物流园区信息平台主要由三个部分构成：物流园区基础平台、物流作业信息平台和物流信息交易平台，如图 9–8 所示。

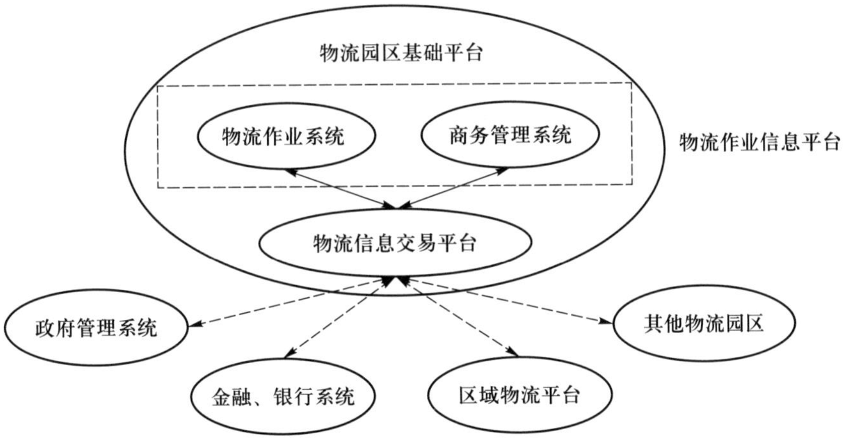

图 9–8　物流园区信息平台功能结构示意

（三）物流园区基础平台

物流园区基础平台应具备跨行业、跨地域及可扩展性、开放性的特点。物流园区基础平台的主要功能是完成信息的采集、处理、交换、传输、储存和发布。

（四）物流作业信息平台

物流作业信息平台包括需求计划管理、供应计划管理和作业管理三大部分。需求计划管理用来有效了解和管理市场需求，供应计划管理从如何优化资源的角度满足市场的需求，作业管理负责制定需求履行计划，安排最佳的运输和配送计划。

物流园区的信息系统的功能需求主要表现为采购及包装管理、自动分拣及理货、智能仓储管理、智能配送管理、货物跟踪管理、集装箱堆场管理。

1. 采购及包装管理

在这一环节中，业务表现为网上订购、进货验收、供货商管理、采购决策、存货控制、采购价格管理、应付账款管理、包装管理等信息管理。

2. 自动分拣及理货

自动分拣及理货基于条码识别和数据库技术，根据货物的分类、品名、产地、规格及流向等分拣参数来完成，同时，根据订单及客户需求实行自动连续补货（CRP）、不间断供货（SRP）。自动分拣及理货在信息系统中实际表现为数据库的连锁更新。

3. 智能仓储管理

目前，无论是自动单元式仓库还是自动楼式仓库，均以三维储存单元图形坐标作为货物定位的手段。计算机程式化辅助自动装卸、任务分解式的作业方式，完成仓库的物品存放、装卸及调度、库存统计、库容统计、货位管理、损毁登记、状态报告等自动处理，并向系统提交图形化的仓储状态，减少物品留库时间，避免货物的重复起降，最大限度提高仓库利用率。

4. 智能配送管理

智能配送系统主要完成配送路线、发送顺序、车辆类型、发送时间的优化选择及管理。在此业务功能中，最重要的通信技术就是全球卫星定位系统（GPS）、地理信息系统（GIS）和自动识别技术（AEI）。

5. 货物跟踪管理

货物跟踪的实现与智能配送系统密切相关，应用 GPS 技术和 GIS 技术跟踪运载工具，通过数据查询，实现货物跟踪。

6. 集装箱堆场管理

集装箱堆场管理与智能仓储类似，系统主要完成堆场的箱区规划、箱位的管理、集装箱装卸作业计划管理、集装箱的箱号管理、集装箱的跟踪。

（五）物流信息交易平台

实现物流信息交易是物流园区最终实现商流、信息流、资金流三流一体的重要保障和手段，前面提到的供应链管理只是解决了这一方案的商流，电子商务实际解决的是信息流和资金流。电子商务的基础是公共信息平台，有了安全可靠的基础平台，电子商务才会可靠：电子商务在物流园区的业务功能主要包括在线交易、电子税务、电子通关、在线金融、客户服务。

1. 在线交易

交易中心通过卫星通信手段，与世界各地交易所实现信息的互通，为客户提供世界同步实时交易行情揭示、在线交易及结算。实行客户资质审查制、进驻登记制、交易席位制，确保交易的有效性。另外，在线交易同电子税务、在线金融、供应链密切相连，保证在线交易的高效性，提高物流园区的综合效率。

2. 电子税务

通过 EDI 提供的标准单证，完成网上报税、缴税、退税。此外，税务部门通过与交易中心、银行的合作，实施网上资金流动的监控，实现网上的税务稽查。

3. 电子通关

对于集装箱多式联运、进出口货物的报关报检，可以通过 EDI 系统提供的标准电子单证，完成网上进出口商品的通关、通检（一关三检：海关、商检、动植物检、卫检）。

4. 在线金融

物流园区提供网络在线金融服务，包括保险、银行、外汇等，保障在线交易的有效性、时效性。

5. 客户服务

为客户提供咨询服务、学习培训、法律服务、资信评估等，完成客户资料的收集、统计、分析和追踪服务。

三、物流园区信息平台的应用系统

物流园区信息平台的应用系统一般采用模块化方式开发建设，可根据园区所处的发展阶段及应用需求进行相应的配置使用，主要由以下几个部分构成。

（一）园区内部管理系统

1. 电子政务模块

政府电子政务模块通过与园区公共信息平台的连接，实现对企业行为的监管，为企业创造良好的电子商务空间，提供“一站式”政府服务功能，如网上电子工商注册、网上审批、网上公告、网上投诉，进行行业统计等。

2. 园区行政管理模块

以降低办公成本、提高办公效率为目的，在基本业务信息管理（仓储、配送等）和财务信息管理（结算）的基础上，通过对客户、人力资源、质量管理、决策支持等信息的管理，为物流企业的管理决策层提供统一、全面、高效的办公平台。

（二）物流作业系统

1. 仓储管理

对所有包括不同区域、不同属性、不同成本的仓库资源实行集中管理。采用条形码、射频等先进物流技术设备，对出入库货物实行联机登录、储存、查询、容积计算、储位分配管理、损毁登记、状态报告等自动处理，并向系统提交图形化的仓储状态显示。

2. 运输管理

对包括自有和协作的所有可以调度的运输工具进行车辆调度管理，提供对货物的分析、配载计算以及最佳运输路线选择。系统可以集成支持 GPS 系统和 GIS 系统实现最佳路线选择和状态调配。

3. 配送管理

以最大限度降低物流成本、提高运作效率为目的，按照定时配送原则，在多个客户并存的环境中，通过在客户和各自的供应商之间建立实时的双向链路，构筑一条顺畅、高效的物流通道，为供需双方提供高度集中、功能完善的共同配送服务。

4. 智能交通

利用全球卫星定位技术（GPS、北斗等）对移动目标进行实时定位和跟踪管理，并自动在控制中心的电子地图上显示出移动目标的位置和运行状态，具有机动车辆的监控、管理和救助等功能，并为中心指挥人员提供动态、实时、直观的图文信息。

5. 报关检验管理系统

集货物进出口报关、商检、卫生检疫、动植物检疫等功能的自动信息管理于一体，满足客户跨境运输的需求。

6. 货运代理管理系统

按照资源最大化和服务最优化的原理，满足代理货物托运、接送、订舱配载、联运服务等多项业务需求，完成物流全程化管理，包括代理航空和船务，实现门对门、一站式的物流服务方式，构筑托运人和承运人之间的桥梁和纽带。

（三）商务管理系统

1. 资源信息系统

对物流园区内包括仓储、设备、运力在内的各种资源进行虚拟管理，以反映系统内各类物流资源的实时状况，提高资源利用率。

2. 货物状态查询系统

包括货运、仓储、委托、货物跟踪等信息的查询管理，实时地为用户提供货物所处的状态信息。

3. 网上合同系统

通过对合同的数字化解析，充分理解客户方的需求，拟订与之相适应的物流服务实施方案，并以此为依据，分配相应的资源，监控实施的效果和核算产生的费用，以对双方执行合同的情况进行评估，取得客户、信用、资金等相关信息，提交调度和决策部门作为参考。

4. 用户管理系统

通过对用户资料的全方位、多层次管理，物流企业之间实现流通技能的整合，物流企业与其客户之间实现信息共享和风险收益共享，从而在供应链管理的模式下，发展跨行业的供应链优化及整合。

5. 财务系统

对园区的经营业务和资金进行平衡、测算和分析，编制各业务经营财务报表，并与银行等金融系统联网，实现网上汇兑等无纸化资金流转。

6. 统计系统

按照物流行业标准，针对园区内物流企业的经营管理活动情况进行统计调查、分析以及提供统计资料及监督，从而对园区内企业的经营状况进行量化管理。

（四）辅助决策系统

1. 决策信息系统

及时地收集商流、物流、资金流产生的各种信息并加以科学利用，在数据库技术、运筹学最优化模型的基础上，通过数据挖掘和人工智能等工具对数据进行多角度、立体的分析，实现对企业中的人力、物力、财力、客户、市场及信息等各种资源的综合管理，为企业管理、市场管理、客户管理、资金管理等提供科学的决策依据，从而提高管理层决策的准确性和科学性。

2. 综合数据管理系统

提供对整个信息平台的综合数据信息管理的技术支持，包括用户管理、权限管理、安全管理和数据库管理等。

第四节 区域物流信息平台

一、区域物流和区域物流系统

（一）物流系统的层次

物流活动存在于社会经济领域的各个方面，每个特定的领域都有其自身的物流特征。虽然物流的基本要素都存在且基本相同，但由于物流对象不同，物流目的不同，物流范围、范畴不同，形成了不同类型的物流。目前在划分标准方面主要有如下划分方法。

1. 宏观物流和微观物流

宏观物流是指社会再生产总体的物流活动，即从社会再生产总体角度认识和研究的物流活动。它的主要特点是综观性和全局性。它还可以从空间范畴来理解，在很大空间范畴的物流活动，往往带有宏观性。宏观物流也指物流全体，是从总体看物流而不是从物流的某一个构成环节来看物流。

整个物流活动中的一个局部、一个环节的具体物流活动属于微观物流。在一个小地域空间发生的具体物流活动也属于微观物流。针对某一种具体产品所进行的物流活动也是微观物流。微观物流研究的特点是具体性和局部性。

2. 社会物流和企业物流

社会物流是指面向全社会提供服务的物流。社会物流研究再生产过程中随之发生的物流活动，研究国民经济中的物流活动，研究如何形成服务于社会、面向社会又在社会环境中运行的物流，研究社会物流的体系结构和运行，因此带有综观性和广泛性。

企业物流是从企业角度研究与之有关的物流活动，是具体的、微观的物流活动的典型领域。企业物流又可分为不同的典型物流活动，如企业生产物流、企业供应物流、企业销售物流等。

3. 国际物流和区域物流

国际物流是伴随和支撑国际经济交往、贸易活动和其他国际交流所发生的物流活动。

相对于国际物流而言，一个国家范围内的物流、一个城市的物流、一个经济区域的物流都处于同一法律、规章、制度之下，都受相同文化及社会因素影响，都处于基本相同的科技水平和装备水平之中，因而，都有其独特、区域的特点。

（二）区域物流的概念

区域物流属于宏观物流系统中的一个组成部分，它覆盖一个特定的区域，主要是指具有经济联系的经济区域。

区域物流也可分为广义和狭义。广义的区域物流不受国界的限制，涵盖若干个政治、经济、文化乃至军事上都具有共性的国家和地区，以及它们所组成的自由贸易区，如欧盟（EU）、北美自由贸易区（NAFTA）等。狭义的区域物流指一个国家之内一定地域内的物流，如珠江三角洲、长江三角洲及环渤海地区等经济带所发生的物流都可看作区域物流。

（三）区域物流的功能

区域物流是在一定区域内的物流系统或者物流体系。区域物流的发展可以为该区域带来商流、资金流、信息流、技术流的聚集，降低区域经济活动运行的交易成本，加快区域经济结构和产业布局的合理调整，带动地区和区域经济的发展。

从区域经济发展的角度来看，区域物流的功能主要表现在以下方面。

1. 区域物流是区域经济发展的前提条件

区域经济在发展过程中，其内部矛盾和外部影响可能促使物质、能量和信息的传递，也可能阻碍它们的流通。当系统内各“流”受阻时，系统的整体功能就会受到影响，其融变速度就缓慢。因此，区域经济规模决定着区域物流规模。区域物流的发展是区域经济发展的前提条件。

2. 降低交易成本，优化区域经济增长模式

我国经济增长当中，许多地区都存在着高成本和高污染的增长问题。其中由于流通手段、方式、技术的落后而造成的区域生产要素交易成本过高，是一个重要的组成部分。所以，优化区域经济增长模式，变高增长、高消耗、高污染、高成本的传统增长模式为高增长、低消耗、低污染、低成本的现代可持续发展的经济增长模式，对我国未来经济的发展极其重要。其中，发展物流业，降低区域经济增长中的生产要素成本是一个很重要的途径。一个结构稳定、高效运作的物流系统，不仅可以减少各个地区组成要素之间的磨损和交易成本，减少用户使用网络资源和要素的成本，还可以放大各要素的功能，提高要素和整个网络的收益。

3. 丰富产业形态内容，优化区域产业结构

现代物流就是通过培育物流企业整合物流资源，使其充分发挥整体优势和规模效益。发达国家的实践表明，现代物流业的发展，推动、促进了当地的经济发展，既解决了当地的就业问题，又增加了税收，促进了其他行业的发展。此外，现代物流业将进一步带来商流、资金流、信息流、技术流的集聚，以及交通运输业、商贸业、金融业、信息业和旅游等多种产业的发展，这些都是产业发展新的增长点。因此，发展区域物流可以促进产业结构向高度化方向发展。

4. 促进以城市为中心的区域市场形成和发展

现代物流不但可以促进以城市为中心的区域经济形成，还能促进其经济结构的合理布局和协调发展，有利于吸引外部投资及大区域市场体系的建立，有利于城市交通设施建设和整体规划，有利于减小物流对城市环境的不利影响。

5. 加强区域经济的联系

区域经济发展到今天，除了区域自身的发展，区域之间的联系更为重要，任何一个区域都有它相应的优势资源和条件，也相应地存在劣势。需要区域之间经济贸易的协作，区域之间经济贸易的协作的纽带就是物流产业的发展，也就是说物流业越发达，区域之间的联系就越紧密，区域之间发展的条件就越优越。

二、区域物流信息平台概述

（一）区域物流信息平台的概念

我们可以把区域物流信息平台定义为：覆盖特定的区域范围，为该区域内的物流运作和管理提供全面信息支持的公共物流信息平台。这样的信息平台可以起到整合行业资源、实现行业资源共享，发挥物流行业整体优势，从根本上改善物流行业现状，帮助区域物流体系内的企业实现低成本的信息化目标。

由于互联网的发展以及物流信息技术的成熟，物流信息平台已成为物流行业发展的一大趋势。公共物流信息平台与其他信息系统相比，真正实现了各类型企业与客户之间的物流信息和物流功能的共享。具体体现如下。

（1）通过互联网可以将分布在不同地区的物流企业连接在一起，远程进行业内信息发布和业务数据传输。

（2）通过信息网将各地用户的订单汇总起来，由信息平台根据物流资源统一调控，通过规模物流，做到以最低的成本为客户提供最好的服务。

（3）为客户提供全面的物流信息，以及个性化的物流服务。

（4）为政策制定与经济管理部门提供区域经济的运行评估和决策分析工具。

（二）区域物流信息平台的层次构成

从功能结构来看，区域物流信息平台可以分为数据采集层、管理层、共享层和增值层四个层次，如图 9-9 所示。

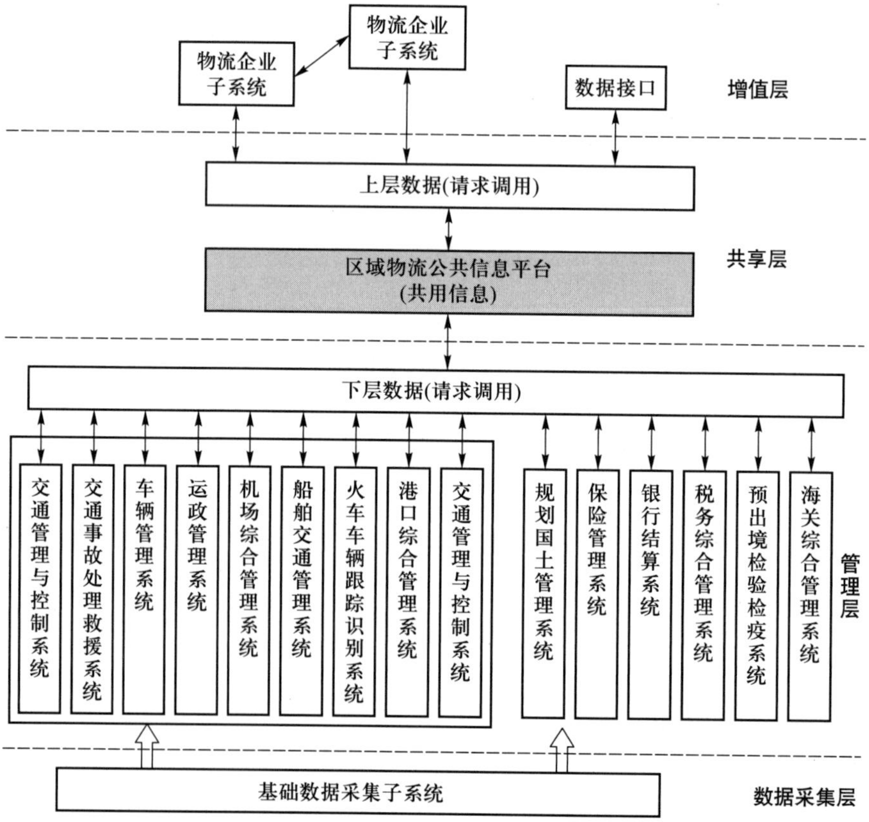

图 9-9 公共物流信息平台的分层结构

（三）区域物流信息平台的需求

对于区域物流信息平台来说，各种参与者有着不同的需求，区域物流信息平台应具备满足各方需要的相应功能。这样，区域物流信息平台的功能可以是一个逐层递进的过程，根据功能的强弱可以分为基本功能和增强功能。基本功能主要是实现共享信息的组织与发布；增强功能可以参与物流职能管理的实现，如提供网上虚拟运输市场交易功能、决策分析功能等。

从使用者来看，区域物流信息平台是由在该区域内物流发生过程中，相关的宏观管理层、部门管理层、物流企业层等参与者通过通信网络平台联成的网络体系。因而，区域物流信息平台可以看成区域物流领域的神经网络，连着物流系统的各个层次、各个方面。

1. 政府部门的信息需求

通过对政府相关部门的功能分析，对政府部门的信息进行归类分析（在物流活动中，由于物流枢纽的功能具有中立信息提供服务的性质，也一并以行业管理系统对待），结果如表 9-2 所示。

表 9-2 区域公共物流平台信息服务类别及内容

信息类别	服务内容	提供部门
物流服务信息	货代、船代、运输、仓储等企业相关信息货运运输许可信息	运输局
运输规费信息	货运车辆规费信息	
路况信息	道路技术等级、里程、收费、立交连接方式	
货运车辆实时信息	在途车辆及驾驶员信息	
规划国土信息	包括截取小区等信息的电子地图，商务、企业、机构等的位置信息，国土总体规划信息	国土规划部门
交通状况信息	交通路线管制、交通堵塞信息	公安交管部门
交通管理信息	车辆驾驶许可、驾驶证查询、道路管制信息	
事故紧急信息	车辆事故及其他紧急信息	
检验检疫信息	商检、动植物检疫、卫生检疫等相关信息	检验检疫局
报关信息	报关通关、关贸信息	海关
港口综合信息	船舶路线、离达港时间及货物跟踪信息	港口
机场综合信息	航班线路、离达港时间及货物跟踪信息	机场
铁路综合信息	列车班次、离达站场时间及货物跟踪信息	铁路局
综合商品信息	产品的相关企业信息	贸易、统计部门
保险信息	保险服务信息	保险公司

续表

信息类别	服务内容	提供部门
税务综合信息	企业资信、外汇结算等信息	银行
供应方信息	地点、名称、联系方式；商品种类、数量等	企业
需求方信息	地点、名称、联系方式；商品种类、数量等	企业
其他信息		其他

2. 企业的信息需求

作为不同物流模式下的企业网络群体，信息流的实现可以通过企业间直接完成，但需求、供应及气候、环境等公共信息和政府提供的政策信息则需要通过信息平台来实现发布和共享。

（1）运输企业。

功能需求：运输订单处理、运输业务管理、运输计划制定、车辆调度、车辆跟踪、车辆信息查询等。

信息需求：运输需求信息、运输要求信息、交通信息、车辆追踪信息（无线调度及GPS定位信息等）等。

（2）仓储企业。

功能需求：仓储订单管理、仓储业务管理、出入库管理、车辆管理、货物跟踪（出入库时间、运载车辆）。

信息需求：库存信息、仓位信息、订单信息、送货需求信息、车辆配载信息。

（3）流通加工企业。

功能需求：流通加工订单处理。

信息需求：流通加工需求信息。

（4）船公司。

功能需求：运输订单处理、出入境报关、运输业务管理、仓单管理、运输计划制定、运输调度、船舶跟踪、货物跟踪、运输信息查询。

信息需求：装卸信息、出入境报关许可信息、海上导航信息。

（5）航空公司。

功能需求：运输订单处理、出入境报关、运输业务管理、运输计划制定、运输调度、飞行跟踪、货物跟踪、运输信息查询。

信息需求：装卸信息、出入境报关许可信息、空中导航信息。

（6）配送企业。

功能需求：配送订单处理、采购功能、仓库管理功能（储存管理、进出库管理、机械设备管理、分拣拣选、流通加工、配送计划）、车辆调度计划、财务结算功能。

信息需求：国土信息（小区位置、门牌号等）、交通信息、车辆跟踪信息（无线调度及GPS定位信息等）。

(7) 报关行。

功能需求：接收代办报关、订舱、报关、提供报送信息。

信息需求：报关需求信息（产品原产地证明、出口许可证等）、海关报关信息、运输公司信息、仓储企业装卸信息、物流枢纽货物跟踪信息。

(8) 综合物流管理企业。

功能需求：运输、仓储等物流全程计划、控制。

信息需求：相关联盟企业及政府相关信息。

（四）区域物流信息平台的功能

从实现形式上看，区域物流信息平台具有分布式数据仓库的功能特征，对于各子系统经常使用的数据储存在公共信息平台自身的数据库中，对于一些偶然使用的数据则仅在信息平台中记录存放位置、更新时间、数据结构等信息，以便查询。具体来看，为实现区域物流信息化建设的总体目标，区域物流信息平台应该至少能够为用户提供五方面的功能支持，如图 9-10 所示。

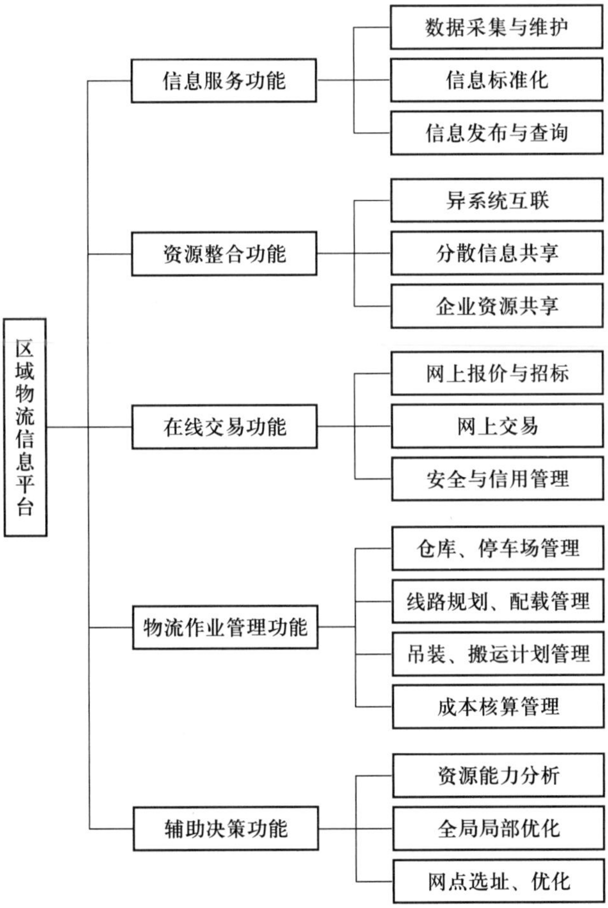

图 9-10 区域物流信息平台的功能结构

1. 信息服务功能

信息服务功能是区域物流信息平台的基本功能，也是物流信息平台在建设初期的核心功能。信息服务主要表现为对各类物流信息提供录入、组织、维护、发布、查询、交流等服务。如公共信息、企业业务交易信息、货物跟踪信息、车辆调度跟踪信息的查询和检索等。

2. 资源整合功能

一般供应链节点企业的信息系统建设程度不同，信息共享程度也不同，而企业之间一定程度的信息交互对于提高整个供应链的运作效率、降低供应链总成本有着重要的作用。

3. 在线交易功能

在线交易功能为供需双方提供一个虚拟的交易平台，有利于规范市场运作，整合大量闲散物流资源，并可确保 B2B 和 B2C 在 Web 上的安全协作。在线交易功能主要有：网上报价、网上下单、网上交易、网上配载、信息外包和项目招标等。

4. 物流作业管理功能

区域物流信息平台不仅为各类物流信息提供共享的接口，而且是物流管理信息系统，可以对企业内部、外部资源进行计划与管理，并能面向企业供应链的全过程。一套成功的物流管理信息系统将促进企业现代管理的改革。

5. 辅助决策功能

利用区域物流信息平台积累的全面、长期的数据，通过建立物流业务的数学模型，对历史数据进行分析、挖掘，为用户在预测、规划、方案评估等方面提供决策支持。

三、公共物流信息平台的建设及运营

（一）建设模式

区域物流信息平台的建设以各地物流中心、物流园区为基础，通过政府引导、推动和市场运作，根据我国物流的特点开发出实用型的平台。各地区发展不平衡，要因地制宜，结合各地实际，发展区域性的物流信息服务平台，在形成区域性的物流信息服务平台基础上，经过二次整合，形成全国性的统一平台。

在市场经济相对发达、运输市场发育较为完善的地区，物流信息服务平台的建设已经成为物流信息服务企业、物流企业、制造企业、流通企业的迫切要求，为了满足各自的需要，自发地组织起来，对地区物流信息服务业的发展起到了推动作用，成为物流信息服务平台建设的主要力量。由于该平台建设的主要推动力量来自下层企业，市场需求明确，在完成平台建设后，能使平台在当地的物流信息服务市场中发挥作用，产生效益，收回投资，充分利用物流信息基础平台资源。因此，在市场经济较发达地区，在政府提供必要支持的基础上，采用领袖企业联盟的方式实现。但要注意避免平台的功能过于具体或者陷入具体应用项目中的倾向，考虑其独立性和开放性。企业及行业协会等往往是信息化以及信息标准化的主要实施和推动力量。在实践中，一些领袖企业的标准最终可能演变成行业标准，企业产品也可能成为通用产品。如果某个物流信息服务企业其产品在一些领域得到了一定程度的推广应用，就有可能将其企业的产品及标准，通过政府规划物流信息平台的过程上升为通用标准，而向其他企业推广并实施标准化，如56NET，它的企业平台就可以通过上海市政府规划物流信息平台的机会，提升成为通用平台和标准。

在经济欠发达地区，如果物流信息平台还没有建设的话，则可不急于发展物流信息平台，避免重复建设，而要尽可能利用其他地区已建好的平台，实现资源共享，充分利用信息服务活动更少地受物理空间和地域限制的特点。可以将公共物流信息平台的建设尽可能与物流园区、物流中心等项目建设一起作为政府引导下的信息化项目进行建设，引进其他发达地区建成的平台资源，既减少投资，又能实现资源共享和推进信息标准化。

（二）平台运作

公共物流信息平台的建设要以企业化运作为主要形式，以提供在“公共物流信息基础平台”基础上的物流信息服务为中心，形成以发达地区建成的平台为引导、以欠发达地区的参与为支持的互动局面，以形成区域性、全国性的统一平台为初级目标和阶段目标，以参与国际物流信息标准化和信息服务市场的竞争为高级发展目标。

1. 公共物流信息平台的实体化

通过组建股份制企业等形式将公共物流信息平台组织成一个经济实体，组织相关的软件开发商、物流企业和一些科研单位，并吸纳部分其他物流信息服务企业和物流信息服务需求者，参与到平台的建设中来。同时，也鼓励相关企业和用户与平台以协议的方式共同支持相关标准和框架的推广。

2. 配套建设

将公共物流信息平台的上下两层的建设相对分离。公共物流信息基础平台和公共物流信息服务平台不同，前者公益性比后者更突出。因此，也许几个地区有各自的公共物流信息服务平台，但却使用同一个公共物流信息基础平台；一个公共物流信息服务平台跨几个公共物流信息基础平台。这些形式都是可以的。

本章小结

(1) 信息平台是在现代软件工程概念上建立的，为最大限度地利用现有软件和系统资源，把真正与业务需求相关的部分提取出来，通过信息基础设施与公共应用的相互协同支持，而开发的一个公共信息处理中心。物流信息平台是现代物流企业收集和整合资源的重要手段，是为其他企业提供物流服务的重要场所。

(2) 物流信息平台从技术上来看，主要由网络体系和应用体系两个层面构成。从功能上来看又可以分为数据层、业务层、协作层、管理层和决策层五个层次。

(3) 物流信息平台的开发步骤包括可行性研究、系统分析、需求分析、系统构建、系统维护。

(4) 物流金融是指在物流运营过程中，相关企业通过金融市场和金融机构，运用金融工具使物流产生的价值得以增值的融资和结算的服务活动。

(5) 物流金融的服务内容除了实现在物流过程中的资金支付、结算、信贷、保险的功能之外，还包括发生在物流过程中的各种存款、贷款、投资、信托、租赁、抵押、贴现、保险、有价证券发行与交易以及金融机构所办理的各类涉及物流业的中间业务等。

(6) 实现物流金融服务模式的前提是融资企业、金融机构与物流企业间进行及时、高效和准确的信息交流。建立物流金融平台就是为了突破相对独立、封闭的固有信息模式，创新金融产品，实现合作共赢的目的。

(7) 物流园区一般指将众多物流企业聚集在一起共同经营的一个产业集中区，通过实行专业化和规模化经营，充分发挥物流企业的整体优势，促进物流技术和服务水平的提高，共享相关设施，降低运营成本，提高规模效益。

(8) 物流园区信息平台是指利用信息技术对物流园区内物流作业、物流过程和物流管理的相关信息进行采集、分类、筛选、储存、分析、评价、反馈、发布、管理和控制的通用信息交换平台。一般由物流作业系统、商务管理系统和基础平台三大模块构成。

(9) 区域物流信息平台是指覆盖一个特定的区域范围，为该区域内的物流运作和管理提供全面信息支持的公共物流信息平台。这样的信息平台可以起到整合行业资源、实现行业资源共享，发挥物流行业整体优势，从根本上改善物流行业现状的作用，也可以帮助区域物流体系内的企业实现低成本的信息化目标。

(10) 区域物流信息平台应该至少为用户提供信息服务、资源整合、在线交易、物流作业管理和辅助决策五大功能支持。

思考题

1. 举例说明什么是信息平台，以及它与一般信息系统的区别。

2. 信息平台从技术上看是什么样的体系结构？从功能上看又是怎样的？

3. 物流金融都有哪些具体内容？与一般物流服务相比，它有什么特点？

4. 物流金融平台应具备一些什么样的功能？

5. 什么是物流园区？物流园区信息平台的主要任务是什么？

6. 物流系统的层次如何划分？

7. 区域物流的任务和功能是什么？区域物流信息平台的作用是什么？

8. 区域物流信息平台和物流园区信息平台有哪些异同？

案例分析

传化物流的“全国公路港网络”

传化物流定位于“物流平台整合运营商”，在“与您共同成就事业，推动区域经济发展”的经营理念指导下，致力于整合“物流服务、物流载体和物流需求”三大资源，为众多物流企业提供“信息交易、商务配套和物业”等系统服务。本物流信息平台建设的指导思想是：按照资源整合、市场调节、有限目标、滚动发展的原则，立足本地区，辐射全国，开展 B2B、B2C、G2B、G2C 服务，实现电子政务和电子商务的融合发展。在具体实施中兼顾系统的先进性、开放性、扩展性、可靠性和安全性。

一、整合三大资源

公路港集聚中小物流企业和配套服务企业（个体户）2 400 多家，社会车辆达 100 多万辆，集聚周边 10 万多家物流业务外包工商企业的物流外包信息。平台从“业务增长性、ABC 分层、规范经营”三个层面考核入驻经营的中小物流企业，从货运车辆诚信认证入手，建立优胜劣势和市场准入机制，改变了公路物流“布局散、秩序乱、环境差，市场信用缺失”的状况，如图 9-11 所示。

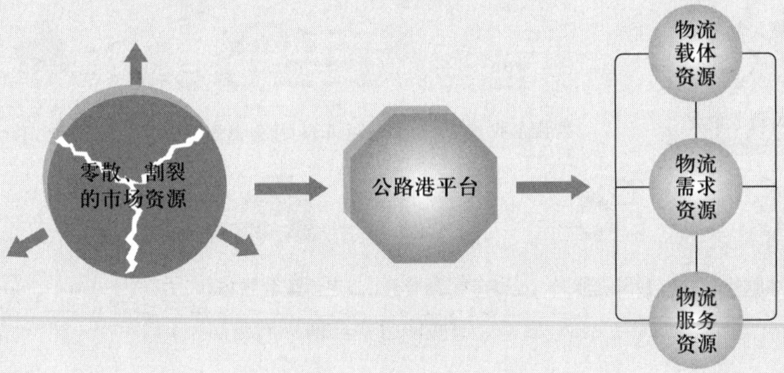

图 9-11 整合三大资源

二、一站式服务体系

公路港平台的一站式服务由运营模式、信息化模式、三产服务模式、中介服务模式和政府模式五大模式，以及运输中心、仓储中心、配送中心、货物班车总站、货运信息超市、配套服务、管理服务中心七大功能模块构成。不同模式、模块间相互协同作业，共筑“公路港”生态系统，中小物流企业、工商企业和社会车辆在这个平台上各取所需、共享资源，实现了物流产业生态环境的和谐共赢。

三、综合效应

传化公路港物流平台运营产生的基础设施共享效应、知识溢出与学习效应、竞争与标杆效应、专业化和分工效应、产业链延伸效应、联合经营效应六大效应，有效改善了公路物流主体的“小、散、乱、传统”面貌，赋予了公路运输板块高效低耗、集成化与信息化管理的时代特征，弥补了公路物流短板，从而助推了现代物流集海、陆、空于一体的完整体系构建。

四、“1核60平台”战略

传化公路港的目标，是按照“网络化、信息化、价值化”战略规划，在传化公路港平台自身转型升级的同时，实现“1核60平台”的发展战略。即打造包含1个以信息化为核心的虚拟平台、60个公路港平台的全国网络，整合各类物流企业10万家以上，社会车辆400万~500万辆，服务各类制造企业40万家，实现资产规模超300亿元，网络平台营业额突破2 000亿元，上缴税收超过100亿元。同时，利用物联网和云网络技术，打造“天罗地网”，打造数字化公路港物流平台网络。

积极构建有形平台与基于云网络的物联网的虚拟平台协同互动的运营格局，推进公路港物流模式的转型升级，打造国内公路物流新生态，如图9-12所示。

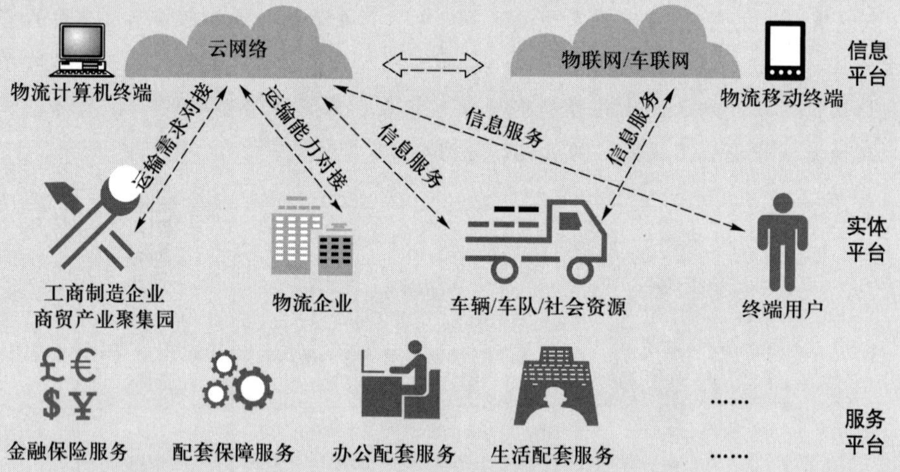

图9-12 云网络与物联网协同互动

分析讨论：

(1) 传化公路港整合三大资源、建立一体化服务体系的核心是什么？

(2) 传化发展战略中“1核60平台”中的“核”及“平台”分别指的是什么？

(3) 传化公路港的信息平台属于什么性质？是哪个层次的平台？

第十章

跨境电商与跨境电商物流

学习目标

跨境电商物流，顾名思义就是与跨境电商密切相关的物流。跨境电商是国际贸易的新形式，跨境电商物流就是支撑跨境电商的物流服务活动。跨境电商通过先进的国际贸易平台等创新技术，利用贸易合规经验，紧密相连的国际海关节点和物流服务供应商网络，以及 G2B、B2B 专业知识推动全球贸易，发展一站式供应链服务。

本章将系统介绍：跨境电商的概念、发展、特征以及意义；跨境电商物流的概念、特征，跨境电商物流与跨境电商的协同关系，跨境电商物流与传统国际物流、国内电商物流的比较；跨境电商物流的新形式——海外仓，包括海外仓的概念、优势劣势分析、操作流程、虚拟海外仓库等。

学习任务

通过本章内容的学习，要完成以下几个任务。

- 学习并理解跨境电商的概念、发展、特征以及意义；
- 学习并了解跨境电商物流的概念、特征，跨境电商物流与跨境电商的协同关系，跨境电商物流与传统国际物流、国内电商物流的比较；
- 学习并掌握跨境电商物流的新形式——海外仓，包括海外仓的概念、优势劣势分析、操作流程、虚拟海外仓库等。

导入案例

京东物流与万宁合作——提供跨境电商物流跨境全链服务

2019 年 10 月，京东物流宣布与亚洲最大零售集团——万宁达成合作，京东物流将为万宁提供跨境业务的国际运输、清关、分拣、配送等跨境电商物流全链服务。

据报道，此次万宁接入京东跨境物流服务网络，正值 2019 年“双十一”备战前期，京东物流为万宁定制了大促销期间的专项跨境物流服务业务。

资料显示，京东物流国际供应链经过多年的建设，已形成包含 10 余个跨境口岸、110 多个海外仓，近千条全球运输链路以及中国全境的配送网络。京东物流跨境进口网络在保税仓模式下，可实现10分钟内完成清关，90%海外商品隔日到达。

京东物流启用了成都亚洲一号和武汉亚洲一号两个超大型物流配送中心，备战2019年“双十一”，这两大物流配送中心的日订单处理能力均超过100万单，得益于系统性的智能设备应用和订单的集中化、规模化处理，其整体效率比传统作业方式提升了5倍。

另外，2019年8月，京东物流发起“千县万镇24小时达”时效提速计划，该计划重点针对低线城市地区、县城以及周边乡镇，2020年正式落地，成都亚洲一号和武汉亚洲一号两个超大型物流配送中心也是“千县万镇24小时达”时效提速计划重要的一环。

（资料来源：根据相关公开资料整理。）

思考：

（1）什么是跨境电商？其国际供应链包含哪些要素？

（2）京东物流在发展跨境电商物流方面有什么举措？

第一节 跨境电商

一、跨境电商的概念

跨境电商是指分属不同关境的交易主体，通过电子商务平台达成交易、进行支付结算，并通过跨境电商物流（亦称为跨境物流）送达商品、完成交易的经营活动。跨境电商的模型如图10-1所示。

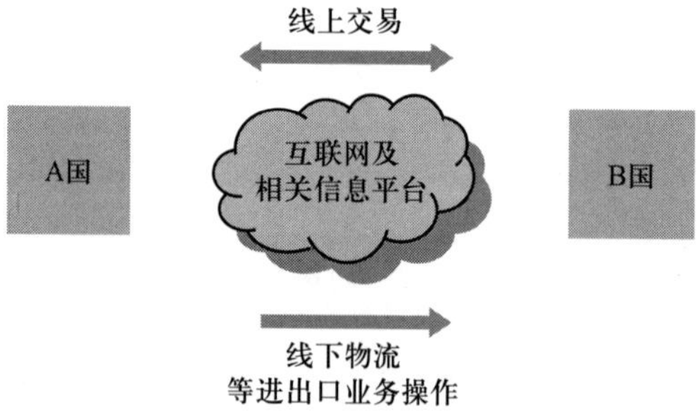

图10-1 跨境电商模型图

跨境电商与跨境电商物流高度正相关，二者存在长期稳定的均衡关系，且互为因果关系。具体来说，跨境电商即通过速卖通、亚马逊等电商平台实现商品展示、买卖双方沟通协商、意见达成一致、买家依约付款、发家依约发货等一系列买卖行为。

从短期来看，跨境电商主要受自身因素影响，而跨境电商物流则受跨境电商影响较大，跨境电商物流与跨境电商关系也主要表现为同向变动，且跨境电商物流的增长在短期内对跨境电商增长并没有明显的反向抑制作用。

从长期来看，跨境电商与跨境电商物流的关系主要表现为相互正向促进作用，但也存在一定的相互抑制关系，且跨境电商对跨境电商物流的长期依赖性要强于跨境电商物流对跨境电商的依赖。

跨境电商的流通环节越来越少，但通关是障碍，物流是短板。传统国际贸易进出口环节多、时间长、成本高，而跨境电商直面最终消费者，大大降低了企业走出国门的成本和消费者的购买成本；只要海外采购商在平台上下订单，强大的物流体系可以使货品在 1~2 周内就送达买家手中；商家客户通过跨境电商平台就可以方便地购物交易，极大地方便了消费者。但是，跨境电商活动中，货物通关效率和关税是跨境电商的关键，如何低成本满足消费者小批量采购国际物流需求（跨境电商物流）是关键。国际贸易中海关的作用如图 10-2 所示。

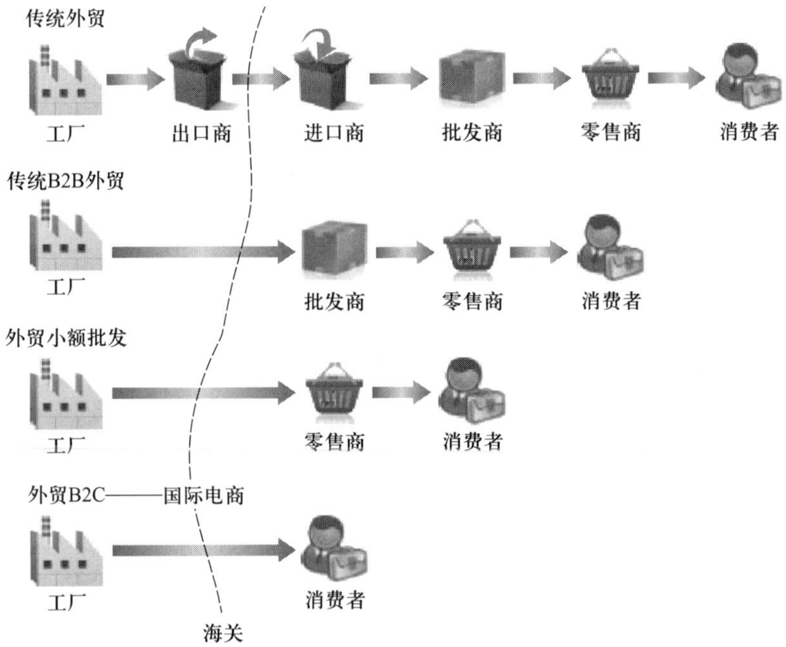

图 10-2 国际贸易中海关的作用

总的来说，我国跨境电商与跨境电商物流已呈现良好协同关系，但协同关系显著性水平相对较低，二者协同发展的条件和关系仍有待进一步改善。

二、跨境电商的发展

跨境电子商务主要分为企业对企业（B2B）和企业对消费者（B2C）的贸易模式。B2B 模式下，企业运用电子商务以广告和信息发布为主，成交和通关流程基本在线下完成，本质上仍属传统贸易，已纳入海关一般贸易统计。B2C 模式下，企业直接面对国外消费者，以销售个人消费品为主，物流方面主要采用航空小包、邮寄、快递等方式，其报关主体是邮政或快递公司。

跨境电子商务的发展现状具有以下特点：

（1）市场规模持续扩大。全球电商市场在2014年至2022年间增长迅速，2021年销售额约为5.2万亿美元，预计到2026年将达到约8.1万亿美元。

（2）市场特征变化。电商占零售总额的比重逐年增加，2022年接近20%，预计2026年将占全球零售总额的近1/4。

（3）区域发展不均衡。亚洲电商市场销售额领先，中国、日本、韩国、印度和印尼等经济体在全球电商市场中占据重要位置。

（4）增长速度领跑。亚洲、大洋洲和美洲的电商市场增长显著，尤其是亚洲的零售电商增长最快的几个国家。

（5）发展势头平稳。美国B2C电子商务零售额年均增长20%，网络经济产值占GDP比重逐年上升。

（6）与传统产业协同发展。电子商务的发展带动了物流、金融、信息等相关产业的变革及协同发展。

（7）引领国际潮流。美国高科技企业如亚马逊和亿贝等是全球电子商务产业的先导者。

（8）跨境交易活跃。跨境电子商务尤其是跨境B2C日益活跃，2022年全球网络零售交易额超过4万亿美元。

（9）地区差距逐渐缩小。欧美地区电子商务起步早，应用广泛，而亚洲地区电子商务体量大、发展快。

综上所述，跨境电子商务呈现出快速增长、区域发展不均衡、与传统产业协同发展、引领国际潮流等特点。亚洲尤其是中国和印度等国家在电商市场的发展中扮演着重要角色。同时，电子商务的发展也面临着诸如基础设施建设、传统观念更新等挑战。

三、跨境电商的商务特征

跨境电子商务是基于网络发展起来的。网络空间相对于物理空间来说是一个新空间，是一个由网址和密码组成的虚拟但客观存在的世界。网络空间独特的价值标准和行为模式深刻地影响着跨境电子商务，使其不同于传统的交易方式而呈现出自己的特点。

基于网络空间的分析，跨境电子商务具有如下特征：

（一）全球性

网络是一个没有边界的媒介体，具有全球性和非中心化的特征。基于网络发生的跨境电子商务也因此具有全球性和非中心化的特性。电子商务与传统的交易方式相比，其一个重要特点在于电子商务是一种无边界交易，克服了传统交易所具有的地理因素的障碍。

互联网用户不需要考虑跨越国界就可以把产品尤其是高附加值产品和服务提交到市场。网络的全球性特征带来的积极影响是信息的最大程度的共享，消极影响是用户必须面临因文化、政治和法律不同而产生的风险。任何人只要具备了一定的技术手段，在任何时候、任何地方都可以让信息进入网络，相互联系进行交易。

美国财政部在其财政报告中指出，对基于全球化的网络建立起来的电子商务活动进行课税是困难重重的，因为：电子商务是基于虚拟的计算机空间展开的，电子商务中的制造商容易隐匿其住所而消费者对制造商的住所并不关心。比如，一家很小的爱尔兰在线公司，通过一个可供世界各地的消费者点击观看的网页，就可以通过互联网销售其产品和服务，只要消费者接入了互联网，很难界定这一交易究竟是在哪个国家内发生的。

这种远程交易的发展，给税收当局制造了许多困难。税收权力只能严格地在一国范围内实施，网络的这种特性给税务机关对超越一国的在线交易行使税收管辖权带来了困难。在传统交易模式下往往需要一个有形的销售网点的存在。例如，通过书店将书卖给读者，而在线书店可以代替书店这个销售网点直接完成整个交易。而问题是，税收当局往往要依靠这些销售网点获取税收所需要的基本信息，代扣代缴所得税等。没有这些销售网点的存在税收权力的行使也会遇到困难。

（二）无形性

网络的发展使数字化产品和服务的传输盛行。而数字化传输是通过不同类型的媒介，例如数据、声音和图像在全球化网络环境中集中进行的，这些媒介在网络中以计算机数据代码的形式出现，因而是无形的。以一个 E-mail 信息的传输为例，这一信息首先要被服务器分解为数以百万计的数据包，然后按照 TCP/IP 协议通过不同的网络路径传输到一个目的地服务器并重新组织转发给接收人，整个过程都是在网络中瞬间完成的。

电子商务是数字化传输活动的一种特殊形式，其无形性的特性使得税务机关很难控制和检查销售商的交易活动，税务机关面对的交易记录都体现为数据代码的形式，使得税务核查员无法准确地计算销售所得和利润所得，从而给税收带来困难。

数字化产品和服务基于数字传输活动的特性也必然具有无形性，传统交易以实物交易为主，而在电子商务中，无形产品却可以替代实物成为交易的对象。以书籍为例，传统的纸质书籍，其排版、印刷、销售和购买被看作产品的生产、销售。然而在电子商务交易中，消费者只要购买网上的数据权便可以使用书中的知识和信息。而如何界定该交易的性质、如何监督、如何征税等一系列的问题却给税务和法律部门带来了新的课题。

（三）匿名性

由于跨境电子商务的非中心化和全球性的特性，很难识别电子商务用户的身份和其所处的地理位置。在线交易的消费者往往不显示自己的真实身份和自己的地理位置，重要的是这丝毫不影响交易的进行，网络的匿名性也允许消费者这样做。

在虚拟社会里，隐匿身份的便利性导致自由与责任的不对称。人们在这里可以享受最大的自由，却只承担最小的责任，甚至干脆逃避责任。这显然给税务机关制造了麻烦，税务机关无法查明应当纳税的在线交易人的身份和地理位置，也就无法获知纳税人的交易情况和应纳税额，更不要说去审计核实。该部分交易和纳税人在税务机关的视野中隐身了，这对税务机关是致命的。以 eBay 为例。eBay 是美国的一家网上拍卖公司，允许个人和商家拍卖任何物品，到 2019 年为止 eBay 已经拥有 3 000 万用户，每天拍卖数以万计的物品，总计营业额超过 50 亿美元。但是 eBay 的大多数用户都没有准确地向税务机关报告他们的所得，存在大量的逃税现象，因为他们知道由于网络的匿名性，美国国内收入服务处（IRS）没有办法识别他们。

电子商务交易的匿名性导致了逃税避税现象的恶化，网络的发展降低了避税成本，使电子商务避税更轻松易行。电子商务交易的匿名性使得应纳税人利用避税地联机金融机构规避税收监管成为可能。

电子货币的广泛使用，以及国际互联网所提供的某些避税地联机银行对客户的“完全税收保护”，使纳税人可将其源于世界各国的投资所得直接汇入避税地联机银行，规避了应纳所得税。美国国内收入服务处（IRS）在其规模最大的一次审计调查中发现大量的居民纳税人通过离岸避税地的金融机构隐藏了大量的应税收入。而美国政府估计大约 3 万亿美元的资金因受避税地联机银行的“完全税收保护”而被藏匿在避税地。

（四）即时性

传统交易模式下，信息交流方式如信函、电报、传真等，在信息的发送与接收间，存在着长短不同的时间差。而对于网络而言，传输的速度和地理距离无关，因此电子商务中的信息交流，无论实际时空距离远近，一方发送信息与另一方接收信息几乎是同时的，就如同生活中面对面交谈。某些数字化产品（如音像制品、软件等）的交易，还可以即时清结，订货、付款、交货都可以在瞬间完成。

电子商务交易的即时性提高了人们沟通和交易的效率，免去了传统交易中的中介环节，但也隐藏了法律危机。

在税收领域表现为：电子商务交易的即时性往往会导致交易活动的随意性，电子商务主体的交易活动可能随时开始、随时终止、随时变动，这使得税务机关难以掌握交易双方的具体交易情况，不仅使得税收源泉扣缴的控管手段失灵，而且客观上造成了纳税人不遵从税法的随意性，加之税收领域现代化征管技术的严重滞后作用，都使依法治税变得苍白无力。

（五）无纸化

电子商务主要采取无纸化操作的方式，这是以电子商务形式进行交易的主要特征。在电子商务中，电子计算机通信记录取代了一系列的纸面交易文件。整个信息发送和接收过程实现了无纸化。

无纸化带来的积极影响是使信息传递摆脱了纸张的限制。但由于传统法律的许多规范是以“有纸交易”为出发点的，因此，无纸化带来了一定程度上法律的空白。

电子商务以数字合同、数字时间取代了传统贸易中的书面合同、结算票据，削弱了税收当局获取跨国纳税人经营状况和财务信息的能力，且电子商务所采用的其他保密措施将增加税务机关掌握纳税人财务信息的难度。在某些交易无据可查的情形下，跨国纳税人的申报额将会大大降低，应纳税所得额和所征税款都将少于实际所达到的数量，从而引起征税国国际税收流失。例如，世界各国普遍开征的传统税种之一的印花税，其课税对象是交易各方提供的书面凭证，而在网络交易无纸化的情况下，物质形态的合同、凭证形式已不复存在，因而印花税的合同、凭证贴花（完成印花税的缴纳行为）便无从下手。

（六）快速演进

互联网仍是一个新生事物，网络设施和相应的软件协议的未来发展具有很大的不确定性。但税法制定者必须认识到网络像其他的新生儿一样，必将以前所未有的速度和无法预知的方式不断演进。

基于互联网的电子商务活动也处在瞬息万变的过程中，短短的几十年中电子交易经历了从 EDI 到电子商务零售业兴起的过程，而数字化产品和服务更是花样迭出，不断改变着人类的生活。

而一般情况下，各国为维护社会的稳定，都会注意保持法律的持续性与稳定性，税收法律也不例外。这就会引起网络的超速发展与税收法律规范相对滞后的矛盾。如何将分秒都处在发展与变化中的网络交易纳入税法的规范，是税收领域的一个难题。网络的发展不断给税务机关带来新的挑战，税务政策的制定者和税法立法机关应当密切注意网络的发展，在制定税务政策和税法规范时充分考虑这一因素。

跨境电子商务具有不同于传统贸易方式的诸多特点，而传统的税法制度却是在传统的贸易方式下产生的，必然会在电子商务贸易中漏洞百出。网络深刻地影响着人类社会，也给税收法律规范带来了前所未有的冲击与挑战。

四、跨境电商的意义

跨境电子商务作为推动经济一体化、贸易全球化的技术基础，具有非常重要的战略意义。跨境电子商务不仅打破了国家间的障碍，使国际贸易走向无国界贸易，同时它也正在引起世界经济贸易的巨大变革。对企业来说，跨境电子商务构建的开放、多维、立体的多边经贸合作模式，极大地拓宽了进入国际市场的路径，大大促进了多边资源的优化配置与企业间的互利共赢；对于消费者来说，跨境电子商务使他们非常容易地获取其他国家的信息并买到物美价廉的商品。

首先，跟随经济一体化发展，全球的贸易组织都在向跨境电商靠近，对于全球的经济发展，跨境电商起到了很重要的推动作用。国与国之间的产品贸易因为跨境电商时代的到来，变得无国界起来。

其次，跨境电商的经营模式也给经济发展带来了大改革。相对以前的长途漫漫，以及通信不发达，跨境电商方便快捷，可以更加准确地完成各国之间的交易，大大增加了产品的市场性，扩展了产品需求，满足了顾客需要。

最后，商家可以提供自己的产品信息，买家可以更加方便快捷地获取自己需要的产品信息。商家直接对接顾客，把物美价廉表现得淋漓尽致。

跨境电商的存在，推动了全球经济快速发展，方便了各国之间的商品贸易，给商家和客户都带来了方便。

第二节　跨境电商物流

一、跨境电商物流概述

跨境电商物流俗称跨境物流，或者跨境电商物流。

跨境电商物流是指以海关关境两侧为端点的实物和信息有效流动和存储的计划、实施和控制管理过程。

结合跨境电商及物流的概念与特点，跨境电商物流定义为：在电子商务环境下，依靠互联网、大数据、信息化与计算机等先进技术，物品从跨境电商企业流向跨境消费者的跨越不同国家或地区的物流活动。

通过这些年的发展，我国跨境电商物流已经形成了成熟的五大模式：

（一）邮政包裹模式

据不完全统计，中国出口跨境电商 70%的包裹都是通过邮政系统投递的。其中中国邮政占据 50%左右。因此，目前跨境电商物流还是以邮政的发货渠道为主。邮政网络基本覆盖全球，比其他物流渠道都要广。这也主要得益于万国邮政联盟和卡哈拉邮政组织（KPG）。不过，邮政的渠道虽然比较多，但也很杂。在选择邮政包裹发货时，必须注意出货口岸、时效、稳定性等。

（二）国际快递模式

国际快递模式指的是四大商业快递巨头——DHL、TNT、UPS 和 FedEx 的模式。四大国际物流快递公司的业务流程如图 10-3 所示。这些国际快递商通过自建的全球网络，利用强大的 IT 系统和遍布世界各地的本地化服务，为网购中国产品的海外用户带来极好的物流体验。例如通过 UPS 寄送到美国的包裹，最快可在 48 小时内到达。然而，优质的服务往往伴随着昂贵的价格。一般中国商户只有在客户时效性要求很强的情况下，才使用国际商业快递来派送商品。

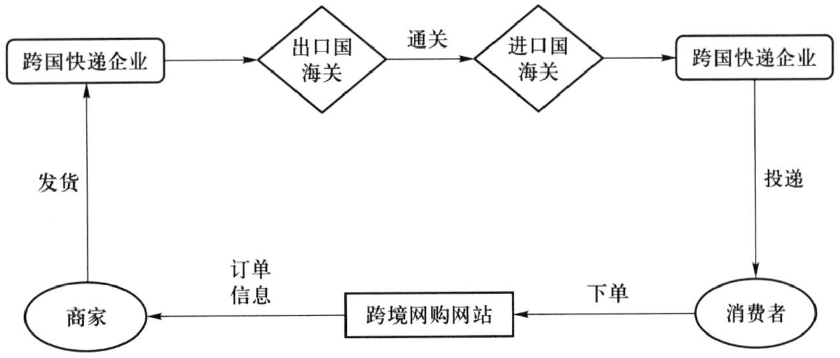

图 10-3 四大商业快递公司物流业务流程

（三）国内快递模式

国内快递模式主要指 EMS、顺丰和“四通一达”的模式。EMS 的国际化业务是最完善的。依托邮政渠道，EMS 可以直达全球 60 多个国家，中国境内的出关能力很强，到达亚洲国家需 2~3 天，到欧美则需 5~7 天。国际合作快递公司的物流业务流程如图 10-4 所示。

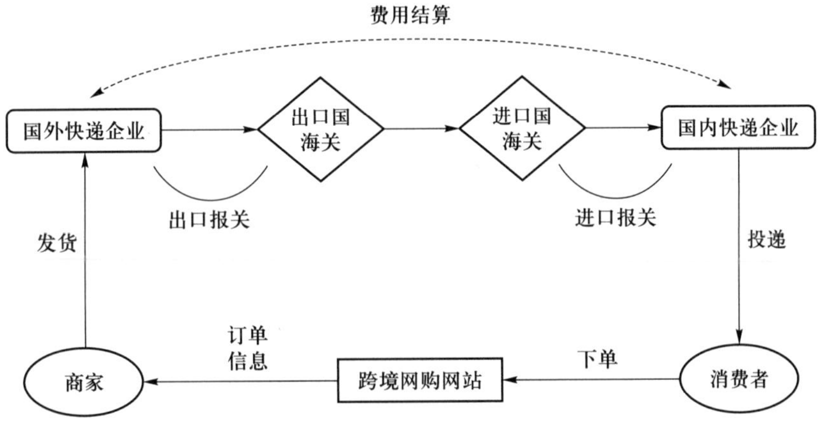

图 10-4 国际合作快递公司的物流业务流程

在跨境电商物流方面，“四通一达”中申通和圆通布局较早，但也是近期才发力拓展。比如美国申通在 2014 年 3 月上线，圆通 2014 年 4 月才与 CJ 大韩通运合作。而中通、汇通、韵达则是刚刚开始启动跨境电商物流业务。顺丰的国际化业务则要成熟些，目前已经开通到美国、澳大利亚、韩国、日本、新加坡、马来西亚、泰国、越南等国家的快递服务，发往亚洲国家的快件一般 2~3 天可以送达。

（四）跨境专线物流模式

跨境专线物流一般通过航空包舱方式运输到国外，再通过合作公司进行目的国的派送。跨境专线物流的优势在于其能够集中到某一特定国家或地区的大批量货物，通过规模效应降低成本。因此，其价格一般比商业快递低。在时效上，跨境专线物流稍慢于商业快递，但比邮政包裹快很多。市面上最普遍的跨境专线物流产品有美国专线、欧美专线、澳洲专线、俄罗斯专线等。也有不少物流公司推出了中东专线、南美专线、南非专线等。

（五）海外仓储模式

海外仓储指为卖家在销售目的地进行货物仓储、分拣、包装和派送的一站式控制与管理服务。仓储置于海外不仅有利于海外市场价格的调配，同时还能降低物流成本。

二、跨境电商物流特征

区别于传统国际物流，跨境电商物流有着反应快速化、功能集成化、作业规范化、信息电子化、服务系统化等特征。相较于国内物流，跨境电商物流具有以下特征。

第一，距离远、时间长、成本高、流程杂乱、可控性差，是跨境电商物流与国内物流的标志性差异。除了根本的产品配送之外，其中还触及清关、报关等一系列的税务问题。

第二，运输方式多样化。因为跨境电商物流所触及的环节比较多，因而在各个层级也诞生了诸多方式，比如头程清关就可分为海运、陆运、空运、专线等。

第三，竞争集中于东南沿海地区，中西部地区竞争较少。由于环渤海地区、长三角、珠三角等东南沿海地区经济发达，跨境运输需求旺盛，加之该地区海运、空运等基础设施较为完善，因此，对货源的争夺和对运力资源的争夺最为激烈。中西部地区则因经济相对不活跃，跨境运输需求较少，且运输成本较高，因此该地区国际货代服务资源投入较少。

第四，区域内或单一行业竞争激烈，跨地区、跨行业的竞争较少。跨境电商物流行业尽管市场竞争者众多，但受自身资金实力、管理和技术能力所限，以及由于全国物流市场相互割裂，其竞争表现在：某一区域市场的企业之间的竞争，例如长三角区域跨境电商物流企业之间的竞争；对某一行业客户资源的争夺，例如对电子制造行业的客户资源的争夺，而跨地区、跨行业的竞争较少。

第五，由单一服务走向多元化服务。随着跨境电商需求的增多，大多数跨境电商物流公司从单一的提供运送服务开始转向多元化的服务，比如与海外仓储公司之间的协作就是典型的代表。在跨境电商物流这一链条上，提供头程清关、仓储、配送，以及与FBA 相关的诸多衍生和代替服务，如海外仓贴标换标、一件代发等。

三、跨境电商与跨境电商物流协同关系

跨境电商与跨境电商物流高度正相关，二者存在长期稳定的均衡关系，且互为因果关系。从长期来看，跨境电商与跨境电商物流的关系主要表现为相互正向促进作用，但

也存在一定的相互抑制关系，且跨境电商对跨境电商物流的长期依赖性要强于跨境电商物流对跨境电商的依赖。

从短期来看，跨境电商主要受自身因素影响，而跨境电商物流则受跨境电商影响较大，跨境电商物流与跨境电商关系也主要表现为同向变动，且跨境电商物流的增长在短期内对跨境电商增长并没有明显的反向抑制作用。

总的来说，我国跨境电商与跨境电商物流初步呈现良好协同关系，但协同关系显著性水平相对较低，二者协同发展的条件和关系仍有待进一步改善。

影响跨境电商与跨境电商物流协同的因素有协同环境、协同机制、协同关系、协同能力、协同意愿、个体特征、协同预期等。

跨境电商与跨境电商物流发展过程存在诸多不协同，主要表现在能力协同缺乏、利益互信协同机制缺乏、跨境电商物流网络系统协同缺乏、跨境电商与逆向物流协同缺乏以及跨境电商与传统外贸协同缺乏等诸多方面。可从健全政府支撑服务体系、完善利益互信协同机制、优化跨境电商与逆向物流协同、推动跨境电商与传统外贸协同以及促成各子系统、多方主体协同等多方面推动跨境电商与跨境电商物流协同。

四、跨境电商物流与传统国际物流、国内电商物流比较

（1）与国内电商物流相比，跨境电商物流运输距离较远，且面临出口国和进口国两重海关，需要进行较复杂的检验检疫等清关商检活动，货物破损、丢失等风险相对较高，时间长而成本高，面临不同国家或地区的经济、文化、风俗、政治、政策、法律、宗教等环境因素差异的影响。而国内电商物流在运作流程上相对更加便捷，运送周期短，运作风险与成本低。

（2）与传统国际物流相比，跨境电商物流是集产品、物流、信息流、资金流于一体的主动性服务，需要有更高的敏捷性和柔性，强调其整合化和全球化能力，更注重 IT 系统化和信息智能化。物流服务往往影响着消费者的整个购物流程和时效体验，跨境电商物流除了完成物品位移活动外，还能为消费者提供更多的增值服务。

总的来说，跨境电商物流与传统国际物流、国内电商物流在发展起源、特点、业务模式、覆盖范围、运作流程、标准化程度、配送周期、运作成本、运作风险、信息技术等诸多方面都存在差异。

第三节 海 外 仓

海外仓是本国以外的仓库，也就是从事跨境电子商务贸易的企业在目的国使用的仓库。海外仓服务是以这种仓库来实现目的国本地发货、仓储、中转、一件代发、退货换标等一系列物流服务的总称。

一、海外仓概述

扩大跨境电子商务，支持出口企业，建设一批出口产品“海外仓”，促进外贸综合服务企业发展。经过这些年的发展，我国跨境电商逐渐形成包括消费者、外贸厂商、电商平台、第三方支付平台、第三方物流、海外转运公司、海外仓、国际干线运输商、关务代理公司、供应链整合服务商、政府监管部门等角色在内的供应链运作体系。如图 10-5 所示。

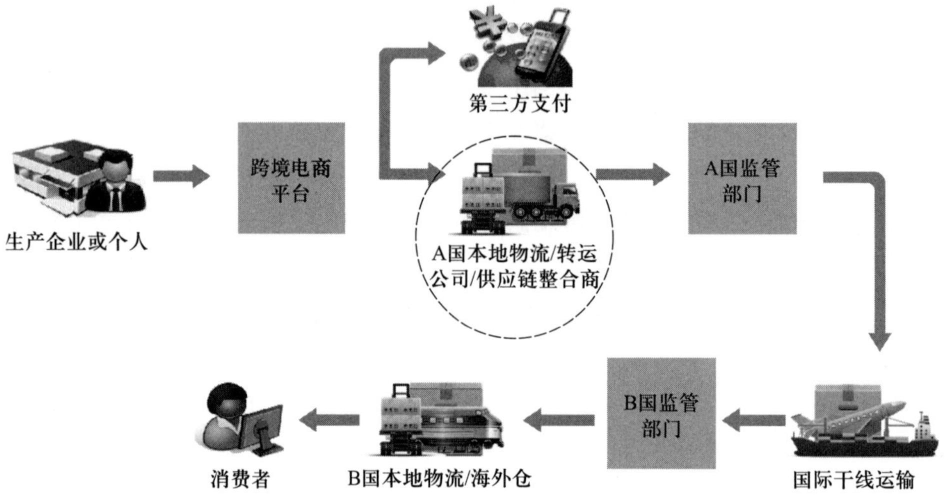

图 10-5 海外仓是跨境电商发展的供应链运作体系

通过海运、空运、铁路运输等方式把货物运输到目的国的海外仓。在亚马逊平台销售了产品，能够在国内通过 WMS 发送发货指令到海外仓，并快速地把产品配送到买家手中，以实现本地发货的物流时效，提高客户的购物体验。

随着 2015 年 5 月商务部《“互联网+流通”行动计划》的推出，不少电商平台和出口企业通过建设海外仓布局境外物流体系。海外仓的建设可以让出口企业将货物批量发送至国外仓库，实现该国本地销售、本地配送。

我国高度重视海外仓建设，政策支持体系加速完善。2022 年，《跨境电子商务海外仓运营与管理服务规范》团体标准公布实施，首次规定了跨境电商海外仓企业运营与服务管理范围、要求及管理规范等，为海外仓建设提供了统一规范。2023 年 11 月，国家市场监督管理总局、国家标准化管理委员会发布了《跨境电子商务海外仓运营管理要求》（GB/T 43291—2023），并自发布起实施。2024 年 6 月 11 日，商务部等九部门发布《关于拓展跨境电商出口推进海外仓建设的意见》，从积极培育跨境电商经营主体、加大金融支持力度、加强相关基础设施和物流体系建设、优化监管与服务、积极开展标准规则建设与国际合作五方面部署 15 条措施。

近年来，国内电商和物流平台加快布局海外仓，目前我国已有海外仓 2 500 多个，面积超过 2 500 万平方米。截至 2024 年 2 月，京东物流已拥有近 90 个海外仓；截至 2023 年 6 月，菜鸟拥有 40 多个海外仓，运营约 300 万平方米的跨境电商专用仓库。

二、海外仓的优劣势分析

（一）海外仓的优势

1. 提高配送服务效率

海外仓设在跨境电商平台销售的目的国，产品能更加快速地配送到买家手中。相比国际快递和小包，减少配送尾程的物流供应链烦琐环节，无须经过跨境运输、报关、清关等环节（国内运输到海外仓的这段头程还是需要有这些环节的），直接在目的国海外仓快递给买家，减少复杂操作环节所耗费的时间。

2. 提升顾客购物体验感

购物难免会有退换货的情况，在海外仓退换货会方便很多。海外仓可以提供产品的检测、包装更换等服务，便于退换产品的二次销售，降低运营成本。例如纽酷国际美国海外仓一件代发配送参考时效是：美西 1~2 天、美中 2~3 天、美东 2~4 天。

3. 降低物流运营成本

对于大中卖家来说，大批量集中发货是非常普遍的事。在淡季来临之际提前备货非常有必要。而在 FBA 头程物流中海运的费用是最便宜的，远远低于空运和国际快递，量越大，物流成本越低。大量的产品难以一次性送入亚马逊仓库，而海外仓存储或者海外仓一件代发服务就是很好的解决方式。

4. 规避商家旺季排仓、爆仓、上架慢的问题

在以往的经验里，每到商家旺季的时候，塞港、排仓、爆仓、上架慢等问题都会涌现，卖家往往苦不堪言。在旺季来临之前的 2~3 个月是淡季，适合备货。中大卖家一般都有几年的做商家市场经验，一般都是在这段时间先把货物备妥，提前发到海外仓。在旺季商家库存不足的情况下，在海外仓中转调货补足库存，从而避免了堵在头程的运输过程中，错过最佳销售时机。

5. 提高买家信任和店铺复购率

买家在互联网购物时，一般会优先选择发货点比较近的店铺。这样会有更好的购物体验，复购率也会大大提高，从而提高卖家店铺的好评和竞争优势。

（二）海外仓的劣势

当然，采用海外仓的物流方式也是一把双刃剑，有优势，也有劣势。其劣势表现在以下几个方面。

1. 仓储成本高

海外仓模式虽然采取错开高峰期、集中发货等措施降低了物流成本，但自从货物到达海外仓之后就产生了仓储费用，该期间的费用一般是按天来收取的。不同国家收取的海外仓的仓储费用不尽相同。卖家在选择海外仓的时候需要计算好费用，与自己目前的发货方式所需的费用进行对比，然后再选择合适的海外仓。

2. 要求卖家有一定数量的库存

海外仓通常要求卖家有一定数量的库存，因此对于一些定制的商品，不适合选择海外仓方式。而且卖家需要实时监控商品出入仓、上下架的详细数据，否则容易造成货物丢失或货物数据对不上的情况。所以选择海外仓时，要优先选择拥有成熟的海外仓仓配管理系统的服务商，这样可以实现跨境卖家与电商平台以及海外本地物流服务渠道之间信息的互联互通。

3. 库存压力大

使用海外仓发货的商品，一要保证质量，二要适合当地客户的需求。对于商品种类繁多的公司，在海外仓囤积多少库存量的商品就成为了企业的难题。一旦对选品或市场的掌控出现偏差，造成货物滞销或销量不好，大批量货物积压在仓库中，不但不能变现，还会增加仓储成本。货物在海外仓处理不方便，从而造成进退两难的局面。

4. 不利于资金周转

批量备货至海外仓，备货资金、物流资金、仓储资金等大量的资金投入，使得资金回流周期变长，不利于卖家资金周转，可能造成资金链断裂。

5. 可控性差

海外仓受当地政策、风土人情、自然环境等不可控因素影响较大。例如，进口时被查扣，货物在当地仓库被查扣、没收等情况，对卖家的影响是巨大的。另外，海外仓受服务商运营能力影响也较大。比如，海外仓服务商某个环节出了问题可能造成货物派送延误、仓库被查、货物被没收等情况。无论发生哪一种情况，对卖家造成的损失都不可挽回。

三、海外仓服务的操作流程

海外仓服务是卖家在他国建立的仓库（可以是自建仓，也可以是第三方海外仓），以及一系列的相关仓库服务总称，具有非常便利的操作，销售目的国销售本土地址等优势，可更好地开辟国外电商市场。

海外仓服务的操作流程根据业务内容不同分为以下三种。

1. 海外仓一件代发操作流程

（1）卖家通过头程运输（海运、空运、快递、小包、铁运等）把货物发往海外仓。

（2）到达海外仓之后，进行卸货清点、入库、上架。

（3）商家有订单后，通过 WMS 发送指令，遥控海外仓进行拣货、包装、贴快递单、出库、配送到买家手中。

2. FBA 中转服务操作流程

（1）通过头程运输到海外仓入仓暂存。

（2）店铺库存不足的时候，根据需要的数量从海外仓调货发到商家仓库（海外仓FBA 中转服务）。

3. 海外仓退货换标服务

（1）在商家后台移除指令。平台移除，联系快递，分批快递到海外仓，集中收货清点，确认产品数量，贴标换标，派送回指定 FBA 仓库。

（2）把产品发到海外仓，进行贴标换标操作。

（3）把贴好标签的产品再送回指定的海外仓。

销售过程中，难免有退换货的时候。而退回来的产品，没有经过检查和更换包装、贴标是不能再次销售的。海外仓有增值服务，进行简单的产品拍照、功能检查和更换包装服务。

四、虚拟海外仓库

虚拟海外仓库利用了航空运输的时效性，实现了快速交货，既满足了海外仓库的体验，又节约了库存成本。例如，在中国提货包装，按不同国家粘贴，然后按不同方式空运到目的国，最后送到目标客户手中。

1. 虚拟海外仓库操作流程

（1）跨境电商在国内批量打印目的国运单，并将其贴在每个小块的外箱上。

（2）这些小块被包装成一个大包裹，通过物流商寄往目的国。

（3）本国商家负责境内的清关以及将包裹运送到海外的虚拟仓库。

（4）一个虚拟的海外仓库接收包裹，将其拆分，然后通过目的国快递直接将包裹送到消费者手中。

2. 虚拟海外仓库优势

（1）本土落地。本国虚拟海外仓库发货地址为目的国，但这表明本国发货可以提高消费者的购买信心和购买体验，从而增加销售和利润。在一定程度上也可以防止买家恶意退换货物，因为收货地址显示的是目的国。

（2）可控的风险。投资前成本风险、海外滞销风险、平台政策变化风险、跟踪退货保障。跟踪支持，可以在当地的快递系统查询相关信息，跟踪货物运输的进度。

（3）退货服务保证。如有退货等问题，可以退货到虚拟海外仓库，等待统一退货到本国，也可以单独退货。如果货物到达目的国后出现发货问题，会在当地处理，帮助卖方减少损失，实现二次销售的可能性。同时也可以避免由于货物积压在海外仓库而产生的高额仓储费用。

（4）增加曝光。虚拟海外仓库的物流将显著地向本地物流倾斜。如果卖家的流量是稳定的，销量也是稳定的，就能获得很大的曝光率。

阅读资料

《“十四五”电子商务发展规划》举措支持跨境电商发展

1. 支持跨境电商高水平发展

鼓励电商平台企业全球化经营，完善仓储、物流、支付、数据等全球电子商务基础设施布局，支持跨境电子商务等贸易新业态使用人民币结算。

培育跨境电商配套服务企业，支撑全球产业链供应链数字化，带动品牌出海。

加快在重点市场海外仓布局，完善全球服务网络。

加快跨境电商行业组织建设，完善相关标准，强化应对贸易摩擦能力，为中国电子商务企业出海提供保障和支撑措施。

2. 推动数字领域国际合作走深走实

深化共建“一带一路”国家电子商务合作，积极发展“丝路电商”，推动各国中小企业参与全球贸易，支持数字产业链全球布局，促进全球电子商务供应链一体化发展。

3. 推进数字领域国际规则构建

积极参与以电子商务为核心的数字领域国际规则制定，推动形成以货物贸易数字化为核心、以服务贸易数字化为延伸、以数字基础设施互通和安全为保障的国际规则体系。

4. 推动电子商务企业“走出去”行动

《“十四五”电子商务发展规划》提出以电子商务促进国际合作，支持电子商务企业在海外注册商标、申请专利、建立自主品牌，提升品牌国际影响力和竞争力；支持电子商务企业加强研发设计，提高文创价值，将中国传统文化或海外文化融入到产品设计之中，打造一批拥有 IP 的高附加值品牌。

一路通跨境电商平台，集线上运营销售、线下汽运、中欧班列、安全支付、结汇退税、报关报检于一体的一站式外贸综合服务平台，于 2017 年 7 月 7 日正式上线运营。主要针对中亚五国、俄罗斯等俄语系国家进行运营销售，并且在多地设有海外仓与样品展示间。

跨境电商作为我国对外贸易的重要增长点，跨境电商海外仓也被政府高度重视并予以政策倾斜，成为重点扶持对象。在此情况下，一路通跨境电商平台在未来将迎来新的发展机遇，对卖家来说也是一大转机。

（资料来源：商务部、中央网信办、发展改革委三部门联合发布《“十四五”电子商务发展规划》。）

本章小结

跨境电商物流，是跨境电商的物流服务基础。

跨境电商是指分属不同关境的交易主体，通过电子商务平台达成交易、进行支付结算，并通过跨境电商物流（亦称为跨境物流）送达商品、完成交易的电子商务平台和在线交易平台。跨境电商具有全球性、无形性、匿名性、即时性、无纸化、快速演进等特点。

跨境电商物流，即在电子商务环境下，依靠互联网、大数据、信息化与计算机等先进技术，物品从跨境电商企业流向跨境消费者的跨越不同国家或地区的物流活动。目前我国跨境电商物流形成了邮政包裹、国际快递、国内快递、跨境专线物流、海外仓储五种模式。跨境电商物流具有以下特点：① 距离远、时间长、成本高、流程杂乱、可控性差；② 运输方式多样化；③ 竞争集中于东南沿海地区，中西部地区竞争较少；④ 区域内或单一行业竞争激烈，跨地区、跨行业的竞争较少；⑤ 由单一服务走向多元化服务等。

海外仓是跨境电商物流痛点的一个解决方式。海外仓是本国以外的仓库，也就是从事跨境电子商务贸易的企业在目的国使用的仓库。海外仓服务是以这种仓库来实现目的国本地发货、仓储、中转、一件代发、退货换标等一系列物流服务的总称。海外仓是货物存储和中转的枢纽，海外仓上架速度快。本章讨论了海外仓的优劣势，并论述了其操作流程，描述了虚拟海外仓库等新理念。

思考题

1. 什么是跨境电商？它有什么样的特征？

2. 什么是跨境电商物流？目前它有哪些模式？跨境电商有什么样的特点？与传统国际物流有什么样的区别？

3. 什么是海外仓？

4. 海外仓如何运行？

5. 什么是虚拟海外仓库？

案例分析

马士基跨境电商物流分析

马士基跨境电商物流公司为 A. P. Moller-Maersk Group 旗下企业，中文名是马士基集团，于1904年成立于丹麦，目前在全球130多个国家拥有办事处，是全世界最大的集装箱运输公司。经历了2017年库存积压、资金链断裂以及2018年销库存、回笼资金等重击，当下的卖家对待经营风险，总是“谈钱色变”。

经过实践，马士基总结了跨境电商物流行业合规的隐形操作：海外仓成为解决这种麻烦的一种新型业务模式。

首先，建设海外仓，能够贴近消费者服务，及时处理消费者的需求和一些复杂问题。例如，出口到美国的商品包裹，需要退货或者返修的，可以直接在海外仓完成。物流商可以利用出口时的报关单帮助卖家填报一个临时进口单，缴纳一定的保证金，卖家只需要在规定时间内完成同规格、同数量产品的出口，即可拿回保证金，且不会产生任何关税费用。

其次，海外仓是卖家在海外销售目的地建立仓库，通过头程运输、仓储管理和本地配送等流程，提高跨境物流时效，但供应链管理、库存管控等问题也容易提高运营成本。海外仓代为卖家换标、物流打包时，卖家需叮嘱物流服务商选择适中的箱子型号，将整个箱子装满，以便减少空载，卖家需协同物流服务商制定物流备货方案，确定最高性价比下的海外仓库存备货。

再次，海外仓能够提供给消费者满意的、个性化物流服务。跨境电商在选择合适的跨境电商物流前，一般会根据所售产品的特点（尺寸、安全性、保质期、通关便利性等）选择合适的物流模式，同时根据销售的淡旺季不同，也会权衡时效和成本的利弊，灵活调整物流模式，在不同跨境电商物流商间进行选择。

又次，有生产能力、有品牌的卖家，可借助海外仓做临时的境外存储，扩展其商品储量。

最后，解决消费者服务的时效性难题。担心现金流、库存积压困扰的卖家，也可尝试船运周期加快的上海美森快船，上海港至洛杉矶只需 11 天即可到达。

分析讨论：

(1) 在跨境电商物流中，海外仓起到什么作用？

(2) 马士基利用海外仓解决了什么问题？

(3) 你认为我国电商物流拓展海外仓建设应该注意解决好哪些问题？

参考文献

［1］大卫·辛奇-利维，等. 供应链设计与管理：概念、战略与案例研究［M］. 3版. 季建华，邵晓峰，译. 北京：中国人民大学出版社，2010.

［2］徐杰，鞠颂东. 采购管理［M］. 3版. 北京：机械工业出版社，2014.

［3］杜昆. 供应商库存管理运作模式初探［J］. 物流工程与管理，2010（9）.

［4］蒋逾嫔. 基于中介网站的B2B电子采购模式探讨［J］. 上海管理科学，2005（6）.

［5］杰伊·海泽，巴里·伦德尔. 运作管理［M］. 10版. 陈荣秋，张祥，等，译. 北京：中国人民大学出版社，2012.

［6］肯尼思·劳东，卡罗尔·特拉弗. 电子商务：商务、技术、社会［M］. 7版. 劳帼龄，译. 北京：中国人民大学出版社，2014.

［7］李春田. 标准化概论［M］. 北京：中国人民大学出版社，2010.

［8］李联宁. 物联网技术基础教程［M］. 北京：清华大学出版社，2012.

［9］李兴国，丁晗. 云物流环境下新型终端配送模式：物流超市研究［J］. 物流科技，2013（5）.

［10］李向文. 电子商务物流及其信息化［M］. 北京：清华大学出版社，2014.

［11］林云，田帅辉. 物流云服务：面向供应链的物流服务新模式［J］. 计算机应用研究，2012（1）.

［12］刘宏志，王耀球，赵启兰. 用于电子采购的产品和服务分类eCl@ ss［J］. 中国物流与采购，2007（6）.

［13］刘胜春，李严锋. 第三方物流［M］. 5版. 大连：东北财经大学出版社，2022.

［14］张夏恒. O2O模式下电商物流对策研究［J］. 物流科技，2014，37（5）.

［15］缪周，徐克林，李振飞. 基于价值流图的生产线再设计：案例研究［J］. 工业工程，2009，12（5）.

［16］宋光辉，杜庭刚，刘玉飞. 精益物流管理实践［M］. 北京：中国财富出版社，2013.

[17] 苏涛. O2O 电子商务商业新模式分析 [J]. 全国商情（理论研究），2012（1）.

[18] 唐立强. 信息时代背景下生产性企业 ERP 功能分析 [J]. 电子测试，2013（16）.

[19] 武奇生，等. 物联网技术与应用 [M]. 北京：机械工业出版社，2012.

[20] 夏露，李严锋. 物流金融 [M]. 北京：科学出版社，2008.

[21] 熊艳兰. B2C 电子商务的物流配送模式探究：以天猫和京东商城为例 [J]. 商业经济，2013（6）.

[22] 杨正洪，周发武. 云计算和物联网 [M]. 北京：清华大学出版社，2011.

[23] 约瑟夫·朱兰，等. 朱兰质量手册 [M]. 6 版. 焦叔斌，等，译. 北京：中国人民大学出版社，2014.

[24] 詹姆斯·P. 沃麦克，丹尼尔·T. 琼斯. 精益思想 [M]. 北京：机械工业出版社，2015.

[25] 张波. O2O：移动互联网时代的商业革命 [M]. 北京：机械工业出版社，2013.

[26] Mohammad K. Al-nawayseh, Mohammad M Alnabhan, etc. An Adaptive Decision Support System for Last Mile Logistics in E-Commerce: A Study on Online Grocery Shopping [J]. International Journal of Decision Support System Technology (IJDSST), 2013.

读者意见反馈

为收集对教材的意见建议，进一步完善教材编写并做好服务工作，读者可将对本教材的意见建议通过如下渠道反馈至我社。

咨询电话　400-810-0598

反馈邮箱　gjdzfwb@pub.hep.cn

通信地址　北京市朝阳区惠新东街4号富盛大厦1座
高等教育出版社总编辑办公室

邮政编码　100029